suhrkamp taschenbuch
wissenschaft 2313

In seinem neuen Buch zeigt Axel Honneth, was es aus der philosophischen Tradition über einen vernünftigen Begriff der Freiheit noch zu lernen gibt, was sich heute der Realisierung einer solchen Freiheit in den Weg stellt und woher schließlich die Anregungen für eine weitere Verwirklichung von Freiheit stammen können. In einem ersten Schritt unternimmt er eine zwischen Hegel und Marx vermittelnde Begriffsklärung, während sich der zweite Teil sozialen Problemfeldern zuwendet, in denen die gegenwärtigen Hindernisse einer Realisierung von Freiheit besonders deutlich ins Auge fallen. Abschließend wird der Versuch unternommen, Triebkräfte zu bestimmen, die dem Kampf für die Freiheit heute neuen Aufschwung verleihen könnten.

Axel Honneth ist Jack C. Weinstein Professor for the Humanities am Institut für Philosophie der Columbia University in New York. Letzte Veröffentlichung im Suhrkamp Verlag: *Anerkennung. Eine europäische Ideengeschichte* (2018).

Axel Honneth

Die Armut unserer Freiheit

Aufsätze 2012-2019

Suhrkamp

Bibliografische Information der Deutschen Nationalbibliothek
Die Deutsche Nationalbibliothek verzeichnet diese Publikation
in der Deutschen Nationalbibliografie; detaillierte bibliografische Daten
sind im Internet über http://dnb.dnb.de abrufbar.

Erste Auflage 2020
suhrkamp taschenbuch wissenschaft 2313

Umschlag nach Entwürfen von
Willy Fleckhaus und Rolf Staudt
Druck: Druckhaus Nomos, Sinzheim
Printed in Germany
ISBN 978-3-518-29913-5

Inhalt

III. Quellen sozialer Freiheit

Vorwort:
Die Armut unserer Freiheit

Die Mehrzahl der Aufsätze, die in dem vorliegenden Band versammelt sind, verdankt sich dem Versuch, einige mir später klargewordene Lücken meines Buches *Das Recht der Freiheit*[1] nachträglich zu füllen; als 2012 die ersten ausführlicheren Reaktionen auf meine Studie erschienen und mich auf gewisse Mängel meiner Überlegungen hinwiesen, habe ich damit begonnen, offengebliebene Fragen zu klären und nicht hinreichend bestimmte Thesen weiterzuentwickeln. Im Rückblick auf diese über einen Abstand von sieben Jahren entstandenen Beiträge bin ich zu dem Entschluss gelangt, sie in einem Band zu versammeln, der um den Begriff der »sozialen Freiheit« kreist; denn in kaum einem der hier versammelten Aufsätze unternehme ich nicht den Versuch, entweder durch Auseinandersetzung mit der Tradition eines solchen Freiheitsbegriffs, durch Aufweis einer mangelnden Realisierung seines normativen Gehalts in der sozialen Gegenwart oder schließlich durch Benennung seiner nach wie vor bestehenden Impulse einen weiteren Schritt in Richtung einer Aufhellung seiner Bedeutung zu unternehmen. Den Titel, den ich dann dem ganzen Band geben konnte, *Die Armut unserer Freiheit*, habe ich in leichter Abänderung einem der hier veröffentlichten Beiträge entnommen, in dem ich anhand von Hegels Konzept der Sittlichkeit die Idee der sozialen Freiheit weiter habe aufklären wollen: Dass wir heute unter einer Armut an Freiheit leben, soll heißen, dass es uns bislang in dem Bemühen um eine Realisierung der normativen Versprechen moderner Gesellschaften nicht gelungen ist, die Prinzipien sozialer Freiheit dort zu verwirklichen, wo sie am dringlichsten erforderlich wären.

Wie diejenigen wissen, die meine Studie gelesen haben, bildete die Sittlichkeitslehre Hegels das theoretische Rückgrat von *Das Recht der Freiheit*; insofern steht sie auch im Zentrum der Aufsätze des I. Teils dieses Sammelbandes, in dem ich vornehmlich in der Beschäftigung mit der philosophischen Spannung zwischen Hegel

1 Axel Honneth, *Das Recht der Freiheit. Grundriß einer demokratischen Sittlichkeit*, Berlin 2011.

und Marx den Begriff der sozialen Freiheit noch einmal weiter zu erläutern versuche. Was mir über die besondere Bedeutung hinaus, welche die intellektuelle Konstellation von Hegel und Marx für das Projekt einer kritischen Gesellschaftstheorie als solche besitzt, an dieser Rückschau auf eine konstitutive Debatte des 19. Jahrhunderts von besonderem Gewicht zu sein scheint, ist die Selbstverständlichkeit, mit der damals die Idee der sozialen Freiheit als eine eigenständige Auffassung davon behandelt wurde, was es für uns heißt, tatsächlich frei zu sein: Sowohl Hegel als auch Marx waren der Überzeugung, dass individuelles Frei-Sein letztlich nur in geglückter Intersubjektivität gegeben sein kann, weil es dem Einzelnen ohne die anerkennende Bestätigung durch den Anderen nicht zu gelingen vermag, seine Absichten und Impulse zwanglos zu realisieren – nur dass beide Denker dann sehr unterschiedliche Vorstellungen davon entwickelten, welche sozialen Einrichtungen vorhanden sein müssen, um eine derartige Form von geglückter Intersubjektivität gesellschaftlich zu ermöglichen. Meine Beiträge im I. Teil des vorliegenden Bandes gehen diesen von Hegel und Marx entwickelten Alternativen in beiden Richtungen nach, um zu einer Einschätzung ihres jeweiligen Wertes für unser heutiges gesellschaftliches Selbstverständnis zu gelangen. Im letzten Aufsatz dieses Teiles unternehme ich hingegen den Versuch, den systematischen Kern der Idee sozialer Freiheit in Auseinandersetzung mit konkurrierenden Freiheitsbegriffen der neuzeitlichen Tradition zu umreißen – ohne mit dem Ergebnis allerdings schon vollkommen zufrieden zu sein.

Der Titel des II. Teils – »Deformationen sozialer Freiheit« – soll signalisieren, dass es hier um Bemühungen geht, genauer zu erkunden, warum und wieso es uns heute in vielen Hinsichten an sozialen Chancen zur Realisierung einer solchen Form von Freiheit fehlt. Den Auftakt macht dabei allerdings der Versuch,[2] einen Schlüsselbegriff meiner Gegenwartsdiagnose, den der »sozialen Pathologie«, noch einmal unabhängig von der ihm in *Das Recht der Freiheit* zugewiesenen Bedeutung zu bestimmen; dabei schlage ich neue Wege ein, deren Weiterverfolgung einigen Überlegungen in

2 Der erste Versuch stammt aus dem Jahr 1994: Axel Honneth, »Pathologien des Sozialen. Tradition und Aktualität der Sozialphilosophie«, wiederabgedruckt in: ders., *Das Andere der Gerechtigkeit. Aufsätze zur praktischen Philosophie*, Frankfurt/M. 2000, S. 11-69.

meiner Studie eine andere, radikalere Wendung geben würde. Der Rest der Aufsätze beschäftigt sich mit drei sozialen Arenen, in denen der Mangel an ernsthaften Anstrengungen, soziale statt bloß »negative« Freiheit zu verwirklichen, heute besonders augenfällig ist. Am Anfang steht dabei die Beschäftigung mit einer sozialen Instanz der »Sittlichkeit«, deren Bedeutung ich beim Schreiben jenes Buches aus Gründen vollkommen übersehen habe, die möglicherweise mit einer dann doch zu sklavischen Bindung an Hegels Vorlage zusammenhingen: Mit ihm, der in dieser Hinsicht Kant unterlegen war, lasse ich dort weitgehend außer Acht, welche enorme Bedeutung den öffentlichen Bildungseinrichtungen für die Entwicklung und Stabilisierung demokratischer (bei Hegel »staatsbürgerlicher«) Einstellungen und Dispositionen im Ganzen zukommt.[3] Der Aufsatz zur Rolle der schulischen Erziehung im demokratischen Prozess, der neben Kant vor allem an John Dewey und Émile Durkheim anschließt, ist ein kleiner Versuch, diesen misslichen Fehler nachträglich zu beheben. Die beiden abschließenden Beiträge zum II. Teil, die einen zunehmend experimentellen Charakter haben, verfolgen ebenfalls das Ziel, sich zu fragen, was an unseren Vorstellungen über zentrale Sphären des gesellschaftlichen Zusammenlebens eigentlich geändert werden müsste, wollten wir im Ernst darangehen, sie als Orte der Verwirklichung sozialer – und nicht bloß »negativer« – Freiheit zu verstehen: In dem Aufsatz über die soziale Rolle der Arbeit lege ich weit über das im Buch Gesagte hinaus dar, warum eine demokratische Willensbildung in elementarer Weise auf Bedingungen einer fairen, inklusiven und transparenten Arbeitsteilung angewiesen ist, in dem Aufsatz über die Kindheit versuche ich mich in tastender Weise zu fragen, welche tiefsitzenden Prämissen unserer liberalen Vorstellungen über Kinder möglicherweise ungeeignet sind, um diesen die Entwicklung einer eigenen Stimme und damit von demokratischer Autonomie zu ermöglichen.

Der Titel, unter den ich die Beiträge im III. Teil versammelt habe, »Quellen sozialer Freiheit«, mag zunächst ein wenig gewollt wirken; hier sind nämlich drei Aufsätze zusammengeführt, die sich nicht nur ganz unterschiedlichen Anlässen verdanken, sondern auch Fragestellungen verfolgen, die auf den ersten Blick kaum mit-

3 Vgl. dazu auch: Axel Honneth, »Erwiderung«, in: Magnus Schlette (Hg.), *Ist Selbstverwirklichung institutionalisierbar? Axel Honneths Freiheitstheorie in der Diskussion*, Frankfurt/M. 2018, S. 313-337, bes. S. 315 f.

einander zusammenzuhängen scheinen. Gleichwohl behandeln sie alle, wenn auch an sehr verschiedenen Wurzeln ansetzend, individuelle oder kollektive Erfahrungen, die, richtig verstanden, uns über die Notwendigkeit aufklären müssten, den Schritt von einer bloß individualistisch verstandenen zu einer wirklich sozialen, in zwangloser Wechselseitigkeit begründeten Freiheit zu vollziehen: An der Logik der Geisteswissenschaften zeigt der erste dieser Aufsätze, dass uns die Beschäftigung mit der geistigen Verfassung unserer sozialen Welt dazu nötigt, uns als Mitglieder einer aktiven, gegen naturhaft scheinende Abhängigkeiten ankämpfende Interpretationsgemeinschaft zu begreifen; der zweite Aufsatz macht in Wiederaufnahme der alten Frage, ob es ein emanzipatorisches Interesse geben mag,[4] auf den Umstand aufmerksam, dass auch unterdrückte Gruppen ihre Befreiung nur auf dem Weg einer kognitiven Mobilisierung gegen naturalisierende, hegemonial festgefrorene Deutungssysteme gesellschaftlicher Ordnung in Gang setzen können; und der letzte Aufsatz in diesem III. Teil unternimmt schließlich den Versuch, uns Europäer daran zu erinnern, dass wir zu einem solidarischen Miteinander nur zurückfinden können, wenn wir uns im Geist sozialer Freiheit mit der Aufgabe befassen, das von den europäischen Staaten bis in die jüngste Vergangenheit hinein weltweit begangene Unrecht und Unheil gemeinsam aufzuarbeiten und durch Errichtung von normativen Selbstschutzmechanismen zu bezwingen – ein Text, der aus dem Rahmen des vorliegenden Bandes zu fallen scheint, den ich aber unbedingt einbezogen wissen wollte, weil er vielleicht die politische Aktualität einiger der hier angestellten Überlegungen unter Beweis stellen kann.

Wie immer habe ich Eva Gilmer zu danken, die mich auf dem Weg zu diesem Aufsatzband mit der für sie charakteristischen Sorgfalt, Umsicht und Hilfsbereitschaft begleitet hat. Dank schulde ich darüber hinaus Jan-Erik Strasser, der den gesamten Text im letzten Stadium mit großem Sachverstand durchgesehen und korrigiert hat.

Axel Honneth, im Januar 2020

4 Jürgen Habermas, »Erkenntnis und Interesse«, in: ders., *Technik und Wissenschaft als ›Ideologie‹*, Frankfurt/M. 1968, S. 146-168.

I. Spielarten sozialer Freiheit

Untiefen der Anerkennung

*Das sozialphilosophische Erbe Jean-Jacques Rousseaus**

Als Ernst Cassirer im Jahre 1932 seinen großen Essay über »Das Problem Jean-Jacques Rousseau«[1] publizierte, war er sich wohl sicher, endgültig den Schlüssel zu einem integralen Verständnis des zerklüfteten Werks des Philosophen gefunden zu haben; heute jedoch, achtzig Jahre später, wenn weltweit Rousseaus 300. Geburtstag gefeiert wird, ist der Vorschlag von Cassirer beinah schon wieder vergessen, so dass die Forschung weiterhin darüber rätselt, wo, wenn überhaupt, die Einheit in den verschiedenen, sich scheinbar widersprechenden Schriften des großen Denkers zu suchen ist. Kein anderer philosophischer Autor der Moderne, vielleicht mit der Ausnahme Nietzsches, hat schroffer entgegengesetzte Deutungen seines Werkes hervorgerufen, kein anderer ist deswegen aber auch so konstant der ewig junge, erneut provozierende und beunruhigende Zeitgenosse geblieben. In Rousseau konnte man, je nach Gesinnung und zeitgeschichtlicher Lage, den sich auf das Vorbild der menschlichen Natur berufenden Anthropologen, den wie die Engländer das »Gefühl« hervorhebenden Moralphilosophen oder den Kant vorbereitenden Theoretiker der demokratischen Selbstbestimmung entdecken; verlangte die Zeit nach anderen philosophischen Gewichtungen, so war in Rousseau aber auch der Wegbereiter einer totalitären Demokratieauffassung, der glühende Verfechter republikanischer Gleichheit oder der Advokat eines Ideals der persönlichen Authentizität ausfindig zu machen. Alle diese Deutungen, so heterogen sie auch sein mochten, hatten mit demselben großen Problem zu kämpfen, sich nur auf bestimmte Teile des Werkes beziehen zu können und andere, entgegenstehende in den Hintergrund treten zu lassen; nur den wenigsten gelang es wie Ernst Cassirer, einen Vorschlag zu unterbreiten, der die verschiedenen Schriften und Gedanken des Philosophen als Stufen der Realisierung einer einzigen Grundidee zu deuten vermochte.

* Für Ratschläge und kritische Rückfragen bin ich Barbara Carnevali dankbar.

1 Ernst Cassirer, »Das Problem Jean Jacques Rousseau«, in: ders./Jean Starobinski/Robert Darnton, *Drei Vorschläge, Rousseau zu lesen*, Frankfurt/M. 1989, S. 7-78.

Sah Cassirer einen solchen Fluchtpunkt des Werkes in der Idee eines trotz aller sozialen und politischen Gefährdungen zur Selbstbestimmung fähigen Willens des Menschen,[2] so hat ihm darin allerdings schon bald die sich anschließende Forschung mit großem Nachdruck widersprochen; nicht nur schienen bei einer derartigen Deutung, die Rousseau zum direkten Vorläufer Kants machte, die kollektivistischen Züge im *Contrat Social* zu kurz zu kommen, vielmehr blieb vor allem auch unberücksichtigt, was in den anderen Schriften über die wechselseitige Abhängigkeit der Subjekte, ja über deren Ausgeliefertsein an den je Anderen zu lesen war.[3] Dieses Element des Werkes, das in dem für den Zweiten Diskurs[4] und den *Émile*[5] konstitutiven Begriff der »amour propre«, der »Eigenliebe«, wurzelt, wurde daher in den neueren Interpretationen zunehmend in den Vordergrund gerückt; aber damit war so lange kein Schlüssel für die Identifikation eines vereinheitlichenden Grundgedankens gewonnen, wie nicht geklärt war, in welcher Weise Rousseaus pessimistische Diagnose einer wachsenden Abhängigkeit des modernen Menschen von der Wertschätzung anderer mit den zuversichtlichen Zügen seines Entwurfs eines *Contrat Social*[6] zusammenhängen mochte – immerhin war dort, wo die »amour propre« thematisiert wurde, erkennbar nur von der Gefahr einer totalen Außensteuerung der Subjekte die Rede, während hier, im konstruktiven Teil des Werks, denselben Subjekten plötzlich eine unverletzbare Fähigkeit zur Selbstgesetzgebung attestiert wurde. Der Durchbruch zu einer Verknüpfung beider Elemente und damit zu einer integralen Deutung des Werkes kam in der Forschung erst zustande, als der Begriff der »amour propre« derart aufgefächert wurde, dass er von nun an neben einer negativen auch eine positive Variante zu umfas-

2 Ebd., S. 60 ff.

3 Elemente einer solchen Kritik an Cassirer enthält mit Blick auf die starken Divergenzen im Geschichtsbegriff ein Aufsatz von George Amstrong Kelly: ders., »Rousseau, Kant and History«, in: *Journal of the History of Ideas* 29,3 (1968), S. 347-364.

4 J.-J. Rousseau, *Diskurs über die Ungleichheit* (1755), hg. und übersetzt von Heinrich Meier, Paderborn [6]2008.

5 J.-J. Rousseau, *Emil oder über die Erziehung* (1762), hg. von Ludwig Schmidt, Paderborn [13]1998.

6 J.-J. Rousseau, *Vom Gesellschaftsvertrag oder Grundsätze des Staatsrechts* (1762), hg. von Hans Brockard, Stuttgart 2003.

sen vermochte; mit diesem Vorschlag, den wir wohl der bahnbrechenden Studie von N. J. H. Dent verdanken,[7] war zum ersten Mal die Möglichkeit gegeben, Rousseaus Idee einer konstitutiven Abhängigkeit vom Anderen insofern als eine Klammer zwischen den beiden Teilen seines Werkes zu betrachten, als sie in der Kulturkritik in ihrer negativen, in den Entwürfen eines Gesellschaftsvertrags aber in ihrer positiven Version ausbuchstabiert wurde.

Mit dieser neuen Gesamtdeutung war freilich weitaus mehr erreicht, als es Dent selbst zunächst vor Augen gestanden haben dürfte; gab man seiner Interpretation nämlich nur eine weitere, kleine Drehung, so ließ sich aus ihr unschwer die Annahme entwickeln, dass Rousseau mit seinem zweipoligen Begriff der »amour propre« zugleich auch zum Begründer der gesamten Tradition der Anerkennungstheorie geworden war. Den Schritt zu der damit angedeuteten These, die geistesgeschichtlich von geradezu umstürzlerischer Bedeutung ist, hat wohl zum ersten Mal Frederick Neuhouser in seiner großen Studie vollzogen;[8] ihm zufolge geht die Einsicht, dass menschliche Subjekte ihre soziale Handlungsfähigkeit der Anerkennung durch andere Subjekte verdanken, nicht, wie bislang angenommen, auf Hegel, sondern auf Rousseau zurück. Das Gewicht dieser Auffassung und das Maß der durch sie bewirkten Neuverortung des Werks lässt sich vollständig nur dann ermessen, wenn man sich den Abstand zu der von Cassirer vorgelegten Gesamtdeutung noch einmal zu Bewusstsein zu bringen versucht: Während bei Cassirer Rousseau deswegen zum einsamen Vorläufer Kants erklärt werden konnte, weil ihm ein lebenslanges Bemühen um die Herausarbeitung der aktiven, selbstgesetzgeberischen Seite des menschlichen Willens unterstellt wurde, wird der

7 N. J. H. Dent, *Rousseau*, Oxford 1988.

8 Frederick Neuhouser, *Pathologien der Selbstliebe. Freiheit und Anerkennung bei Rousseau*, übersetzt von Christian Heilbronn, Berlin 2012 (*Rousseau's Theodicy of Self-Love. Evil, Rationality and the Drive for Recognition*, Oxford 2008). Vgl. dazu mein Rezensionsessay: Axel Honneth, »Die Entgiftung Jean-Jacques Rousseaus. Neuere Literatur zum Werk des Philosophen«, in: *Deutsche Zeitschrift für Philosophie* 4 (2012), S. 611-632. Unabhängig von Neuhouser hat auch Barbara Carnevali einen systematischen Versuch unternommen, Rousseau als Anerkennungstheoretiker zu deuten: dies., *Romantisme et Reconnaissance. Figures de la conscience chez Rousseau* (orig. ital.), Genf 2012. Vgl. inzwischen auch: Axel Honneth, *Anerkennung. Eine europäische Ideengeschichte*, Berlin 2018, S. 34-56.

innere Zusammenhang seiner Schriften in den neueren, an Dent anschließenden Deutungen in der genau entgegengesetzten These gesehen, der zufolge der menschliche Wille im Guten wie im Schlechten auf die Bestätigung und Wertschätzung durch andere Subjekte angewiesen ist.

Ich will im Folgenden an diese zweite Auffassung anschließen, um zunächst ihre Berechtigung, im weiteren Fortgang dann aber auch ihre Grenzen aufzuzeigen; zeitlebens war Rousseau sich nämlich, so möchte ich darlegen, über den tatsächlichen Stellenwert der intersubjektiven Anerkennung im gesellschaftlichen Gefüge zu unsicher, als dass er sie unzweideutig zum Fundament seiner gesamten Theorie hätte machen können. Im Einzelnen will ich so vorgehen, dass ich in einem ersten Schritt Rousseau zunächst in seiner theoretischen Entwicklung bis zu dem Punkt folge, an dem ihm vor der Kontrastfolie der schädlichen Realisationsgestalten der »amour propre« die Erfordernisse einer sozialverträglichen, egalitären Form der wechselseitigen Anerkennung bewusst werden (I). Von hier aus ist dann ohne Mühe zu überblicken, welchen enormen Einfluss Rousseaus zweipolige Idee der sozialen Anerkennung auf den philosophischen Diskurs der Moderne genommen hat; deren negative Variante, das tiefsitzende Bedürfnis menschlicher Wesen, die jeweiligen Mitsubjekte im Grad der sozialen Wertschätzung zu übertreffen, wird von Kant in seinen geschichtsphilosophischen Entwürfen in eine Triebkraft des kulturellen und gesellschaftlichen Fortschritts umgedeutet, deren positive Variante, der wechselseitige Respekt unter Gleichen, wird von Fichte und Hegel in Richtung einer Anerkennungstheorie des Rechts und der Sittlichkeit weiterentwickelt (II). Erst im dritten Schritt werde ich dann dazu übergehen, die Skepsis zu thematisieren, mit der Rousseau stets, mit wachsender Intensität aber vor allem gegen Ende seines Lebens die in der »amour propre« angelegte Abhängigkeit vom Anderen betrachtet hat; in den späten Schriften spielt er noch einmal, wie schon im Zweiten Diskurs, mit dem Gedanken, ob es nicht insgesamt für den Seelenfrieden des Menschen von Vorteil wäre, sich von der Berücksichtigung intersubjektiver Anerkennung vollkommen unabhängig zu machen. Insofern liegen im Werk von Rousseau zwei große philosophische Motive im ständigen Streit miteinander, die stoische Idee einer persönlichen Unabhängigkeit von aller Fremdeinschätzung und die intersubjektivistische Idee einer tiefsitzenden Abhängigkeit vom Anderen (III).

I.

In keinem anderen Thema kommt das Motiv, aus dem heraus Rousseau zunächst zu seinem zentralen Begriff der »amour propre« findet, plastischer zum Vorschein als in seiner frühen Kritik am Theater; schon im Ersten Diskurs wird das, was er häufig abschätzig nur als »Schauspielerei« bezeichnet, einer äußerst negativen Analyse unterzogen,[9] zur Vollendung gelangt diese kritische Auseinandersetzung aber erst in dem essaylangen »Brief an d'Alembert«.[10] Das Theater stellt für Rousseau nicht eine kulturelle Einrichtung unter anderen dar, in denen ein aufgeklärtes Publikum sich betrachtend oder engagiert mit Werken der Kunst auseinanderzusetzen lernt; die Bühne und der Theatersaal bilden für ihn vielmehr insofern einen Sonderfall, als hier das von den Schauspielern an den Tag gelegte Verhalten auf das Publikum überspringen und den Einzelnen mit dem Virus des »bloßen Scheinens« infizieren kann. Im Unterschied zum Museum oder zum Konzerthaus, in denen die Rezipienten im dargebotenen Kunstwerk immerhin die authentische Absicht des jeweiligen Künstlers erahnen können, ist für Rousseau der Zuschauer im Theater zunächst einmal nur mit Verhaltensweisen konfrontiert, mittels derer die Schauspieler offenbaren wollen, mit welcher Kunstfertigkeit sie »einen anderen als den eigenen Charakter anzunehmen«[11] vermögen; dadurch aber wird das noch unschuldige Publikum dazu angehalten, sich selbst in Gesten und Ausdrucksformen einzuüben, die nichts anderem als der Selbstverstellung dienen. Aus diesen kritischen Überlegungen zieht Rousseau den weitreichenden Schluss, dass die Einrichtung von Theaterstätten von großem Schaden für ein jedes republikanisches Gemeinwesen sei; denn was an Gesinnungen und Verhaltensweisen für solche auf den politischen Volkswillen gegründete

9 J.-J. Rousseau, »Abhandlung über die Wissenschaften und Künste« (1750), in: ders., *Schriften*, Bd. 1, hg. von Henning Ritter, München/Wien 1978, S. 27-60.

10 J.-J. Rousseau, »Brief an d'Alembert über das Schauspiel« (1758), ebd., S. 333-474.

11 Ebd., S. 414.

Staatsgebilde erforderlich sei, Pflichterfüllung, Aufrichtigkeit und Bürgerstolz, würde durch die im Theater feilgebotenen Verstellungskünste gerade unterminiert – der Schauspieler bildet, so heißt es dementsprechend im »Brief an d'Alembert«, »die Fähigkeit, Menschen zu täuschen, für alle Berufe« aus.[12]

Allerdings glaubt Rousseau, dass die Ansteckungsgefahr, die von der Schauspielerei auf der Bühne ausgeht, nur eine kulturelle Tendenz noch zusätzlich verstärkt, welche zu seiner Zeit an den verschiedensten Orten schon vehement um sich greift. Bereits in seinem drei Jahre vor dem Brief über das Theater veröffentlichten Zweiten Diskurs, der *Abhandlung über den Ursprung und die Grundlagen der Ungleichheit*, hatte er ja den Versuch unternommen, jene neuen Verhaltensweisen des prätentiösen Verstellens und der Geltungssucht genealogisch zu analysieren, die ihm in Paris besonders drastisch vor Augen standen; in dem Bemühen, für derartige, durch das Theater nur intensivierte Formen des individuellen Prestigegehabes die anthropologischen Wurzeln zu finden, war er in seiner Schrift auf eine besondere Art des menschlichen Selbstverhältnisses gestoßen, die er zwar nicht für natürlichen Ursprungs hielt, ihm aber doch aufgrund ihrer kulturellen Verbreitung geradezu naturhafte Züge zu tragen schien. Der Begriff, den Rousseau wählt, um diese zur zweiten Natur gewordene Verhaltensweise zu benennen, lautet »amour propre«; er bildet nicht nur die Grundlage seiner gesamten Gesellschaftskritik, sondern auch den Schlüssel zu einem Verständnis all dessen, was er zur Begründung einer Theorie der intersubjektiven Anerkennung beitragen wird.

In der genealogischen Gedankenführung des Zweiten Diskurses taucht die »amour propre« längst nicht an so prominenter Stelle auf, wie es ihre zentrale Bedeutung für die gesamte Konstruktion der Studie eigentlich verlangt hätte; gewiss erwähnt Rousseau den Begriff gelegentlich, wenn es um die Identifizierung der tiefer liegenden Ursachen für die Entstehung sozialer Ungleichheit geht,[13] aber im Grunde genommen behält er dessen Erläuterung doch einer einzigen längeren Anmerkung vor, deren Gewicht daher aber auch kaum zu überschätzen ist. Hier, in der Anmerkung XV des

12 Ebd., S. 415. Zur Theaterkritik Rousseaus und ihren Folgen für sein Demokratieverständnis vgl. die vorzügliche Studie von Juliane Rebentisch, *Die Kunst der Freiheit. Zur Dialektik demokratischer Existenz*, Frankfurt/M. 2012, Kap. V.

13 J.-J. Rousseau, *Diskurs über die Ungleichheit*, a. a. O., S. 140 f., 148 f., 192 f., 206 f.

Textes,[14] wird die Bedeutung der »amour propre« aus ihrem Gegensatz zur »amour de soi-même«, zur Selbstliebe, heraus umrissen, wobei alle Aufmerksamkeit auf die Differenzen im jeweils vorausgesetzten Beurteilungsmaßstab gelenkt wird: Während es sich bei der »amour de soi«, die Rousseau als eine natürliche Anlage des Menschen begreift, um eine Art Selbstinteressiertheit handelt, die das Überleben des Einzelnen dadurch sichert, dass sie ihn einzig und allein auf die je eigenen, vitalen Kriterien des Guten und Richtigen vertrauen lässt, verschiebt sich in der erst später hinzutretenden, insofern künstlichen »amour propre« dieser Maßstab der Selbstinteressiertheit dahingehend, dass nun die Meinung der anderen zur Richtschnur des opportunen Verhaltens wird. Am prägnantesten erläutert Rousseau diesen Unterschied in seiner Anmerkung wohl dann, wenn er die wohl der Moraltheorie Humes entnommene, aber bereits auf Adam Smith vorverweisende Formulierung verwendet, dass im Gefühl oder Streben der »amour de soi« das Subjekt nur »sich selbst als den einzigen Zuschauer« kennt, wohingegen es in dem der »amour propre« die Anderen als »Richter« über sein Tun und Lassen betrachtet.[15] Werden die Differenzen zwischen den beiden Weisen der Selbstinteressiertheit auf eine derartige Weise erläutert, so ist freilich vorläufig noch vollkommen unklar, warum mit der zweiten Einstellung, die der »amour propre«, überhaupt eine Tendenz zum Negativen oder Problematischen verknüpft sein soll; im Gegenteil, aus der Perspektive von Adam Smith ließe sich ja sagen, dass eine Orientierung des eigenen Handelns am verinnerlichten Urteil der zunächst nur äußerlich Anderen einem bloß selbstbezüglichen Tun an Umsicht und Angemessenheit weit überlegen sei.[16] Aber Rousseau hebt in seinem Kommentar auf eine ganz andere Komponente dieser intersubjektiv vermittelten Selbsteinschätzung ab, die mit den heilsamen Wirkungen des

14 Ebd., S. 368-373.

15 Ebd., S. 369.

16 Vgl. Adam Smith, *Theorie der ethischen Gefühle* (*Theory of Moral Sentiments*, 1759), hg. von Walther Eckstein, Hamburg 2004, S. 167: »Wir bemühen uns, unser Verhalten so zu prüfen, wie es unserer Ansicht nach irgendein anderer gerechter und unparteiischer Zuschauer prüfen würde. Wenn wir uns erst in seine Lage versetzen und wir dann immer noch an allen Affekten und Beweggründen, die unser Verhalten bestimmten, durchaus inneren Anteil nehmen, dann billigen wir dieses Verhalten aus Sympathie mit der Billigung dieses gerechten Richters, den wir in Gedanken aufgestellt haben.«

»unparteiischen Beobachters« in der »Theory of Moral Sentiments« kaum mehr vereinbar zu sein scheint: Nicht eine Instanz der Korrektur eigener Urteile, nicht eine förderliche Kraft der kognitiven und moralischen Dezentrierung ist für Rousseau der zum »Richter« gewordene Andere, sondern eine ständige Quelle des Antriebs, sich als überlegen gegenüber seinen Mitmenschen beweisen zu müssen. Wofür die »amour propre« im Zweiten Diskurs zunächst einmal steht, ist eine Form der Selbstinteressiertheit, die dadurch zum Stachel eines sozialen Geltungsdrangs geworden ist, dass sie das fürs eigene Fortbestehen erforderliche Handeln von der Begutachtung durch andere Personen abhängig macht.

Allerdings ist es auch bei genauerem Hinsehen gar nicht leicht, exakt den Punkt auszumachen, an dem Rousseau in seiner Beschreibung des Stellenwerts des verinnerlichten Beobachters von der durch Adam Smith nur wenige Jahre später gelieferten Analyse abweicht; denn beide wollen ja insofern zunächst auf das Gleiche hinaus, als sie für den vergesellschafteten Menschen behaupten, dass er sich in der Einschätzung der Angemessenheit seines Verhaltens in der Regel am präsumtiven Urteil eines generalisierten Anderen orientiert. Ein in der Konsequenz schließlich aber gravierender Unterschied besteht darin, dass Rousseau diese duale Beziehung zwischen Subjekt und innerem Beobachter noch einmal um eine weitere Beziehung anreichert, die sich ergeben soll, weil zusätzlich auch die real anwesenden Personen das sich an seinem intersubjektiven »Richter« orientierende Subjekt beobachten; mit beiden Perspektiven konfrontiert, wird Rousseau zufolge dann das betreffende Subjekt dazu angehalten, sich vor seinem inneren Beobachter in einer Weise zu präsentieren, die es vor seinen anwesenden Mitsubjekten als überlegen oder höherrangig dastehen lässt. Insofern ist »amour propre« im Unterschied zur Selbstbeurteilung durch das Hineinversetzen in die Perspektive eines »unparteiischen Beobachters« der Ausdruck für ein dreigliedriges Beziehungsgefüge des vergesellschafteten Menschen: Sobald der Einzelne infolge dichter werdender Interaktionsverhältnisse gelernt hat, sein Verhalten am Urteil des verallgemeinerten Anderen auszurichten, wird er zugleich darum bemüht sein, sich diesem gegenüber möglichst vorteilhaft darzustellen, um nach eigener Einschätzung in den Augen seiner Zeitgenossen mehr gelten zu können. Das Perfide an dieser Abhängigkeit vom Urteil Anderer stellt für Rousseau nicht, wie er immer wieder deutlich macht, der bloße Umstand dar, dass hier jemand Eigenschaften vortäuscht, über die er faktisch nach eigener Kenntnis gar nicht verfügt; fatal ist aus der Sicht Rousseaus an der »amour propre« vielmehr, dass sie den Einzelnen sich über sich selbst täuschen lässt, weil er sich ja nicht nur nach außen, vor seinen Mitmenschen, sondern vor seinem inneren Richter als eine Person mit möglichst vorteilhaften Attributen präsentieren können muss – wonach es dem Individuum verlangt, wenn es seine »amour propre« zu befriedigen sucht, ist nicht einfach soziale Wertschätzung, sondern Selbstwertschätzung, also ein Bewusstsein des eigenen Werts.[17]

Alles, was Rousseau im Zweiten Diskurs über die sozialen Pathologien seiner Zeit aussagt, hat ihm zufolge in dieser aus der »amour propre« erwachsenen Geltungssucht seine Wurzeln: Die Menschen sind in der bürgerlichen Gesellschaft rastlos damit beschäftigt, Attribute zu erlangen, die ihnen aus der Sicht ihres verinnerlichten Beobachters einen Status verleihen, der dem der anderen Zeitgenossen überlegen ist. Einmal in Gang gekommen, kennt die »ungestüme Aktivität unserer Eigenliebe«, die »pétulante activité de nôtre amour propre«,[18] keine Grenzen mehr, weil sie aufgrund ihres bloß relativen Charakters jedes distinktionsverschaffende Merkmal schnell verbraucht sein lässt und daher zu immer neuen Anstrengungen zwingt, die eigene Überlegenheit glaubhaft zu demonstrieren: Was gestern noch in Bezug auf Reichtum, Macht oder Schönheit als Zeichen einer individuellen Höherrangigkeit gelten konnte, muss heute infolge sozialer Verbreitung schon wieder übertrumpft werden, so dass auf allen Feldern der Statuskonkurrenz eine Tendenz zum ständigen Höherschrauben des Distinktionsgebarens herrscht.[19] Das Theater übernimmt in diesem kulturellen Prozess, wie wir gesehen haben, nur die verstärkende Rolle einer Anstalt des Raffinements; es ist Rousseau deswegen so verhasst, weil die Bürgerinnen und Bürger hier Verhaltensweisen erlernen, mit denen sie derart überzeugend Eigenschaften und Statusmerkmale vortäuschen können, dass sie am Ende selbst noch von deren Authentizität überzeugt sind.

Schon der *Émile*, mit dessen Abfassung Rousseau bereits wenige

17 Vgl. F. Neuhouser, *Pathologien der Selbstliebe*, a. a. O., S. 53 f.
18 J.-J. Rousseau, *Diskurs über die Ungleichheit*, a. a. O., S. 192 f.
19 Vgl. F. Neuhouser, *Pathologien der Selbstliebe*, a. a. O., S. 109 f.

Jahre nach der Veröffentlichung des Zweiten Diskurses beginnt, macht nun aber deutlich, dass er es bei der bloß kritischen Diagnose der »amour propre« nicht einfach bewenden lassen will; hier taucht nämlich derselbe Begriff mehrfach wieder auf, ohne sofort und automatisch mit all den negativen Konnotationen behaftet zu sein, die ihm im Rahmen der Kulturkritik noch zukommen. Nimmt man zu dieser Schrift noch den etwa zeitgleich entstehenden *Contrat Social* hinzu, in dem zwar nicht direkt von der »amour propre«, aber doch von verwandten Einstellungen die Rede ist, so zeichnet sich im Denken Rousseaus ein Weg ab, der ein wachsendes Bemühen um eine Differenzierung des ihn leitenden Begriffes verrät; unzufrieden damit, keinen Ausweg aus den dargestellten Pathologien der bürgerlichen Gesellschaft aufzeigen zu können, ringt der Philosoph ab den frühen 1760er Jahren mit der Möglichkeit, neben der schädlichen Gestalt auch eine heilsame, sozialverträgliche Form der »amour propre« behaupten zu können. Nun ist es für Rousseau aber gar nicht leicht, von der zunächst nur negativen Formbestimmung der »amour propre« einen Weg zu bahnen zu einer Bestimmung, in der diese plötzlich in einem positiven Licht erscheint; was erforderlich wäre, um das zu erreichen, müsste in einer Skizzierung der Bedingungen bestehen, unter denen an der intersubjektiv vermittelten Selbstbeurteilung die Nötigung wegfiele, sich den Mitsubjekten gegenüber als höherrangig zu erweisen. Im *Émile* finden sich eine Reihe von Formulierungen, die anschaulich deutlich machen, wie Rousseau sich mit der schwierigen Aufgabe einer Fixierung solcher Bedingungen erst nur abmüht; überall dort, wo er auf die unvermeidliche Herausbildung der »amour propre« bei seinem Zögling zu sprechen kommt, erkundet er sogleich wie in einer experimentellen Versuchsanordnung, was unternommen werden müsste, um der Gefahr der sich daraus zumeist ergebenden Geltungssucht vorzubeugen.[20] Die Lösung, die Rousseau für sein Problem schließlich bereithält, besteht in einem Ratschlag, der auf den ersten Blick noch sehr rätselhaft klingt: »Dehnen wir die Eigenliebe [amour propre, A. H.] auf andere aus«, so heißt es, »verwandeln wir sie in Tugend. Es gibt kein Menschenherz, in dem diese Tugend nicht ihre Wurzeln hätte.«[21] Einen Sinn ergibt diese

20 Vgl. etwa: J.-J. Rousseau, *Emil oder über die Erziehung*, a. a. O., S. 172 (Eitelkeit), 179, 239 f.

21 Ebd., S. 261.

Formulierung, wenn man sich klarmacht, dass eine »Ausdehnung« der »amour propre« bedeuten würde, jeden Anderen in der gleichen Weise sein eigenes Handeln am Urteil eines verallgemeinerten Beobachters ausrichten zu sehen; erfolgt ein solcher Perspektivenwechsel, so scheint Rousseau sagen zu wollen, erkennen wir also in allen Mitsubjekten dasselbe Ringen um Bewährung vor ihrem inneren Richter, so entfällt auch der Antrieb, sie an Ansehen und Status übertrumpfen zu wollen. Dieser Gedankengang lässt sich noch klarer fassen, wenn statt vom »inneren Richter« davon gesprochen wird, dass die Subjekte gleichermaßen auf eine generalisierte Zustimmung von Seiten der sie umgebenden Gesellschaft angewiesen sind; von einer Ausdehnung der »amour propre« zu reden, heißt dann nämlich nichts anderes, als den Subjekten die Einsicht nahezulegen, dass sie wechselseitig der sozialen Anerkennung bedürfen und daher auf ein konkurrenzhaftes Streben nach höherem Ansehen verzichten sollten. Rousseau versucht eine Vergiftung der »amour propre« bei seinem Zögling Émile dadurch zu verhindern, dass er ihm beizubringen versucht, sich angesichts der Verwiesenheit aller Menschen auf gesellschaftliche Anerkennung mit einem sozialen Ansehen zu bescheiden, in der genau diese wechselseitige Abhängigkeit zum Ausdruck kommt; die Formel, auf die sich eine derart temperierte Form der sozialen Anerkennung bringen lässt und die auch Rousseaus Lösungsvorschlag angemessen wiedergibt, lautet Respekt unter Gleichen.[22]

Fasst man die pädagogische Kur der »amour propre« im *Émile* auf diese Weise zusammen, so lässt sich nun zum ersten Mal auch verstehen, warum Rousseau heute überhaupt als ein Theoretiker der Anerkennung in Erscheinung treten kann. Von Beginn an, also schon im Zweiten Diskurs, war mit dem Begriff der »amour propre« offenbar mehr gemeint als nur die menschliche Leidenschaft, sich anderen gegenüber als sozial überlegen zu erweisen und daher beständig um ein höheres Maß an Wertschätzung zu kämpfen; solchen Formen der Geltungssucht liegt als Triebfeder ihrerseits noch einmal das Bedürfnis zugrunde, in den Augen der Gesellschaftsmitglieder überhaupt als jemand zu gelten und damit

22 Vgl. zu dieser »egalitarian form« der »amour propre« im Anschluss an die bahnbrechende Monographie von Dent: Joshua Cohen, *Rousseau. A Free Community of Equals*, Oxford 2012, S. 101-104; F. Neuhouser, *Pathologien der Selbstliebe*, a. a. O., S. 83-101 (mit einer Kritik an Cohens Auffassung).

eine Art von sozialem Wert zu genießen. Bevor die »amour propre« zum Verlangen nach Prestige und besonderer Hochachtung wird, besitzt sie mithin die ganz unschuldige Gestalt, die später auch der Perspektivübernahme des »inneren Beobachters« bei Adam Smith zukommen wird;[23] ihr Wesen besteht darin, uns in unserer Selbsteinschätzung und unserem Selbstbild abhängig sein zu lassen von der sozialen Anerkennung der uns umgebenden Gesellschaft. Die negative Form eines zwanghaften Sich-Vergleichens und Überlegenheitsdrangs nimmt diese Abhängigkeit vom »generalisierten Anderen« für Rousseau erst dann an, wenn das begleitende Bewusstsein entfällt, dass wir alle dieselbe Bedürftigkeit nach sozialer Bestätigung und Befürwortung teilen; dann nämlich gerät uns aus dem Blick, dass wir selbst es sind, die mit all den anderen Gesellschaftsmitgliedern jene Instanz eines »inneren Richters« bilden, von der wir uns Zustimmung für unser Verhalten erwarten. Insofern ist es nur konsequent, wenn Rousseau in seiner Erziehungsschrift zu pädagogischen Maßnahmen rät, mit deren Hilfe Heranwachsenden schon früh ein Bewusstsein sozialer Gleichheit zu vermitteln ist; denn nur wenn der Einzelne sich als Gleicher unter Gleichen zu verstehen lernt, kann er sich zugleich als Mitwirkender an jenem »generalisierten Anderen« begreifen, von dessen Urteilsfindung er in der Befriedigung seiner »amour propre« abhängig ist.

Nun ist diese letzte Formulierung ersichtlich schon im Vorgriff auf die Konstruktion gewählt, mit der Rousseau in seinem *Contrat Social* das Problem der »amour propre« zu lösen versucht. Im *Émile* findet sich zwar bereits der Gedanke, das Begehren nach sozialer Anerkennung durch einen Respekt unter Gleichen zu befriedigen, aber noch nicht die viel weiter gehende Idee, dass sich dadurch der Einzelne zugleich auch als Mitautor der gesellschaftlichen Urteile begreifen kann, von denen er in seinem Selbstverständnis fortan abhängig bleibt. Im Begriff der »volonté générale«, mit dem Rousseau seinen Entwurf eines Gesellschaftsvertrags krönt, versucht er ganz offensichtlich, die Vorstellung eines solchen durch die Betroffenen selbst erzeugten Beurteilungsmaßstabs sozialer Anerkennung zu umreißen. Die Bürger (und Bürgerinnen) eines republikani-

23 Zur »Anerkennung« bei Adam Smith vgl. Christel Fricke/Hans-Peter Schütt (Hg.), *Adam Smith als Moralphilosoph*, Berlin 2005, v.a. die Beiträge von Stephen Darwall (S. 178-189) und Robert C. Solomon (S. 251-276). Vgl. auch: Axel Honneth, *Anerkennung. Eine europäische Ideengeschichte*, a.a.O., S. 99-119.

schen Gemeinwesens sind diesem Gedankengang zufolge in ihrem Selbstwertgefühl deswegen nicht mehr einer ihnen fremden Instanz des »generalized other« unterworfen, weil sie sich zuvor in einem spontanen Akt der Zusammenstimmung auf einen Gemeinwillen geeinigt haben, in dessen Licht sie sich von nun an wechselseitig in einer Weise anerkennen können, wie sie es kollektiv für richtig halten.[24] Aus einer derartigen Form von Gesellschaft, so scheint Rousseau zu glauben, sind all jene unkontrollierbaren, dem Einzelnen bloß aufgezwungenen Maßstäbe des individuellen Werts verschwunden, die bislang für die lasterhaften Anstachelungen der »amour propre« verantwortlich waren; was statt dessen übrig bleibt, sind rein selbstauferlegte, transparente Quellen der sozialen Anerkennung, die letztlich nur beinhalten können, dass die Gesellschaftsmitglieder sich untereinander ausschließlich als Freie und Gleiche respektieren.

Allerdings weisen die abschließenden Kapitel im *Contrat Social* auch darauf hin, dass Rousseau von einer vollständigen Befriedigung der »amour propre« bloß im wechselseitigen Respekt selbst nicht ganz überzeugt war; denn die Ausführungen zur »Zivilreligion« und zum republikanischen Patriotismus scheinen doch besagen zu wollen, dass es dem Einzelnen stets nach einem stärkeren Gefühl des eigenen Selbstwerts verlangt, als es allein durch die Anerkennung als freier und gleicher Bürger zu gewinnen ist.[25] In der »amour propre«, dem Bedürfnis, in den Augen der anderen Gesellschaftsmitglieder als von Wert zu gelten, wuchern selbst bei egalitärer Befriedigung noch überschießende, schwer zu befriedigende Ansprüche, die es für Rousseau offenbar erforderlich machen, innerhalb eines republikanischen Gemeinwesens nach zusätzlichen Ressourcen der sozialen Anerkennung Ausschau zu halten;[26] auch

24 Die normativen Beschränkungen, die Rousseau dem »Gemeinwillen« auferlegt, lassen sich unter dieser Perspektive auch so verstehen, dass sie es durch Ausschaltung grundlegender Asymmetrien an sozialer Macht dem Einzelnen verwehren sollen, auf Kosten der Freiheit anderer zur Wertschätzung zu gelangen: F. Neuhouser, *Pathologien der Selbstliebe*, a. a. O., S. 221-226.

25 Neben einigen Stellen im *Émile*, auf die F. Neuhouser verweist (*Pathologien der Selbstliebe*, a. a. O., S. 97 f.), lässt sich hier vor allem das Kapitel über die »bürgerliche Religion« im »Gesellschaftsvertrag« erwähnen, welches die Vorteile eines Staatswesens rühmt, das »die brennende Liebe zu Ruhm und Vaterland« befriedigt (Rousseau, *Vom Gesellschaftsvertrag*, a. a. O., S. 140-153, hier S. 149).

26 Vgl. F. Neuhouser, *Pathologien der Selbstliebe*, a. a. O., S. 227-233.

diese dürfen keinerlei Anhaltspunkte für die leicht entzündliche Gefahr der Geltungssucht bieten, müssen also gesellschaftlich hinreichend verallgemeinerbar sein, sollten aber nach Möglichkeit doch dem Einzelnen die Chance geben, sich tugendhaft einer besonderen Wertschätzung zu erfreuen. Die Zivilreligion, der demokratische Patriotismus, ja überhaupt alle Formen eines kollektiven Verfassungsstolzes stellen für Rousseau solche den »Gemeinwillen« ergänzende Kraftquellen der sozialen Anerkennung dar; wie andere namhafte Vertreter der republikanischen Tradition auch – etwa Montesquieu oder Tocqueville, um nur zwei von ihnen zu nennen – geht er davon aus, dass selbst demokratische Gesellschaften vor der permanenten Aufgabe stehen, dem individuellen Bedürfnis nach Reputation und Wertschätzung genügend Spielräume der Befriedigung zu eröffnen.[27] Bevor ich aber auf diese weitere Komplizierung der Anerkennungstheorie von Rousseau zu sprechen komme, will ich zunächst kurz darstellen, welche enorme Bedeutung seine Thematisierung der »amour propre« für die sich anschließenden Diskussionen in der Philosophie der Moderne hatte; viele der Aspekte, die er an seinem Schlüsselbegriff im Laufe der Zeit unterschieden hatte, werden von den ihm folgenden Denkern wieder aufgenommen und in eigenständiger Weise weiterentwickelt.

II.

Führen wir uns die sehr verschiedenen Bedeutungsaspekte vor Augen, die wir an Rousseaus Begriff der »amour propre« bislang schon kennengelernt haben, so kann es nicht überraschen, dass aus ihm im weiteren Verlauf der philosophischen Entwicklung die unterschiedlichsten Konsequenzen gezogen wurden; je nachdem, ob man sich eher auf den negativen Pol der bloßen Geltungssucht oder auf den positiven Pol der egalitären Anerkennung stützte, war er dazu angetan, Diagnosen mit geradezu entgegenstehenden Interessen zu begründen. Das große Heer der Rousseau-Nachfolger schloss si-

27 Vgl. die Montesquieu und Tocqueville gewidmete Studie: Sharon R. Krause, *Liberalism with Honor*, Cambridge/Mass. 2002. Leider wird in dieser vorzüglichen Untersuchung dem Werk Rousseaus kaum Beachtung geschenkt, weil dieses von Anfang an auf eine nur einseitige Lesart der »amour propre« festgelegt wird (ebd., S. 60).

cherlich an die politische Programmatik des »Contrat Social« an, ohne freilich deren Herkunft aus der komplizierten Umdeutung des zunächst nur pejorativ verwendeten Begriffs der »amour propre« zu durchschauen; andere Nachfolger des französischen Philosophen wiederum knüpften ausschließlich an den Zweiten Diskurs an, wobei ihnen dann allerdings in ihren pessimistischen Zeitdiagnosen jede Aussicht auf jene therapeutischen Gegenmittel fehlten, die sich erst in den späteren Schriften entwickelt fanden. Aber es gab auch Denker, die sich intuitiv der ganzen Spannbreite des für Rousseau zentralen Begriffs bewusst waren und daher wohl auch den inneren Zusammenhang zwischen seinen schwer zu vereinheitlichenden Schriften schon vorausahnen konnten. Zu diesen eher raren Ausnahmen in der Wirkungsgeschichte Rousseaus dürfte Immanuel Kant gezählt haben. In dessen Werk taucht je nachdem, welche philosophische Erkenntnisabsicht verfolgt wird, der Begriff der »amour propre« sowohl in seiner positiven wie in seiner negativen Bedeutung auf, wobei die Differenzen schon in der Wortwahl markiert werden; ob Kant dabei tatsächlich die systematische Verknüpfung beider Bedeutungsaspekte in der Anerkennungsbedürftigkeit des Menschen bereits angemessen durchschaut hat, ist hier von geringerer Bewandtnis als der erstaunliche Umstand, dass ihm die zwei Verwendungsweisen vertraut genug waren, um sie gezielt für seine Zwecke einsetzen zu können.

Hinlänglich bekannt ist natürlich, wie viel an theoretischen Anregungen Kant in seiner Moralphilosophie der von Rousseau entwickelten Vorstellung verdankt, dass nur solche allgemeinen Gesetze als gültig betrachtet werden dürfen, die jeder Einzelne je für sich als selbstgesetzt begreifen kann; selbst noch die sich daraus ergebende Konsequenz, wonach eine solche gemeinsame Prozedur der Selbstgesetzgebung zu einem Verhältnis der egalitären Anerkennung unter den Beteiligten führt, hat Kant mit seinem lebenslangen Vorbild geteilt und im Begriff der »Achtung« festgehalten.[28] Weniger bekannt ist allerdings die Tatsache, dass Kant nicht nur an

28 Dieser Einfluss Rousseaus auf Kants Moralphilosophie zeichnet sich noch deutlich in Kants früher »Vorlesung über Ethik« (Frankfurt/M. 1990) ab (vgl. etwa Manfred Kühn, *Kant. Eine Biographie*, München 2003, S. 160-162), verflüchtigt sich dann aber mit der Wende zur Zweiweltenlehre zusehends, obwohl Grundeinsichten beibehalten werden; vgl. insgesamt: Jerome B. Schneewind, *The Invention of Autonomy*, Cambridge/UK 1998, S. 487-492.

Rousseaus positive Umdeutung der »amour propre« anknüpft, sondern auch für deren ursprünglich nur negative Fassung einen exakt bestimmten Verwendungsort vorsieht; neben vielen Hinweisen auf die anthropologische Rolle der vergleichenden Selbstliebe, die deutlich den begrifflichen Stempel Rousseaus tragen,[29] kommt vor allem innerhalb seiner geschichtsphilosophischen Entwürfe eine Idee des sozialen Geltungsdrangs systematisch zum Tragen, für die er die Anregung nur aus einer intensiven Lektüre des Zweiten Diskurses erhalten haben kann. Die Aufgabe, die der dort entwickelte, rein pejorative Begriff der »amour propre« in der Geschichtsphilosophie Kants erhält, ergibt sich aus dem Ziel, welches er sich mit ihr in seinem Gesamtwerk gesetzt hat: Sie soll uns an der nur transzendentalen, also empirisch wirkungslosen Geltung der Sittengesetze nicht verzweifeln lassen, indem sie mit Hilfe der Urteilskraft tentativ ein Bild der menschlichen Geschichte entwirft, das genügend Anhaltspunkte eines Fortschritts zum Besseren enthält, um uns bei unseren moralischen Anstrengungen trotz allem motivieren und beflügeln zu können.[30] Allerdings muss Kant nun, um den damit umrissenen Zweck erreichen zu können, seine hypothetische Skizze des Geschichtsverlaufs mit immerhin so vielen Indikatoren eines tatsächlichen Fortschritts im Moralischen ausstatten, dass sie für seine Zeitgenossen nicht jede Glaubwürdigkeit verliert; und genau an dieser Stelle seiner Geschichtsphilosophie, dort, wo es also um die empirische Plausibilisierung einer moralischen Progression in der Geschichte geht, kommt nun in geradezu paradoxer Weise Rousseaus negative Konzeption der »amour propre« zum Tragen. Kant versucht nämlich, ganz gegen die Absicht des Zweiten Diskurses, der auch von ihm hier als konstitutiv für die menschliche Gattung angesehenen Geltungssucht eine Wendung zu geben, die es verständlich machen soll, warum aus ihr am Ende doch Wirkungen in

29 Vgl. exemplarisch und besonders markant: I. Kant, *Die Religion innerhalb der Grenzen der bloßen Vernunft*, in: ders., *Werk in zwölf Bänden* (Theorie-Werkausgabe), Frankfurt/M. 1968, Bd. VIII, S. 647-879, hier S. 673 ff.

30 Vgl. dazu Axel Honneth, »Die Unhintergehbarkeit des Fortschritts. Kants Bestimmung des Verhältnisses von Moral und Geschichte«, in: ders., *Pathologien der Vernunft. Geschichte und Gegenwart der Kritischen Theorie*, Frankfurt/M. 2007, S. 9-27. Zusätzlich und bahnbrechend: Yirmiyahu Yovel, *Kant and the Philosophy of History*, Princeton/N.Y. 1980, S. 146-151 (allerdings ohne Bezug auf Rousseau, aber mit Vorverweis auf Hegel).

Richtung einer sittlichen Verbesserung hervorgehen: Die menschlichen Subjekte, so lautet der Gedankengang in Kants Schrift *Idee zu einer allgemeinen Geschichte in weltbürgerlicher Absicht*, streben aufgrund ihrer »ungeselligen Geselligkeit« stets danach, sich durch Leistungen hervorzutun, für die sie die Anerkennung der sozialen Gemeinschaft finden können; ab einer bestimmten Schwelle in der Geschichte hat dieser in Eitelkeit begründete Distinktionskampf aber einen Stand erreicht, an dem den wetteifernden Subjekten keine andere Möglichkeit des Prestigegewinns bleibt, als sich auch an besonderen Leistungen im moralischen Verhalten und Unterscheidungsvermögen zu versuchen;[31] insofern führt für Kant das, was am Anfang nur bloße Sucht nach öffentlicher Wertschätzung war, im längeren Verlauf der menschlichen Entwicklung schließlich auch zu einem Fortschritt in den sittlichen Verhältnissen, so dass wir trotz aller empirischen Bedenken den Mut zu weiteren Verbesserungen im Moralischen fassen können. Auf geradezu ingeniöse Weise hat Kant damit die zwei Bedeutungspole der »amour propre«, um deren innere Verknüpfung im Werk von Rousseau er womöglich gar nicht wusste, in der Systematik seiner Theorie vereinigt: Dem positiven Begriff kommt in der Bedeutung der reziproken Achtung unter Gleichen die Aufgabe zu, den normativen Gesichtspunkt des Moralischen zu erläutern, während dem negativen Begriff die Funktion zufällt, eine hypothetische Erklärung für den Weg dorthin, also zum Standpunkt der Moral, zu liefern. Man könnte auch noch einen Schritt weitergehen und sagen, dass Kant die sich aus der Doppelung der »amour propre« ergebenden Schwierigkeiten einfach ontologisch gelöst hat, indem er deren zwei Bedeutungen den unterschiedlichen Sphären einmal der empirischen Wirklichkeit, das andere Mal des Noumenalen zugeordnet hat: In der kausalen Welt der menschlichen Geschichte besitzt die menschliche Selbstinteressiertheit dann die Gestalt des sozialen Geltungsdrangs, in der rationalen Welt der sittlichen Gesetze demgegenüber hat sie die Gestalt der moralischen Achtung angenommen.

Allerdings konnte von einer solchen schlichten Lösung schon Kant selbst nicht ganz überzeugt sein, bemühte er sich in seinen ge-

31 I. Kant, *Idee zu einer allgemeinen Geschichte in weltbürgerlicher Absicht*, in: ders., *Werke in zwölf Bänden*, a. a. O., Bd. XI, S. 33-50, hier Vierter Satz (S. 37-39).

schichtsphilosophischen Entwürfen doch gerade darum, zwischen der faktischen Geschichte und dem Ideellen eine theoretische Brücke zu schlagen und damit die Kluft zwischen den zwei Welten nicht zu groß werden zu lassen; insofern liegt es viel näher, ihm eine generelle Unkenntnis darüber zu unterstellen, dass zumindest für Rousseau die beiden Strebungen des Geltungsdrangs und der reziproken Achtung aus ein und der gleichen motivationalen Quelle, der »amour propre« nämlich, stammen sollten. Kant hätte sich, wäre ihm diese innere Verknüpfung bei Rousseau tatsächlich verschlossen geblieben, um eine Aufklärung der Ursachen für die Verschiebung der zugrundeliegenden Bedürftigkeit des Menschen entweder in die eine oder in die andere Richtung gar keine Gedanken machen müssen; vielmehr hätte er zwei Begriffe in den Schriften seines großen Vorbildes aufgelesen, die ihm unabhängig voneinander philosophisch jeweils so erklärungskräftig schienen, dass er sie an verschiedenen Stellen seines Werkes zum Einsatz zu bringen versucht hat.

Noch schwieriger gestaltet sich die Einschätzung der Abhängigkeit von Rousseaus Begriff der »amour propre« aber bei den Denkern, die die philosophische Theorie Kants unmittelbar nach dessen Tod mit der Absicht überwinden wollten, eine Kluft zwischen den zwei Welten der empirischen Kausalität und der noumenalen Vernunft erst gar nicht entstehen zu lassen. Zumindest für Hegel, wohl aber auch für Fichte kann gelten, dass sie sich der Herkunft ihrer eigenen Anerkennungstheorien aus der Erbmasse des Rousseauschen Denkens intuitiv bewusst waren; zwar erwähnt Hegel den Begriff der »amour propre« nach meiner Kenntnis an keiner Stelle und übernimmt auch die ganze Terminologie der Anerkennung eher von Fichte, aber viele Bemerkungen in seiner »Rechtsphilosophie« lassen doch darauf schließen, dass er sich die Sittlichkeit nach dem Muster von Rousseaus »volonté générale« als das Resultat einer wechselseitigen Anerkennung unter sich in ihrer Subjektivität einschränkenden Individuen vorgestellt hat.[32]

32 Zum Einfluss des Rousseauschen *Contrat Social* auf die Denkentwicklung Hegels bis hin zu seiner Rechtsphilosophie vgl. den vorzüglichen Aufsatz von Hans Friedrich Fulda: ders., »Rousseausche Probleme in Hegels Entwicklung«, in: ders./Rolf-Peter Horstmann (Hg.), *Rousseau, die Revolution und der junge Hegel*, Stuttgart 1991, S. 41-73, bes. S. 62 ff.; vgl. auch: Patrick Riley, »Rousseau's General Will«, in: ders., (Hg.), *The Cambridge Companion to Rousseau*, Cambridge/UK

Macht man sich darüber hinaus klar, dass auch Hegel die »Eitelkeit« oder »Heuchelei« auf eine Verkennung dessen zurückführt, was an gemeinsamer Anerkennungsbedürftigkeit die Subjekte verbindet, so dürfte eine solche wenn nicht direkte, so doch gedanklich-atmosphärische Abhängigkeit vom Denkhorizont Rousseaus auf der Hand liegen: Wie der große Franzose, so nimmt auch der deutsche Philosoph den subjektiven Geltungsdrang und die wechselseitige Anerkennung, die Eitelkeit und die gleiche Achtung, als zwei Seiten eines Bestrebens der menschlichen Subjektivität wahr, in den Augen der Mitsubjekte als eine Person von sozialem Wert zu gelten.[33] Im Einzelnen ist allerdings auch bei Hegel, nicht anders als bei Kant, äußerst schwer zu durchschauen, wie weit diese Kenntnis der doppelten Bedeutung der »amour propre« im Werk Rousseaus tatsächlich gereicht hat; obwohl in der »Rechtsphilosophie« zwischen Verfallsformen und gelungenen Gestalten der Anerkennungsbedürftigkeit ähnliche Unterschiede gemacht werden wie bei Rousseau, ist doch eher zu bezweifeln, dass diese Differenzierungen sich direkt einer Adaption des Begriffs der »amour propre« verdanken. Ein Grund für die Schwierigkeiten der nachfolgenden Generationen, sich die ganze Spannbreite von Rousseaus Schlüsselbegriff bewusst zu machen, mag nicht zuletzt darin gelegen haben, dass dieser selbst gegenüber dem damit bezeichneten Selbstverhält-

2001, S. 124-153. Auch für Fichte kann gelten, dass er sich die transzendentale Herkunft des Rechtsverhältnisses nach dem Rousseauschen Muster der »volonté générale« erklärt; vgl. den sehr lesenswerten Aufsatz von Georg Gurwitsch: ders., »Kant und Fichte als Rousseau-Interpreten«, in: *Kant-Studien*, 27 (1922), S. 138-164. In keinem dieser Beiträge kommt allerdings die Abhängigkeit von Rousseaus Einsicht in die Bedingungen der »amour propre« selbst zur Sprache; die Chance, diese tiefer liegenden Verweisungszusammenhänge weiter zu untersuchen, wird nach meinem Eindruck erst durch die Monographie von Frederick Neuhouser eröffnet.

33 Sehr schön wird diese Aufspaltung der Anerkennung an den Stellen seiner »Rechtsphilosophie« klar, an denen Hegel die individuelle Geltungssucht als Folge eines Versagens etablierter, »sittlicher« Anerkennungsverhältnisse begreift. Vgl. etwa G.W.F. Hegel, *Grundlinien der Philosophie des Rechts*, in: ders., *Werke in zwanzig Bänden* (Theorie-Werkausgabe), Bd. 7, Frankfurt/M. 1970, § 253. Im Übrigen scheint es mir daher nicht falsch, Hegels Entwurf einer sittlich eingehegten Marktwirtschaft als Antwort auf Rousseaus Zerfallsdiagnose der bürgerlichen Gesellschaft zu verstehen, wie Jeffrey Church es vorschlägt: »The Freedom of Desire. Hegel's Response to Rousseau on the Problem of Civil Society«, in: *American Journal of Political Science* 54,1 (2010), S. 125-139.

nis eine gewisse Reserve nie losgeworden ist; bis an das Ende seines Lebens hat er nämlich damit gerungen, ob es im Ganzen für ein gutes Leben nicht ratsamer wäre, die Abhängigkeit von Anderen als solche geistig zu überwinden.

III.

Blicken wir zurück auf das, was wir vor dieser theoriegeschichtlichen Zwischenbetrachtung über die »amour propre« bei Rousseau in Erfahrung gebracht haben, so fällt daran neben der enormen Spannweite des Begriffs auch der ihm gleichzeitig innewohnende Zug einer durchgängigen Beunruhigung ins Auge: Die durch die Anderen vermittelte Selbstinteressiertheit, die die »amour propre« im Unterschied zur bloßen »amour de soi« darstellt, verliert für Rousseau auch dann nicht ihre Maßlosigkeit und Ungesättigtheit, wenn sie dank der Einsicht in die gemeinsame Abhängigkeit die Form einer wechselseitigen Achtung unter Gleichen angenommen hat. Es macht den anthropologischen Realismus Rousseaus aus, wie vor allem Frederick Neuhouser herausgearbeitet hat,[34] dass er den Einzelnen nach dem Verlust der genügsamen Selbstliebe auch ein stetes Verlangen beibehalten lässt, als ein besonders ausgezeichnetes Individuum im Kreis seiner Gemeinschaft anerkannt zu werden; daher kann der vergesellschaftete Mensch sich nicht damit zufrieden geben, nur als ein Gleicher unter Gleichen im republikanischen Gemeinwesen zu zählen, sondern muss darüber hinaus nach einer sozialen Wertschätzung streben, die Fähigkeiten und Eigenschaften gilt, die ihn von allen anderen wiederum unterscheiden.[35] Der Grund für diesen Überschuss im Anerkennungsstreben, der Rousseau dazu nötigt, im *Contrat Social* noch nach zusätzlichen Quellen der persönlichen Bewährung und Reputation Ausschau zu halten,

34 Vgl. F. Neuhouser, *Pathologien der Selbstliebe*, a. a. O., S. 96-101.

35 In meiner Studie *Kampf um Anerkennung* habe ich diese andere Form der Anerkennung, die nicht auf gleiche Achtung, sondern auf individuelle Heraushebung zielt, im Anschluss an Hegel und George Herbert Mead mit der Kategorie der »Wertschätzung« belegt: Axel Honneth, *Kampf um Anerkennung. Zur moralischen Grammatik sozialer Konflikte*, Frankfurt/M. 1992, Kap. II, 5; dabei habe ich mich, wie später auch Neuhouser, auf einen berühmt gewordenen Aufsatz von Stephen L. Darwall gestützt: ders., »Two Kinds of Respect«, in: *Ethics* 88,1 (1977), S. 36-49.

hängt letztlich mit der Struktur des Selbstverhältnisses zusammen, durch die die »amour propre« charakterisiert sein soll: Weil wir in einer solchen Einstellung alle Maßstäbe der Selbstbeurteilung verloren haben, die quasi aus unserer natürlichen Bedürftigkeit stammen, können wir unsere wahren Verdienste und Vorzüge nur noch im Spiegel derer einschätzen, die zusammengenommen die »öffentliche Meinung« oder den »generalized other« bilden; die Unsicherheit darüber, ob im Lichte solcher öffentlicher Urteile unsere Leistungen tatsächlich angemessen gewürdigt werden, wird selbst dann noch bestehen bleiben, wenn wir als Miturheber der »volonté générale« am Zustandekommen der allgemeinverbindlichen Wertmaßstäbe beteiligt sind; um möglichen Fehleinschätzungen unserer Persönlichkeit vorzubeugen, sind wir daher auch unter Bedingungen gleicher Achtung noch dazu genötigt, nach einer Anerkennung zu streben, die uns allen anderen gegenüber herausgehoben sein lässt. Im Unterschied zu Adam Smith, der sich den externen Beobachter als so weit verallgemeinerbar hat vorstellen können, bis er alle Züge des Willkürlichen verliert und sogar mit der Vernunft als solcher zusammenfällt,[36] kann Rousseau an eine derartig vollständige Rationalisierbarkeit des allgemeinen Richters nicht glauben; für ihn birgt das Fremdurteil, dem der Einzelne im Selbstverhältnis der »amour propre« ausgesetzt ist, stets so stark die Gefahr der Verkennung in sich, dass er ein vorsorgliches Streben nach besonderer Wertschätzung nicht nur für weitverbreitet, sondern auch für kulturell gerechtfertigt hält.

Andererseits bleibt für Rousseau dieses Risiko der Verkennung, womit nicht einfach eine Missachtung individueller Verdienste, sondern deren kognitive Nicht-zur-Kenntnisnahme gemeint ist, auch ein ständiger Stachel der Beunruhigung; dass die soziale Umwelt sich über die wahre Natur des Einzelnen täuschen kann und besondere Anlagen erst gar nicht zu erkennen vermag, hält er für die

36 Es gibt Stellen, an denen sich Adam Smith den »unparteiischen Beobachter« als soweit generalisiert vorstellt, dass er zum »Statthalter Gottes in uns« (A. Smith, *Theorie der ethischen Gefühle*, a. a. O., S. 250) wird und sogar mit den Grundsätzen der »Vernunft« (ebd., S. 203) zusammenfällt – woran dann Kant anknüpfen konnte, um dieser Summe vernünftiger Regeln eine Wendung ins Transzendentale zu geben. Zur Bedeutung der Moraltheorie Smiths in diesem Zusammenhang vgl. Ernst Tugendhat, *Vorlesungen über Ethik*, Frankfurt/M. 1993, 15. Vorlesung (S. 282-309).

eigentliche Gefahr, die mit dem zivilgeschichtlichen Übergang von der »amour de soi« zur »amour propre« heraufbeschworen wird.[37] In dieser Diagnose, die ein leicht zu übersehendes, sich erst später deutlicher herausschälendes Herzstück der Anerkennungstheorie Rousseaus bildet, haben sich die Bezugspunkte der Abhängigkeit vom Anderen unmerklich vom Moralischen ins Epistemische verschoben: Die verinnerlichte Instanz der öffentlichen Meinung, von der der Einzelne in seiner Selbstbewertung abhängig ist, tritt jetzt nicht länger als ein moralischer, sondern als ein theoretischer Richter auf, der darüber zu urteilen hat, welche Eigenschaften ein Subjekt tatsächlich besitzt. Mit dieser Verschiebung ändert sich natürlich auch die Art des Verhaltens, zu der der Mensch in der Einstellung der »amour propre« jeweils angestachelt wird: Muss er seinen sozialen Wert und seine individuellen Fähigkeiten demonstrieren können, solange der »generalized other« eine moralische Instanz bildet, so hat er bei der Verinnerlichung eines epistemischen Richters zu beweisen, über welche Verdienste und Anlagen er in Wirklichkeit verfügt.

Es kann mit Blick auf seine Schriften als eher unwahrscheinlich gelten, dass Rousseau sich über dieses Oszillieren zwischen einem moralischen und einem epistemischen Verständnis der »amour propre« selbst hinreichend Rechenschaft abgelegt hat; überall dort, wo er den Virus der Geltungssucht behandelt und als Therapie eine republikanische Gesinnung des egalitären Respekts empfiehlt, überwiegt gewiss eine normative Vorstellung des generalisierten Anderen, sobald er jedoch auf das eigentliche Unheil der Abhängigkeit vom Anderen zu sprechen kommt, schiebt sich häufig unversehens das epistemische Modell in den Vordergrund. In dieser Gestalt einer verinnerlichten Instanz nicht der moralischen Bewertung, sondern der theoretischen Beurteilung hat die »amour propre« Rousseaus auf die Entwicklung der französischen Philoso-

37 Solche Äußerungen, in denen Rousseau die intersubjektive Struktur der »amour propre« als eine Abhängigkeit von Tatsachenfeststellungen über die eigenen Verhaltenszüge und Eigenschaften beschreibt, mehren sich in den späteren, autobiographisch getönten Schriften. Als Beleg sei nur ein Satz aus seiner posthum veröffentlichten Schrift *Rousseau richtet über Jean-Jacques* (in: *Schriften*, hg. von Henning Ritter, Bd. II, München/Wien 1978, S. 253-636, hier S. 259) zitiert: »Soll er sich der Eigenschaften rühmen, die er wirklich besitzt, die aber niemand an ihm *erkennen* will?« (meine Kursivierung, A. H.)

phie eine enorme Wirkung ausgeübt; bis hin zu Sartre und Lacan finden sich hier Reste der Vorstellung, dass mit der Angewiesenheit auf soziale Anerkennung unverbrüchlich der Umstand verknüpft ist, im Kern der eigenen Subjektivität »kognitiv« verkannt zu werden.[38] Für Rousseau aber bietet die epistemische Vorstellung eines »inneren Richters« immer wieder den Anlass, sich theoretisch mit der radikalen Alternative zu beschäftigen, das Selbstverhältnis der »amour propre« im Ganzen zu überwinden; vor allem seine autobiographisch getönten Schriften kreisen beständig um die Möglichkeit, eine individuelle Haltung zurückzugewinnen, für die die soziale Anerkennung der eigenen Verdienste und Fähigkeiten jede existentielle Bedeutung verloren hat. In solchen Überlegungen kommt im Denken Rousseaus ein stoizistisches Motiv zum Tragen, das unverkennbar im Widerspruch zu seiner bislang dargestellten Auffassung steht, nach der wir als vergesellschaftete Wesen zwangsläufig der Anerkennung unseres sozialen Werts bedürfen.

Schaut man sich die Schriften an, in denen Rousseau das eigene Selbstverhältnis thematisiert, weniger die »Bekenntnisse« als vor allem die schon vom Titel her verräterische Studie *Rousseau richtet über Jean-Jacques* und die *Träumereien eines einsamen Spaziergängers*,[39] so fällt daran zunächst ins Auge, wie sehr in ihnen jeder Abhängigkeit vom Urteil Anderer abgeschworen wird; das gute und richtige Leben wird hier derart charakterisiert, dass es in der beständigen Suche nach einer inneren Ausgeglichenheit besteht, die nur zustande kommen kann, wenn dem begutachtenden Verhalten der sozialen Umwelt keine Aufmerksamkeit mehr

38 Es bedürfte einer gesonderten Abhandlung, um diese These einer tiefsitzenden Abhängigkeit der französischen Strömungen einer Anerkennungstheorie von Rousseaus epistemologischem Modell hinreichend belegen zu können. Ich beschränke mich hier auf die Angabe von Stellen, an denen besonders deutlich wird, in welchem Maße bei Sartre, Lacan und anderen französischen Denkern als Folge jeglicher Anerkennung die Gefahr der »kognitiven« Verkennung gesehen wird: Jean-Paul Sartre, *Das Sein und das Nichts. Versuch einer phänomenologischen Ontologie*, Reinbek b. Hamburg 1993, S. 469-478 (»Verdinglichung«); Jacques Lacan, »Subversion des Subjekts und Dialektik des Begehrens im Freudschen Unbewußten«, in: ders., *Schriften II*, hg. von Norbert Haas, Weinheim/Berlin 1986, S. 165-204, bes. S. 183 f. (»Verkennung«); Pierre Bourdieu, *Meditationen. Zur Kritik der scholastischen Vernunft*, Frankfurt/M. 2001, S. 212 (»Wahrheit«).

39 J.-J. Rousseau, *Rousseau richtet über Jean-Jacques*, a. a. O.; ders., *Träumereien eines einsamen Spaziergängers*, ebd., S. 637-760.

geschenkt wird.[40] Schon dass der Autor Rousseau nur noch selbst über sein Alter Ego richten möchte, besagt ja, dass als erstrebenswertes Ziel ein Zustand gilt, in dem ich von Fremdzuschreibungen und mir selbst unverfügbaren Beurteilungen unabhängig geworden bin; meine Selbstachtung und mein Selbstbild sollen sich, will ich in Frieden mit mir leben, nur noch Charakterisierungen meiner Person verdanken, als deren Autor ich allein mich selbst begreifen kann. Als Gefährdung eines solchen Ideals der richterlichen Autarkie erscheint nicht an erster Stelle die Abhängigkeit von den moralischen Bewertungen der öffentlichen Meinung, sondern die von deren Urteilen über unsere Eigenschaften und Betätigungen; denn diese verleiten uns dazu, uns über unsere wahre Natur zu täuschen und damit zu verkennen, was wir an wertvollen Anlagen tatsächlich in uns tragen. Insofern kann es auch nicht verwundern, dass Rousseau im berühmten Fünften Spaziergang seiner *Träumereien* als Inbegriff existentiellen Glücks einen Zustand schildert, in dem der Autor in der bloß passiven Beobachtung natürlicher Vorgänge in Erfahrung bringt, welche Eigenschaften ihm wahrlich zukommen und welche Sorgen ihn wirklich umtreiben; weil die Natur nicht sprechen, keine Urteil über uns fällen kann, ist hier jeder Regung der »amour propre« der Nährstoff entzogen, so dass wir unbekümmert um Andere uns selbst zu erkennen vermögen.[41]

Rousseau hat zeit seines Lebens, wie vor allem seine späten Selbstbetrachtungen deutlich machen, zwischen einer entschiedenen Befürwortung und einer radikalen Zurückweisung der existentiellen Abhängigkeit vom Anderen geschwankt; in seinem Werk wird einerseits der Einsicht zum Durchbruch verholfen, dass menschliche Wesen ihr Selbstbewusstsein und ihre Handlungsfähigkeit der intersubjektiven Anerkennung verdanken, andererseits aber auch schon festgehalten, welche Gefährdungen mit diesem Ausgeliefertsein an die Urteilsfindung der sozialen Umwelt ver-

40 Zu Darstellung und Kritik dieser »stoischen« Positionen vgl. Avishai Margalit, *Politik der Würde. Über Achtung und Verachtung*, Berlin 1997, S. 39-44. Eine eindrucksvolle Verteidigung unternimmt: Ernst Tugendhat, *Egozentrizität und Mystik. Eine anthropologische Studie*, München 2003, bes. Kap. 2 und 4.

41 Rousseau, *Träumereien eines einsamen Spaziergängers*, a. a. O., Fünfter Spaziergang. Eine glänzende Ausdeutung dieses zentralen Kapitels liefert Heinrich Meier, *Über das Glück des philosophischen Lebens. Reflexionen zu Rousseaus Rêveries in zwei Büchern*, München 2011, Erstes Buch, Kap. IV.

knüpft sind. Auch wenn seine Unentschiedenheit letztlich damit zusammenhängen mag, dass er zwischen einem moralischen und einem epistemischen Verständnis der Anerkennung nicht klar genug unterschieden hat, so hat er mit ihr doch eine philosophische Debatte eröffnet, die bis heute nicht zum Abschluss gekommen ist; für beide der von ihm vertretenen Positionen, die der Überführung der »amour propre« in die symmetrische Anerkennung und die der Zurückweisung aller Abhängigkeit vom »generalized other«, finden sich immer wieder beherzte Parteigänger. Das Erbe, das Rousseau einer Theorie der Anerkennung hinterlassen hat, ist daher im höchsten Maße zweischneidig; wie bei einem Danaergeschenk holen sich die, die es annehmen und fortzusetzen versuchen, stets auch den Feind ins eigene Haus.

Von der Armut unserer Freiheit

Größe und Grenzen der Hegelschen Sittlichkeitslehre

Keine andere normative Leitvorstellung besitzt heute größere Selbstverständlichkeit und Anziehungskraft als die Idee der individuellen Freiheit. Verfolgt man nur regelmäßig, wie Hegel es tat, die Berichterstattung in den Tageszeitungen, so wird einem schnell klar, welche Bedeutung dieser Wert gegenwärtig für die Motivierung oder Begründung sozialen Handelns besitzt: Mit Verweisen auf den Vorrang der individuellen Freiheit werden heute die Programme fast aller politischen Parteien ausgestattet, Strukturveränderungen auf dem Arbeitsmarkt legitimiert, rechtliche Reformen öffentlich gerechtfertigt, soziale Bewegungen aus der Taufe gehoben und selbst lebenswichtige Entscheidungen in persönlichen Beziehungen begründet. Gewiss, fast immer treten zu solchen Berufungen auf die Freiheit ergänzend noch andere Werte hinzu, die entweder als ihre zuträgliche Bedingung oder, seltener, als ihr Worumwillen gedacht werden – Freiheit ist nur unter Gleichen möglich oder setzt allgemeine Sicherheit voraus, so heißt es, weswegen Gleichheit oder sicherheitspolitische Maßnahmen notwendige, ermöglichende Voraussetzungen von Freiheit bilden, Liebe verlangt ungezwungene, freiwillige Zuwendung, so heißt es auch, weswegen die individuelle Freiheit um der Liebe willen geschätzt wird und dieser also als Voraussetzung dient; aber stets spielt in derartigen Argumentationen die Freiheit doch insofern die Schlüsselrolle, als ohne sie die ergänzend genannten Werte entweder gänzlich ihre anziehende Bedeutung verlieren oder aber in ihrer Attraktivität normativ unverständlich würden. Machen wir uns diese Zentralstellung des Werts der individuellen Freiheit für unser kulturelles und soziales Selbstverständnis deutlich, so kann nur immer wieder überraschen, wie wenig Klarheit über ihre begriffliche Bedeutung in gesellschaftlichen Zusammenhängen heute nach wie vor besteht; von der Freiheit wird öffentlich gesprochen, als existierte sie nur im Singular einer einzigen Vollzugsweise, obwohl wir doch wissen, ja förmlich sehen können, dass etwa zwischen der Freiheit der politischen Stellungnahme, der Freiheit des Vertragsschlusses auf dem Arbeitsmarkt und der, sagen wir, Freiheit der spontanen

Vereinigung in der Liebesbeziehung gravierende Unterschiede bestehen.

Alle philosophischen Anstrengungen, hier begrifflich Abhilfe zu schaffen, indem zwischen verschiedenen Formen der Freiheit unterschieden wird, haben bislang ihr selbstgestecktes Ziel nicht erreicht; das gilt vor allem für die berühmte, von Isaiah Berlin getroffene Unterscheidung zwischen negativer und positiver Freiheit, die zwar philosophisch einigen Wirbel erzeugt hat, aber die für unser Selbstverständnis erforderlichen Differenzierungen schon deswegen nicht hat liefern können, weil sie in Hinblick auf die positive Seite phänomenologisch zu vage und missverständlich blieb.[1] Meine These in den folgenden Überlegungen wird es sein, dass Hegels Sittlichkeitslehre gegenüber solchen Versuchen die bis heute bessere und überzeugendere Alternative darstellt; sie bildet eine philosophische Quelle, die nach wie vor die Mittel bereithält, um uns über die verschiedenen Formen der von uns nicht nur praktizierten, sondern auch wertgeschätzten Freiheit begrifflich Klarheit zu verschaffen. Hegel hat seiner Konzeption der modernen Sittlichkeit neben vielen anderen Funktionen, über die zu sprechen sein wird, auch die theoretische Aufgabe zugewiesen, die Mitglieder moderner Gesellschaften über notwendige Differenzierungen in ihrem Freiheitsgebrauch zu unterrichten; ja, seine in der »Rechtsphilosophie« entwickelte Theorie des freien Willens lässt sich sogar als eine Unterweisung darüber verstehen, wie verschiedene Formen der individuellen Freiheit so unterschieden werden können, dass sie den ihnen angemessenen Platz im institutionellen Gefüge funktional differenzierter, moderner Gesellschaften erhalten können. Im Einzelnen will ich so vorgehen, dass ich in einem ersten Schritt zunächst darzulegen versuche, inwiefern Hegel mit seiner in der »Rechtsphilosophie« entwickelten Sittlichkeitslehre überhaupt die Absicht einer Differenzierung von verschiedenen Freiheitsformen verknüpft hat; schon das ist an sich keine leichte Aufgabe, weil Hegel ja mit seiner Idee der Sittlichkeit zuvorderst den Zweck zu verbinden scheint, eine gegen die aus der modernen, »freien« Sub-

1 Isaiah Berlin, »Zwei Freiheitsbegriffe«, in: ders., *Freiheit. Vier Versuche*, übersetzt von Reinhard Kaiser, Frankfurt/M. 1995, S. 197-256. Kritisch dazu und mit weiteren Differenzierungsvorschlägen: Raymond Geuss, »Auffassungen der Freiheit«, in: *Zeitschrift für philosophische Forschung* 49,1 (1995), S. 1-14; Axel Honneth, *Das Recht der Freiheit. Grundriß einer demokratischen Sittlichkeit*, Berlin 2011, Teil A.

jektivität hervorgehende Dauerbefragung und -reflexion immune Sphäre institutioneller Verlässlichkeiten zu benennen, so dass der Zusammenhang mit der menschlichen Freiheit nicht ohne Weiteres auf der Hand liegt (I). Im zweiten Schritt will ich dann entwickeln, wie Hegel im Ausgang von seiner Willenstheorie zu den Bestimmungen gelangt, die ihn innerhalb der modernen Sittlichkeit verschiedene Formen individueller Freiheit unterscheiden lassen; hier hat sich zu beweisen, ob es tatsächlich gerechtfertigt ist, Hegels Sittlichkeitslehre eine auch heute noch wirksame Kraft zu unterstellen, die von uns praktizierten und erstrebten Freiheitsverständnisse begrifflich zu sortieren und jedem von ihnen einen institutionellen Ort zuzuweisen (II). Freilich besitzt die Hegelsche Sittlichkeitslehre auch einige Defizite, die sich zumeist daraus ergeben, dass er in ihr seine eigenen Absichten nicht immer konsequent genug beherzigt hat; auf diese Grenzen seiner Sittlichkeitskonzeption will ich im dritten und letzten Schritt zu sprechen kommen, um auch daran noch einmal die Frage nach Hegels Aktualität aufzuwerfen (III).

I.

Wie durchgängig in seiner »Realphilosophie«, also den auf die Erklärung von »Wirklichkeit« zugeschnittenen Teilen des ausgereiften Systems, führt Hegel auch in der Rechts- und Staatslehre, seiner Theorie des »objektiven Geistes«, die Begriffe in einer Doppelung von logischen Bestimmungen und phänomennahen Charakterisierungen ein, die bis heute zu den attraktivsten Zügen des von ihm entwickelten Unternehmens gehört. Schon Dieter Henrich hat darauf aufmerksam gemacht,[2] dass eine der herausragendsten Begabungen von Hegel darin bestand, bei allen Anstrengungen einer formalontologischen Erschließung der Realität die jeweiligen Entsprechungen in unserer natürlichen und sozialen Umwelt derart prägnant und erfahrungsgenau herauszuarbeiten, dass der Nachvollzug auch für den mit der »Logik« unvertrauten Leser möglich bleibt. Diese Fähigkeit, zugleich höchst abstrakt und doch konkretdiagnostisch zu denken, hat Hegel in seiner Rechts- und Staatslehre

2 Dieter Henrich, »Zerfall und Zukunft. Hegels Theoreme über das Ende der Kunst«, in: ders., *Fixpunkte. Abhandlungen und Essays zur Theorie der Kunst*, Frankfurt/M. 2003, S. 65-125, hier S. 65.

zum Soziologen *avant la lettre* gemacht; noch bevor überhaupt die Disziplin existierte, ist er zum großen, bis heute kaum übertroffenen Gesellschaftstheoretiker der Moderne geworden.

Bei dem Versuch, uns die Absicht und den Sinn der Idee der »Sittlichkeit« vor Augen zu führen, können wir uns die Doppelbedeutung aller von Hegel in seiner »Realphilosophie« verwendeten Begriffe zunutze machen. Zu ihrer logischen Seite hin stellt die Hegelsche Rechts- und Staatsphilosophie bekanntlich den Versuch dar, den Prozess der Realisierung oder Selbstverwirklichung der Bestimmungen der Vernunft auf der Stufe darzulegen, auf der sie sich in der Objektivität der gesellschaftlichen Wirklichkeit niedergeschlagen haben;[3] zur phänomenologischen oder Erfahrungsseite hin verknüpft Hegel mit dieser Darlegung aber die Absicht, uns diejenigen Phänomene unseres sozialen Daseins zu Bewusstsein zu bringen, die uns verstehen lassen, dass wir mit unseren Praktiken als Söhne und Töchter der Moderne aktiv an der Hervorbringung der vernünftigen Bestimmungen in der Gesellschaft beteiligt sind. Wollte man ein zeitgenössisches Programm der Gesellschaftstheorie bemühen, um den damit verbundenen Vorsatz deutlich zu machen, so ließe sich vielleicht sagen, dass Hegel an unseren »kollektiven« Status- und Funktionszuweisungen diejenigen hervortreten lassen möchte, in denen Entsprechungen der allgemeinen, organismusartigen Eigenschaften der übergreifenden Vernunft zu erkennen sind.[4] Nun setzt Hegel allerdings, wie wir wissen, bei seiner doppelseitigen Analyse der modernen Gesellschaft einen langwierigen Prozess der geschichtlichen Entwicklung schon voraus, der überhaupt erst dazu geführt haben soll, dass wir zum damaligen Zeitpunkt, also um 1800, mit institutionellen Voraussetzungen rechnen können, in denen sich die Bestimmungen der Vernunft widerspiegeln; insofern muss man, will man die Absicht seiner Rechts- und Staatsphilosophie verstehen, stets mitbedenken, dass sie erst an dem historischen Punkt mit der Erklärung einsetzt, an

3 Zu diesem Vernunftbegriff vgl. Dina Emundts/Rolf-Peter Horstmann, *G.W.F. Hegel. Eine Einführung*, Stuttgart 2002, S. 69-75.

4 Damit spiele ich auf die Sozialontologie John Searles an, die mit Hegels Theorie des objektiven Geistes einige überraschende, bislang aber nicht untersuchte Gemeinsamkeiten aufweist: John R. Searle, *Die Konstruktion der gesellschaftlichen Wirklichkeit. Zur Ontologie sozialer Tatsachen*, übersetzt von Martin Suhr, Reinbek b. Hamburg 1997, v. a. Kap. 2.

dem durch vorausgegangene Gärungsprozesse die gesellschaftliche Wirklichkeit schon soweit vernünftig geworden ist, dass in ihr die sozialen Praktiken und Institutionen als Verkörperungen von logischen Bestimmungen des Geistes begriffen werden können.[5]

Diese für seine gesamte »Rechtsphilosophie« zentrale Voraussetzung ergibt sich für Hegel aus der von ihm als nahezu selbstverständlich hingestellten Tatsache, dass erst mit dem Durchbruch zur Moderne die gesellschaftlichen Institutionen unter den Anspruch geraten sind, individuelle Freiheit zu verwirklichen; nicht mehr nur das einzelne Individuum mit seinen je besonderen Gesinnungen und Überzeugungen soll sich jetzt als »frei« verstehen lassen, sondern auch die funktionsnotwendigen Einrichtungen der Gesellschaft sollen von nun an so verstanden werden können, dass sie in der Äußerlichkeit sozialen Handelns Freiheit ermöglichen.[6] Warum mit diesem Heraustritt der Freiheit aus der bloßen Innerlichkeit in die objektive Welt gesellschaftlicher Institutionen ein Stadium erreicht sein soll, auf dem die logischen Bestimmungen des Geistes erst vollständig Anwendung werden finden können, macht Hegel vor allem in seiner Geschichtsphilosophie klar; hier wird vorgeführt, inwiefern sich mit jeder neuen Stufe im welthistorischen Prozess der Umfang der sozialen Wirklichkeit erweitert, der nach dem Muster einer sich in ihrer Realisation auf sich selbst beziehenden Subjektivität des Geistes verstanden werden kann, weil jedes Mal ein Stück jener undurchdringlichen, noch geistlosen Objektivität wegfällt, die verhindert, sie mit Hilfe der logischen Bestimmungen zu begreifen; erst dann, wenn in der »neuen Zeit« der Moderne die Freiheit zum Organisationsprinzip aller zentralen Institutionen geworden ist, wird eine solche vollständige Wiedergabe der sozialen Wirklichkeit in Begriffen der Logik möglich, denn nun können sich die Menschen in ihren gesellschaftlichen Objektivationen so auf sich selbst beziehen, wie es für den nach dem Modell des Organismus gedachten Geist in seiner Selbstbe-

5 Zu diesen historischen Voraussetzungen seiner »Rechtsphilosophie« vgl. die berühmten Formulierungen der »Vorrede«, wonach erst in der »Gegenwart« die Vernunft zur Wirklichkeit gelangt ist: G. W. F. Hegel, *Grundlinien zur Philosophie des Rechts,* in: ders., *Werke in zwanzig Bänden* (Theorie Werkausgabe), Bd. 7, Frankfurt/M. 1970, S. 24 ff.

6 G. W. F. Hegel, *Vorlesungen über die Philosophie der Geschichte*, in: ders., *Werke in zwanzig Bänden*, Bd. 12, a. a. O., S. 534 ff.

ziehung erforderlich ist.[7] Insofern kann Hegel auf der Basis seiner geschichtsphilosophischen Prämissen seine »Rechtsphilosophie«, die ja der systemischen Idee nach eine Theorie der institutionellen Verwirklichung von Freiheit in der Moderne sein soll, in Gestalt einer formalontologischen Erschließung der sozialen Realität durchführen: Alles, was er an diesen modernen Gesellschaften in den Blick zu nehmen hat, um die »Wirklichkeit« der Freiheit darzulegen, muss den Begriffen einer »Logik« gehorchen, die den Geist im Prozess seiner ungeschmälerten Selbstrealisation zu beschreiben versucht.[8]

Für den Ausgangspunkt der Hegelschen »Rechtsphilosophie« ergibt sich aus diesen Vorannahmen zunächst, dass gleich zu Beginn der für die Moderne maßgebliche Begriff der »Freiheit« in einer Weise erläutert werden muss, die es erlaubt, darin die Eigenschaften des sich prozessual auf sich selbst beziehenden Geistes wiederzuerkennen; wäre die Freiheit, die in den modernen Gesellschaften zur Verwirklichung gelangt sein soll, nicht nach einem solchen Muster zu begreifen, so dürfte die Theorie dieser modernen Gesellschaften nicht durchgängig entlang der logischen Bestimmungen entwickelt werden. Hegel bewältigt die damit gestellte Aufgabe in seiner »Einleitung«, die den faszinierenden Versuch darstellt, den Begriff der »Freiheit« den zu seiner Zeit herrschenden Auffassungen zu entreißen und damit zugleich auch das Aufgabenfeld einer »Rechtsphilosophie« erheblich zu erweitern.[9] Ich will den äußerst komplizierten Gedankengang, der mehrere Stufen der Bestimmung durchläuft, hier nur in einer sehr elementaren Form wiedergeben, weil es mir vor allem darauf ankommt, den Einsatzpunkt der Idee der »Sittlichkeit« darzustellen. Hegel geht von einem recht primitiven, in der gesellschaftlichen Moderne allerdings höchst wirkmächtigen

7 Zu diesem Prozess einer stufenweisen Befreiung des als Subjektivität gedachten Geistes von »Naturnotwendigkeiten«: ebd., »Einleitung«, S. 30-74; G. W. F. Hegel, *Enzyklopädie der philosophischen Wissenschaften*, Bd. III, in: ders., *Werke in zwanzig Bänden*, Bd. 10, a. a. O., § 552; zum geschichtsphilosophischen Verfahren Hegels, das in diesem Kontext als »genealogisch« bezeichnet wird, vgl. weiterführend: Christoph Menke, »Geist und Leben. Zu einer genealogischen Kritik der Phänomenologie«, in: R. Bubner/G. Hindrichs (Hg.), *Von der Logik zur Sprache. Stuttgarter Hegel-Kongress 2005*, Stuttgart 2007, S. 321-348.

8 G. W. F. Hegel, *Grundlinien der Philosophie des Rechts*, a. a. O., § 4.

9 Ebd., §§ 1-32.

Begriff der Freiheit aus, wonach das individuelle Subjekt in dem Maße »frei« ist, wie es über einen äußeren Raum der Selbsttätigkeit verfügt, in den zu intervenieren keinem anderen Subjekt gestattet ist; ob die Absichten, die dabei realisiert werden, ihrerseits »frei« zu nennen sind, ob sie also statt auf natürliche Kausalität auf für richtig gehaltene Gründe zurückgehen, spielt für einen solchen Begriff insofern keine Rolle, als er nur auf die Möglichkeit einer ungehinderten Realisierung von beliebigen Vorsätzen abhebt.[10] Schon diese Formulierung gibt zu erkennen, dass Hegel hier etwa das vor Augen hat, was Isaiah Berlin sehr viel später »negative Freiheit« nennen wird; gemeint ist damit eine individuelle Freiheit, die jedem Subjekt dadurch zukommen soll, dass es über einen umgrenzten Bereich der ungehinderten Verwirklichung je eigener Zwecksetzungen verfügt. Es ist nicht schwer zu sehen, warum Hegel sich gezwungen sieht, eine derartige Auffassung von »Freiheit« als defizitär zurückzuweisen; sie reicht nicht im entferntesten an den von ihm zum Maßstab gemachten Begriff des »Geistes« heran, weil nicht einmal sichergestellt ist, dass es sich bei den hier ungehindert zu realisierenden Absichten überhaupt um »Geistiges« und nicht vielmehr um kausal Bewirktes handelt.[11] Von »Freiheit« in einem anspruchsvollen, vernünftigen Sinn dort zu reden, wo unklar bleiben muss, ob die zu verwirklichenden Vorsätze überhaupt als »frei« zu bezeichnen sind, ist für Hegel ein Ding der Unmöglichkeit; gleichwohl wird er diesen noch primitiven Begriff, so werden wir später sehen, in seine Theorie der gesellschaftlichen Moderne aufnehmen und ihm im Subsystem des »Abstrakten Rechts« einen systematischen Ort zuweisen, weil er davon überzeugt ist, dass wir ohne ihn unsere institutionalisierten Praktiken in ihrem freiheitlichen Sinn nicht verstehen können.

Vom ersten, »negativen« Begriff der Freiheit ist der zweite Begriff, mit dem Hegel sich in seiner »Einleitung« aufgrund von dessen Wirkmächtigkeit für das moderne Selbstverständnis auseinandersetzt, durch den Umstand unterschieden, dass hier alle Betonung auf die Freiheitlichkeit der in der Außenwelt zu realisierenden Absichten oder Vorsätze verlagert wird; nach diesem zweiten Modell, das Isaiah Berlin zu den »positiven« Begriffen der Freiheit gerechnet hätte, dürfen wir menschliche Handlungen dann

10 Ebd., §§ 11-13.

11 Ebd., § 10, Zusatz.

überhaupt nur als »frei« bezeichnen, wenn sie auf Zwecksetzungen zurückgehen, die sich der Ausschaltung natürlicher Kausalität verdanken und also in selbstgesetzten oder subjektiv für richtig gehaltenen Gründen verankert sind.[12] Für Hegel steht außer Frage, dass damit ein großer Schritt über den bloß äußerlichen Begriff der negativen Freiheit hinaus getan ist; denn immerhin rückt mit der Vorstellung, dass Freiheit nur vorliegt, wo vernünftige Selbstbestimmung ausgeübt wird, der ganze Begriff schon in den Horizont des Geistes, der ja ebenfalls nach dem Muster eines sich reflexiv Auf-sich-Beziehens gedacht werden soll. Allerdings macht der Vergleich mit den strukturellen Eigenschaften des Geistes ebenfalls deutlich, warum Hegel auch diesen zweiten, weitgehend an Kant abgelesenen Begriff einer positiven oder reflexiven Freiheit noch für defizitär halten muss: Ihm fehlt, um es vorläufig in den geistphilosophischen Begriffen Hegels zu sagen, jenes Moment von Objektivität, das der Geist deswegen besitzen soll, weil er noch das Andere seiner Selbst, also Nicht-Geist oder Objekt, als Produkt seiner eigenen reflexiven Selbstbeziehung begreifen kann.[13] Übersetzen wir den damit angedeuteten Vorbehalt in die konkretistische, erfahrungsnahe Sprache, die Hegel immer mitverwendet, um die Entsprechungen seiner logischen Bestimmungen in der uns vertrauten Umwelt kenntlich zu machen, so lautet seine Kritik an der Idee der Freiheit als vernünftiger Selbstbestimmung: dass hier individuelle Freiheit nur so gedacht wird, als reiche es aus, bloß vernünftige, auf Gründe gestützte Vorsätze zu haben, während in Wirklichkeit doch alles davon abhängt, ob wir auch die uns entgegenstehende Realität bereits als Objektivationen, als Verkörperungen einer solchen Selbstbestimmung begreifen können.

Hegel steht mithin in seiner »Einleitung« vor der schwierigen Aufgabe, einen dritten Begriff der Freiheit umreißen zu müssen, der der Struktur des Geistes insofern nachgebildet ist, als darin die Objektivität der sozialen Wirklichkeit in irgendeiner Weise als Produkt der sich vernünftig oder rational auf sich selbst be-

12 Ebd., § 14.

13 Ebd., § 14, Zusatz: »In der Willkür ist das enthalten, daß der Inhalt nicht durch die Natur meines Willens bestimmt ist, der meinige zu sein, sondern durch *Zufälligkeit*; ich bin also ebenso abhängig von diesem Inhalt, und dies ist der Widerspruch, der in der Willkür liegt.«

ziehenden Subjekte gedacht werden kann;[14] und es kommt nun natürlich nicht mehr als eine Überraschung, dass der Hegelsche Begriff der »Sittlichkeit« genau diesen Anspruch erfüllen können soll.[15] Man tut wahrscheinlich gut daran, sich bei einer Klärung des damit Gemeinten zunächst an die anschauungsnahen Formulierungen zu halten, die unser Autor auch hier wieder anbietet, um auf die Übersetzbarkeit seiner logischen Begriffe in alltäglichen Erscheinungen zu verweisen; so erwähnt er im Zusammenhang einer Erläuterung dessen, was es heißen soll, Freiheit nach dem Muster einer sich noch im Objekt als ungezwungen selbsttätig wissenden Subjektivität zu denken, als konkrete Beispiele gleich zu Beginn die »Freundschaft« und die »Liebe«: »Hier ist man nicht«, so heißt es bei Hegel, »einseitig in sich, sondern man beschränkt sich gern in Beziehung auf ein Anderes, weiß sich aber in dieser Beschränkung als sich selbst. In der Bestimmtheit soll sich der Mensch nicht bestimmt fühlen, sondern indem man das Andere als Anderes betrachtet, hat man darin erst sein Selbstgefühl. Die Freiheit liegt also weder in der Unbestimmtheit noch in der Bestimmtheit, sondern sie ist beides.«[16] In dem, was Hegel in diesem Beispiel »Selbstbeschränkung« nennt, dürfen wir zunächst auf der Stufe menschlicher Empfindungen eine Vorform jener rationalen Selbstbestimmung vermuten, die nach dem zweiten, kantischen Modell als entscheidendes Merkmal aller individuellen Freiheit dienen sollte: Entschließe ich mich zur Freundschaft mit einem Anderen oder beginne ich eine Liebesbeziehung, so lasse ich mich nicht einfach blind durch meine Neigungen leiten, sondern folge gewissen Überlegungen und Gründen, die in dem Maße, in dem sie mich von der Richtigkeit meines Handelns überzeugt sein lassen, als Quelle einer vernünftigen Selbstbestimmung und damit einer Beschränkung all

14 »Die Zweckrationalität aber dieses Willens ist, seinen Begriff, die Freiheit, in der äußerlich objektiven Seite zu realisieren, daß sie als eine durch jenen bestimmte Welt sei, so daß er in ihr bei sich selbst, mit sich selbst zusammengeschlossen, der Begriff hiermit zur Idee vollendet sei.« (G. W. F. Hegel, *Enzyklopädie der philosophischen Wissenschaften*, Bd. III, § 484).

15 Im III. Band der »Enzyklopädie« wird daher der Begriff der »Sitte« (als »Gewohnheit, Sinnesart und Charakter«) direkt im Anschluss an die erste Erwähnung der »objektiven«, zur »Wirklichkeit einer Welt gestalteten« Freiheit eingeführt: Damit deren »geltende Macht« existieren kann, bedarf es der »Einbildung« ihrer »Allgemeinheit« in den »subjektiven Willen« als »Sitte« (ebd., § 485).

16 G. W. F. Hegel, *Grundlinien der Philosophie des Rechts*, a. a. O., § 7, Zusatz.

meiner Antriebe auf die andere Person verstanden werden können. Aber dieses Bild einer aus Autonomie resultierenden Selbstbeschränkung, so möchte Hegel sagen, ist natürlich einseitig und irreführend, weil ich in der Freundschaft oder Liebesbeziehung ja gerade die Erfahrung mache, in jenem Anderen überhaupt erst die Bedingung der Erfüllbarkeit oder Verwirklichung meiner eigenen, selbstgesetzten Zwecke vor mir zu haben; statt von Selbstbeschränkung sollten wir in einem solchen Fall, in dem der Andere von mir will, was ich von ihm will, eher von einer Selbstentschränkung sprechen, weil hier das mir Entgegenstehende als das meine Freiheit erst Vervollständigende begriffen werden muss.

Versuchen wir nun, diese konkreten Hinweise Hegels in die formale Sprache seiner Konzeption des Geistes zurückzuübersetzen, so haben wir bereits den Schlüssel zu einem umrisshaften Verständnis seines dritten, von ihm »objektiv« genannten Begriffs der Freiheit an der Hand: In der Freundschaft oder Liebe bezieht sich ein Subjekt reflexiv derart auf sich selbst, dass es in der gegenüberstehenden Objektivität des Anderen insofern eine Objektivation seiner eigenen Vorsätze erblickt, als es diese darin noch einmal zurückgespiegelt erhält und in ihr also das Andere seiner Selbst erkennt. Wird vom besonderen Fall der »Freundschaft oder »Liebe« abstrahiert, so ergibt sich also für Hegel, dass objektive Freiheit überall dort vorliegt, wo sozial eingespielte und in dem Sinn institutionalisierte Praxisformen es den Subjekten ermöglichen, die Handlungsabsichten ihrer Interaktionspartner als objektive Verkörperungen ihrer eigenen, in reflexiver Selbstbeziehung gewonnenen Zwecksetzungen zu begreifen.[17] Hier, und nur hier, nimmt die Subjektivität der handelnden Individuen eine Gestalt an, die der des übergreifenden Geistes insofern analog ist, als sie in der Objektivität jener institutionalisierten Praktiken das Produkt ihrer reflexiven Selbstbestimmung erkennen können. Hegel rechnet nun alle Praxisformen, die den Subjekten eine solche Erfahrung dauerhaft ermöglichen, zu dem Teil der gesellschaftlichen Wirklichkeit, den er »Sittlichkeit« nennt; diese ist anderen institutionellen Gebilden der sozialen Realität nicht einfach deswegen überlegen, weil sie

17 Vgl. meinen eigenen Erläuterungsversuch: Axel Honneth, *Das Recht der Freiheit*, a. a. O., Teil A. III., bes. S. 82-87. Zusätzlich und für meine eigenen Anstrengungen trotz gewisser Differenzen wegweisend: Frederick Neuhouser, *Foundations of Hegel's Social Theory. Actualizing Freedom*, Cambridge/Mass. 2000, S. 5 f.; Kap. 1.

den Individuen Entlastung schenkt oder sie vom Reflexionsdruck befreit, sondern weil sie ihnen eine Form von Freiheit gewährt, die die anderen in der Moderne gepriesenen Freiheiten im Grad der erfahrbaren Zwanglosigkeit und Wirklichkeitssättigung weit überragt. Einen Ausweis dieser Überlegenheit der Sittlichkeit erblickt Hegel schon darin – und es ist nun beinahe überflüssig, gesondert darauf hinzuweisen –, dass nur sie vollständig in den logischen Begriffen des »Geistes« wiedergegeben werden kann; während nämlich die mit den beiden anderen Freiheitskonzepten verknüpften Handlungsformen stets noch Reste einer undurchschaubaren, vollkommen fremden Objektivität beinhalten, die es verunmöglicht, sie restlos nach dem Muster des Geistes zu erschließen, sind auf der Stufe der objektiven, sittlich vermittelten Freiheit solche Hindernisse endgültig entfallen, weil hier die Subjekte das Objekt als das Andere ihrer Selbst, also als Produkt ihrer eigenen Selbstbeziehung ansehen können.[18]

Von diesem Zwischenergebnis aus ist es für Hegel nur noch ein kleiner Schritt, bis er das gesamte Programm seiner »Rechtsphilosophie« und damit seine besondere Idee des Rechts darlegen kann; es ist erst der damit bezeichnete Punkt, an dem für uns vollständig klarwird, was unser Autor mit seiner zuvor umrissenen Differenzierung verschiedener Freiheitsbegriffe tatsächlich bezweckt. Hegel verfährt hier strikt immanent, indem er zunächst vorführt, inwiefern in der Rechtsphilosophie seiner Zeit stets aus einem zugrunde gelegten Begriff der individuellen Freiheit darauf geschlossen wird, was an staatlich zu schützenden Rechten den Individuen jeweils zusteht; wird so verfahren, so müssen mithin, je nachdem, ob eine »negative« oder eine »reflexive« Konzeption des freien Willens vorausgesetzt wird, auch der Umfang und die Art der subjektiven Rechte unterschiedlich ausfallen, deren Gewährleistung der Staat sicherzustellen hat. Der ingeniöse Schritt, den Hegel nun vollzieht, besteht in dem Nachweis, dass wir bei einer derartigen Herleitung des Rechts in dem Augenblick zu einer Preisgabe der dabei verwendeten Vorstellung bloß subjektiver Rechte gezwungen sind, in dem

18 Dass Hegel die Struktur einer modernen Staatsordnung nach dem Muster einer Freiheit des Bei-sich-selbst-Seins zum Anderen und damit des verwirklichten Geistes beschreibt, wird sehr schön deutlich an einer prägnanten Stelle seiner »Ästhetik«: Hegel, *Vorlesungen über die Ästhetik* I-III (*Werke*, a. a. O.), Fußnote 5, Bände 13-15), hier *Vorlesung* I (Bd. 13), S. 134-137.

wir nicht mehr eine der beiden defizitären, sondern die objektive Konzeption der Freiheit zugrunde legen: Sobald nämlich als die eigentliche Freiheit des Subjekts weder ein umgrenzter Freiraum der bloßen Willkür noch nach kantischem Muster eine reflexive Selbstbestimmung angesehen wird, sondern die Teilnahme und Mitwirkung an sittlichen Institutionen, muss die ganze Vorstellung des Rechts selbst noch einmal qualitativ erweitert werden, weil nun jene Institutionen ihrerseits ein normativ begründetes Existenzrecht erhalten.[19] Hegel entwendet der herkömmlichen Rechtsphilosophie, so könnten wir sagen, ihren eigenen Begriff des Rechts, indem er vorführt, dass dieser neben subjektiven Ansprüchen auch gesellschaftliche Tatbestände, nämlich bestimmte Institutionen, beinhalten muss, wenn nur der zugrunde gelegte Maßstab der individuellen Freiheit angemessener, also im Sinne der objektiven Freiheit bestimmt wird: Die bislang übliche »Definition des Rechts«, so heißt es bei Hegel, »enthält die seit Rousseau vornehmlich verbreitete Ansicht, nach welcher der Wille [des Subjekts, A. H.] nicht als an und für sich seiender, vernünftiger, der Geist nicht als *wahrer* Geist, sondern als *besonderes* Individuum, als Wille des Einzelnen in seiner eigentümlichen Willkür, die substantielle Grundlage und das Erste sein soll«;[20] wird hingegen, so können wir fortfahren, der freie Wille des Individuums nach dem Muster des Geistes gefasst, als sich in der Objektivität bestimmter Praktiken in seiner Selbstbeziehung wiedererkennender Wille, so muss sich dementsprechend auch jene Definition des Rechts ändern, weil diese nun auch solche institutionalisierten Praktiken in sich aufzunehmen hat, die eine derartige Selbstbeziehung ermöglichen.

Die Hegelsche »Rechtsphilosophie« stellt die Durchführung des damit umrissenen Programms dar; sie operiert mit einem sozialontologisch erweiterten Begriff des Rechts, um all die institutionellen Praktiken als rechtmäßig gegeben, als durch die Erfordernisse individueller Freiheit gerechtfertigte Handlungssphären darstellen zu können, die den modernen Subjekten zur Erfahrung einer objektiv vermittelten Selbstbeziehung verhelfen. Dass Hegel auf dem

19 Vgl. zu dieser Erweiterung des Begriffs des Rechts bei Hegel: Ludwig Siep, »Philosophische Begründung des Rechts bei Fichte und Hegel«, in: ders., *Praktische Philosophie im Deutschen Idealismus*, Frankfurt/M. 1992, S. 65-80, bes. S. 75.

20 G. W. F. Hegel, *Grundlinien der Philosophie des Rechts*, a. a. O., § 29.

damit beschrittenen Weg auch den Versuch unternehmen muss, die Idee der objektiven Freiheit selbst noch einmal in unterschiedliche Gestalten aufzugliedern und ihnen jeweils besondere Institutionenkomplexe zuzuordnen, will ich im nächsten Schritt meines Vortrags zeigen; er soll der Verdeutlichung der Aktualität der Hegelschen Sittlichkeitslehre dienen, indem dargelegt wird, dass sie uns ein normatives Vokabularium an die Hand gibt, mit dem wir den jeweiligen Wert der von uns praktizierten Freiheiten beurteilen können.

II.

Hegel will mit seinem Begriff der »Sittlichkeit«, wie wir bislang gesehen haben, aus dem Kreis der für unsere Gesellschaften charakteristischen Institutionengebilde diejenigen herausheben, die es den miteinander kommunizierenden Subjekten ermöglichen, Erfahrungen einer nicht nur negativen oder reflexiven, sondern einer objektiven Freiheit zu machen; »objektiv« soll dabei eine individuelle Form der Freiheit heißen, die es dem Einzelnen gestattet, sich in institutionalisierten Praktiken in dem Sinn wiederzuerkennen, dass er in den habitualisierten Absichten seiner Interaktionspartner eine Bedingung, ja ein Produkt der eigenen, rational gewonnenen Vorsätze erblicken kann. Bevor Hegel nun darangehen kann, solche sozialen Institutionen oder Praktiken mit dem Titel des »Sittlichen« auszuzeichnen, muss er erst ein sehr schwieriges Problem lösen, das sich aus dem Anspruch einer »Rechtsphilosophie« ergibt, eine für alle Mitglieder moderner Gesellschaften gleichermaßen gültige Analyse der objektiven, institutionellen Bedingungen ihrer Freiheit zu liefern; er darf sich deswegen nämlich nicht einfach damit begnügen, bloß irgendwelche durch rationale Selbstbestimmung identifizierbaren Absichten kenntlich zu machen, sondern muss den weitaus komplizierteren Nachweis antreten, dass erstens alle Subjekte in der »neuen Zeit« nach Maßgabe ihrer vernünftigen Selbsteinsicht bestimmte Vorsätze miteinander teilen, welche sie zweitens nur dann zwanglos befriedigen oder verwirklichen können, wenn sie an intersubjektiven Praktiken teilnehmen, die sich historisch bereits herausgebildet haben. Es ist nun unglücklicherweise nicht so, dass Hegel gesonderte Anstrengungen unternommen hätte, um für diese beiden Beweisziele nacheinander die Argumente zu unterbreiten; wie stets in seinen Schriften ist auch hier wieder der entscheidende Begründungsgang in einer geistesphilosophischen Herleitung verpuppt, bei der sich die uns zugänglichen und nachvollziehbaren Schritte kaum von den logischen Bestimmungen trennen lassen. Versuchen wir gleichwohl, eine solche Abtrennung nachträglich vorzunehmen, so lässt sich über die exoterische, den konkreten Erfahrungen zugewandte Seite des Hegelschen Beweisgangs etwa das Folgende ausmachen: Im Unterschied zu Kant ist Hegel davon überzeugt, dass sich der Einzelne bei seiner rationalen Selbstbestimmung gewöhnlich an den normativen Regeln orientiert, die er im Prozess seiner Sozialisation als Verhaltensmuster der ihn umgebenden Institutionen kennengelernt hat; daher auch wäre es für ihn falsch, von einem beliebigen Pluralismus individueller Zwecksetzungen auszugehen, die dann erst sekundär vom Einzelnen auf ihre moralische Richtigkeit hin überprüft werden müssten; vielmehr kommen wir als uns rational selbst bestimmende Wesen im Allgemeinen darin überein, uns in unserem Handeln an die Maximen derjenigen geteilten Praktiken zu halten, in deren moralischem Horizont wir groß geworden sind.[21] Insofern aber dürfen wir nach Hegel davon ausgehen, dass die Subjekte seiner Zeit nach Maßgabe ihrer vernünftigen Selbsteinsicht so viele Absichten oder Handlungsvorsätze teilen, wie es institutionelle Gebilde gibt, die sie gemeinsam als Bildungsstätten ihres individuellen Geistes und als Orte rational zustimmungsfähiger Praktiken durchlaufen haben. Also besteht für Hegel die Aufgabe seiner Sittlichkeitslehre abkürzend darin, solche allgemeinen, motivationsprägenden Institutionen seiner Zeit zu identifizieren, die die Eigenschaft besitzen, jedes ihrer Mitglieder in den Handlungsabsichten des Gegenübers eine Objektivität seiner eigenen Freiheit erkennen zu lassen.

Es verdankt sich nun der überragenden soziologischen Bega-

21 Vgl. zu dieser sozialisatorischen Rolle der Sittlichkeit: Robert B. Pippin, *Hegel's Practical Philosophy. Rational Agenca as Ethical Life*, Cambridge/UK 2008, v. a. Part III; eine anschauliche Schilderung dieser Sozialisationsprozesse moderner Subjektivität liefert Hegel in seiner »Ästhetik« dort, wo er auf die geschichtlich-sozialen Voraussetzungen der romantischen Kunstform zu sprechen kommt: vgl. G. W. F. Hegel, *Vorlesung über die Ästhetik* (3 Bde.), in: ders., *Werke in zwanzig Bänden*, Bd. 13-15, a. a. O., hier bes. Vorlesung I (Bd. 13), S. 240-242.

bung Hegels, dass er diese Aufgabe in einer Weise gelöst hat, die noch heute zwar gewiss nicht in allen Details der Durchführung, aber doch ihrer Struktur nach theoretisch Bestand hat; man muss nur wesentlich später entstandene Gesellschaftstheorien mit vergleichbarem Anspruch zur Kenntnis nehmen, etwa diejenigen von Durkheim oder Talcott Parsons, um zu sehen, dass sie über die in der »Rechtsphilosophie« vorgeschlagenen Differenzierungen nicht entscheidend hinausgekommen sind.[22] Nachdem Hegel die in seiner Jugend enthusiastisch verfolgte Idee aufgegeben hatte, nach der sich die Integration auch komplexer Gemeinwesen allein über die Ausweitung von Liebes- und Freundschaftsbeziehungen vollziehen könne, war er – nicht zuletzt durch die Beschäftigung mit der neuen Nationalökonomie – zu der erheblich realistischeren Auffassung gelangt, dass die Reproduktion moderner Gesellschaften auf das Zusammenwirken von drei allgemeinen, motivationsprägenden Institutionenkomplexen angewiesen ist: Neben den auf Liebe und Freundschaft fußenden Privatbeziehungen, in deren Darstellung er Elemente seiner ursprünglichen Konzeption hinübergerettet hatte, waren das der neuen Einschätzung nach zusätzlich die kapitalistische Marktwirtschaft und die politischen Organe einer konstitutionellen Monarchie.[23] Aber Hegel war über die Jahre seiner philosophischen Reifung hinweg nicht so weit ernüchtert worden, dass er auch jetzt nicht wiederum den Versuch unternehmen wollte, diese drei Komplexe institutionalisierten Handelns nach demselben Muster zu begreifen, nach dem er zuvor allein die Struktur der Wechselseitigkeit in der Liebe verstanden hatte; und das nun wiederum kam der Aufgabe gleich, wie wir schon am Beispiel der »Liebe und Freundschaft« in der »Einleitung« gesehen haben, auch

22 Besonders deutlich: Émile Durkheim, *Physik der Sitten und des Rechts. Vorlesungen zur Soziologie der Moral*, übersetzt von Michael Bischoff, Frankfurt/M. 1999 (mit der Unterscheidung von Familienmoral, Berufsmoral und staatsbürgerlicher Moral).

23 Vgl. die nüchterne Zusammenfassung: G. W. F. Hegel, *Grundlinien der Philosophie des Rechts*, a. a. O., § 157. In dieser Auflistung und auch in den darauffolgenden Bestimmungen der drei sittlichen Sphären ist natürlich verlorengegangen, welche Anstrengungen der soziologischen Verdichtung und begrifflichen Generalisierung nötig waren, um jeweils die Besonderheit der sozialen Freiheit herauszuarbeiten. Vgl. allein für die Analyse der Marktwirtschaft: Birger P. Priddat, *Hegel als Ökonom*, Berlin 1990.

in den beiden anderen institutionellen Gebilden des Marktes und des Staates jenen Mechanismus einer wechselseitigen Objektivierung von jeweils individuell selbstbestimmten Handlungsabsichten auszumachen, den wir als Substanz der »objektiven Freiheit« kennengelernt haben. Auf den damit nur kurz angedeuteten Wegen ist Hegel zu der für seine »Rechtsphilosophie« im Ganzen zentralen Überzeugung gelangt, dass die modernen Institutionen der inzwischen romantisch verstandenen Liebe, einer sozial eingehegten Marktwirtschaft und des monarchistischen Bürgerstaates Sphären der Sittlichkeit bilden: In der moralischen Sprache dieser drei institutionellen Komplexe groß geworden, entwickeln die Subjekte in Ausübung ihrer Fähigkeit zur Selbstbestimmung vernünftigerweise darauf gerichtete Absichten und Vorsätze, deren Befriedigung in den entsprechenden Handlungspraktiken sie dann als zwanglose Objektivationen ihrer individuellen Freiheit verstehen können.

Allerdings reicht es nun für Hegel natürlich nicht aus, diese drei Formen objektiver Freiheit bloß nebeneinander aufzulisten; um sie kategorial tatsächlich voneinander abheben und vorstellen zu können, muss er sie vielmehr in eine normativ gestufte Reihenfolge bringen, die es erlaubt, sie miteinander zu vergleichen und auf ihren jeweiligen Wert hin zu beurteilen. Bei der Durchführung einer solchen Stufung macht Hegel wiederum von seinem organismusartigen Begriff des Geistes Gebrauch, den er jetzt auf die drei institutionellen Freiheitskomplexe ebenso anwendet, wie er ihn zuvor bei der Sichtung und Bewertung der herrschenden Vorstellungen individueller Freiheit genutzt hatte; dementsprechend muss es sich zeigen, dass die verschiedenen Formen objektiver Freiheit um so vollkommener und damit wertvoller sind, je weniger sie noch von Resten bloßer Naturkausalität bestimmt sind, so dass sie sich dann an ihrer Spitze vollständig nach dem Muster des sich zwanglos in seinen Objektivationen reflexiv wiedererkennenden Geistes verstehen lassen. Erneut ist man auch an dieser Stelle erstaunt, wie meisterlich es Hegel gelingt, seine rein logischen Bestimmungen für eine sachlich erhellende und empirisch nachvollziehbare Erschließung der sozialen Realität fruchtbar zu machen: Die in der Liebe, Freundschaft und Familie eingeübten Praktiken der wechselseitigen Fürsorge und Zuneigung stellen deswegen eine noch untergeordnete Stufe der objektiven Freiheit dar, weil in ihnen nur unsere sozial interpretierte Bedürfnisnatur intersubjektiv zur Befriedigung gelangt.[24] Die auf dem kapitalistischen Markt institutionalisierten Praktiken des geldvermittelten Austauschs von Leistungen und Gütern besitzen demgegenüber schon einen höheren Grad an objektiver Freiheit, weil in die zugrundeliegenden Interessendefinitionen bereits reflexive Nutzenerwägungen eingewandert sind,[25] und die im monarchistischen Bürgerstaat angelegten Praktiken der Pflege des Gemeinwohls und des wechselseitigen Einstehens schließlich stellen deswegen die höchste Stufe der objektiven Freiheit dar, weil sich die darin zur Objektivation gelangenden Vorsätze von allen natürlichen Wurzeln gelöst haben und Ausdruck rein geistiger, rational bewirkter Einstellungen sind.[26] Ich will nicht sagen, dass die in dieser Stufung vorgenommenen Charakterisierungen der einzelnen Praxisformen zumindest zu Hegels Zeiten noch ohne Fehl und Tadel gewesen wären; in seiner Schilderung der romantischen Liebe und den auf ihr fußenden Familienverhältnissen lässt Hegel sich, wie allgemein bekannt ist, stark von den patriarchalischen Vorurteilen seiner Tage leiten,[27] und in seiner Darstellung des Staatsverhältnisses gerät ihm sogar vollkommen aus dem Blick, dass es sich hier doch dem eigenen Anspruch nach eigentlich um symmetrische Beziehungen zwischen den Staatsbürgern handeln müsste, die wechselseitig in ihrem ehrenhaften Tun eine Objektivation ihrer je eigenen Anstrengungen erkennen können.[28] Aber die Grundidee dieser dreigliedrigen Sittlichkeitskonzeption war doch damals schon und bleibt auch heute noch eine enorme Herausforderung für das moderne Freiheitsverständnis; sie zwingt dazu, ernsthaft den Gedanken zu prüfen, ob es nicht um unsere Freiheiten insgesamt besser bestellt wäre, wenn wir institutionelle Gebilde und Praktiken nicht entweder als Einschränkungen oder als Bedingungen einer bloß subjektiven Freiheit, sondern als Verkörperungen einer kommunikativen Freiheit begreifen würden. Hegel hat alle

24 Vgl. G. W. F. Hegel, *Grundlinien der Philosophie des Rechts*, a. a. O., § 165; ders., *Enzyklopädie der philosophischen Wissenschaften*, Bd. III, a. a. O., § 518.

25 G. W. F. Hegel, *Grundlinien der Philosophie des Rechts*, a. a. O., § 182, § 187.

26 Ebd., § 264, § 268 (Patriotismus).

27 Vgl. etwa: Susanne Brauner, *Natur und Sittlichkeit: Die Familie in Hegels Rechtsphilosophie*, Freiburg/München 2007.

28 Vgl. Michael Theunissen, »Die verdrängte Intersubjektivität in Hegels Philosophie des Rechts«, in: Dieter Henrich/Rolf-Peter Horstmann (Hg.), *Hegels Philosophie des Rechts*, Stuttgart 1982, S. 317-381.

Mittel, die zu einer derartigen Ausweitung unseres Freiheitsverständnisses nötig wären, in der Anlage und den Grundbegriffen seiner Sittlichkeitslehre bereits vorgedacht: Er hat zwischen leibnahen Bedürfnissen, zweckrationalen Interessen und individuellem Selbstwert als den drei Typen individueller Vorsätze unterschieden, die nur durch institutionalisierte Reziprozität zwanglos Befriedigung finden können und somit ein Bewusstsein gesteigerter Freiheit vermitteln, er hat deutlich machen wollen, dass eine derartige intersubjektive Wechselseitigkeit im Prinzip nur unter Gleichen möglich ist, und er hat schließlich schon die institutionellen Komplexe umrissen, in denen diese Formen einer sittlichen, einer sozialen oder kommunikativen Freiheit ihren Platz haben könnten. Aber an keiner Stelle seiner »Rechtsphilosophie« ist ein Wort darüber zu lesen, ob und wie sich die ihm vor Augen stehenden Institutionen zukünftig einmal in eine Richtung entwickeln könnten, die dem zugrundeliegenden Anspruch einer Reziprozität unter Gleichen eher entsprechen würde; stattdessen hat er die gegebenen Familien-, Markt- und Staatsverhältnisse in der Gestalt, die sie bei einer höchst wohlwollenden, gutwilligen Interpretation zu seiner Zeit boten, für sakrosankt gehalten, ohne deren innere Dynamisierung, deren immanente, konfliktgetriebene Fortentwicklung auch nur als Möglichkeit zu betrachten. In diesem Konservatismus der Hegelschen Gesellschaftsanalyse spiegelt sich ein gravierendes Konstruktionsproblem seiner Sittlichkeitslehre, auf das ich zum Schluss nun noch kurz zu sprechen kommen möchte.

III.

Hegel hat die defizitären Formen der individuellen Freiheit, wie ich bereits habe durchblicken lassen, keinesfalls aus seiner Rechts- und Staatslehre heraushalten wollen; er war vielmehr überzeugter Liberaler genug, um zu sehen, wie konstitutiv für moderne Gesellschaften die Ermöglichung von rein privaten Chancen der persönlichen Selbstabgrenzung und der moralischen Selbstvergewisserung ist. Nachdem er in seiner »Einleitung« die bloß negative Vorstellung der Freiheit und die Idee der individuellen Selbstbestimmung noch resolut all ihrer Mängel überführt hatte, tauchen sie beide daher im Hauptteil der »Rechtsphilosophie« unter veränderten Namen wieder auf, um jetzt zwei in der sozialen Wirklichkeit längst etablierte Handlungskomplexe zu bezeichnen: Unter dem Titel des »Abstrakten Rechts« fasst Hegel die inzwischen rudimentär verankerten liberalen Freiheitsrechte zusammen, die jedem erwachsenen Individuum ein staatlich geschütztes Recht auf Leben, Eigentum und Vertragsfreiheit garantieren sollen,[29] unter dem Titel der »Moralität« möchte er die institutionell verbürgte Chance verstanden wissen, mit moralischen Gründen auf den je eigenen Vorstellungen des »Richtigen« zu bestehen.[30] Obwohl Hegel diese beiden Institutionen in seiner Darstellung den objektiven, sittlichen Formen der Freiheit vorauslaufen lässt, darf daraus nicht geschlossen werden, er habe sie nur als vorgängige Eintrittsvoraussetzungen für die Mitwirkung an den sozialen Praktiken von Familie, Markt und Staat begriffen – so, als ob die Individuen gleichsam ihrer individuellen Rechte und ihrer moralischen Autonomie verlustig gingen, sobald sie sich nach persönlicher Prüfung im Lichte ihrer Rechte und Gewissensüberzeugungen zur Teilnahme an jenen Institutionen der intersubjektiven Reziprozität entschlossen hätten. Vielmehr geht Hegel davon aus, dass die liberalen Rechte und die Chance der moralischen Stellungnahme alle Interaktionen in den drei sittlichen Sphären gewissermaßen grundieren, indem sie den Subjekten die Möglichkeit einräumen, sich gegebenenfalls aus eingegangenen Handlungsverpflichtungen zurückzuziehen oder gegen sie moralischen Einspruch zu erheben; für die gesamte Sphäre der Sittlichkeit bleibt es mithin konstitutiv, um es mit den Worten des Wirtschaftssoziologen Albert Hirschman zu sagen, dass die Gesellschaftsmitglieder dauerhaft Zugang zu den beiden Optionen von »exit« und »voice« besitzen, zum freiwilligen Austritt oder zum moralisch begründeten Protest.[31]

Mit dieser Einbeziehung »subjektiver« Freiheiten in den Korpus der institutionalisierten Sittlichkeit wandert nun freilich bereits in die Theorie ein Element der Dynamik, der Offenheit und Transgressivität ein, welches Hegel in seiner Darstellung gar nicht mehr recht zu kontrollieren vermag; denn nichts an seinen Schilderun-

29 G. W. F. Hegel, *Grundlinien der Philosophie des Rechts*, a. a. O., §§ 34-104.

30 Ebd., §§ 105-141.

31 Albert O. Hirschman, *Abwanderung und Widerspruch. Reaktion auf Leistungsabfall bei Unternehmungen, Organisationen und Staaten*, übersetzt von Leonhard Walentik, Tübingen 2004.

gen der sittlichen Verhältnisse schließt ja aus, dass sich der individuelle Einspruch einmal zum kollektiven Protest aufaddiert, um die jeweiligen Verfassungen der sittlichen Institutionen selbst in Frage zu stellen. Zwar erwähnt Hegel gelegentlich, vor allem in seiner Analyse des kapitalistischen Marktes, die Möglichkeit einer solchen kollektiven »Empörung«,[32] aber er stellt die dadurch bewirkte Dynamisierung für die von ihm ausgezeichnete Sittlichkeit erst gar nicht in Rechnung; das nämlich hätte bedeutet, die eigene Rechts- und Staatslehre für die konflikthaften, ja revolutionären Veränderungen offenzuhalten, die sich aus den von ihm selbst zugelassenen Reibungen im System institutionalisierter Freiheiten in Zukunft einmal ergeben könnten. Diesen Schritt hat Hegel, wie wir wissen, nicht getan; er hat seine »Rechtsphilosophie« nicht für einen Zwischenschritt in der Selbstverständigung moderner Gesellschaften über ihre eigenen Freiheitsmöglichkeiten gehalten, sondern für ein Buch mit abschlusshaftem Charakter – aus der Perspektive eines sich in seinen institutionellen Verkörperungen selbst begreifenden Geistes sollte dargestellt werden, wie die objektive Freiheit in den Institutionen der Familie, des Marktes und des Staates ein für alle Mal Fuß gefasst hat. Wir aber, die wir heute, nach beinah zweihundert Jahren, auf Hegels Sittlichkeitslehre noch einmal zurückblicken, sind natürlich eines Besseren belehrt: Die Kräfte der Individualisierung und der Autonomie, das Potential der negativen und der reflexiven Freiheit, haben eine Dynamik freigesetzt, die in Hegels eigenes System der Sittlichkeit hineingewirkt und keine der Institutionen in dem normativen Zustand belassen hat, in dem sie von ihm einst dargestellt worden waren. Daher kann uns heute die Hegelsche »Rechtsphilosophie« nicht mehr in ihrer konkreten Durchführung, sondern nur noch in ihrem Aufriss und Bauplan als Vorbild einer Theorie gesellschaftlicher Freiheit dienen. Wir können von ihr nachhaltig lernen, wie armselig es um unsere Freiheiten tatsächlich bestellt ist, wenn wir sie nur in Begriffen der subjektiven

32 Vgl. etwa die von Dieter Henrich herausgegebene Mitschrift der Hegelschen Vorlesung zur »Philosophie des Rechts« aus dem Jahr 1819/20, in der im Kapitel über die »bürgerliche Gesellschaft« ständig Hinweise auf die »Empörung« anzutreffen sind, die die Armen angesichts ihrer Lage gerechtfertigterweise empfinden müssen: G. W. F. Hegel, *Philosophie des Rechts. Die Vorlesung von 1819/20 in einer Nachschrift*, hg. von Dieter Henrich, Frankfurt/M. 1983, bes. S. 187-207. In diesem Zusammenhang ist auch von einem »Notrecht« zum Aufstand die Rede.

Rechte, der moralischen Autonomie oder einer Kombination beider zu begreifen versuchen; mit Hegel wäre dagegen festzuhalten, dass individuelle Freiheit in gesellschaftlichen Zusammenhängen zunächst und vor allem die Erfahrung einer persönlichen Ungezwungenheit und Erweiterung meinen muss, die daraus resultiert, dass meine verallgemeinerbaren Zwecke durch die ebenso allgemeinen Zwecke der Anderen befördert werden.

Verstehen wir aber diese Art von »objektiver« oder, wie wir nun vielleicht besser sagen können, »sozialer« Freiheit als den Kern all unserer Freiheitsvorstellungen, gegenüber dem sich die anderen zuvor behandelten Ideen von Freiheit nur derivativ verhalten, dann müssen wir mit Hegel auch die Konsequenz einer Revision unserer herkömmlichen Gerechtigkeitsauffassung ziehen: Was in den hochentwickelten Gesellschaften heute »gerecht« heißt, darf sich nicht mehr nur einfach daran bemessen, ob und in welchem Umfang alle Gesellschaftsmitglieder über negative und reflexive Freiheiten verfügen, sondern muss ebenso dem Maßstab genügen, diesen Subjekten gleichermaßen und gleichberechtigt die Chance zur Partizipation an den institutionalisierten Sphären der Reziprozität zu gewähren, an Familien und persönlichen Beziehungen, am Arbeitsmarkt und an der demokratischen Willensbildung. Ins Zentrum der Idee sozialer Gerechtigkeit wandert damit die Vorstellung, dass jene normativ gehaltvollen und daher von Hegel »sittlich« genannten Institutionen der rechtlichen Sicherstellung, der staatlichen Obhut und der zivilgesellschaftlichen Unterstützung bedürfen, um den ihnen zugrundeliegenden Anspruch auf soziale Freiheit auch tatsächlich realisieren zu können – nur im arbeitsteiligen Zusammenspiel von Recht, Politik und solidarischer Öffentlichkeit können die institutionellen Gebilde am Leben erhalten werden, denen die Gesellschaftsmitglieder die verschiedenen Facetten ihrer ineinandergreifenden Freiheiten und wir damit im Ganzen eine Kultur der Freiheit verdanken.

Die Normativität der Sittlichkeit

Hegels Lehre als Alternative zur Ethik Kants

In den letzten Jahren hat es sich eingebürgert, der Hegelschen Kritik am Standpunkt der Moral wieder größeres Gewicht beizumessen; nicht mehr ohne Weiteres wird es heute in der praktischen Philosophie akzeptiert, dass nur solche Normen oder Gesetze als »moralisch« bezeichnet werden dürfen, die wir allein oder mit anderen in einem unparteilichen Testverfahren als uns universell verpflichtend, als uns bindend zu begreifen vermögen. Die Gründe für die Abkehr von diesem Modell moralischer Normativität sind vielfältig und reichen von der Hervorkehrung der Motivationsproblematik bis hin zur Kritik am bloßen Sollenscharakter der entsprechend hergeleiteten Verpflichtungen; aber als entscheidender Einwand hat sich inzwischen wohl erwiesen, dass sich Kant und seine Nachfolger in der Paradoxie verfangen, für die moralische Selbstbestimmung oder -bindung eine Freiheit schon voraussetzen zu müssen, die sie aber nur unter der Voraussetzung bereits existierender moralischer Normen erklären können.[1] Sobald wir allein denjenigen Normen das Prädikat »moralisch« zubilligen, so lautet dieses Argument, die wir uns in einem Akt der autonomen Selbstunterwerfung oder der zwanglosen Einigung als »frei« erzeugt vorstellen können, müssen wir an einem beliebig nach hinten verschiebbaren, aber unvermeidlichen Punkt doch wiederum moralische Normen ins Spiel bringen, weil wir diesen überhaupt erst jene supponierte Freiheit oder kommunikative Zwanglosigkeit verdanken – in der Kantischen Moral wird die damit umrissene Bindung an bereits existierende Normen in der Formel vom »Faktum der Vernunft« eingestanden, in der Diskursethik wird sie durch die unschuldig daherkommende Rede von der Notwendigkeit »entgegenkommender Lebensformen« einigermaßen verrätselt.[2] In beiden Fällen

1 Vgl. zusammenfassend: Terry Pinkard, »Das Paradox der Autonomie. Kants Problem und Hegels Lösung«, in: Thomas Khurana/Christoph Menke (Hg.), *Paradoxien der Autonomie*, Berlin 2011, S. 25-60.

2 Jürgen Habermas, *Erläuterungen zur Diskursethik*, Frankfurt/M. 1991, S. 25; zu Kant vgl. die berühmte Formulierung in: ders., *Kritik der praktischen Vernunft*, Werkausgabe, Bd. VII, Frankfurt/M. 1968, S. 141.

aber scheint dieselbe Verlegenheit am Werk zu sein: Gewissen moralischen Normen muss jeweils eine allgemeine Gültigkeit schon vorweg unterstellt worden sein, bevor die Prozedur der individuellen oder kommunikativen Selbstbestimmung überhaupt gedacht werden kann. Aus dieser Kritik an der Bodenlosigkeit einer rein konstruktivistischen Moraltheorie ist dementsprechend die Konsequenz einer Rückkehr zu Ansätzen gezogen worden, die ihren Anfang vom je gegebenen Horizont moralischer Normen und Regeln nehmen; im Pendelschlag historischer Rückversicherungen, der für die philosophische Forschung ganz unvermeidlich zu sein scheint, ist die Aufmerksamkeit wieder Theorien der Moral zugeflossen, die Grundsätze und Verpflichtungen rekonstruktiv aus den historisch bereits existierenden Normen zu gewinnen versuchen.

Mit dieser Neuausrichtung ist freilich von Beginn an eine dem Kantianismus komplementäre Gefahr verknüpft gewesen, für die mancherorts schnell der Begriff des »Neoaristotelismus« gefunden war: Wenn moralische Normen nur aus dem historischen Kontext der je schon akzeptierten Handlungsregeln und Lebensformen hergeleitet werden sollen, weil sie es ja offenbar sind, denen wir unsere deliberative Freiheit überhaupt erst zu verdanken haben, dann läuft ein solches Verfahren zwangsläufig auf eine Legitimierung der jeweils gegebenen Moralordnung hinaus; der Unterschied zwischen sozialer Geltung und normativer Gültigkeit, der uns im Alltag doch wohlvertraut ist, droht vollständig eingeebnet zu werden, da jedes unabhängige Kriterium dafür zu fehlen scheint, wie wir zwischen nur sozial praktizierten und moralisch gerechtfertigten Normen eine Grenzlinie ziehen können. Solange dieser naheliegende Vorwurf des bloßen Konventionalismus nicht entkräftet ist, so lässt sich unschwer voraussagen, wird die Stimme Kants und seiner Nachfahren auf dem Feld der Moralphilosophie nicht verstummen; das wirkungsgeschichtliche Bewusstsein wird sich trotz aller Bedenken gegen den abstrakten Formalismus wieder solchen Ansätzen zuwenden, die ihren Ausgang von der Idee nehmen, dass wir uns moralische Normen nur als das Ergebnis eines individuellen oder kommunikativen, eines bloß hypothetischen oder eines real durchzuführenden Unparteilichkeitstests vorzustellen haben. Um aus dieser unentschiedenen Situation einen Ausweg zu finden, will ich im Folgenden den Versuch unternehmen, den Hegelschen Weg einer kontextualistischen Moralbegründung vom

Vorwurf des bloßen Konventionalismus zu befreien; in seinem Begriff der Sittlichkeit verfügt der Autor der »Rechtsphilosophie«, so will ich zeigen, über eine Reihe von immanenten Kriterien, die es ihm erlauben, im Bezug auf den Horizont einer je gegebenen Lebensform zwischen bloß sozial geltenden und normativ gültigen Normen zu unterscheiden. Dabei wird es allerdings darauf ankommen, die Darlegung seines Verfahrens so wenig wie nur eben möglich mit jener Hypothek zu belasten, die aus den Prämissen seiner inzwischen kaum mehr einzuholenden Geistesphilosophie stammt; die Sittlichkeitslehre Hegels wird sich auf dem Feld der Moralphilosophie nur dann bewähren können, wenn sie in eine Terminologie übersetzbar bleibt, die frei ist von der ontologischen Voraussetzung eines sich universell selbst realisierenden Geistes. In einem ersten Schritt möchte ich auf eine solche, vielleicht »postmetaphysisch« zu nennende Weise die allgemeinen Kriterien benennen (I), die Hegel als immanente Gegebenheiten einer jeden sittlichen Lebensform zu begreifen versucht; in einem zweiten Schritt will ich dann überprüfen, ob sich daraus Ansätze für eine Richtungsbestimmung der moralischen Entwicklung gewinnen lassen (II).

I.

Die Ansprüche, die Hegel ganz allgemein an all das stellt, was er mit dem Sammelbegriff der »Sittlichkeit« darzulegen versucht, ergeben sich bereits als positive Konsequenzen aus den verschiedenen Einwänden, die er gegen die Moralphilosophie Kants in Anschlag bringt. Der Standpunkt der Moralität soll ja nicht einfach beiseitegeschoben, sondern derart seiner Abstraktheit entkleidet werden, dass verständlich wird, warum schon viele der vergangenen oder gegenwärtigen Gestalten sozialer Praxis in unterschiedlichen Reifegraden Formen dessen enthalten, was Kant als Universalisierungsgrundsatz der je gegebenen Wirklichkeit hat gegenüberstellen wollen; als »sittlich« können von Hegel daher zwangsläufig nur solche bereits existierenden (oder existiert habenden) Praktiken in Gesellschaften begriffen werden, die uns unauffällig – eben in der Weise von Sitten, nicht von externen Imperativen – dazu anhalten, andere Personen zu respektieren und dementsprechend unserer Selbstliebe

»Abbruch zu tun«.[3] Insofern ist Hegel eine neoaristotelische Perspektive, in der jede soziale Lebensform allein um ihrer motivierenden und ethischen Kraft willen normative Bestätigung erfährt, von Anfang an vollkommen fremd gewesen; er war zeitlebens viel zu sehr in die Kantische Konzeption moralischer Autonomie verstrickt, viel zu sehr um deren Aufhebung in den »objektiven Geist« der institutionellen Wirklichkeit bemüht, als dass ihm je hätte in den Sinn kommen können, aus der bloß sozialen Geltung beliebiger Normsysteme schon auf deren normative Gültigkeit zu schließen. Alles, was er Kants Idee der Moralität an Abstraktheit, an Formalismus und an Motivationsmangel vorzuwerfen hat, muss er vielmehr in seinem eigenen Begriff der »Sittlichkeit« korrektiv derart aufgelöst haben, dass sich schon daraus die Kriterien ergeben, die ihm eine Unterscheidung zwischen nur gegebenen und berechtigten Formen normativ gehaltvoller Praktiken erlauben.

Eine erste Auflage, die alle als »sittlich« bezeichneten Praxisformen für Hegel erfüllen können müssen, sollen sie tatsächlich eine soziale »Aufhebung« oder Einbettung der Moralität leisten, ergibt sich schon aus jener Paradoxie der moralischen Freiheit, die ich gleich zu Beginn kurz erläutert habe. Wenn es tatsächlich so ist, dass wir in der moralischen Selbstbestimmung zumindest diejenigen Normen immer schon als gerechtfertigt unterstellen haben müssen, denen wir diese gerade ausgeübte Freiheit jeweils verdanken, dann dürfen nur solche Praktiken überhaupt als Kandidaten von »Sittlichkeit« gelten, die ihrer normativen Struktur nach eine derartige Freiheit überhaupt erst stiften; nicht jedes regelgeleitete Handeln unter Menschen kann schon als sozial verwirklichte Form von Moralität genommen werden, sondern nur dasjenige, welches durch normative Prinzipien reguliert wird, in Bezug auf die die beteiligten Subjekte sich wechselseitig zugleich als Autoren und Adressaten verstehen können. Hegel löst die ihm damit gestellte Aufgabe, einen Begriff von Praktiken zu formulieren, der die Struktur einer solchen reziproken Befähigung und Ermächtigung aufweist, durch seine schon früh in Anschluss an Fichte entwickelte

3 So die Formulierung Kants für die Wirkung der Respektierung des Sittengesetzes: ders., *Grundlegung zur Metaphysik der Sitten*, Werkausgabe Bd. VII, Frankfurt/M. 1968, S. 27 f., Fußnote 2.

Idee von Anerkennung.[4] Darin wird auf eine Sonderklasse von sozialen Handlungen Bezug genommen, die die Eigenschaft besitzen, dass sich die Beteiligten insofern einer normativen Verpflichtung unterworfen wissen, als sie den anderen Interaktionspartnern das Recht zugestehen, die eigenen Handlungen in Bezug auf die jeweils zugrundeliegende Norm zu bewerten: Wenn wir jemanden gemäß einer bestimmten, sozial eingeübten Norm zu lieben glauben, fühlen wir uns den daraus resultierenden Pflichten dadurch unterworfen, dass wir jener geliebten Person den Status verleihen, unsere auf sie gerichteten Handlungen an den vorausgesetzten Standards beurteilen zu dürfen; im Falle des formalen Rechts wissen wir uns an die entsprechenden Normen deswegen gebunden, weil wir allen anderen Rechtspersonen die Macht und Befähigung einräumen, unsere praktische Auslegung der dabei wechselseitig akzeptierten Verpflichtungen bewerten zu dürfen. Jedes Mal besteht der Akt der Anerkennung also darin, einer anderen oder mehreren anderen Personen die Autorität über die normative Angemessenheit der eigenen Handlungsvollzüge zuzubilligen; und in eins mit dieser Anerkennung schränkt der Anerkennende seine »Selbstliebe« nun insofern ein, als er sich in seinen Handlungen fortan an die Norm gebunden weiß, in Bezug auf deren Auslegung er dem oder den Anderen ein Mitspracherecht eingeräumt hat. Eine Praxis verdient mithin für Hegel nur dann das Prädikat »sittlich«, wenn eine in ihrer Anzahl variierende Gruppe von Personen einer Norm folgt, auf die sich eine jede von ihnen prinzipiell berufen kann, um die Handlungsweise eines der Beteiligten zu beurteilen; denn nur unter einer solchen Voraussetzung, die Fälle einseitig aufoktroyierter Handlungen ebenso ausschließt wie bloßes Routinehandeln, vollzieht sich innerhalb der gesellschaftlichen Wirklichkeit jenes Ineinander von Selbstbestimmen und normativer Verpflichtung, von dem Kant glaubte, dass es nur als isolierter, aller Alltagspraxis enthobener Reflexionsakt zu begreifen sei. Ob und in welchem Maße derartige Praktiken der gemeinsamen Normbefolgung, die in wechselseitiger Anerkennung wurzeln, kollektive Intentionalität voraussetzen, will ich hier auf sich beruhen lassen; in Bezug auf

4 Vgl. dazu Ludwig Siep, *Anerkennung als Prinzip der praktischen Philosophie. Untersuchungen in Hegels Jenaer Philosophie des Geistes*, Freiburg/München 1979; Andreas Wildt, *Autonomie und Anerkennung. Hegels Moralitätskritik im Lichte seiner Fichte-Rezeption*, Stuttgart 1982.

diese Frage hat die von Titus Stahl vorgelegte Studie Wesentliches zur Klärung beigetragen.[5]

Eine andere Komponente, die zu dieser ersten Bestimmung sittlicher Praxis ebenso gehört wie möglicherweise die Voraussetzung kollektiver Intentionalität, muss hier allerdings noch erwähnt werden, weil ohne sie das Vorgehen Hegels im Ganzen unverständlich bliebe. Die Art der jeweils gegebenen Norm, der ein Kreis von Akteuren gemeinsam folgt, indem sie sich wechselseitig die Autorität zur Beurteilung ihrer je individuellen Auslegungen und Anwendungen zubilligen, legt im Prinzip auch fest, in welcher Rolle oder in welchem Ausschnitt ihrer Persönlichkeit sie überhaupt voreinander in Erscheinung treten können. Lassen sich die Beteiligten in ihrer kollektiven Handlung etwa von der romantischen Norm der Liebe leiten, um noch einmal auf das Paradebeispiel Hegels zu rekurrieren,[6] so können sie bei der reziproken Bewertung ihrer jeweiligen Ausführungen Argumente vorbringen, die in direkterer Weise ihre emotionale Befindlichkeit spiegeln, als wenn sie sich wechselseitig als Mitglieder einer Rechtsgemeinschaft beurteilen; hier dürfen nur Überlegungen ins Spiel gebracht werden, die sich bereits einer gewissen Neutralisierung der eigenen Empfindungen verdanken müssen, während dort zum Einwand gegen eine bestimmte Normanwendung auch Gründe mobilisiert werden können, die bloße Artikulationen von Gefühlseinstellungen bilden. Aus dieser Abhängigkeit der Legitimität austauschbarer Gründe von der kollektiv befolgten Norm schließt Hegel, dass der den gemeinsamen Verpflichtungen zugrundeliegende Akt der wechselseitigen Anerkennung nicht einfach unterschiedslos als Zuschreibung von deliberativer Autonomie verstanden werden darf, sondern als Einräumung einer je besonderen Art solcher Freiheit.[7] Abkürzend kann er daher sagen, dass sich im Kontext der Norm der Liebe die Beteiligten wechselseitig als bedürfnisabhängige Wesen anerken-

5 Titus Stahl, *Immanente Kritik. Elemente einer Theorie sozialer Praktiken*, Frankfurt/M. 2013, Kap. 4.

6 Vgl. G.W.F. Hegel, *Grundlinien der Philosophie des Rechts*, Theorie-Werkausgabe, Frankfurt/M. 1970, §§ 161 und 162.

7 Diese Überlegungen sind gegen Brandom gerichtet, der dazu neigt, die Anerkennung auf die wechselseitige Einräumung eines einzigen Typs, desjenigen der deliberativen Autonomie, zu reduzieren: vgl. etwa Robert Brandom, *Reason in Philosophy. Animating Ideas*, Cambridge/Mass. 2009, Kap. 2 u. 3.

nen, während sie sich im Geltungshorizont des formalen Rechts jedoch reziprok als »Rechtspersonen« respektieren. Was die Unterschiede in den Qualifizierungen des »Anerkanntseins« aber der Sache nach tatsächlich signalisieren sollen, ergibt sich erst, wenn wir den Zusammenhang mit dem Charakter der je erlaubten Gründe der Verhaltensbewertung einsehen: Jemanden als bedürfnisabhängiges Wesen oder, noch kürzer, als Liebenden anzuerkennen, meint dann nichts anderes, als ihm die Autorität zuzugestehen, das eigenen Handeln im Licht der gemeinsam akzeptierten Norm auch im Rückgriff auf rein persönliche, emotionsgefärbte Gründe zu bewerten. Insofern erzeugt jede sittliche Praxis als in wechselseitiger Anerkennung gegründeter Handlungskontext in eins mit besonderen Formen der deliberativen Autonomie auch ihren eigenen Persönlichkeitstypus, der relativ zu den Gründen ist, die die gemeinsam akzeptierte Norm ins Spiel zu bringen erlaubt.[8]

Nun hat Hegel sich aber nicht damit zufriedenstellen können, gegenüber der Moraltheorie Kants bloß den Nachweis zu erbringen, dass wir den von diesem abstrakt herausgehobenen Universalisierungsgrundsatz schon immer in bestimmten Kontexten sittlichen Handelns praktizieren; weil er vielmehr auch der Meinung war, dass auf dem Standpunkt der Moral Pflicht und Neigung, Vernunft und Sinnlichkeit zu Unrecht einander entgegengesetzt werden, musste er darüber hinaus auch zeigen können, inwiefern in einer solchen sittlichen Praxis jene Trennung erst gar nicht stattfindet. Um das damit angedeutete Ziel zu erreichen, versucht Hegel eine zweite immanente Bestimmung aller Formen von Sittlichkeit zu umreißen, die ihm nicht minder wichtig erscheint als die erste; nach seiner Überzeugung kann es sich nur dort tatsächlich um soziale Einbettungen oder Aufhebungen von Moralität handeln, wo die durch wechselseitige Anerkennung beglaubigten Normen die Eigenschaften besitzen, unsere tatsächlichen Bestrebungen mit den jeweils geforderten Verpflichtungen zu verschränken.

Gegenüber Kant beharrt Hegel daher darauf, dass eine moralische Norm, deren Verpflichtungen sich die Mitglieder einer sozialen Gruppe durch wechselseitige Einräumung von korrigierender Autorität unterworfen haben, stets einen ethischen Wert widerspie-

8 Vgl. Axel Honneth, *Kampf um Anerkennung. Zur moralischen Grammatik sozialer Konflikte*, Frankfurt/M. 1992, Kap. 5.

geln können muss, der Ausdruck der Neigungen und Absichten eines jeden Einzelnen von ihnen ist; nur unter einer derartigen Voraussetzung können die kollektiv übernommenen Pflichten nicht als etwas »Beschränkendes« und Sperriges, den eigenen Zwecken Entgegenstehendes erfahren, sondern als »Bestimmung[en] zur Freiheit« begriffen werden, wie es in einer Mitschrift der »Rechtsphilosophie« heißt.[9] Pflicht und Neigung treten für Hegel in der gesellschaftlich praktizierten Moral so lange nicht auseinander, die Vernunft steht darin der Sinnlichkeit so lange nicht bloß gegenüber, wie die in reziproker Selbstunterwerfung gebilligten Normen ethische Zwecke zum Ausdruck bringen, in denen jeder Beteiligte eine Bedingung seiner eigenen Selbstverwirklichung erblicken kann; ja, wahrscheinlich müsste man sogar sagen, dass Hegel eine begriffliche Abkoppelung der moralischen Normen von Werten schon deswegen für sinnlos hält, weil jene ohne eine ethische Aufladung kaum die Chance besäßen, in der Wirklichkeit einen kollektiven Prozess der wechselseitigen Selbstbeschränkung in Gang zu setzen. Mithin begreift unser Autor als ein zweites immanentes Kriterium für das, was er »Sittlichkeit« oder sittliches Handeln nennt, den Umstand, dass die kollektiv befolgten Normen einen mehr oder weniger klaren Ausblick auf ihr ethisches Worumwillen eröffnen können müssen;[10] erlischt die damit behauptete Amalgamierung von normativen Regeln und Werten, können die Beteiligten also in den wechselseitig zugeschriebenen Verpflichtungen nicht mehr eine Bedingung ihrer Selbstverwirklichung erblicken, so verliert die entsprechende Praxis zwangsläufig ihre Eigenschaft des »Sittlichen«. Schon hier, an dieser Stelle seiner Begriffsbestimmung, überantwortet Hegel daher die normative Gültigkeit eines gegebenen Normensystems einem historischen Prozess, über den die beteiligten Akteure eine Kontrolle gar nicht mehr ausüben kön-

9 G. W. F. Hegel, *Die Philosophie des Rechts. Vorlesungen von 1821/22*, Frankfurt/M. 2005, S. 157.

10 Hegel formuliert diese Bedingung aller Sittlichkeit auf verschiedene Weise, zumeist aber so, dass der objektive Geist sich mit Hilfe von Bildungsprozessen in die individuellen Naturbedürfnisse »hineinbilden« können muss; vgl. etwa G. W. F. Hegel, *Grundlinien der Philosophie des Rechts*, a. a. O., § 187. An anderen Stellen wird dieselbe Bedingung dadurch festgehalten, dass von der »substantiellen Sittlichkeit« ausgesagt wird, ihr »Allgemeines« müsse »bewegende Zwecke« beinhalten: ebd., § 152.

nen; denn obwohl sie sich durch die wechselseitige Zuschreibung von kontrollierender Autorität zu den Autoren und Adressaten einer jeweiligen Norm gemacht haben, verfügen sie nicht über die Macht, über deren ethische Resonanz im Auf- und Niedergang der individuellen Neigungen zu wachen. Bevor ich darangehe, die damit aufgeworfene Frage nach der Rolle der Geschichte in Hegels Sittlichkeitskonzept zu behandeln, will ich aber zunächst zusammenfassen, wie er sich auf der begrifflichen Ebene die Rückeinbettung oder Aufhebung der Moralität in die Wirklichkeit sozialen Handelns vorstellt.

Hegel will, so haben wir gesehen, die von Kant entwickelte Idee beibehalten, nach der wir uns moralische Akte nur als Vollzüge einer Art von freiwilliger Selbstbeschränkung oder -unterwerfung vorzustellen haben; aber er kann aus Gründen, die mit seinem Einblick in die Paradoxie der moralischen Autonomie zusammenhängen, nicht akzeptieren, dass solche Akte in einem noumenalen Bereich jenseits aller bereits normativ regulierten Praxis stattfinden können sollen, so als ob die moralischen Normen dadurch jeweils erst erzeugt oder geschaffen werden würden. Vielmehr geht er davon aus, dass sich die menschlichen Subjekte stets schon in einer Welt sozial eingeübter Normen vorfinden, die sie sich aber sekundär zu eigen machen können, indem sie den anderen an der entsprechenden Praxis Beteiligten die Autorität zur Kontrolle ihrer eigenen Handlungsbeiträge zubilligen; wird eine derartige Anerkennung unter allen Mitgliedern der einer Norm folgenden Gruppe wechselseitig vollzogen, so erwachsen daraus von Hegel »ethisch« genannte Verpflichtungen,[11] die fortan den Bodensatz einer sittlichen Praxis oder Lebensform bilden. Aber Hegel ist realistisch genug, um nur solchen eingeübten Normen die Chance auf eine Bewährung durch kollektive Aneignung einzuräumen, deren Forderungen sich von den Beteiligten zugleich als Bedingung ihrer eigenen Selbstverwirklichung verstehen lassen; insofern ist er der Überzeugung, dass ethische Verpflichtungen und damit sittliche Handlungssphären nur dort bestehen, wo die intersubjektiv kontrollierten Normen auf erstrebenswerte Ziele verweisen oder eben allgemein akzeptierte Werte widerspiegeln.

Es sind die beiden damit angedeuteten Kriterien, die Hegel sei-

11 Ebd., § 148.

nem Begriff der »Sittlichkeit« zugrunde legt; darin wird die »objektive« Gültigkeit sozialer Normen von deren bloßer Geltung dadurch unterschieden, dass sie in einer Gruppe erfolgreich zum Prinzip einer wechselseitigen Handlungsbewertung erhoben worden sein müssen und darüber hinaus Werte zum Ausdruck bringen können, die unter den Mitgliedern auf allgemeine Zustimmung stoßen. Hegel ist der Überzeugung, mit einer solchen Vorstellung von sittlicher Praxis nahezu all das in die gesellschaftliche Wirklichkeit zurückverlagert zu haben, was Kant in seinem Begriff der »Moral« dieser Realität gerade als ein gesondertes Prinzip hatte entgegensetzen wollen; denn mit jeder Etablierung einer Sphäre der Sittlichkeit, wie sie ihm, Hegel, für die soziale Reproduktion ganz unverzichtbar erscheint, vollzieht sich innerhalb der Alltagsrealität immer schon die geforderte »Beschränkung« der Selbstliebe, ohne dass dafür noch nach besonderen Motivationskräften gesucht werden müsste. Das Standardmodell für die gesellschaftliche Wirksamkeit der Moral stellt für Hegel mithin die kollektive Aneignung von ethisch grundierten Normen dar, die dadurch zu sittlich gerechtfertigten Prinzipien werden, dass sich die Mitglieder einer Gruppe wechselseitig die Autorität zur Beurteilung ihrer je individuellen Auslegungen einräumen. Allerdings ist sich Hegel auch darüber im Klaren, dass er mit dieser Lösung noch keinesfalls all die Implikationen eingeholt hat, die Kant mit seiner Idee der moralischen Autonomie verknüpfen wollte; denn in der Anwendung des kategorischen Imperativs sollen wir ja nicht bloß gegenüber den Mitgliedern unseres partikularen Kollektivs, sondern gegenüber allen menschlichen Personen unsere Selbstliebe beschränken können und ihnen damit den moralisch notwendigen Respekt zollen. Die Antwort Hegels auf die damit umrissene Herausforderung bildet bekanntlich eine Geschichtsphilosophie, die den Beweis anzutreten hat, dass sich der geschichtliche Prozess im Ganzen als der Vorgang einer Selbstrealisierung des Geistes verstehen lässt, der an seinem Ende sittliche Äquivalente dessen hervorbringt, was Kant moralischen Universalismus genannt hat. Mich interessiert im folgenden, zweiten Schritt aber nicht, ob es Hegel auf diese heute sicherlich nicht mehr zu vertretende Weise tatsächlich gelungen ist, die universalistischen Gehalte der Kantischen Moral als Ergebnisse eines Fortschritts im Bewusstsein der Freiheit darzustellen; mich wird vielmehr beschäftigen, ob sein Standardmodell der Sittlichkeit theoretische Elemente enthält, die uns Möglichkeiten an die Hand geben, einen solchen Fortschritt auch ohne die Voraussetzung einer objektivistischen Geschichtsphilosophie zu denken.[12]

II.

In der Rekonstruktion der immanenten Kriterien, die Hegel seinem Begriff der »Sittlichkeit« zugrunde legt, sind wir schon an zwei Stellen auf Überlegungen gestoßen, die eine Einbeziehung historischer Prozesse und Dynamiken ganz unvermeidlich machen. Ein erster solcher Punkt zeigt sich bereits in dem Augenblick, in dem Hegel die Moral dadurch gesellschaftlich einzubetten versucht, dass er sie als Resultat einer kollektiven Inkraftsetzung von gegebenen Normen versteht, deren individuelle Anwendung und Ausübung fortan von den Mitgliedern einer Gruppe wechselseitig überprüft werden darf; mit dieser reziproken Anerkennung eines Mitspracherechts bei der angemessenen Realisierung einer Norm wandert in alle etablierten Sittlichkeiten nun ein Moment geschichtlicher Prozessualität ein, das darin besteht, dass jedes Mitglied des Kollektivs an der Handlungsausführung des Anderen Anstoß nehmen und auf eine angemessenere Praktizierung drängen kann – der Moral, verstanden als Inbegriff kollektiv angeeigneter Normen, wohnt unter den Prämissen Hegels, auch wenn er es nicht immer wahrhaben wollte, ein unverbrüchliches Element der historischen Revidierbarkeit und Fortschreibung inne. Ein zweiter Punkt, an dem sich die Sittlichkeit als abhängig von geschichtlichen Prozessen erwiesen hat, war bei der Feststellung zutage getreten, dass Hegel die ethische Resonanz oder Ausdruckskraft von Normen als eine Bedingung ihrer erfolg-

12 Zu den Prämissen der Hegelschen Geschichtsphilosophie vgl. den überzeugenden Aufsatz von Rolf-Peter Horstmann: ders., »Der geheime Kantianismus in Hegels Geschichtsphilosophie«, in: ders., *Die Grenzen der Vernunft*, Frankfurt/M. 1991, S. 221-244; zusätzlich: Emil Angehrn, »Vernunft in der Geschichte? Zum Problem der Hegelschen Geschichtsphilosophie«, in: *Zeitschrift für philosophische Forschung* 35 (1981), S. 341-364. Dass sich die Hegelsche Geschichtsphilosophie bei Berücksichtigung entsprechender Passagen in seinem Werk auch ohne objektivistische Prämissen denken lässt – wie ich später auch vorschlagen werde –, versucht in einem schönen Beitrag Martin Saar zu zeigen: ders., »Fortschritt im Rückblick. Zum Zusammenhang von Geschichtsphilosophie und Philosophiegeschichte bei Hegel«, unveröffentlichtes Manuskript.

reichen Überführung in sittliche Handlungspraktiken betrachtet; nur solche sozial eingeübten Normen bieten nach seiner Auffassung die Gewähr dafür, durch Kollektive auf dem beschriebenen Weg angeeignet zu werden, die von den Mitgliedern gemeinsam um ihrer Selbstverwirklichung willen als erstrebenswert begriffen werden können. Weil sich aber individuelle Neigungen und Bestrebungen mit der Zeit zu wandeln vermögen, so dass sozial angeeignete, »sittliche« Normen unversehens ihre Wertbindung verlieren können, kommt auch an dieser Stelle ein notwendiges Element geschichtlicher Prozessualität in aller Sittlichkeit zum Tragen: Immer wieder können für Hegel bislang intersubjektiv befolgte Handlungsregeln deswegen zugleich mit ihrer sozialen Geltung auch ihrer »objektiven« Gültigkeit verlustig gehen, weil sie nicht mehr hinreichend die Wünsche, Absichten und Zwecksetzungen der Zeitgenossen widerspiegeln.

Obwohl Hegel nun diese beide Einbruchstellen von Geschichte in die sittliche Welt zur Kenntnis nimmt und auch explizit zur Erwähnung bringt, macht er doch von ihnen in seiner Darstellung des historischen Fortschritts in der Menschheitsgeschichte nur sehr geringfügig Gebrauch; zwar erwähnt er gelegentlich den Kampf um Anerkennung als einen Motor geschichtlicher Veränderungen und Verbesserungen, aber im Allgemeinen bedient er sich doch, wie bereits erwähnt, der ontologischen Gedankenfigur eines sich über die Köpfe aller Beteiligten hinweg selbst realisierenden und daher progressiv nach vorne schreitenden Geistes. Angesichts des Scheiterns einer solchen objektivistischen Geschichtsteleologie stellt sich heute aber die Frage, ob nicht die dem Hegelschen Sittlichkeitskonzept selbst innewohnenden Momente geschichtlicher Dynamik ausreichen oder zumindest Anhaltspunkte geben, um einen moralischen Fortschritt in der Geschichte auch ohne die Voraussetzung eines sich anonym verwirklichenden Geistes zu denken. Im Ganzen läuft ein derartiges Vorhaben wohl auf den Versuch hinaus, den Schritt von Kant zu Hegel innerhalb der Geschichtsphilosophie wieder zurückzunehmen, dabei aber zur Plausibilisierung des nur noch hypothetisch gemeinten Fortschritts Erklärungsmittel zu verwenden, die nicht dem anthropologischen Arsenal Kants, sondern der Sittlichkeitslehre Hegels entstammen.[13] Ich will mich zum Schluss

13 Schon Kant macht in seiner heuristisch bezweckten Konstruktion eines welthistorischen Fortschritts, wie Yirmiyahu Yovel überzeugend gezeigt hat (ders., *Kant*

meines Vortrags auf einige Bemerkungen beschränken, die aber vor allem deutlich machen, wie viele Lücken bei der Erklärung eines solchen möglichen Fortschritts moralischer Normen noch bestehen bleiben.

Die Verwandlung von bloß gegebenen, blind eingeübten Normen in ethische Verpflichtungen bedeutet für Hegel, so haben wir gesehen, dass sich die an der entsprechenden Praxis Beteiligten von nun an wechselseitig die Autorität einräumen, die eigenen Handlungen an der Übereinstimmung mit den zugrundeliegenden Standards zu messen; insofern gibt es für Hegel keine sittliche Sphäre, keine institutionalisierte Domäne moralischen Handelns, die nicht in Verhältnissen der reziproken Anerkennung verankert wäre. Mit dieser individuellen Ermächtigung erhält jeder Mitwirkende im Prinzip das Recht, im Lichte der kollektiv akzeptierten Norm Gründe vorzubringen, die gegen eine ihrer Praktizierungen von Seiten eines Anderen oder mehrerer Anderer sprechen; zum Alltag einer sittlichen Praxis gehört es daher im Allgemeinen, dass die Ausführungen der ihr innewohnenden Standards trotz aller Gewohnheitsbildung umstritten bleiben, weil sie einem steten Zufluss von neuen Einwänden und Vorbehalten ausgesetzt sind; wie in anderen Bereichen des gewohnheitsmäßigen Handelns auch, dem Schreiben oder Lesen etwa, besitzen die Sitten der Sittlichkeit nicht etwas ein für alle Mal Fixiertes und Starres, sondern sind mit einer gewissen Beweglichkeit und reflexiven Korrigierbarkeit ausgestattet, die sie für Revisionen aus Einsicht offenhalten. Die Gründe, die in einer sittlichen Sphäre gegen die eingespielten Weisen der Ausführung ihrer Standards sprechen können, sind nun einerseits relativ zu der zugrundeliegenden Norm, können sich andererseits aber auch Entdeckungen verdanken, die in ihrem Geltungshorizont überhaupt erst gemacht werden können; alle die Normen, die sich kollektiv aneignen und damit zum sittlichen Prinzip erheben

and the Philosophy of History, Princeton, N.Y. 1980, Teil 2), von Elementen eines Kampfes um Anerkennung Gebrauch, beschränkt diesen aber in Anschluss an Rousseau weitgehend auf einen durch Eitelkeit angetriebenen Konflikt. Demgegenüber käme es also in der von mir nahegelegten Strategie darauf an, ein solches heuristisches Erklärungsschema mit der Idee eines normativ vermittelten Kampfes um Anerkennung auszustatten – das ist mit dem Vorschlag gemeint, den Weg von Hegel zurück zu Kant in der Geschichtsphilosophie mit Hilfe von Gedankengängen Hegels selbst zu vollziehen.

lassen, sei es das Prinzip der Anciennität, das der Fürsorge oder das der Gleichheit, sind nämlich nicht nur deutungsoffen genug, um sehr verschiedene Anwendungen zu erlauben, sondern wirken kognitiv auch wie Scheinwerfer, in deren Licht stets neue unter sie fallende Sachverhalte und Umstände in Erfahrung gebracht werden können. Stellen wir uns nun vor, dass die im Rückgriff auf solche Gründe erhobenen Einwände der Beteiligten tatsächlich mit der Zeit zu Revisionen in den Weisen der Normanwendung, der sittlichen Praktiken führen, so wirken diese in ihrer historischen Summierung allmählich wie sich verengende Schleusen, durch die sich jede erneut vorgetragene Kritik erst wieder hindurchzwängen muss, bevor sie Berücksichtigung finden kann. Die Neuerungen in der Praktizierung einer sittlichen Norm, die sich im Wesentlichen als deren Generalisierung oder als deren Differenzierung verstehen lassen, gehen im Wechsel der Generationen nicht mehr verloren, sondern addieren sich zu Schwellen auf, deren argumentatives Niveau fortan von den Mitgliedern des Kollektivs nicht mehr unterschritten werden kann. Insgesamt stellt die Geschichte einer sittlichen Sphäre dann gemäß einer derartigen Beschreibung den Fall eines nicht intendierten Lernprozesses dar, dessen Motor deswegen ein Kampf um Anerkennung bildet, weil die Beteiligten im Rückgriff auf die institutionalisierte Norm darum ringen, welche ihrer möglichen Anwendungen der eigenen Lage und jeweiligen Befindlichkeit am ehesten gerecht wird; und je weiter der Kampf fortgeschritten ist, je mehr also an Revisionen an den Praktizierungen der jeweiligen Norm schon vorgenommen worden sind, desto enger wird der argumentative Spielraum, der für erneute Einwände und Vorhaltungen überhaupt noch zur Verfügung steht.[14] Insofern lässt sich die Geschichte einer sittlichen Sphäre auch als Prozess der konflikthaften Abtragung eines Geltungsüberhangs begreifen, der jeder sittlichen Norm gleich welcher Art von Haus aus zukommt.

Will man den Raum normativ vermittelter Konflikte nicht verlassen und also daran festhalten, dass alle menschliche Geschichte eine Geschichte von Anerkennungskämpfen ist, so bedarf es an dieser Stelle nun einer Erklärung dafür, warum gewisse sittliche

14 Eine solche Idee habe ich meinem rekonstruktiven Verfahren in den historisch-empirischen Teilen meiner Studie *Das Recht der Freiheit. Grundriß einer demokratischen Sittlichkeit*, Berlin 2011, zugrunde gelegt.

Normen im Laufe der Zeit ihre kollektive Akzeptierbarkeit überhaupt verlieren und allmählich anderen, offeneren und am Ende universalisierungsfähigeren Normen Platz machen – damit komme ich auf den zweiten Einsatzpunkt zu sprechen, an dem bei Hegel die Geschichte in die Bildung der Sittlichkeit hineinwirkt. Der Hegelschen Sittlichkeitslehre, nicht seiner Geschichtsteleologie, lässt sich hier das Argument entnehmen, dass sich im Zuge der Austragung von solchen Konflikten um die Normanwendung allmählich auch die Bestrebungen und Neigungen ändern, die dem Konflikt ursprünglich einmal zugrunde lagen; der Kampf selbst, so könnte man sagen, übt nämlich eine sozialisatorische Wirkung auf die an ihm Beteiligten aus, weil er sie zwingt, ihre Motive besser zu verstehen und damit die Kräfte der Individuierung zu steigern – so verhält es sich nach Hegel etwa in der modernen Institution der Familie, in der der Heranwachsende im Kampf um die Liebe sukzessiv Motive herausbildet, die ihn schließlich dazu bewegen, die vertraute normative Sphäre überhaupt zu verlassen. Übertragen wir diese Idee einer sozialisatorischen Rückwirkung des Kampfes um Anerkennung auf größere geschichtliche Zusammenhänge, so könnte das bedeuten, dass sich im Laufe eines langgezogenen Konflikts um die angemessene Realisierung eines sittlichen Prinzips die Motive der Beteiligten bis zu einem Punkt wandeln, an dem sie schließlich die ursprünglich umkämpfte Norm nicht mehr als erstrebenswert empfinden würden; ihre Neigungen und Zielsetzungen, ihre Vorstellungen des Guten hätten sich durch die Kräfte der Individuierung, die der Kampf freigesetzt hat, am Ende derart verändert, dass sie den Wert der bislang gültigen Norm nicht mehr verstehen könnten.[15] An die Stelle einer solchen ethisch verblassten, abgestorbenen Norm, um deren angemessene Auslegung die Kämpfe der Vergangenheit geführt wurden, hätte dann eine Norm zu treten,

15 Das ist hier alles noch sehr provisorisch formuliert. Ich will damit eine anerkennungstheoretische Deutung für den welthistorischen Prozess vorschlagen, den viele Denker der Moderne – allen voran Hegel und Durkheim – als wachsende »Individuierung« oder »Individualisierung« beschrieben haben; der Grundgedanke ist der, dass die Spielräume für das Verstehen und die Aneignung individueller Motive und Besonderheiten in den zuvor thematisierten Konflikten um die Auslegung institutionalisierter Anerkennungsprinzipien wachsen, weil der Kampf selbst uns zwingt, solche Motive besser zu verstehen, um sie in Form von Argumenten ins Spiel bringen zu können.

deren ethisches Worumwillen breit genug wäre, um auch den neuentstandenen Bestrebungen einen Anhaltspunkt zu bieten; und so ließe sich dann die Geschichte der Sittlichkeit als eine Abfolge von institutionalisierten Normen denken, bei der jede nachfolgende die vorangehende an ethischer Fassungskraft und im Punkt des Guten überbieten können muss. Auch in einer derartigen Beschreibung besitzen die Akteure natürlich keine Kontrolle über das Auf und Ab ihrer jeweiligen Neigungen und Antriebe; aber deren Geschichte wäre immerhin doch durch denselben Kampf um Anerkennung vermittelt, der auch die moralische Fortentwicklung in den Sphären der Sittlichkeit antreibt.

Hegel und Marx

*Eine Neubewertung nach 100 Jahren**

Die Einschätzung des Verhältnisses von Hegel und Marx unterliegt von Beginn an starken Schwankungen; seit dem Ende des 19. Jahrhunderts scheint jede Epoche ihr eigenes Bild von der theoretischen Beziehung des einen zum anderen zu haben. Gleich nach dem Tod von Marx, in der Phase der frühen Sozialdemokratie, überwiegt die Vorstellung, zwischen den beiden Denkern habe es nur wenig Berührungspunkte gegeben; man erkennt den großen Einfluss von Feuerbach auf das Marxsche Werk, räumt selbst Kant eine gewisse Relevanz für sein Denken ein, ist sich aber über die Bedeutung der Philosophie Hegels völlig im Unklaren.[1] Das ändert sich erheblich, als mit der Entdeckung der sogenannten »Pariser Manuskripte« ein gänzlich neues Licht auf den jungen Marx fällt; nun beginnt man damit, die Spuren von Hegel in dessen Werk bis in die reife Kritik der Politischen Ökonomie hinein zu verfolgen, um alsbald festzustellen, dass diese in ihrem methodologischen Aufbau erheblich von dessen dialektischem Verfahren geprägt ist.[2] Nach dem Zweiten Weltkrieg, als am Marxschen Werk zunächst vor allem Themen wie Entfremdung und Verdinglichung auf Interesse stoßen, sind es wiederum andere Verbindungen, die zwischen den Theorien der beiden Philosophen geknüpft werden; jetzt beschäftigt man sich vor allem damit, ob und inwiefern Hegels Gedanke einer notwendigen Entäußerung des Geistes in sein Anderes die Ideenwelt von Marx

* Für hilfreiche Hinweise und Korrekturvorschläge danke ich Juliane Rebentisch und Ferdinand Sutterlüty.

1 Ein deutlicher Beweis dafür ist die seit dem Ende des 19. Jahrhunderts heftig geführte Debatte darüber, wie entscheidend der Einfluss Kants auf das Denken von Marx war: Hans J. Sandkühler/Rafael de la Vega (Hg.), *Marxismus und Ethik*, Frankfurt/M. 1970.

2 Vgl. exemplarisch: Herbert Marcuse, »Neue Quellen zur Grundlegung des Historischen Materialismus« [1932], wiederabgedruckt in: ders., *Schriften*, Bd. 1, Frankfurt/M. 1978, S. 509-555. Zur Rezeptionsgeschichte im Ganzen vgl. Michael Quante, »Kommentar«, in: Karl Marx, *Ökonomisch-philosophische Manuskripte*, Frankfurt/M. 2009, S. 209-410, bes. S. 331-341.

beeinflusst hat.[3] Diesen hegelmarxistischen Deutungen wirft sich in den 1960er Jahren Louis Althusser entschieden entgegen, als er die These entwickelt, zwischen den frühen und den späten Schriften von Marx habe es einen »epistemologischen Bruch« gegeben, durch den dieser jeglichen Einfluss des Deutschen Idealisten auf sein reifes, ökonomisches Werk endgültig abgestreift habe.[4] Heute hingegen, wie in einer Art von Gegenbewegung dazu, herrscht wieder das umgekehrte Bild vor; ja, vielleicht ließe sich sogar sagen, dass die beiden Denker in der Gegenwart stärker als je zuvor einander angenähert und in ein Verhältnis der wechselseitigen Befruchtung versetzt werden: Das Werk Hegels wird nicht mehr nur, wie zu Zeiten von Georg Lukács, als eine Quelle philosophischer Anregungen für Marx begriffen, sondern als eine Fundgrube von sozialtheoretischen Einsichten, die ihrerseits dessen Lehre ergänzen und verbessern könnten.

Den Anstoß zu dieser neuen Gewichtung des Verhältnisses von Hegel und Marx hat sicherlich eine Reihe von Umdeutungen gegeben, die in den letzten Jahrzehnten unmerklich an den Werken beider Denker vorgenommen wurden. Im Anschluss an die bahnbrechenden Forschungen von Charles Taylor ist es uns zum Beispiel inzwischen viel selbstverständlicher geworden, in Hegel nicht nur den um eine Deutung des Weltganzen ringenden Systemphilosophen, sondern auch den empirisch informierten Sozialtheoretiker zu erkennen;[5] wird dessen Rechtsphilosophie mithin heute auch als ein Versuch verstanden, die Dynamiken und Krisen moderner Gesellschaften zu bestimmen, so lässt sich darin sogar der Keim einer soziologischen Analyse aufspüren, in der wesentliche Einsichten der erst später entstandenen Disziplin bereits vorweggenommen wurden. Hinzu kommt, dass uns mittlerweile dank weiterer Forschungen viel deutlicher vor Augen steht, inwiefern sich Hegel in seinem Begriff des »objektiven Geistes« die Integration von Gesellschaften als Resultat von Akten wechselseitiger Anerkennung gedacht hat;[6]

3 Einen guten Überblick bietet: Jürgen Habermas, »Literaturbericht zur philosophischen Debatte um Marx und den Marxismus« [1957], in: ders., *Theorie und Praxis. Sozialphilosophische Studien*, Frankfurt/M. 1971 (Neuausgabe), S. 387-463, bes. S. 402-413.

4 Louis Althusser, *Für Marx*, übersetzt von Gabriele Sprigarth, Berlin 2011.

5 Vgl. vor allem: Charles Taylor, *Hegel and Modern Society*, Cambridge/UK 1979.

6 Axel Honneth, *Kampf um Anerkennung. Zur moralischen Grammatik sozialer*

auch dadurch ist gewissermaßen das »Soziologische« an seiner Theorie ungleich schärfer hervorgetreten, als es in der Vergangenheit der Fall hat sein können. Vergleichbares an brückenbildenden Umdeutungen hat sich in demselben Zeitraum aber auch mit Bezug auf die Marxsche Theorie zugetragen. Schon Max Weber und Joseph Schumpeter waren ja schon ganz nüchtern darangegangen, dessen Werk nur noch als ein Konkurrenzunternehmen zu den je eigenen Bemühungen um eine Erklärung kapitalistischer Gesellschaften zu begreifen; dieser Trend hat sich seither fortgesetzt und sogar noch verstärkt, weil es angesichts der realen Umstände immer weniger Anlass dazu gibt, in Marxens Theorie die revolutionäre, jegliche Philosophie als solche aufhebende Alternative zu den bloß erklärenden Deutungen der Moderne zu erblicken. Längst haben wir uns insofern daran gewöhnt, die Kapitalismusdiagnose von Marx aus ihrem politisch-praktischen Kontext herauszulösen und als das zu behandeln, was sie sicherlich stets auch immer schon war, nämlich ein energischer Versuch, die Dynamiken und Krisen moderner Gesellschaften theoretisch auf den Begriff zu bringen. Im Gefolge all dieser Umdeutungen sowohl an Hegels Werk wie an demjenigen von Marx nehmen wir das Verhältnis der beiden Autoren heute nicht mehr unbedingt, wie es lange Zeit üblich war, als eines des Bruchs oder der Diskontinuität wahr; viel eher besitzen wir die Neigung, darin konkurrierende Analysen der modernen Gesellschaft zu erblicken, so dass sich auch fragen lässt, was der eine vom anderen hätte lernen können.

Auf jeden Fall will ich im Folgenden versuchen, die Theorien der beiden Denker in einer solchen noch nicht allzu vertrauten Perspektive miteinander zu vergleichen. Den Ausgang will ich dabei von den geschichtsphilosophischen Prämissen nehmen, die sowohl Hegel als auch Marx ihrer Diagnose der modernen Gesellschaft als Bezugsrahmen zugrunde gelegt haben (I). Im anschließenden Schritt will ich dann zunächst auf die Vorzüge der Hegelschen Sozialtheorie gegenüber derjenigen von Marx zu sprechen kommen (II), bevor ich in einem weiteren Schritt die Blickrichtung gewissermaßen umkehre, um die Verdienste der Marxschen Kapitalismusanalyse in den Blick zu nehmen (III). Erst im Zusammenhang dieser

Konflikte, Frankfurt/M. 1992, v. a. Kap. II.; Michael Quante, *Die Wirklichkeit des Geistes. Studien zu Hegel*, Berlin 2011, S. 231-252.

letzten Überlegungen will ich schließlich kurz die Frage aufwerfen, unter welchen Bedingungen und in welcher Form sich die beiden Ansätze in ein Verhältnis fruchtbarer Ergänzung versetzen lassen.

I.

Blickt man vom Standpunkt der Gegenwart aus auf das Werk von Hegel und Marx zurück, so treten an deren Gesellschaftsanalysen schnell einige geschichtsphilosophische Prämissen zutage, in denen sie in einem erstaunlichen Maße übereinstimmen; diese theoretischen Gemeinsamkeiten sind es, die es uns heute erlauben, die beiden Denker überhaupt in eine Perspektive der Vergleichbarkeit zu rücken. Natürlich teilen viele Sozialtheoretiker im 19. Jahrhundert mit Hegel und Marx das Interesse daran, etwas über die Antriebskräfte und Bewegungsgesetze in Erfahrung zu bringen, die die neue, moderne Gesellschaft bestimmen – man denke nur an Saint-Simon und Alexis de Tocqueville in Frankreich oder an John Stuart Mill in England, um einen ersten Eindruck von der ganzen Bandbreite der mit diesem Thema beschäftigten Denker zu gewinnen. Aber von den drei genannten Autoren, die ihrerseits bereits stark voneinander abweichende Zeitdiagnosen entwickeln, unterscheiden sich Hegel und Marx gemeinsam noch einmal dadurch, dass sie die gesellschaftlichen Herausforderungen der Zeit aus einem geschichtsphilosophischen Blickwinkel zu erfassen versuchen, der höchst eigenwillige Züge trägt; für sie stellt nämlich, ungeachtet all ihrer Differenzen, die moderne Gesellschaft eine neue Stufe in einem historischen Prozess dar, den sie übereinstimmend nach dem Muster einer Objektivation der Vernunft in einem ihr Äußeren begreifen wollen.

Dass Hegel seiner Deutung der modernen Gesellschaft eine geschichtsphilosophische Perspektive zugrunde legt, die sich auf die Annahme eines Prozesses der Selbstrealisation des Geistes stützt, ist hinlänglich bekannt. Gegenüber Kant und Fichte macht er geltend, dass beide nicht dazu in der Lage seien, das Spezifische an der bereits von ihnen als Basis aller Wirklichkeit reklamierten Vernunft zu erkennen; richtig erfasst und nicht bloß als ein menschliches Vermögen begriffen, muss darunter aus seiner Sicht nämlich eine Entität verstanden werden, die jegliche Realität umfasst, indem sie sich darin in Form einer selbstbewirkten Entfaltung schrittweise verwirklicht und auf diesem Wege schließlich zur vollständigen Realisation gelangt.[7] Diese ontologische Prämisse erlaubt es Hegel, die menschliche Geschichte in ihrer Gesamtheit als eine spezifische Stufe in einem solchen Prozess der Selbstrealisation des Geistes auszulegen: Nachdem der Geist sich in seiner selbstzweckhaften Tätigkeit zunächst in der Natur veräußert haben soll, um derart eine Anschauung seiner formalen Eigenschaften zu gewinnen, kehrt er nach Hegels Überzeugung im Folgenden in sich selbst zurück, indem er die soziale Welt schrittweise in Form eines »Fortschritts im Bewußtsein der Freiheit«[8] von den eigenen Bestimmungen gestaltet sein lässt.[9] Mag uns diese geschichtsphilosophische Rahmung heute auch befremdlich anmuten, scheint sie doch aller menschlichen Geschichte eine objektive Teleologie wachsender Freiheit zu unterlegen,[10] so ist allerdings ohne sie Hegels Deutung der modernen Gesellschaft gar nicht angemessen zu verstehen; denn in deren Institutionen und sozialen Praktiken sieht er nun zunächst einmal verkörpert, was er für die am weitesten fortgeschrittene Stufe in jenem welthistorischen Prozess der wachsenden Bewusstwerdung von Freiheit hält, all die Voraussetzungen nämlich, die zur wahrhaften Selbstbestimmung jedes einzelnen Menschen erforderlich sein sollen. Für Hegel stellt mithin die moderne Gesellschaft, die er als das Resultat eines langgezogenen und durch Konflikte geprägten Fortschrittsprozesses begreift, ein institutionelles Gebilde verwirklichter Freiheit dar.[11]

7 Vgl. knapp, aber äußerst genau: Dina Emundts/Rolf-Peter Horstmann, *Georg Wilhelm Friedrich Hegel. Eine Einführung*, Stuttgart 2002, S. 32-37.

8 G. W. F. Hegel, *Vorlesungen über die Philosophie der Geschichte*, Frankfurt/M. 1970 (Theorie-Werkausgabe, Bd. 12), S. 32.

9 Joseph McCarney, *Hegel on History*, London 2000, Kap. 8.

10 Allerdings ist bis heute umstritten, ob Hegels Geschichtsphilosophie tatsächlich im Sinne der Behauptung einer »objektiv« in der Weltgeschichte wirksamen Teleologie der Verwirklichung von Freiheit gedeutet werden muss; viele seiner einschlägigen Äußerungen lassen nämlich auch die an Kant gemahnende Interpretation zu, dass eine solche Teleologie das ist, was sich an der menschlichen Geschichte nur dann zeigt, wenn wir diese aus der Perspektive einer für die Vernunft Partei ergreifenden Philosophie betrachten. Vgl. besonders deutlich: G. F. W. Hegel, *Enzyklopädie der philosophischen Wissenschaften*, Bd. III, Frankfurt/M. 1970 (Theorie-Werkausgabe, Bd. 10), S. 347-352. Vgl. dazu in diesem Band, S. 70, Fn. 13.

11 G. W. F. Hegel, *Grundlinien der Philosophie des Rechts*, Frankfurt/M. 1970 (Theorie-Werkausgabe, Bd. 7). Vgl. zum Anspruch Hegels in dieser Schrift: Axel Hon-

Auch wenn Marx in diesem Ergebnis mit der Hegelschen Geschichtsphilosophie nicht übereinstimmt, so entnimmt er ihr nun doch ein wesentliches Konstruktionsmittel, um zu seiner eigenen Deutung der Struktureigentümlichkeiten moderner Gesellschaften zu gelangen. Gewiss ist der knapp ein halbes Jahrhundert Jüngere kein philosophischer Idealist mehr, der sich die gesamte Wirklichkeit als Objektivation eines selbsttätigen Geistes vorzustellen vermag; gleich zu Beginn seiner intellektuellen Entwicklung ist er vom Naturalismus Feuerbachs so maßgeblich geprägt worden, dass ihm die Idee, alles, was da ist, sei Produkt einer sich prozessual entfaltenden Vernunft, vollkommen abwegig erscheinen muss.[12] Für Marx sind wir als menschliche Wesen zunächst in eine uns umgebende Natur hineinversetzt, auf die wir uns zum Zweck der Selbsterhaltung produktiv zu beziehen lernen müssen; dazu sind wir ihm zufolge in der Lage, weil uns mit dem Werkzeuggebrauch eine Fähigkeit gegeben ist, die uns von allen anderen Lebewesen gravierend abhebt. Dort, wo Marx am stärksten ist, begreift er dieses Monopol der Menschen als ihr Vermögen, sich in ihrer Kooperation wechselseitig auf die Intention des jeweils Anderen zu beziehen und damit eine vollkommen neue, soziale Klasse mentaler Operationen herauszubilden;[13] erweitert man den dadurch eröffneten Gedanken durch in jüngster Zeit erhobene Befunde, so gelangt man mühelos zur heute beispielsweise von Michael Tomasello vertretenen Auffassung, wonach es der Durchbruch zur Kooperation war, der uns Menschen die Ausbildung elementarer Formen der Moral und des perspektivischen Denkens ermöglicht hat.[14]

Allerdings ist nun das Bild, das Marx von diesem durch un-

neth, »Das Reich der verwirklichten Freiheit. Hegels Idee einer ›Rechtsphilosophie‹«, in: ders., *Das Ich im Wir. Studien zur Anerkennungstheorie*, Berlin 2010, S. 33-50.

12 Vgl. Karl Löwith, *Von Hegel zu Nietzsche. Der revolutionäre Bruch im Denken des 19. Jahrhunderts*, Hamburg ^{7}1978, S. 78-136; Daniel Brudney, *Marx's Attempt to Leave Philosophy*, Cambridge/Mass. 1998, S. 6-12.

13 Vgl. v. a. Karl Marx, »Auszüge aus Mills ›Éléments d'économie politique‹«, in: Karl Marx/Friedrich Engels, *Werke. Ergänzungsband. Erster Teil*, (*MEW*), Berlin 1968, S. 445-463, hier bes. S. 462; ders., »Ökonomisch-philosophische Manuskripte aus dem Jahr 1844«, ebd., S. 467-588, hier bes. S. 510-522. Vgl. dazu insgesamt: Daniel Brudney, *Marx's Attempt to Leave Philosophy*, a. a. O., Kap. 5.

14 Michael Tomasello, *Eine Naturgeschichte der menschlichen Moral*, übersetzt von Jürgen Schröder, Berlin 2016, Kap. 3.

sere Kooperationsfähigkeit in Gang gekommenen Prozess der Naturbearbeitung entwirft, nahezu bis ins Detail der Vorstellung nachempfunden, die Hegel vom Prozess der selbsttätigen Entfaltung des Geistes entwickelt hatte: Nachdem wir Werkzeuge durch wechselseitige Perspektivübernahme kooperativ zu gebrauchen gelernt haben, so argumentiert Marx, entäußern wir uns schrittweise in der Natur dadurch, dass wir diese in wachsendem Maße zu einem Spiegel unserer eigenen, rationalen Bestimmungen machen und damit das Reich unserer Freiheit kumulativ erweitern.[15] Was hier von den geistigen »Wesenskräften« des Menschen ausgesagt wird, also jener zuvor beschriebenen Kooperationsfähigkeit, ist der Struktur nach den Bestimmungen ähnlich, mit denen Hegel den selbsttätigen Geist charakterisiert hatte; in beiden Fällen soll es sich um eine Vernunft handeln – einmal die von uns Menschen, das andere Mal die eines übergreifenden Geistes –, deren besondere Eigenschaft darin besteht, sich erst durch eine Objektivation in ein Anderes vollständig entfalten zu können. Der Unterschied zwischen den beiden Denkern liegt freilich darin, dass Marx aufgrund seiner naturalistischen Prämissen den Entfaltungsprozess dieser Vernunft erst dort beginnen lassen kann, wo nach Hegels Überzeugung zuvor schon eine Entäußerung des Geistes in der Natur selbst stattgefunden hat; sobald das aber einmal geschehen ist, vollzieht sich auch für diesen die dann beginnende Geschichte der menschlichen Gesellschaft in ähnlicher Weise wie für Marx als ein Prozess, in dem dank der Wirkkraft geistiger Energien die Naturzwänge allmählich hinweggearbeitet werden, so dass die Freiheit in unseren sozialen Verkehrsformen immer weiter zunimmt. Marx ist, so geben diese Parallelen zu erkennen, an der Stelle lebenslang ein Schüler des deutschen Idealisten geblieben, an der er wie selbstverständlich davon ausgeht, dass die gesellschaftliche Entwicklung einen »Fortschritt im Bewusstsein der Freiheit« darstellt: Indem wir unseren eigenen, aus kooperativen Praktiken entstandenen Geist mittels Arbeit in der Natur objektivieren, machen wir uns schrittweise in dieser so heimisch, dass wir immer größere Spielräume in der Gestaltung unserer institutionellen Regelungen und Einrichtungen gewinnen.

15 Vgl. die berühmte Formulierung von Marx, nach der »die Geschichte der Industrie« das »aufgeschlagene Buch der menschlichen Wesenskräfte« ist (Karl Marx, »Ökonomisch-philosophische Manuskripte aus dem Jahr 1844«, a. a. O., S. 542).

Diese Übereinstimmungen in den geschichtsphilosophischen Prämissen erklären, warum auch Marx zunächst gezwungen ist, die neue, moderne Gesellschaft als die am weitesten fortgeschrittene Stufe in der Geschichte sich wandelnder Sozialverhältnisse zu beschreiben – an vielen Stellen seines Werks finden sich Sätze und Passagen, die belegen, dass er den bisherigen Verlauf der menschlichen Geschichte als einen Prozess der wachsenden Überwindung von Naturschranken, von natürlichen Bindungen und Fesseln, wahrnimmt, der vorläufig in den ungleich freieren Verhältnissen der bürgerlichen Gesellschaft mündet.[16] Allerdings zeichnen sich nun in der Bilanzierung dieser Freiheitsgewinne moderner Gesellschaften einige Differenzen zwischen Marx und Hegel ab, die erste Hinweise darauf geben, dass der zivilisationsgeschichtliche Vorgang der Entäußerung des Geistes von ihnen doch recht unterschiedlich gefasst wird: Während Marx darunter zunächst und vor allem einen Prozess der wachsenden Verfügungsgewalt über natürliche Gegebenheiten versteht, der uns von Zwängen sowohl der äußeren als auch der inneren Natur emanzipiert, erblickt Hegel darin viel stärker einen gerichteten Wandel auch in den Interaktionsbeziehungen unter uns Menschen. Schlägt sich für ihn der Fortschritt in der Überwindung von Naturschranken stets auch in den moralischen Normen nieder, die die Verhältnisse unter den Gesellschaftsmitgliedern regulieren, so für Marx nur in der Steigerung der von ihm weitgefassten Produktivkräfte, die Mittel sowohl der Kontrolle von Umweltbedingungen als auch der Aneignung unseres Antriebspotenzials beinhalten sollen. In diesem gravierenden Unterschied kommt zum Tragen, dass Hegel und Marx trotz ihres gemeinsamen Ausgangs vom Entäußerungsmodell des Geistes stark voneinander abweichende Vorstellungen von der Substanz und dem Charakter des Prozesses der Entäußerung selbst besitzen; nicht nur mit Bezug auf den Gehalt, sondern auch mit Bezug auf den Mechanismus der Verwirklichung der Vernunft in der Geschichte stimmen beide Denker so wenig miteinander überein, dass sie am Ende auch zu divergierenden Auffassungen über die Errungenschaften moderner Gesellschaften gelangen müssen. Wenn diese Unterschiede in der

16 Vgl. die Formel von der »höchst revolutionären Rolle« der »Bourgeoisie« im »Kommunistischen Manifest«: Karl Marx/Friedrich Engels, »Manifest der Kommunistischen Partei«, in: Karl Marx/Friedrich Engels, *Werke*, Bd. 4, Berlin 1972, S. 459-493, hier S. 464.

Bestimmung der Art des geschichtlichen Fortschrittsprozesses noch ein wenig weiter herausgearbeitet werden, ist auch leichter zu sehen, worin zunächst die Vorzüge der Sozialtheorie Hegels gegenüber derjenigen von Marx bestehen.

Beide, Hegel und Marx, scheinen von der geschichtsphilosophischen Prämisse auszugehen, dass sich die menschliche Geschichte als ein Prozess der schrittweisen Verwirklichung unserer Freiheit vollzieht. Für Hegel verhält es sich so, weil der Geist nach seiner Rückkehr aus der Natur danach strebt, sich innerhalb der sozialen Welt mit den Institutionen eine Verkörperung seiner eigenen Bestimmungen zu schaffen, welche in der ungezwungenen, von jeglicher Fremdeinwirkung freien Selbstverwirklichung bestehen; daher muss dieser Geist sich in der menschlichen Geschichte in der Weise zur Geltung bringen, dass er innerhalb der sozialen Gemeinschaften Schritt für Schritt die institutionellen Voraussetzungen hervorbringt, unter denen alle Gesellschaftsmitglieder ein freies Zusammenleben praktizieren können. Marx behält, wie wir gesehen haben, von dieser idealistischen Vorstellung den Gedankengang bei, dass der Geist oder die Vernunft sich nur durch Veräußerung in ein Anderes realisieren kann, überträgt ihn aber gemäß seinen naturalistischen Annahmen auf den Prozess der Auseinandersetzung des Menschen mit der Natur; daraus ergibt sich dann die für den Schüler Hegels zeitlebens grundlegende Idee, dass wir Menschen unsere eigene Freiheit in dem Maße geschichtlich zu verwirklichen vermögen, in dem wir die Natur mit Hilfe unserer kooperativen Fähigkeiten zu einem Spiegel und damit zu einer Heimstätte unserer vernünftigen Zielsetzungen machen. Alles, was sich an Differenzen zwischen den beiden Denkern im Weiteren nun auftun wird, ist nach meinem Dafürhalten eine Folge des Umstands, dass sie aufgrund des umrissenen Kontrastes die gesellschaftliche Objektivierung der Vernunft in jeweils unterschiedlichen Dimensionen oder an anderen Orten stattfinden lassen: Hegel situiert diesen Prozess im Verhältnis zwischen dem Geist und den Institutionen gesellschaftlichen Zusammenlebens, weil er sich jenen zuvor schon an der Natur hat abarbeiten sehen, Marx hingegen im Verhältnis zwischen menschlicher Vernunft und unserer natürlichen Umwelt, weil er mit guten Gründen eine davorliegende Phase der gesellschaftlich unvermittelten Vergeistigung der Natur nicht zulassen kann. Derselbe Unterschied lässt sich auch in der Form ausdrücken, dass Marx den gesellschaftlichen Fortschritt mit Hilfe des Entwicklungsmusters beschreibt, welches Hegel eigentlich für den vorausgehenden Prozess der Objektivation des Geistes in der Natur vorgesehen hatte. Was durch diese schiefe Übertragung des Hegelschen Schemas im Werk von Marx entsteht, ist am besten wohl als eine Vernachlässigung jeglicher Rückwirkung unserer Vernunfttätigkeit auf die normative Ordnung unseres institutionell geregelten Zusammenlebens zu bezeichnen; obwohl es ihm sein Ausgang von der menschlichen Kooperation durchaus erlaubt hätte, auch die phylogenetischen Wurzeln sozial regulativer Normen in den Blick zu nehmen, beschränkt er sich bei der Rekonstruktion der Gattungsgeschichte auf die Dimension des Niederschlags unserer rationalen Vermögen in den Fortschritten allein der Naturbearbeitung. Daher ist Marx gezwungen, die Verwirklichung der Vernunft einseitig nur in unserer Freiheitssteigerung gegenüber der Natur anzusiedeln; die daraus resultierende Ausblendung einer Freiheitssteigerung auch im Binnenverhältnis unserer sozialen Interaktionen, wie wir mit Habermas sagen können,[17] führt zunächst einmal zu einer Reihe von Nachteilen der Marxschen Theorie gegenüber den sozialtheoretischen Implikationen der Philosophie Hegels.

II.

Die Vorzüge der Sozialtheorie Hegels beginnen damit, dass dieser sich in seinem Begriff der »Gesellschaft« ein wesentlich breiteres Spektrum von institutionellen Gebilden vor Augen führen kann, als es Marx bei seiner Beschränkung auf die Naturbearbeitung zu tun vermag. Es ist unschwer zu sehen, dass Hegel, wenn er die Gesellschaft als »objektiven Geist« zu begreifen versucht, darunter all die sozialen Lebensverhältnisse zu fassen hat, in denen die Menschen ihre zunächst nur »natürlichen« Bedürfnisse zu befriedigen lernen müssen; denn erfolgreich kann der Geist für ihn nur dann innerhalb sozialer Gemeinschaften heimisch werden und sich darin eine »objektive« Gestalt geben, wenn er es vermag, diejenigen institutionellen Einrichtungen hervorzubringen, mit deren Hilfe wir Menschen uns zu reproduzieren vermögen. Daher hat Hegel

17 Jürgen Habermas, »Arbeit und Interaktion«, in: ders.: *Technik und Wissenschaft als ›Ideologie‹*, Frankfurt/M. 1970, S. 9-48.

von Beginn an, sobald er von dem redet, was wir heute »Gesellschaften« nennen,[18] ein Insgesamt an sozialen Praktiken im Blick, die einerseits durch kulturell-normative Gemeinsamkeiten aufeinander abgestimmt und andererseits jeweils dazu in der Lage sein müssen, eines unserer lebenswichtigen Bedürfnisse zu befriedigen. Vorbehaltlich der idealistischen Prämissen wird im Begriff des »objektiven Geistes«, so lässt sich auch sagen, auf erstaunliche Weise die Grundeinsicht der klassischen Soziologie vorweggenommen, dass Gesellschaften normativ integrierte Einheiten bilden, in denen unterschiedliche, institutionell auf Dauer gestellte und miteinander verschränkte Praktiken für die Erfüllung reproduktionsnotwendiger Funktionen Sorge zu tragen haben. Marx hingegen stellt sich infolge seiner Beschränkung auf die Naturbearbeitung unter »Gesellschaften« von Anfang an etwas wesentlich Eingeschränkteres vor; der unglückliche Begriff der »Produktionsverhältnisse«, den er häufig gleichbedeutend mit dem der »Gesellschaft« verwendet, lässt nämlich den Eindruck entstehen, alle institutionellen Einrichtungen sozialer Gemeinschaften seien letztlich irgendwie auf den Zweck der produktiven Aneignung der Natur ausgerichtet – aber weder die »politische« Steuerung noch die »familiale« Reproduktion, um nur diese zwei sozialen Tätigkeitsfelder zu nennen, lassen sich in ihren jeweiligen normativen Verfassungen angemessen allein mit Bezug auf ihre ökonomischen Leistungen fassen.

Der Nachteil der Marxschen Begriffswahl gegenüber der Hegelschen Terminologie kommt allerdings erst vollständig zum Vorschein, wenn man sich anhand der Untersuchungen von Karl Polanyi klarmacht, dass nur die wenigsten Gesellschaften vor der Schwelle zum Kapitalismus so etwas wie eine herausgehobene, ausdifferenzierte Sphäre der ökonomischen Reproduktion gekannt

18 Hegel selbst verwendet den Begriff der »Gesellschaft« eigentlich nur für das »System der Bedürfnisse«, das er in seiner »Rechtsphilosophie« auch »bürgerliche Gesellschaft« nennt, womit im Anschluss an Adam Smith die neue Ordnung der kapitalistischen Marktgesellschaft gemeint ist (vgl. Franz Rosenzweig, *Hegel und der Staat*, hg. von Frank Lachmann, Berlin 2010, S. 391-401; Paul Vogel, *Hegels Gesellschaftsbegriff und seine Fortbildung durch Lorenz Stein, Marx, Engels und Lassalle*, Berlin 1925). Wenn ich hier von Hegels Gesellschaftsbegriff spreche, so im Sinne dessen, was er »objektiven Geist« nennt und jeweils konkret durch einzelne »Volksgeister« repräsentiert sieht, nämlich die oberste Einheit der Zurechnung von Prozessen der gesellschaftlichen Differenzierung.

haben;[19] damals waren, schenkt man Polanyi und anderen Wirtschaftshistorikern Glauben,[20] die wirtschaftlichen Arbeits- und Austauschbeziehungen noch so stark in andere Sozialfunktionen eingebettet, dass sie als eigenständige Verrichtungen weder erlebt noch normativ reguliert wurden. Insofern ist es im hohen Maße irreführend, mit Marx alle Gesellschaften als »Produktionsverhältnisse«, als institutionelle Objektivationen unserer jeweils spezifischen Form der Naturbearbeitung aufzufassen; um einiges überzeugender scheint hier vielmehr die Hegelsche Strategie, im Begriff des »objektiven Geistes« zunächst erst einmal nur festzuhalten, dass die auf bestandswichtige Funktionen zugeschnittenen Handlungssphären von Gesellschaften Objektivationen übergreifender, nur als »Geistiges« zu verstehender Normen bilden, um dann alles Weitere – deren Gehalte und das Verhältnis der Funktionsbereiche untereinander – vom Fortgang der menschlichen Geschichte abhängig zu machen. Der idealistische Überschuss an dieser Hegelschen Begriffsbildung, der darin besteht, solche Objektivationen nun ihrerseits als Produkte eines selbsttätigen Geistes zu begreifen, lässt sich heute dadurch unschwer abstreifen, dass man mit John Searle und anderen Sozialtheoretikern darangeht, die geistige Operation der vorgängigen Normerzeugung als kognitive Tätigkeiten kooperierender Subjekte zu verstehen; was vom »Idealismus« dann bestehen bleibt, ist nur die These, dass sich Gesellschaften vorgängig stets als Produkte einer intersubjektiven Übereinstimmung der Mitglieder in Hinblick darauf begreifen lassen müssen, wie die unterschiedlichen Funktionsbereiche normativ jeweils geregelt sein sollten.[21]

Nicht anders im Vergleich zwischen Hegel und Marx ist es mit Bezug auf die Frage bestellt, wie wir uns nun den sozialen Me-

19 Karl Polanyi, *The Great Transformation. Politische und ökonomische Ursprünge von Gesellschaften und Wirtschaftssystemen*, Frankfurt/M. 1997, v. a. Kap. 4 und 5; ders., *Ökonomie und Gesellschaft*, Frankfurt/M. 1979, v. a. die in Kap. II gesammelten Aufsätze.

20 Vgl. zum Beispiel: Marcel Mauss, *Die Gabe. Form und Funktion des Austauschs in archaischen Gesellschaften*, übersetzt von Eva Moldenhauer, Frankfurt/M. 1968.

21 Vgl. John Searle, *Die Konstruktion der gesellschaftlichen Wirklichkeit. Zur Ontologie sozialer Tatsachen*, übersetzt von Martin Suhr, Berlin 2011. Einen interessanten Vergleich und zugleich auch eine Kritik an Searle aus der Perspektive Hegels liefert: Sebastian Ostritsch, »Hegel and Searle on the Necessity of Social Reality«, in: *Rivista di Estetica* 57 (2014), S. 205-218.

chanismus vorzustellen haben, der im Laufe der menschlichen Geschichte einen Fortschritt in der Verwirklichung von Freiheit bewirken können soll; auch hier scheint der deutsche Idealist über die besseren Karten als sein »materialistischer« Nachfolger zu verfügen. Beide Denker gehen ja, wie wir gesehen haben, von der Prämisse aus, dass sich ein solcher Prozess als Folge einer schrittweisen Entäußerung geistiger Operationen in ihr jeweils Anderes verstehen lassen muss; bei Hegel war dieses Andere aufgrund der Architektonik seines Systems der Bereich aller für die Reproduktion von Gesellschaften erforderlichen Institutionen, bei Marx hingegen handelte es sich dabei um die äußere und die innere Natur, die wir uns dank unserer kooperativen Fähigkeiten schrittweise anzueignen vermögen, um derart sowohl in der einen wie in der anderen im wachsenden Maße heimisch zu werden. Fragt man sich nun, wie beide Denker zu erklären versuchen, was einen solchen Prozess der wachsenden Verwirklichung oder Objektivierung der Vernunft jeweils antreibt, so wird man deutliche Vorzüge bei der Erklärungsstrategie Hegels feststellen müssen. Auch dieser benötigt ja, obwohl er sich die Verwirklichung der Vernunft stets als einen vom Geist bewirkten und daher nahezu automatisch vonstattengehenden Prozess denkt, eine vage, plausibel klingende Vorstellung davon, wie ein derartiger Fortschritt in der menschlichen Geschichte als ein innerweltliches, soziales Geschehen zu deuten ist; dabei bedient er sich der instruktiven Idee, dass eine historische Lebensform stets dann an ihr Ende gelangt, wenn sie nicht mehr genügend normativen Raum für individuelle Ansprüche bietet, die sich unter ihren eigenen ethischen Voraussetzungen haben entwickeln können.[22] Für Hegel trägt mithin jede einmal etablierte Gesellschaftsform den Keim ihrer eigenen Selbsttransformation bereits in sich, weil sie bei bestimmten Personengruppen zwangsläufig moralische Begehrlichkeiten erzeugt, die sich in ihrem institutionellen Rahmen selbst nicht mehr hinreichend befriedigen lassen. Zwar ist dieser »moralische« Erklärungsversuch, wie sich vielleicht sagen lässt, in

22 Das Vorbild für diese Erklärung stellt Hegels Deutung der »Antigone« in seiner *Phänomenologie des Geistes* dar (G. W. F. Hegel, *Phänomenologie des Geistes*, Frankfurt/M. 1970 (Theorie-Werkausgabe, Bd. 3), Kap. VI, A.a. und b. Zur hier vorgeschlagenen Deutung vgl. insgesamt: Arvi Särkelä, »Ein Drama in drei Akten. Der Kampf um öffentliche Anerkennung nach Dewey und Hegel«, in: *Deutsche Zeitschrift für Philosophie* 61 (2013), S. 681-696.

soziologischer Hinsicht noch recht unbefriedigend, liefert er doch kaum Hinweise darauf, in welcher Weise sich die strukturell unerfüllbaren Ansprüche jeweils in sozialen Konflikten entzünden können sollen; nur an wenigen Stellen gibt Hegel zu erkennen, dass wir uns nach seiner Überzeugung einen solchen Konfliktprozess nach dem Muster eines Kampfes um Anerkennung vorzustellen haben, in dem immanent erzeugte Begehrlichkeiten nach gesellschaftlicher Einräumung neuer, bislang unbekannter Freiheiten mit der etablierten Sozialordnung zusammenprallen. Aber schon dieser knappe Hinweis macht deutlich, wie ergiebig der Versuch Hegels ist, ein alltagsnahes, soziales Komplement für den von ihm zunächst als eigentätig gedachten Prozess einer gesellschaftlichen Objektivierung des Geistes zu finden; denn angereichert mit soziologischen Hypothesen, kann aus seinem Ansatz die ungemein fruchtbare Idee entwickelt werden, dass es jeweils der Kampf bislang ausgeschlossener Gruppen um gesellschaftliche Einbeziehung ist, der den geschichtlichen Prozess der Verwirklichung von Freiheit vorantreibt.[23]

Demgegenüber klingt nun das, was Marx über den sozialen Mechanismus aussagt, der die schrittweise Erweiterung unserer Freiheit bewirken können soll, viel weniger überzeugend; bei seinen Erklärungsversuchen macht er nämlich zumeist, wie schon häufiger beobachtet worden ist,[24] von einem technologischen Determinismus Gebrauch, der den von ihm behaupteten Zusammenhang zwischen wachsender Naturbeherrschung und Freiheitssteigerung eher wieder vernebelt. Den Ausgangspunkt dieses Deutungsmodells stellt wiederum die These dar, dass wir dank unserer Kooperationsfähigkeiten dazu in der Lage sind, uns die äußere und innere Natur im wachsenden Maße anzueignen; allerdings fällt jetzt, also bei dem Versuch, die Triebkraft des Fortschritts in der Verwirklichung von Freiheit zu erläutern, das Augenmerk allein noch auf die Dimension unserer Beziehung zur natürlichen Umwelt. Was wir an Verfügungsgewalt über diese Seite der Natur jeweils besitzen, bezeichnet Marx im Kontext seiner Erklärung als »Produktivkraft«;

23 Eine solche Erklärung wird dann im Anschluss an Hegel John Dewey liefern: John Dewey, *Sozialphilosophie. Vorlesungen in China 1919/20*, übersetzt von Martin Suhr, hg. von Axel Honneth und Arvi Särkela, Berlin 2019, 3. Vorlesung.

24 Vgl. u.a. Cornelius Castoriadis, *Gesellschaft als imaginäre Institution. Entwurf einer politischen Philosophie*, übersetzt von Horst Brühmann, Frankfurt/M. 1984, Kap. I.2.

gemeint ist damit das Insgesamt an technischen Mitteln und Methoden, die einer Gesellschaft je nach geschichtlichem Stand zu Gebote stehen, um die natürlichen Ressourcen ihren eigenen Lebenszwecken dienlich zu machen. Aus der Tatsache, dass wir unsere Kooperationsfähigkeiten stets zu verbessern und zu vermehren vermögen, glaubt Marx im zweiten Schritt dann auf einen geschichtlichen Prozess der ständigen Steigerung der gesellschaftlichen Produktivkräfte schließen zu können; je weiter die menschliche Geschichte voranschreitet, so ist er überzeugt, desto größer wird das technische Vermögen von Gesellschaften, sich die natürliche Umwelt produktiv zunutze zu machen. Entscheidend für das Argument, das Marx zu liefern versucht, ist aber erst der dritte Schritt, den er in seiner Erklärungsskizze vollzieht; danach besitzen die institutionellen Rahmenbedingungen von Gesellschaften – das, was Marx als »Produktionsverhältnisse« zu bestimmen versucht – stets eine gewisse Beharrungstendenz und Unbeweglichkeit, so dass es die schnelle Steigerung der Produktivkräfte immer wieder mit Notwendigkeit erzwingen muss, jene institutionellen Ordnungen den neuen Technologien und Arbeitsweisen nachträglich anzupassen. Die Erklärung von Marx lautet mithin, in einem Satz zusammengefasst, dass der endogene Fortschritt in den technischen Möglichkeiten der Naturbearbeitung regelmäßig und mit Zwangsläufigkeit auch eine normative Verbesserung der sozialen Verkehrsformen mit sich bringt.[25]

Unklar an diesem Deutungsmodell ist vor allem, warum die Fortentwicklung der Produktivkräfte es auf jeder weiteren Stufe erneut erzwingen soll, die institutionalisierte Sozialordnung in Richtung einer Steigerung von Freiheit zu verändern; in einem trivialen Sinn mag zwar gelten, dass durch technische Fortschritte stets unser Spielraum gegenüber natürlichen Zwängen zunimmt, fragwürdig ist aber, daraus einen automatischen Zuwachs auch der innergesellschaftlichen Freiheiten abzuleiten; häufig mag es sich ganz im Gegenteil ja so verhalten, dass verbesserte Technologien in ihrer Summe die Gefahr einer Einschränkung geschichtlich bereits errungener Freiheiten mit sich führen. Marx ist, was seine Erklärung der schrittweisen Verwirklichung von Freiheit angeht,

25 Vgl. v.a. Karl Marx, »Zur Kritik der politischen Ökonomie«, in: Karl Marx/Friedrich Engels, *Werke* (*MEW*), Bd. 13, Berlin 1971, S. 8 ff.

viel zu optimistisch in Hinblick auf das normative Potential der Produktivkraftentwicklung; anders als Hegel glaubt er, dass dem technischen Fortschritt als solchem die Kraft innewohnt, auch auf die institutionelle Ordnung von Gesellschaften in Richtung einer Befreiung von sozialer Gewaltausübung und traditionalen Abhängigkeiten einzuwirken.

Als habe er diese Schwäche bereits selbst erahnt, hat Marx freilich seinem ersten Deutungsansatz gelegentlich noch eine zweite Erklärungsskizze beiseitegestellt;[26] darin wird als Triebkraft der geschichtlichen Verwirklichung von Freiheit nicht einfach die endogene Steigerung unseres technischen Verfügungswissens begriffen, sondern der Kampf sozialer Klassen um die Durchsetzung ihrer bislang unterdrückten Interessen. Ganz unabhängig vom ersten Deutungsmodell ist dieser zweite Vorschlag allerdings nicht, wie vor allem das »Kommunistische Manifest« deutlich macht,[27] weil Marx hier das Interesse der jeweils um Vormachtstellung kämpfenden Klassen an die ihnen durch den Stand der Produktivkräfte eröffneten Einfluss- und Steuerungschancen bindet: Ebenso wie das Bürgertum in dem geschichtlichen Augenblick um die soziale Herrschaftsausübung zu kämpfen begonnen haben soll, als ihm dies die wachsende Verfügung über die Produktionsbedingungen erlaubte, soll es auch dem Proletariat zukünftig möglich sein, die gesellschaftliche Steuerungsmacht zu erobern, weil ihm dazu das neue Fabriksystem faktisch die wirtschaftlichen Möglichkeiten an die Hand gegeben habe. Leicht ist an diesem Gedankengang zu erkennen, dass Marx auch in seiner zweiten, auf die transformative Kraft des Klassenkampfes setzenden Herleitung des gesellschaftlichen Fortschritts weiterhin nicht gewillt ist, dem sich historisch wandelnden Gefüge institutionalisierter Praktiken einen unabhängigen Stellenwert einzuräumen; so, als wäre es selbstverständlich, dass alle vormodernen Gesellschaften bereits eine distinkte, als zentral erlebte Sphäre der wirtschaftlichen Produktion errichtet hätten, behauptet er vielmehr, der Fortschritt in der Verwirklichung von Freiheit sei letztlich durch eine Abfolge von Kämpfen unterdrückter Gruppen um die gesellschaftliche Vorrangstellung ihrer ökonomischen Interessen hervorgebracht worden. Einem Vergleich mit

26 Vgl. zur Spannung zwischen diesen beiden Deutungsmodellen wiederum: Cornelius Castoriadis, *Gesellschaft als imaginäre Institution*, a. a. O., S. 52-59.

27 Karl Marx/Friedrich Engels, »Manifest der Kommunistischen Partei«, a. a. O.

den Hegelschen Versuchen, sich ein soziales Äquivalent zum eigentätigen Prozess der Objektivation des Geistes in den gesellschaftlichen Institutionen zurechtzulegen, kann daher auch der zweite Erklärungsansatz von Marx nicht standhalten; anstatt wohlweislich offenzulassen, um welche Art von gesellschaftlicher Einbeziehung und Anerkennung die bislang ausgeschlossenen Gruppen jeweils ringen, wird hier den wirtschaftlichen Interessen ein geschichtlich vollkommen unbegründeter Vorrang beigemessen. Darin spiegelt sich noch einmal, dass Marx nicht gut daran getan hat, die ganze Bandbreite gesellschaftlicher Organisationsformen auf den einheitlichen Begriff der »Produktionsverhältnisse« zu reduzieren.

Ein dritter Nachteil dieser Marxschen Engführung offenbart sich schließlich, wenn wir nun darangehen, seine und Hegels Analyse der normativen Errungenschaften moderner Gesellschaften miteinander zu vergleichen. Beide Denker gehen ja davon aus, so haben wir gesehen, dass die neue Gesellschaftsformation die am weitesten fortgeschrittene Stufe im welthistorischen Prozess der Verwirklichung von Vernunft bildet, weil sie in ihrem institutionellen Gefüge den Spielraum individueller Freiheiten erheblich erweitert hat – ebenso wie Hegel spricht auch Marx davon, dass mit der Überwindung feudal-aristokratischer Sozialordnungen die Fesseln traditioneller Abhängigkeiten und Unterjochungen gesprengt worden seien, so dass der Einzelne von nun an über größere Möglichkeiten der individuellen Selbstbestimmung verfügt.[28] Sobald es im Weiteren nun allerdings darum geht, sich ein genaueres Bild von diesen neuen Freiheiten zu verschaffen, tun sich zwischen den beiden Denkern doch wieder beträchtliche Differenzen auf, die ich gleich zu Beginn schon erwähnt hatte. Hegel war bekanntlich der Überzeugung, dass die »Vernünftigkeit« der modernen Sozialordnung darin besteht, den Gesellschaftsmitgliedern ein ganzes Spektrum an sozialen Betätigungsweisen bereitzustellen, in denen sie ihr »Selbstsein« unter Bedingungen wechselseitiger Anerkennung ungezwungen und insofern »frei« verwirklichen können; dazu gehörten nach seinem Dafürhalten alle wesentlichen Institutionengebilde der neuen Sozialordnung, angefangen mit der nun auf wechselseitige Zuwendung gegründeten Familie über den wirt-

28 Vgl. Frederick Neuhouser, »Marx (und Hegel) zur Philosophie der Freiheit«, in: Rahel Jaeggi/Daniel Loick (Hg.), *Nach Marx. Philosophie, Kritik, Praxis*, Berlin 2013, S. 25-47, hier S. 39 f.

schaftlichen Markt bis hin zum staatlichen Handlungsbereich; diese drei Sphären zusammengenommen wollte er als Inbegriff einer modernen »Sittlichkeit« verstanden wissen, um mit dem Ausdruck kenntlich zu machen, dass die Freiheit des Einzelnen eher in der gemeinsamen Ausübung eingespielter Praktiken denn in der individuellen Willensentscheidung zur Verwirklichung gelangt.[29] Allerdings ging Hegel in seiner Bevorzugung kommunikativer gegenüber persönlich-privaten Freiheiten nie so weit, deswegen gleich auch den normativen Stellenwert des modernen Rechts in Zweifel zu ziehen; ganz im Gegenteil hielt er zeit seines Lebens daran fest, im erst seit kurzem etablierten Prinzip der freien und gleichen Freiheitsrechte eine zentrale Errungenschaft moderner Gesellschaften zu sehen, weil sie dem Einzelnen die staatlich geschützte Möglichkeit einräumten, seine ethischen Entscheidungen unbeeinflusst vom Dazwischentreten Anderer zu prüfen und zu festigen.

Genau an dieser Stelle ist sich Marx nun aber im höchsten Maße unsicher. Nicht nur hat er gegenüber der ganzen Sittlichkeitslehre Hegels massive Bedenken, weil er darin aus noch zu behandelnden Gründen eine Beschönigung der faktisch existierenden Sozialverhältnisse vermutet; vielmehr hegt er auch erhebliche Zweifel, ob den modernen, liberalen Freiheitsrechten tatsächlich die normative Relevanz eingeräumt werden soll, die sein Vorgänger ihnen zugesprochen hatte. Erinnern wir uns, wie Marx den geschichtlichen Prozess der Verwirklichung von Freiheit dargestellt hatte, so muss sich daraus zunächst einmal ein gänzlich anderes Bild der wesentlichen Errungenschaften moderner Gesellschaften ergeben: Was diese neue Gesellschaftsformation vor allem auszeichnet, sind für ihn nicht Freiheitserweiterungen im Bereich des intersubjektiven Umgangs der Subjekte untereinander, sondern solche des Verhältnisses der menschlichen Gattung zur sie umgebenden Natur. Die damit errungenen, neuen Freiheiten, verkörpert in den enorm angewachsenen Produktivkräften, finden sich aber nach seiner Überzeugung in den kapitalistischen Produktionsverhältnissen noch nicht angemessen widergespiegelt; unsere gewachsene Fähigkeit, Naturprozesse zu kontrollieren und unseren Zwecken verfügbar zu machen, verlangt nach einem anderen Typ von gesellschaftlicher Freiheit als dem, der in der institutionellen Sozialordnung der Gegenwart eta-

29 Frederick Neuhouser, *Foundations of Hegel's Social Theory. Actualizing Freedom*, Cambridge/Mass. 2000, Kap. 2, 3 und 4.

bliert worden ist. Während sich in diesen retardierenden Verhältnissen aus der Sicht von Marx nämlich ein bloß privategoistisches Verständnis von Freiheit niedergeschlagen hat, sieht er in den massiv verbesserten Produktionstechniken und -methoden die objektive Möglichkeit, ja mehr noch, das historische Erfordernis angelegt, das verengte und letztlich marktkonforme Freiheitsverständnis institutionell durch ein breiteres, kooperatives zu ersetzen: Dem Stand der modernen Produktivkräfte würden die gesellschaftlichen Produktionsverhältnisse heute nur dann entsprechen, wenn darin die Organisation der Arbeit und die Verteilung der erstellten Güter dem gemeinsamen Willen der zwanglos kooperierenden Produzenten unterworfen würden. So belebend und zukunftsweisend aber diese sozialistische Vision auch sein sollte, über ihnen hat Marx das demokratische Potential der liberalen Freiheitsrechte vollkommen vergessen; ihm schienen die damit verknüpften Garantien der individuellen Selbstbestimmung viel zu privatistisch gedacht und daher dem wirtschaftlichen Konkurrenzsystem des Kapitalismus anzugehören, so dass er sie nicht als normative Errungenschaften der neuen, sondern als Überbleibsel einer untergehenden Gesellschaftsordnung betrachten musste.[30]

Insofern ist Hegel für uns auch an diesem Punkt im Vergleich der beiden Denker der Überlegenere geblieben. Zwar teilt er mit Marx den tiefen Vorbehalt gegen die liberale Tendenz, unter individueller Freiheit nur die rechtliche Erlaubnis zu verstehen, die eigenen, privat gewonnenen Interessen möglichst ungehindert verwirklichen zu dürfen; und wie sein materialistischer Nachfolger sieht er noch nicht, welchen enormen Beitrag diese liberalen Freiheitsrechte im historischen Fortgang zur Beförderung einer demokratischen Willensbildung unter gleichgestellten Bürgerinnen und Bürgern leisten sollten. Gleichwohl aber hat Hegel in dem neuen Prinzip, allen Gesellschaftsmitgliedern ein gleiches Recht zur individuellen Selbstbestimmung einzuräumen, von Anfang an eine nicht mehr rückgängig zu machende Errungenschaft moderner Gesellschaften gesehen; anders als Marx war er davon überzeugt, dass jegliche andere, stärker kommunikative oder sittliche Form von Freiheit auch in Zukunft des normativen Fundaments einer rechtlichen Garantie

30 Vgl. Karl Marx, »Zur Judenfrage«, in: ders./Friedrich Engels, *Werke* (*MEW*), Bd. 1, S. 347-377. Dazu ausführlicher: Axel Honneth, *Die Idee des Sozialismus. Versuch einer Aktualisierung*, Berlin 2015, S. 60ff.

bedürfe, eigene Zwecke formulieren und gegebenenfalls verfolgen zu können.[31]

III.

Nach dem bislang Dargestellten könnte es so scheinen, als würde die Sozialtheorie Hegels nur Vorzüge gegenüber dem historisch-materialistischen Entwurf von Marx aufweisen, denn sowohl in Hinblick auf einen hinreichend komplexen Begriff von Gesellschaft, auf die Bestimmung einer möglichen Triebkraft der Verwirklichung von Freiheit und schließlich auf die Diagnose der normativen Errungenschaften der Moderne verfügt der deutsche Idealist jeweils über die besseren, heute auf jeden Fall anschlussfähigeren Erklärungsalternativen. Allerdings täuscht dieser erste Vergleich insofern, als er sich nur auf die konzeptuellen Mittel einer geschichtsphilosophisch unterfütterten Sozialtheorie bezieht; sobald man den Blick aber von diesen tiefer liegenden Schichten abzieht und auf die empirischen Erträge der beiden Theorien richtet, beginnt sich das bisher umrissene Bild noch einmal erheblich zu ändern, weil dann im Gegenzug die Vorzüge der Marxschen Gesellschaftsanalyse zutage treten. Wenn nun in diesem letzten Schritt eine solche Gegenrechnung in groben Zügen unterbreitet werden soll, gilt es vorweg jedoch zu berücksichtigen, dass Marx nahezu fünfzig Jahre länger Zeit als sein philosophischer Lehrer hatte, um den Entwicklungsverlauf moderner Gesellschaften empirisch beobachten zu können; entwarf Hegel seine Sozialtheorie an der Schwelle zur kapitalistischen Industrialisierung, so Marx die seine auf deren Höhepunkt, womit er über einen nicht unbeträchtlichen Erfahrungsvorsprung in Hinblick auf die tatsächlichen Zerstörungskräfte der neuen Wirtschaftsordnung verfügte. Ein Teil der Vorzüge seiner Sozialtheorie gegenüber derjenigen von Hegel dürfte sich schlicht diesem Mehr an historischen Erfahrungen verdanken, ein anderer Teil aber auch der größeren Tiefenschärfe seiner Herrschafts- und Machtanalyse.

Hegel ging davon aus, so haben wir gesehen, dass der weltgeschichtliche Prozess des »Fortschritts im Bewusstsein der Freiheit«

31 Vgl. Frederick Neuhouser, »Marx (und Hegel) zur Philosophie der Freiheit«, in: Rahel Jaeggi/Daniel Loick (Hg.), *Nach Marx. Philosophie, Kritik, Praxis*, a. a. O.

im sozialen Gefüge moderner Sittlichkeit einen zumindest vorläufigen Abschluss gefunden habe; zu einem solchen Urteil glaubte er sich befugt, weil nach seiner Überzeugung mit den drei Sphären der auf wechselseitige Zuneigung gestützten Kleinfamilie, der kapitalistischen Marktgesellschaft und des modernen Rechtsstaates genau die institutionellen Voraussetzungen geschaffen worden waren, unter denen die Gesellschaftsmitglieder bei rechtlichem Schutz ihrer individuellen Entscheidungsfreiheit ihr »Selbstsein« im zwanglosen Zusammenwirken mit Anderen zu verwirklichen vermochten.[32] Genau dieses Bild der modernen Gesellschaft will und kann Marx aber nicht akzeptieren; aufgrund seiner Forschungsarbeiten zur politischen Ökonomie fühlt er sich von Beginn an zu der Hegel entgegenlaufenden Annahme berechtigt, dass das zweite Glied in dessen dreigliedrigem Gefüge, der kapitalistische Markt, eine zerstörerische Kraft besitze, die sowohl die Freiheit der Einzelnen als auch die normative Selbstständigkeit der beiden anderen Sphären immer schon untergrabe. Gewiss, auch Hegel hatte dem von ihm als »bürgerliche Gesellschaft« bezeichneten System des Marktes eine gehörige Portion Skepsis entgegengebracht und war daher in seiner »Rechtsphilosophie« darum bemüht, dessen stets lauernde Auswüchse mit Hilfe regulierender und genossenschaftlicher Einrichtungen einzudämmen;[33] aber die Marxsche Vorstellung, dass diese Sphäre eines freien Austauschs ökonomischer Leistungen unter Marktteilnehmern sein gesamtes Netzwerk praktizierter Sittlichkeit unterminieren könne, ist ihm zeitlebens verschlossen geblieben. Genau das jedoch wollte Marx mit seiner Kritik der politischen Ökonomie belegen und herausarbeiten; und bei seinem Versuch, dafür die angemessenen Erklärungsmittel zu finden, ist er zu einer Reihe von Erkenntnissen vorgestoßen, die Hegels Sozialtheorie nachträglich erheblich bereichern könnten.

Alles, was Marx im Vergleich mit Hegel bislang zum Nachteil gereichte, kommt ihm bei der Entfaltung dieses kritischen Unter-

32 Dass Hegel allerdings große Probleme hat, auch den Staat als eine Sphäre freiheitsermöglichender Intersubjektivität zu erweisen, hat mit beeindruckender Präzision Michael Theunissen herausgearbeitet: ders., »Die verdrängte Intersubjektivität in Hegels Philosophie des Rechts«, in: Dieter Henrich/Rolf-Peter Horstmann (Hg.), *Hegels Philosophie des Rechts*, Stuttgart 1982, S. 317-381.

33 Vgl. dazu Hans-Christoph Schmidt am Busch, *»Anerkennung« als Prinzip der Kritischen Theorie*, Berlin 2011, Teil III.

nehmens paradoxerweise zunächst einmal zugute. Die Engführung von Gesellschaften auf »Produktionsverhältnisse« erlaubt es ihm, seine Aufmerksamkeit ausschließlich auf die Bedingungen der wirtschaftlichen Sphäre zu konzentrieren und deren Entwicklung unabhängig von möglichen politischen oder institutionellen Einflussgrößen zu studieren. Dabei trifft er auf einige gravierende Sachverhalte, die Hegel in seiner »Rechtsphilosophie« in dieser Form, wenn überhaupt, nur vage vorausgeahnt hatte: Der Arbeitsvertrag, immerhin ein normatives Fundament der neuen Wirtschafsordnung, erfüllt nach Auffassung von Marx nicht das ihm innewohnende Versprechen individueller Entscheidungsfreiheit, da die Lohnabhängigen aufgrund mangelnder Alternativen und der ihnen deswegen drohenden Versorgungslosigkeit in seine Bedingungen einwilligen müssen;[34] dank ihrer produktiven Arbeit fügen diese Lohnabhängigen ferner, so ist Marx überzeugt, den bearbeiteten Produkten einen Mehrwert hinzu, für den sie nicht entsprechend vergütet werden, so dass sie einer strukturbedingten und nicht rechtfertigbaren »Ausbeutung« unterliegen;[35] der Unternehmer seinerseits, dem auf diese Weise ständig ein »Profit« zuwächst, steht bei Gefahr seines Untergangs unter dem steten Zwang, seine Rendite gewinnbringend zu reinvestieren und daher ständig neue Absatzmärkte zu erschließen; die daraus resultierende Expansionstendenz des kapitalistischen Marktes führt schließlich in den Augen von Marx nicht nur zu jener allmählichen Unterwerfung aller Lebensbereiche unter das Verwertungsprinzip, die er »reelle Subsumtion« nennt,[36] sondern auch zu einem schleichenden Machtzuwachs der Kapitalisten selber, der in Phänomenen wie der Umwandlung staatlicher Herrschaft in Klassenherrschaft und rechtlicher Neutralität in »Klassenjustiz« mündet. Vervollständigt werden diese vier Elemente der Marxschen Kapitalismusanalyse aber erst durch Annahmen darüber, warum es den Betroffenen so schwerfällt, die schadhaften Mechanismen des gesamten wirtschaftlichen Systems zu durchschauen; dafür sind nach seiner Überzeugung legitimierende, beschönigende oder verschleiernde Deutungsmuster verantwortlich, die er in kritischer Absicht als

34 Karl Marx, *Das Kapital*, Erster Band, in: ders./Friedrich Engels, *Werke* (*MEW*), Bd. 23, Berlin 1971, S. 181-191.

35 Ebd., v. a. S. 56-61.

36 Ebd., S. 531-541.

»Ideologien« bezeichnet und von denen er zeigen möchte, dass sie mit einer gewissen Notwendigkeit von den zugrundeliegenden Praktiken des ökonomischen Warenaustauschs erzeugt werden.[37]

Nicht alles, was in dieser Liste von Grundannahmen der Marxschen Kapitalismusanalyse aufgeführt wurde, hat den Reißwolf der schon bald einsetzenden Kritik unbeschadet überstanden; einiges musste im Lichte der Gegenargumente von wirtschafts- oder sozialwissenschaftlicher Seite verbessert, anderes gänzlich preisgegeben werden. So dürfte heute kaum mehr jemand an der Arbeitswerttheorie von Marx festhalten, die die wirtschaftstheoretische Basis seiner These über die strukturelle »Ausbeutung« der Lohnabhängigen bildet; ebenso umstritten sind mittlerweile auch seine verstreuten Annahmen über die verschleiernde Wirkung von ideologischen Denksystemen, die in irgendeiner Weise aus den ökonomischen Praktiken selbst hervorgegangen sein sollen. Aber zwei Kernelemente der Marxschen Kapitalismusanalyse – einerseits seine Behauptung einer in ihrer Lage bedingten Unfreiheit der Lohnabhängigen, andererseits die These einer dem Verwertungsprinzip innewohnenden Expansionstendenz – haben sich im Lichte auch späterer Erfahrungen doch als hinreichend robust und kaum bezweifelbar erwiesen; zumal unter dem Eindruck der als »neoliberal« bezeichneten Entgrenzungen der letzten Jahrzehnte können wir heute davon ausgehen, dass unserem Wirtschaftssystem eine Nötigung sowohl zur Untergrabung der ökonomischen Entscheidungsfreiheit abhängig Beschäftigter als auch zur schleichenden Ausweitung in andere Lebenssphären eigen ist. Diese nüchterne Feststellung verlangt nun aber, sich noch einmal der Hegelschen Sozialtheorie zuzuwenden; denn von deren zeitdiagnostischen Bestandteilen hatte sich bei allen Vorzügen des philosophischen Ansatzes doch auch gezeigt, dass sie der bedrohlichen Dynamik kapitalistischer Wirtschaftssysteme nicht angemessen Rechnung tragen. Daher stellt sich an dieser Stelle meines Vergleichs der beiden Denker die Frage, wie sich die von Marx herausgearbeiteten Eigenschaften des Kapitalismus in den Rahmen der Hegelschen Sozialtheorie einfügen lassen, ohne deren innere Architektonik vollständig zu zerstören. Ich will zum Schluss meines Beitrags nur einige Mutmaßungen zur Lösung des damit aufgeworfenen Problems anstellen.

37 Ebd., S. 85-98.

Jedem Versuch, die Theorien der beiden Denker in dem angedeuteten Sinn miteinander zu versöhnen – vom deutschen Idealisten also eine gemäßigte Version seiner Sozialtheorie beizubehalten, in diese dann aber die Befunde der Kapitalismusanalyse des materialistischen Schülers einzutragen –, stellen sich eine Reihe gravierender Hindernisse entgegen. Als die größte Klippe muss dabei sicherlich der Umstand gelten, dass Marx seiner Kapitalismusanalyse eine Darstellungsform gegeben hat, die sich jeder Vereinnahmung für andere Zwecke zu entziehen scheint; denn der innere Aufbau und die expansive Dynamik der neuen Wirtschaftsverhältnisse wird hier im eigenwilligen Anschluss an Hegel so dargestellt, als seien sie durch das eigentätige Walten des »Kapitals« bewirkt und würden daher einen geschlossenen, von anderen Kräften unbeeinflussbaren Kreislauf bilden. Wie immer man diese methodische Vorgehensweise zu interpretieren versucht, ob als ihr Vorbild eher die Hegelsche »Logik« oder seine »Phänomenologie« angesehen wird,[38] mit dessen Ansatz einer Sozialtheorie ist sie gewiss nicht ohne Weiteres vereinbar; denn darin wird ja als integrative Kraft gerade nicht das »Kapital« betrachtet, sondern der »objektive Geist« gemeinsam geteilter Normen. Um die Erträge der Marxschen Kapitalismusanalyse in den Rahmen der Sozialtheorie von Hegel einbetten zu können, bedarf es daher zunächst und vor allem einer Aufsprengung ihrer apokryphen Darstellungsmethode; die Vorstellung, das »Kapital« prozediere wie der Hegelsche »Geist« eigentätig und durchdringe deswegen alle sozialen Lebensbereiche kraft seiner inneren Dynamik, muss aufgegeben und durch eine wesentlich offenere, den Einfluss sich wandelnder Normen berücksichtigende Konzeption der kapitalistischen Wirtschaftssphäre ersetzt werden.[39] Erst durch eine solche Neuausrichtung der politischen Ökonomie kann dann auch dem historischen Umstand Rechnung getragen werden, dass der Spielraum für die Verfolgung des Profitprinzips mit den institutionellen und kulturellen Bedingungen variiert, die zu ei-

38 Vgl. zu diesen Alternativen exemplarisch: Helmut Reichelt, *Zur logischen Struktur des Kapitalbegriffs bei Karl Marx*, Frankfurt/M. 1973; Volkan Çidam, *Die Phänomenologie des Widergeistes. Eine anerkennungstheoretische Deutung von Marx' normativer Kritik im Kapital*, Baden-Baden 2012.

39 Einen Vorschlag in diese Richtung habe ich unterbreitet in: Axel Honneth, »Die Moral im ›Kapital‹«, in: Rahel Jaeggi/Daniel Loick (Hg.), *Nach Marx*, a. a. O., S. 350-363.

nem gegebenen Zeitpunkt jeweils vorherrschen – heute ist dieser Spielraum zum Beispiel wesentlich größer als noch vor vierzig oder fünfzig Jahren.[40]

Diese erste Korrektur hat zur Folge, dass nun auch die kapitalistische Wirtschaft in einer gewissen Abhängigkeit vom Gehalt jener institutionellen Regeln gesehen wird, deren jeweils momentane Verfassung Hegel mit seinem Begriff des »objektiven Geistes« hat bezeichnen wollen. Eine zweite Korrektur, die erforderlich ist, um die Kapitalismusanalyse von Marx mit einer von Hegel inspirierten Sozialtheorie verschmelzen zu können, betrifft nun nicht deren Ausrichtung selber, sondern ihren soziologischen Rahmen. Wir haben bereits gesehen, dass Marx in seinem Begriff der »Produktionsverhältnisse« die Tendenz besitzt, alle sozialen Sphären direkt oder indirekt auf die Aufgaben der Naturaneignung bezogen sein zu lassen; in seiner Kapitalismusanalyse führt das zu dem schon häufig thematisierten Problem, dass er über keine Terminologie verfügt, um benennen zu können, welche jeweils eigensinnigen Normen oder Handlungsregeln das kapitalistische Verwertungsprinzip jeweils verletzen können soll, wenn es kraft seiner inneren Dynamik in andere Sphären eindringt.[41] Marx fehlt es, so ließe sich dieser Mangel auch formulieren, an jedem Einblick in die funktionale Differenzierung von Gesellschaften, die es erforderlich macht, verschiedene Handlungsbereiche zum Zweck der Erfüllung ihrer je spezifischen Aufgaben gesonderten normativen Regeln zu unterstellen; daher kann er sich keine Rechenschaft darüber ablegen, warum es überhaupt »gefährlich« oder »bedrohlich« sein soll, wenn das kapitalistische Verwertungsprinzip in andere, zunächst nicht ökonomisch regulierte Felder der gesellschaftliche Reproduktion einsickert und hier zur Vorherrschaft gelangt. Auch an dieser ihren äußeren Rahmen betreffenden Stelle bedarf die Marxsche Kapitalismusanalyse daher zunächst der Korrektur, bevor sie zu einem sowohl korrektiven als auch befruchtenden Element der Hegelschen Sozialtheorie werden könnte; ihr müsste ein Bewusstsein dafür eingepflanzt werden, dass es sich in modernen Gesellschaften

40 Vgl. exemplarisch: David Kotz, *The Rise and Fall of Neoliberal Capitalism*, Cambridge/Mass. 2015; Wolfgang Streeck, *Gekaufte Zeit. Die vertagte Krise des demokratischen Kapitalismus*, Berlin 2013.

41 Jürgen Habermas, *Theorie des kommunikativen Handelns. Band 2: Zur Kritik der funktionalistischen Vernunft*, Frankfurt/M. 1981, Kap. VIII, 2.

beim kapitalistischen Markt nur um eine soziale Handlungssphäre unter mehreren handelt, die jeweils aufgrund ihrer je besonderen Aufgabe eine eigensinnige Regulierung der in ihnen vollzogenen Tätigkeiten erforderlich machen.

Allerdings geben diese Formulierungen bereits zu erkennen, dass auch die Hegelsche Sozialtheorie längst nicht all die Voraussetzungen erfüllt, die gegeben sein müssten, damit ihr nun die verdienstvollen Einsichten der Marxschen Kapitalismusanalyse als produktive Elemente einfach einverleibt werden könnten; denn wie es Marx an jeglichem Verständnis dafür mangelt, dass moderne Gesellschaften funktional differenzierte Einheiten bilden, so fehlt es Hegel gänzlich an Gespür dafür, dass die funktional spezialisierten Sphären sich auch untereinander in ihrem normativen Bestand bedrohen könnten.[42] Hegel lässt in seiner Sittlichkeitslehre zwar die Möglichkeit zu, dass ein Versagen staatlicher Obhut oder rationale Blockaden der Beteiligten zu einem Austrocknen der jeweils innerhalb einer Sphäre herrschenden Regeln führen könnten; aber er schließt den Fall aus, dass eine dieser Regulierungsweisen in andere Sphären eindringt und dort die erforderlichen Normen unterminiert oder außer Kraft setzt. Den Prozess der gesellschaftlichen Differenzierung hat Hegel, so ließe sich auch sagen, für ein unumstößliches Faktum gehalten, an dem auch zukünftige Entwicklungen nichts mehr würden ändern können; was da auch immer an internen Bedrohungen auf die vernünftig gewordene Gesellschaft zukommen könnte, für ihn sollte die Sphärentrennung zwischen Familie, Markt und Staat von nun an ein fester Bestandteil in dem neuen Ordnungsgefüge moderner Gesellschaften bleiben. Mit dieser Unterstellung aber hat Hegel sich aller Mittel beraubt, innerhalb seiner Theorie solche Prozesse zu analysieren, wie Marx sie unter der Perspektive einer Subsumtion aller Lebensbereiche unter das Kapitalverhältnis hat beschreiben wollen; dass das kapitalistische Verwertungsprinzip auch in andere, nicht-ökonomische Lebensbereiche eindringen könnte, hat Hegel als Möglichkeit zeitlebens ausschließen wollen. An dieser Stelle bedarf daher auch seine Theorie einer gravierenden Korrektur: die funktionale Differenzierung mo-

42 Zu diesen grundbegrifflichen Schwierigkeiten der herkömmlichen Differenzierungstheorie vgl, auch: Uwe Schimank/Ute Volkmann, »Ökonomisierung der Gesellschaft«, in: Andrea Maurer (Hg.), *Handbuch der Wirtschaftssoziologie*, Wiesbaden 2008, S. 382-393.

derner Gesellschaften darf nicht als empirisches Faktum, sondern nur als ein normativer Anspruch betrachtet werden, dem je nach Stand der sozialen Auseinandersetzungen institutionell mal besser oder mal schlechter entsprochen werden kann.

Aber nicht nur dieses eine Element ist an der Hegelschen Sozialtheorie heute systematisch zu korrigieren, wenn sie der Marxschen Kapitalismusanalyse zukünftig als ein konzeptueller Rahmen dienen soll. Revisionsbedürftig ist auch Hegels starkes Vertrauen darauf, dass das wirtschaftliche System des Marktes im Prinzip des »Vertrages« auf rechtlichen Grundlagen fußt, die ihm aufgrund der damit freiwillig eingegangenen Verpflichtungen eine allgemeine Vernünftigkeit und Legitimität verschaffen. Falsch daran ist sicherlich nicht, den »Vertrag« deswegen für die legitime Grundlage der neuen Wirtschaftsordnung zu halten, weil er im Gegensatz zu persönlichen Abhängigkeiten und Bindungen dem Einzelnen grundsätzlich die Entscheidungsfreiheit über die Verwendung seiner ökonomischen Güter und Leistungen einräumt; diesen normativen Vorteil der Vertragsfreiheit gegenüber älteren Wirtschaftsverfassungen hatte bereits Adam Smith in seinem Buch *The Wealth of Nations* entschieden genug herausgearbeitet, so dass Hegel ihm darin in der eigenen »Rechtsphilosophie« nur zu folgen hatte.[43] Problematisch ist aber, mit welcher Selbstverständlichkeit Hegel nun darangeht, die am Vertragsschluss zwischen Gewerbetreibenden gewonnenen Bestimmungen auch auf das Verhältnis zwischen Unternehmern und Lohnabhängigen zu übertragen; in der Naivität, mit der er daran jedes Element des indirekten Zwangs und der Nötigung ausschließt, offenbart sich bei ihm eine generelle Tendenz zur Unterschätzung von Phänomenen der Machtausübung. Was Hegel in seiner Sittlichkeitslehre vollkommen außer Acht zu lassen scheint, ist die Möglichkeit, dass die Zustimmung der Teilnehmer zu bestehenden, »sittlichen« Verpflichtungen nicht aus tatsächlich rationalen Erwägungen, sondern unter dem Druck von Alternativlosigkeit, Androhung von Gewaltanwendung oder sanfter Beeinflussung zustande gekommen ist; solche Elemente des Zwangs waren es aber gerade, die Marx ins Zentrum seines Bildes vom Kapitalismus rücken wollte, als er versuchte, die Freiheit des Arbeits-

43 Vgl. Lisa Herzog, *Inventing the Market. Smith, Hegel and Political Thought*, Oxford 2013.

vertrages deswegen als Schein zu entlarven, weil die Lohnabhängigen darin angesichts der ihnen drohenden Einkommenslosigkeit einzuwilligen hatten. Über sein Vertrauen darauf, dass im sittlichen Gefüge moderner Gesellschaften die Freiheit institutionell zur Verwirklichung gelangt sei, hat Hegel diejenigen sozialen Mechanismen vollkommen vergessen, die auch jetzt noch zur Nötigung und gewaltförmigen Unterdrückung bestimmter Personengruppen beitragen; seinen geschichtlichen Kampf um Einbeziehung und Anerkennung hat er fälschlicherweise schon an der Schwelle zur Moderne an ein Ende kommen lassen, so dass er das Danach nur in den rosigen Tönen eines freiwilligen, gänzlich zwanglosen Zusammenwirkens aller Gesellschaftsmitglieder schildern konnte.

Um diesen schwerwiegenden Fehler der Hegelschen Sozialtheorie nachträglich zu korrigieren, bedürfte es mehr, als ihrem Bild moderner Sittlichkeit bloß von außen die entsprechenden Kategorien der Zwangs- und Gewaltanwendung überzustülpen; vielmehr wäre es notwendig, mit Hilfe von Hegels eigenen Kategorien an jeder von ihm unterschiedenen Sphäre darzustellen, aufgrund welcher Mechanismen hier die zugrundeliegenden Normen von einem Teil der Beteiligten zur Unterdrückung des anderen Teils verwendet werden können – wie also etwa die Normen der Liebe und wechselseitigen Zuwendung durch »Naturalisierung« der damit verbundenen Pflichten von den Männern zur Unterdrückung von Frauen in der Privatsphäre oder die Normen staatsbürgerlicher Loyalität durch eine entsprechende Fixierung der damit einhergehenden Obliegenheiten zur Mobilisierung von Zustimmung genutzt werden können. Erst wenn das geleistet und damit gezeigt wäre, dass die verschiedenen institutionellen Gestalten der wechselseitigen Anerkennung je spezifische Formen des Ausschlusses und des Zwangs hervorbringen können,[44] ließen sich die Erträge der Marxschen Kapitalismusanalyse bruchlos in den Korpus der Sozialtheorie Hegels einbringen; denn dann könnten die Unfreiheiten, die Marx in seiner Kritik der politischen Ökonomie am kapitalistischen Markt hat bloßstellen wollen, zum Element eines umfassenderen Bildes moderner Gesellschaften werden, in dem zu-

44 Erste Anregungen dazu finden sich in: Axel Honneth, »Anerkennung als Ideologie. Zum Zusammenhang von Macht und Moral«, in: ders., *Das Ich im Wir. Studien zur Anerkennungstheorie*, Berlin 2010, S. 103-130.

sätzlich noch ganz andere Formen der Unterdrückung in den Blick gerückt würden.

Mit all diesen angemahnten Korrekturen ist allerdings nur erst die Hälfte des Weges umrissen, der beschritten werden müsste, um die sozialtheoretischen Ansätze von Hegel und von Marx in ein Verhältnis der wechselseitigen Bereicherung versetzen zu können. Die gewiss schwierigste, von mir noch gar nicht benannte Aufgabe bei einer solchen Fusion läge dann immer noch vor einem, weil erst noch zu klären wäre, wie sich Hegels Begriff des Geistes so reformulieren ließe, dass er dem Marxschen Ausgang von den Kooperationsleistungen vergesellschafteter Subjekte zumindest angenähert werden könnte; denn noch steht ja bei allem, was ich zuvor an notwendigen Korrekturen auf beiden Seiten empfohlen habe, die Frage im Raum, wie sich Materialismus und Idealismus, der Ansatz beim in die Natur hineinversetzten Menschen und die Berufung auf einen selbsttätigen Geist, miteinander versöhnen ließen. Für die Zwecke dieses Beitrags aber mag es reichen, hoffentlich klargemacht zu haben, dass die Marxsche Kapitalismusanalyse von der Einbettung in eine an Hegel orientierten Sozialtheorie nur profitieren könnte; das, was an bewahrenswerten Einsichten in der Theorie des Jüngeren enthalten ist, ließe sich besser und genauer formulieren, wenn es in den sozialphilosophischen Rahmen der Theorie des Älteren hineinversetzt würde.

Wirtschaft oder Gesellschaft?
*Größe und Grenzen der Marxschen Theorie des Kapitalismus**

Über die »Größe und Grenzen« der Marxschen Gesellschaftstheorie im Rahmen eines Aufsatzes richten zu wollen, wie es der Untertitel meines Beitrags in Aussicht stellt, ist gewiss ein Ding der Unmöglichkeit. Zu vielgestaltig sind die theoretischen Wirkungen, die Marx hinterlassen, zu umfangreich die philosophischen Quellen, die er in seinem Werk verarbeitet, zu verschiedenartig schließlich die Absichten, die er mit seiner Kapitalismusanalyse verbunden hat, als dass sich all dies in einer relativ kurzen Studie behandeln ließe. Ich will mich daher im Folgenden auf einen einzigen Strang seiner Schriften konzentrieren, um daran exemplarisch zu prüfen, wie seine Theorie im Lichte unseres gegenwärtigen Wissens zu beurteilen ist. Was im Zentrum meiner Auseinandersetzung stehen soll, ist allein sein Beitrag zum Verständnis der modernen, kapitalistisch verfassten Gesellschaften; unberücksichtigt wird mithin bleiben, zumindest so gut es eben geht, was Marx über den Verlauf der Geschichte im Ganzen, über die Rolle des Menschen im historischen Prozess und über die Bedeutung vergangener Denker ausgesagt hat; nach Möglichkeit sollen hier also nur die Analysen behandelt werden, die sich in seinem Werk zur Grundstruktur und zur Dynamik der kapitalistischen Welt finden. Das allerdings ist bereits keine leichte Aufgabe, weil dabei vieles von der Beantwortung der Frage abhängt, ob Marx die Prämissen seines philosophischen Frühwerks preisgegeben hat, als er sich an den Entwurf seiner reifen Kapitalismusanalyse machte, oder ob er sich darin von seinen anfänglichen Grundannahmen weiterhin hat leiten lassen. Ich werde meine Überlegungen mit einer Behandlung dieser Frage beginnen, die seit der in den 1960er Jahren vorgelegten Marx-Interpretation von Louis Althusser virulent ist;[1] erst nachdem ich ge-

* Für Kommentare und Ratschläge bin ich Frederick Neuhouser und Ferdinand Sutterlüty dankbar.

1 Louis Althusser, *Für Marx* (1965), übersetzt von Werner Nitsch u. a., hg. und mit einem Nachwort von Frieder O. Wolf, Berlin 2011.

klärt habe, ob Marxens Kapitalismusanalyse von den anthropologischen Intuitionen seiner frühen Jahre noch zehrt oder nicht, werde ich mich dann in weiteren Schritten der Frage nach der Größe und den Grenzen seiner entwickelten Gesellschaftstheorie zuwenden.

I.

Es wäre sicherlich falsch, behaupten zu wollen, schon der junge, politisch hochengagierte, philosophisch aber noch sehr unsichere Marx verfüge über so etwas wie eine systematische Gesellschaftstheorie. Er lässt sich von verschiedensten Denkern seiner Zeit anregen, um dem eigenen Gefühl auf den Grund zu gehen, dass etwas an den sich allmählich herausbildenden Verhältnissen der bürgerlich-kapitalistischen Welt nicht stimmt;[2] es sind nicht nur einzelne politische, soziale oder wirtschaftliche Gegebenheiten, die Marx an dieser Sozialordnung irritieren, sondern es ist, wie sich vielleicht sagen ließe, die ganze Art des menschlichen Zusammenlebens in der bürgerlichen Gesellschaft, die seinen kritischen Argwohn hervorruft. Bei dem Versuch, die Ursachen für diese »elenden« Gesellschaftszustände zu erkunden, ist der junge Marx bis zu seinem Brüsseler Exil (1845) beständig auf der Suche nach überzeugenden Lösungen. In Berlin, wo er sich unglücklich mit dem Studium der Rechtswissenschaft abmühte, war er in die Einflusssphäre der Junghegelianer geraten, die sich ihrerseits an der kritischen Philosophie von Ludwig Feuerbach orientierten; mit diesem Kreis teilt Marx eine Zeitlang die Vorstellung, die Wurzel jedwedes gesellschaftlichen Übels der Gegenwart stelle die Religion dar, weil sich durch sie der Mensch von sich selbst entfremdet habe: Alles, was ihn aufgrund seiner natürlichen Vermögen und Fähigkeiten besonders auszeichne, so lautet die Argumentation, habe der Mensch in den religiösen Weltbildern auf ein allmächtiges, transzendentes Wesen projiziert, so dass er sich dieser positiven Eigenschaften in seinem irdischen Leben selber nicht mehr erfreuen könne und stattdessen ein ärmliches Dasein friste.[3] Lange hält diese Phase einer selbstständigen Religionskritik bei Marx

2 Zu dieser Phase vgl.: Gareth Stedman Jones, *Karl Marx. Die Biographie,* übersetzt von Thomas Atzert und Andreas Wirthenson, Frankfurt/M. 2017, Kap. III u. IV.

3 Ludwig Feuerbach, *Das Wesen des Christentums* (1841), Stuttgart 1971.

aber nicht an, da ihm die bloße Existenz religiöser Überzeugungen schon bald nicht mehr als Ursache für die gegenwärtige Krise, sondern nur noch als deren Sinnbild oder Symptom erscheint; so ganz wird er freilich zeit seines Lebens die Vorstellung nicht mehr preisgeben, dass es im gesellschaftlichen Leben gottähnliche, mit transzendenter Macht ausgestattete Gebilde geben könne, in die der Mensch in Verkehrung und Verkennung der wahren Umstände seine realen Kräfte hineinprojiziert habe, wodurch diese ihm gleichzeitig im weltlichen Leben entzogen blieben. Die Loslösung von der Religionskritik aber erlaubt dem jungen Studenten, sich von nun an verstärkt mit den sozialökonomischen Bedingungen auseinanderzusetzen, die mit dem industriellen Kapitalismus auch in Deutschland allmählich Fuß zu fassen beginnen; die ersten Spuren dieser Hinwendung zur Gesellschaftsanalyse finden sich bereits in den Beiträgen, die Marx im Jahr 1844 in der einzig erschienenen Ausgabe der von ihm mitherausgegebenen »Deutsch-Französischen Jahrbücher« veröffentlicht hat.[4]

Interessanterweise bildet den theoretischen Leitfaden dieser tastenden Versuche nun zunächst die Rechtsphilosophie Hegels, die in den Augen seiner junghegelianischen Mitstreiter doch gerade als deutlichster Indikator für die konservativen Neigungen des deutschen Idealisten gegolten hatte. Marx teilt zwar entschieden diese politischen Vorbehalte, glaubt aber, die Schrift Hegels könne aufgrund ihrer richtigen und fruchtbaren Grundunterscheidungen gegen die Absicht ihres Autors als Grundriss einer Kritik der gegenwärtigen Verhältnisse gedeutet werden. Für empirisch richtig hält er an Hegels Differenzierungen nämlich, dass dieser die Sphäre der »bürgerlichen Gesellschaft« oder des wirtschaftlichen Marktes von der des »Staates« mit dem Argument abgetrennt habe, dort handelten die Subjekte ausschließlich als egoistische »Privatmenschen«, hier aber als am Gemeinwohl orientierte Bürger und Bürgerinnen;[5] als gänzlich falsch empfindet Marx jedoch den Umstand, dass Hegel diese faktische Aufspaltung des Gesellschaft als sakrosankt genommen, ja als Verkörperung von Vernunft beschrieben hat, handelt

4 Karl Marx, »Zur Judenfrage«, in: *MEW*, Bd. 1, Berlin 1970, S. 347-377; ders., »Zur Kritik der Hegelschen Rechtsphilosophie. Einleitung«, ebd., S. 378-391. Zum Projekt der »Deutsch-Französischen Jahrbücher« vgl.: Gareth Stedman Jones, *Karl Marx*, a. a. O., S. 178-185.

5 Vgl. dazu Marx, »Zur Judenfrage«, a. a. O., S. 354 ff.

es sich dabei doch in Wahrheit um eine unvernünftige Trennung des »empirischen«, bedürftigen Menschen von seiner allgemeinen Natur als eines gemeinschaftlichen Wesens – als eines »zôon politikon«, wie es später in der »Einleitung« zu den »Grundrissen der politischen Ökonomie« mit Aristoteles heißen wird.[6]

Dieses Motiv einer unglücklichen Entzweiung des Menschen, der in der gegenwärtigen, durch die Differenzierung von Markt und Staat bestimmten Gesellschaft entweder nur als »bourgeois« oder als »citoyen« leben könne, nie aber als beides zugleich, als nämlich für die soziale Gemeinschaft arbeitender Bürger,[7] verfolgt Marx dann in seinem Aufsatz »Zur Judenfrage« in Form einer Rechtskritik weiter; seine Beschäftigung mit den von der Französischen Revolution proklamierten »droits de l'homme«, die er von den »droits du citoyen« als Staatsbürgerrechten deutlich abgegrenzt wissen möchte,[8] nimmt an dieser Stelle so entschiedene und umfassende Züge an, dass es für einen Moment so aussehen könnte, als wolle er zukünftig seine Kapitalismusanalyse in Gestalt einer Kritik der Rechtsform durchführen.[9] Allen »sogenannten Menschenrechten«[10] ist es Marx zufolge gemeinsam, dass sie das Individuum nur in den Eigenschaften oder Fähigkeiten schützen, die ihm »als Mitglied der bürgerlichen Gesellschaft« zukommen; ob es nun die individuelle Freiheit, das persönliche Eigentum, die Sicherheit oder selbst die »Gleichheit« ist, die durch diese Rechte gesichert werden soll, jedes Mal geht es dabei nur um die Ermöglichung der sozialen »Absonderung«, um die Ansprüche »des *beschränkten*, auf sich beschränkten Individuums«.[11] Die Menschenrechte kennen den »Menschen«, so heißt es an einer weiteren Stelle knapp, nur »als isolierte[], auf sich zurückbezogene[] Monade«.[12]

6 Karl Marx, »Ökonomische Manuskripte 1857/58«, in: Karl Marx/Friedrich Engels Gesamtausgabe (MEGA), Berlin 2006, S. 22. Der ganze Satz lautet: »Der Mensch ist im wörtlichen Sinn ein ζωον πολιτικον, nicht nur ein geselliges Thier, sondern ein Thier, das nur in der Gesellschaft sich vereinzeln kann.«

7 Marx, »Zur Judenfrage«, a. a. O., S. 355.

8 Ebd., S. 363.

9 Zur Problematik der im Aufsatz »Zur Judenfrage« vorgelegten Analyse vgl.: Frederick Neuhouser, »Marx (und Hegel) zur Philosophie der Freiheit«, in: Rahel Jaeggi/Daniel Loick (Hg.), *Nach Marx*, Berlin 2013, S. 25-47.

10 Marx, »Zur Judenfrage«, a. a. O., S. 364.

11 Ebd.

12 Ebd.

Hier erscheint dann das Recht selber, zumindest soweit es die abstrakte Form liberaler Grundrechte annimmt, als eine entscheidende Triebkraft der sozialen Vereinzelung; noch ist das Recht für Marx nicht bloßer »Überbau«, nicht nur legitimierende Hülle der wirtschaftlichen Ausbeutung, sondern eigenständiger Faktor im Prozess der tiefgreifenden Wandlungen, die sich am Menschen mit der Herausbildung der neuen, marktbestimmten Gesellschaft gerade vollziehen. Unterstrichen wird diese selbstständige Rolle des Rechts von Marx noch dadurch, dass er an einer anderen Stelle seines Textes durchaus Positives über die »politischen Rechte«, also die »Staatsbürgerechte« zu sagen weiß, die er ja von den allgemeinen Menschenrechten abgegrenzt hatte: Solche Rechte, die nicht dem »bourgeois«, sondern dem »citoyen« zukommen, vereinzeln aus seiner Sicht nicht den Menschen, formieren ihn nicht zur isoliert-egoistischen Privatperson, sondern ermöglichen gerade seine Teilnahme am »allgemeinen Leben«, da sie »nur in der Gemeinschaft mit anderen ausgeübt werden« können.[13] Dieser Zwiespalt gegenüber dem Recht, das hier in einer negativen und einer positiven Bestimmung thematisiert wird und das zudem große, gesellschaftstransformative Kraft zu besitzen scheint, wird sich im Werk von Marx nie mehr vollständig verlieren; auch in seiner reifen Kapitalismusanalyse ist er sich, wie wir sehen werden, immer noch nicht ganz im Klaren darüber, welche Rolle er dem Recht inmitten der durch den Zwang zur kapitalistischen Akkumulation bestimmten Wirtschaftsprozesse einräumen soll.

So weit, diesen Grundzug der kapitalistischen Wirtschaft erkennen zu können, ist allerdings Marx in seiner Schrift »Zur Judenfrage« noch lange nicht; weder ist hier schon von der »Ware« als dem zentralen Organisationsprinzip der neuen Gesellschaftsordnung die Rede, noch wird bereits auf den Interessengegensatz von »Kapital« und »Arbeit« abgehoben. Stattdessen liefert Marx aber, um seine Rechtskritik historisch zu vertiefen, eine Darstellung der geschichtlichen Herausbildung des »freien« Marktes, die in vielem überraschende Ähnlichkeit mit den späteren Analysen von Karl Polanyi aufweist.[14] Den Ausgangspunkt dieses hochinteressanten

13 Ebd., S. 362.

14 Karl Polanyi, *The Great Transformation. Politische und ökonomische Ursprünge von Gesellschaften und Wirtschaftssystemen* (1944), übersetzt von Heinrich Jelinek, Frankfurt/M. 1978.

Exkurses bildet die These, dass in der »alten Gesellschaft« des Feudalismus das »bürgerliche Leben« der Arbeit und des Broterwerbs »in der Form der Grundherrlichkeit, des Standes und der Korporation« noch Teil des »Staatslebens« war, wodurch sein Charakter als eine »öffentliche Angelegenheit« gewahrt blieb; zwar war der Preis, so fährt Marx sinngemäß fort, den das »Volk« für diese Einbindung seiner wirtschaftlichen Tätigkeiten ins »Allgemeine« zu zahlen hatte, sehr hoch, er bestand im Ausschluss von jeglicher Mitwirkung am Staatshandeln, aber immerhin konnte man sich des gemeinschaftlichen Zusammenhangs und Nutzens der eigenen Arbeit auf Dauer sicher sein.[15] Diese gesellschaftliche Einbettung der Wirtschaft, für Marx offenbar ein zentrales Merkmal der feudalen Sozialordnung, geht nach seiner Überzeugung nun aber in dem Augenblick verloren, als mit der »politischen Revolution« das Volk das Recht zur Mitgestaltung der Regierungsmacht erhält; denn mit der jetzt einsetzenden Zerschlagung aller »Stände, Korporationen, Innungen, Privilegien« verliert die »bürgerliche Gesellschaft« plötzlich ihren politischen Charakter und wird zunehmend als eine Sphäre allein des privategoistischen Wirtschaftshandelns betrachtet.[16] Was im Übergang vom Feudalismus zur »neuen Gesellschaft« für den Marx der »Judenfrage« also stattgefunden hat, ist eine dramatische Verkehrung der Stellung dessen, was in der Wahrnehmung der Gesellschafsmitglieder als »öffentliche Angelegenheit« gelten kann: Während zuvor die Wirtschaft oder das »bürgerliche Leben«, wie es im Text heißt, als gemeinschaftliche Aufgabe begriffen wurde, ist es nun das staatliche Handeln, welches allein als im öffentlichen Interesse empfunden wird – und damit verliert die wirtschaftliche Tätigkeit des Einzelnen, flankiert und gefördert durch die Institutionalisierung der liberalen Freiheitsrechte, jeglichen Gemeinschaftsbezug, worin Marx die ganze Misere der sich gerade herausbildenden Gesellschaftsformation erblickt.[17]

15 Marx, »Zur Judenfrage«, a. a. O., S. 367 f.

16 Ebd., S. 368 f.

17 In gewisser Weise nimmt Marx damit eine Position ein, die derjenigen, die Hannah Arendt einhundert Jahre später entwickeln wird, diametral entgegengesetzt ist: Erblickt Marx in der Herauslösung der wirtschaftlichen Tätigkeiten aus dem Bezugsrahmen öffentlicher Belange gerade die soziale Pathologie der Moderne, so vermutet Arendt diese Pathologie in dem gegenläufigen Prozess eines stets drohenden Eindringens wirtschaftlicher Belange in die Sphäre der politischen

Allerdings nimmt Marx diese wirtschaftshistorische Analyse vor, ohne auch nur, wie gesagt, ein einziges Mal von Kategorien des Marktes, des Warentausches oder des Kapitals Gebrauch zu machen; noch bewegt er sich vollkommen im Begriffsrahmen der Hegelschen Rechtsphilosophie mit ihrer Unterscheidung von »bürgerlicher Gesellschaft« und »Staat«, nur dass er dieser eben vorwirft, die damit gegebene Entzweiung des Menschen in eine privategoistische und eine öffentliche Person gutzuheißen und deren anthropologische Problematik gänzlich zu verkennen.[18] Auf die Notwendigkeit, seine Ausführungen zur Freisetzung der Wirtschaft von allen gemeinschaftlichen Bezügen stärker wirtschaftstheoretisch zu fassen, stößt Marx dann wohl erst, nachdem ihm einige Freunde, darunter vor allem Friedrich Engels, die Bedeutung der Nationalökonomie für das Verständnis der gegenwärtigen Lage vermittelt hatten;[19] erst jetzt beginnt er, zunächst in Paris, dann in Brüssel, sich intensiv mit den Schriften von Jean-Baptiste Says, Adam Smith und David Ricardo auseinanderzusetzen, um die Mechanismen jener wirtschaftlichen Sphäre genauer zu erkunden, die er bislang mit Hegel »bürgerliche Gesellschaft« genannt hatte. Das erste Ergebnis dieser Studien sind die sogenannten »Ökonomisch-philosophischen Manuskripte«, ein Konvolut von Notizen und Zusammenfassungen, in denen Marx die Früchte seiner Lektüreeindrücke zu systematisieren versucht.[20] Hier kehrt nun das zuvor liegengelassene Motiv der Religionskritik unter positiver Berufung auf Feuerbach[21] in veränderter Gestalt wieder; dargestellt wird von

Öffentlichkeit: Hannah Arendt, *Vita Activa oder Vom tätigen Leben*, Stuttgart 1960; dies., *Über die Revolution*, München 1974, Kap. 2. Diese offensichtliche Diskrepanz ist auch der Grund, der es aus meiner Sicht unmöglich macht, die zeitdiagnostischen Absichten von Marx und Arendt irgendwie zu versöhnen oder als sich wechselseitig ergänzend zu begreifen.

18 Zu diesem Zug der Frühschriften von Marx vgl. den immer noch äußerst lesenswerten Aufsatz von Karl Löwith: ders., »Max Weber und Karl Marx«, in: ders., *Sämtliche Schriften*, Bd. 5 (»Hegel und die Aufhebung der Philosophie im 19. Jahrhundert – Max Weber«), Stuttgart 1988, S. 324-407, hier S. 388-393.

19 Vgl. zu dieser Phase erneut: Gareth Stedman Jones, *Karl Marx*, a. a. O., S. 210-222.

20 Karl Marx, »Ökonomisch-philosophische Manuskripte« (1844), in: *MEW, Ergänzungsband, Erster Teil*, Berlin 1968, S. 465-567.

21 Ebd., S. 468, wo Marx von den »Feuerbachischen Schriften« als den einzigen spricht, die »seit Hegels ›Phänomenologie‹ und ›Logik‹« eine »wirkliche Revolu-

Marx nämlich, inwiefern die Arbeiter in der Produktion von auf dem Markt zu verwertenden Gegenständen eine »Welt« schaffen, der gegenüber sie sich fremd und unterlegen fühlen müssen, weil ihnen die produzierten Dinge nicht gehören, ja, weil sie deren weiteren Gang nicht einmal kontrollieren können: »Je mehr der Arbeiter sich ausarbeitet, um so mächtiger wird die fremde, gegenständliche Welt, die er sich gegenüber schafft, um so ärmer wird er selbst, seine innre Welt, um so weniger gehört ihm zu eigen. Es ist ebenso in der Religion. Je mehr der Mensch in Gott setzt, je weniger behält er sich selbst. Der Arbeiter legt sein Leben in den Gegenstand; aber nun gehört es nicht mehr ihm, sondern dem Gegenstand.«[22] Ohne auf die Details der von Marx entwickelten Entfremdungsdiagnose an dieser Stelle näher eingehen zu können, lässt sich vorläufig festhalten, dass das »Elend« der neuen Wirtschaftsform hier mit einer anderen Gedankenfigur kritisiert wird als in den vorausliegenden, stark an Hegel orientierten Aufsätzen: War es zuvor die Tatsache der *Entzweiung* des Menschen, die als das Verderben der modernen Gesellschaft begriffen wurde, so ist es nun der Umstand der menschlichen *Selbstentfremdung*, die als fatale Folge nun nicht mehr der gesamten Sozialordnung, sondern allein des kapitalistischen Marktes hingestellt wird. Marx hat, ohne es ausdrücklich zu erwähnen, den Blickwinkel seiner Theorie erheblich verengt; es ist nicht mehr das gesamte Gesellschaftsgefüge mit der Trennung von öffentlichem Staat, privategoistischer Wirtschaft und zwischen den beiden Sphären irgendwie vermittelndem Recht, das er in Augenschein nimmt, sondern allein noch das Produktionsverhältnis. Diesem Perspektivenwechsel muss die zwischenzeitlich gewonnene These zugrunde liegen, dass nur die wirtschaftlichen Verhältnisse, nämlich die private Verfügung über Kapital und die damit einhergehende »Degradierung« des Arbeiters, das Schicksal des modernen Menschen bestimmen; und von jetzt an wird Marx daher auch die »neue« Gesellschaft beinah ausschließlich noch unter dem Gesichtspunkt analysieren, wie deren wirtschaftliche Verhältnisse die Beziehung der Subjekte zu ihren Mitmenschen, zu ihrer sozialen Umwelt und zu sich selber in einer Weise verändern, die

tion« darstellen. Die mit Abstand genaueste Studie zum Verhältnis von Marx zu Feuerbach ist: Daniel Brudney, *Marx's Attempt to Leave Philosophy*, Cambridge/Mass. 1998.

22 Karl Marx, »Ökonomisch-philosophische Manuskripte«, a. a. O., S. 512.

mit unserer ursprünglichen Natur unvereinbar ist. Dabei stellt er zunächst aber noch keine Erklärungsansprüche im engeren Sinn, er will nicht gesellschaftstheoretisch darlegen, warum die Verhältnisse so sind, wie sie sind, und wie sie sich zukünftig entwickeln werden; vorläufig interessiert ihn an der Nationalökonomie und an der gegebenen Wirtschaftsform vor allem, dass sie beide, die erste in theoretischer Widerspiegelung der zweiten, die realen menschlichen Verhältnisse verkehren, indem sie die lebendige Arbeit als eine bloße »Sache« behandeln und die produzierten Gegenstände demgegenüber wie leibhaftige Subjekte – wodurch, wie es an einer Stelle heißt, »die totgeschlagene Materie über die Menschen« zu herrschen scheint.[23]

Diese Zurückhaltung von Marx, was die Erklärung der neuen Produktionsverhältnisse und deren weitere Entwicklung anbelangt, wird sich aber im Laufe des nächsten Jahrzehnts radikal legen. Machen wir einen zeitlichen Sprung, lassen also so wichtige Schriften wie *Die deutsche Ideologie*[24] oder das *Kommunistische Manifest*[25] beiseite und betrachten die sogenannten »Grundrisse«, den 1857/58 geschriebenen Rohentwurf zum späteren *Kapital*,[26] so haben sich darin die theoretischen Absichten von Marx erheblich gewandelt; denn er will nun beides in einem, sowohl die Entwicklung und Zukunft des Kapitalismus ökonomisch erklären als auch zugleich diese »bürgerliche« Wirtschaftsform als ein Verhältnis der sozialen Verkehrung entlarven. Daraus ergeben sich aber, wie ich im nächsten Schritt zu zeigen hoffe, Unklarheiten in Bezug darauf, was er eigentlich als den Gegenstand seiner Kritik der politischen Ökonomie begreifen möchte: Ist es nur die Herausbildung und Entwicklung einer besonderen, nämlich kapitalistisch verfassten Wirtschaftsform, ist es das durch diese Wirtschaftsform geprägte Gesellschaftssystem im Ganzen, oder ist es gar eine gesellschaftliche Kultur oder soziale Lebensform, die in Hinblick auf ihre For-

23 Ebd., S. 507.

24 Karl Marx/Friedrich Engels, »Deutsche Ideologie. Manuskripte und Drucke«, Karl Marx/Friedrich Engels, *Gesamtausgabe (MEGA), Erste Abteilung, Bd. 5*, Berlin 2017, S. 3-601.

25 Karl Marx/Friedrich Engels, »Manifest der Kommunistischen Partei«, in: *MEW*, Bd. 4, Berlin 1972, S. 459-493.

26 Karl Marx, »Ökonomische Manuskripte 1857/58«, Karl Marx/Friedrich Engels, *Gesamtausgabe (MEGA), Zweite Abteilung, Bd. 1*, Berlin 2006.

mierung und Zurichtung des Menschen als vollkommen neu und einzigartig begriffen werden soll?

II.

Nimmt man die »Grundrisse«, so fällt daran sofort ins Auge, dass Marx wenig Neigung zeigt, das religionskritische Motiv der »sozialen Verkehrung« theoretisch preiszugeben; an keinem seiner reiferen Texte zeigt sich deutlicher, wie abwegig es ist, von einem »epistemologischen Bruch« oder »Einschnitt« in der Entwicklung von Marx zu sprechen, der ihn im Laufe der zweiten Hälfte der 1840er Jahre dazu bewogen haben soll, sein ursprüngliches Programm einer anthropologisch grundierten Kritik aufzugeben und durch ein streng wissenschaftliches Projekt zu ersetzen.[27] Zwar hat der Autor tatsächlich in diesen Vorentwürfen zum *Kapital* den erklärenden Anspruch seiner Kritik der politischen Ökonomie erheblich erhöht; er untersucht jetzt nicht mehr nur den ideologischen Gehalt der herrschenden Nationalökonomie, sondern will gleichzeitig auch versuchen, die sozialen Kräfte zu bestimmen, die das neue, bürgerliche Wirtschaftssystem hervorgebracht haben und es in Zukunft noch weiter verändern werden. Aber diese explanatorische Absicht seiner Rohentwürfe wird zusätzlich und ausdrücklich mit der diagnostischen Aufgabe versehen, von der »modernen« Form des Wirtschaftens zu zeigen, dass sie im Ganzen ein Verhältnis der sozialen Entfremdung darstellt; weil den beteiligten Subjekten, so ist Marx überzeugt, die herrschenden Produktionsbedingungen zwangsläufig als verlebendigte, ihrer Verfügung entzogene Prozesse erscheinen müssen, erfahren sie sich ihnen gegenüber als bloß passiv, ihrer eigenen Lebendigkeit beraubt und daher bar jeder menschlichen Subjektivität. Ich will im Folgenden kurz die beiden argumentativen Schichten der »Grundrisse«, die explanatorische und die diagnostische, erläutern, um auf diese Weise deutlich zu machen, inwiefern Marx hier beginnt, die Grenzen des Objektbereichs seiner eigenen Analyse zu verwischen.

Die politisch-ökonomische Erklärung des Kapitalismus, die Marx in seinen »Grundrissen« liefert, unterscheidet sich von sei-

27 Louis Althusser, *Für Marx*, a. a. O., S. 34-44.

nen späteren Analysen im *Kapital* durch den offeneren Umgang mit empirischem Material, durch die stärkere Einbeziehung historischer Befunde und durch den Versuch, auch nicht-wirtschaftliche Faktoren zu berücksichtigen; noch ist der Autor, so hat man den Eindruck, erst auf der Suche nach einem geeigneten Schlüssel zur kompakten Darstellung der kapitalistischen Produktionsverhältnisse. Zwar findet sich auch hier schon der angestrengte Versuch, dem Vorbild der Hegelschen *Logik* darin zu folgen, dass das Kapital nach dem Muster eines Begriffs aufgefasst wird, dessen innere Entfaltung es darzustellen gilt;[28] aber dieses systematische Vorhaben wird noch längst nicht mit der Konsequenz verfolgt, die für die später veröffentliche Untersuchung so charakteristisch sein wird und die bis heute jede Interpretation dieses Werkes vor enorme Herausforderungen stellt. Marx entwickelt in den »Grundrissen« die Herausbildung der neuen, modernen und von ihm als »bürgerlich« bezeichneten Wirtschaftsform am Leitfaden einer historisch allmählich voranschreitenden Trennung des Arbeiters von den »natürlichen« und sozialen Bedingungen seiner eigenen Tätigkeit: Zu Beginn, in den weitgehend auf Landwirtschaft fußenden Produktionsweisen der entweder asiatischen, klassisch-antiken oder germanischen Gemeinwesen, verfügte jeder einzelne Produzent als Mitglied seines politischen Verbandes noch wie selbstverständlich jeweils über einen kleinen Teil des gemeinschaftlichen Eigentums an Grund und Boden, um darauf anzubauen, was für den Erhalt der Familie und die Reproduktion des ganzen Verbandes erforderlich war; das wirtschaftliche Handeln war daher noch nicht am Ziel der »Werthschöpfung« ausgerichtet, sondern »ihr Zweck ist Erhaltung des Einzelnen Eigenthümers und seiner Familie, wie des Gesammtgemeindewesens«.[29] Unter derartigen Bedingungen, so heißt es schön bei Marx, kann »das Individuum« nicht »in der Punktualität auftreten, in der es als freier Arbeiter [später, A. H.] erschein[en]« wird;[30] denn noch vermag das tätige Subjekt das, was an Voraussetzungen für seine Arbeit notwendig ist, also das Land und die für seine Bebauung erforderlichen Werkzeuge, als »Teil«

28 Vgl. neben vielen anderen Stellen: Karl Marx, »Ökonomische Manuskripte 1857/58«, a. a. O., S. 408, wo ausdrücklich zwischen der »Geschichte« und der »Begriffsentwicklung« des »Capitals« unterschieden wird.

29 Ebd., S. 379.

30 Ebd., S. 390.

seiner eigenen Subjektivität zu begreifen, womit die es umgebende Welt zum »Laboratorium« der Erprobung seiner natürlichen »Wesenskräfte« wird.[31] Schon bald aber machen, so wie Marx es sieht, die Steigerung der Produktivkräfte und das Anwachsen der Bevölkerung dieser ersten Stufe der Eigentums- und Produktionsverhältnisse ein Ende; unentbehrlich werden nun wirtschaftlicher Austausch und Handel, zunächst nur an den Rändern, dann aber auch im Inneren der expandierenden Gemeinwesen. Damit beginnt für Marx eine zweite Stufe in der Entwicklung des Verhältnisses des Arbeiters zu den Bedingungen seiner Tätigkeit: Unter dem Druck des sich ausweitenden Äquivalententausches, der schließlich zur Institutionalisierung des Geldes führen wird, lösen sich die alten Formen des Grundeigentums auf, es entstehen erste Formen des Privateigentums, und die Arbeit nimmt allmählich »handwerksmässige und städtische«[32] Gestalt an, wird also verstärkt von landwirtschaftlicher Produktion auf die Gütererzeugung in Manufakturbetrieben umgestellt. Allerdings behält auch unter diesen Bedingungen der einzelne Arbeiter, wie Marx ausführt, die Verfügungsgewalt über seine »Produktionsbedingungen«; zwar besitzt er nun nicht mehr, wie noch im vorangegangenen Stadium, einen Teil des Gemeineigentums an Grund und Boden, aber im sich bald entwickelnden »Zunft- und Corporationswesen« bleibt er »Eigenthümer« der für seine Tätigkeit erforderlichen Werkzeuge, so dass weiterhin von einer Abkoppelung seines Daseins von den Voraussetzungen seiner Tätigkeit nicht die Rede sein kann.[33]

Wie skizzenhaft und tentativ dieses historische Entwicklungsschema von Marx hier aber noch ist, zeigt sich vor allem an den Schwierigkeiten, die ihm die geschichtliche Einordnung der »Sklaverei und Leibeigenschaft« bereitet. Auf der einen Seite will er diese feudalen Produktionsformen noch nicht als Stadien gewertet wissen, in denen die Werktätigen als bereits von den Bedingun-

31 Die Idee, dass die Umwelt auf dieser Stufe des Gemeineigentums noch ein »Laboratorium« der Erprobung seiner eigenen Kräfte für den einzelnen Produzenten bildet, findet sich in den betreffenden Passagen an vielen Stellen, vgl. etwa: ebd., S. 389, 396; ebenso häufig spricht Marx mit Bezug auf diese Produktionsverhältnisse gerne auch davon, dass hier die objektiven Bedingungen der Produktion den »verlängerten Leib« des Arbeiters darstellen, ebd., S. 395.

32 Ebd., S. 402.

33 Ebd., S. 400-403.

gen ihrer Arbeitsvollzüge vollständig getrennt erscheinen; denn eine solche endgültige Abkoppelung soll sich nach seiner Meinung doch erst in der »bürgerlichen« Wirtschaftsweise vollziehen, auf die er dann auch schnell zu sprechen kommen wird; auf der anderen Seite aber sieht er natürlich, dass weder der Sklave noch der Leibeigene die Kontrolle über ihre eigenen Arbeitsbedingungen bewahren, weil diese doch vom Grundherrn oder Landbesitzer nach Gutdünken diktiert werden können. Das begriffliche Manöver, mit dem Marx dieses interne Problem seines Verlaufsmodells löst, besteht darin, die Sklaverei und die Leibeigenschaft als »negative Modificationen«[34] der ersten Stufe des Gemeineigentums zu verstehen, weil es unter solchen Bedingungen jederzeit möglich gewesen sein soll, sich zum Zwecke der Kolonisation »fremden Wille[n]« mit Gewalt anzueignen und die erzwungene Arbeit in derselben Weise als »unorganische« oder »objektive« Produktionsbedingung zu betrachten wie die Früchte von Grund und Boden;[35] insofern, so muss Marx hier wohl gedeutet werden, bilden Sklavenarbeit und Leibeigenschaft keine gesonderten Produktionsverhältnisse, sondern nur »Auflösungserscheinungen« älterer Wirtschaftsverhältnisse, die das Schema einer schrittweisen Absonderung des Arbeiters von seinen Produktionsbedingungen nicht in Frage stellen.

Solche Winkelzüge unternimmt Marx hier freilich nur, um dann schließlich behaupten zu können, erst in der neuen Wirtschaftsform der »bürgerlichen Gesellschaft« sei der Arbeiter endgültig und vollkommen von den Bedingungen seiner Tätigkeit abgetrennt worden und damit zu einem »gerupften, objektivlosen«[36] Individuum zusammengeschrumpft. Bevor diese gänzlich andere Produktionsweise entstehen konnte, mussten sich innerhalb der zweiten, auf Handwerk und ökonomischen Handel gegründeten Gesellschaftsformation allerdings erst eine Reihe von internen Entwicklungen vollziehen, die Marx an verschiedenen Stellen seiner

34 Zur Idee der »negativen Modification« vgl. z. B.: ebd., S. 395, 397, 403. Der entscheidende Satz lautet: »Wird der Mensch selbst als organisches Zubehör des Grund und Bodens mit ihm erobert, so wird er miterobert als eine der Produktionsbedingungen, und so entsteht Sklaverei und Leibeigenschaft, die die ursprünglichen Formen aller Gemeinwesen bald verfälscht und modificirt, und selbst zu ihrer Basis wird. Die einfache Construction wird dadurch negativ bestimmt« (ebd., S. 395).

35 Ebd., S. 403.

36 Ebd., S. 409.

»Grundrisse« aufzulisten versucht: Es bedurfte einer hinreichend umfangreichen Ausweitung des durch Geld vermittelten Warenverkehrs, so dass sich mit der Orientierung am reinen Tauschwert der Güter auch Motive der Bereicherung und »Gewinnsucht« verselbstständigen konnten;[37] zudem war es erforderlich, dass durch die profitgeleitete Verdichtung und Intensivierung der landwirtschaftlichen Arbeit eine genügend große Masse von Individuen von jeglicher Beschäftigung freigesetzt wurde, die nun, »frei von allem Eigenthum[;], auf den Verkauf ihrer Arbeitskraft oder auf Bettel, Vagabundage und Raub als die einzige Erwerbsquelle angewiesen« war.[38] Beide Prozesse reichten aus der Sicht von Marx indes noch nicht aus, um die wirtschaftlichen Voraussetzungen zu schaffen, unter denen dann das neue Produktions- und Eigentumsregime der »bürgerlichen Gesellschaft« entstehen konnte; dazu bedurfte es erst noch der »Anhäufung« eines »Geldvermögens« in den Händen einer Kaufmannsschicht, die nun mit den neuerworbenen Mitteln dazu in der Lage war, sowohl die »objektiven Bedingungen« der Produktion als auch die »freigewordene« Arbeit zu kaufen, um beide forthin zum Zweck der Profitsteigerung für sich arbeiten zu lassen. Die Geburtsstunde der neuen Wirtschaftsform des Kapitalismus fällt mithin für Marx mit dem historischen Augenblick zusammen, an dem die arbeitenden Subjekte zum ersten Mal in der menschlichen Geschichte vollständig von jeglicher Verfügung über die sachlichen Voraussetzungen ihrer Tätigkeit getrennt wurden; als »unzünftige« Tagelöhner, Handlanger oder Bettler in die städtischen Ballungsgebiete verschlagen und durch die Androhung von »Galgen, Pranger, Peitsche auf den schmalen Weg zum Arbeitsmarkt getrieben«,[39] bleibt ihnen keine andere Überlebenschance, als ihr Arbeitsvermögen dem »Kaufmanns- und Wuchervermögen« zum (ungleichen) Tausch anzubieten und auf diese Weise die letzte Kontrolle über ihre eigenen Tätigkeitsbedingungen zu verlieren. Damit ist in den Händen derer, die sich die »fremde Arbeit« »ohne wirklichen »Austausch« aneignen, das produktive Vermögen entstanden, das Marx von nun an »Capital« nennen sollte; und über weite Teile seiner »Grundrisse« wird er analysieren, wie dieses »Ca-

37 Vgl. v. a. ebd., S. 146-150.

38 Ebd., S. 410.

39 Ebd.

pital« zur »thätigen Mitte […] der modernen Gesellschaft« wird,[40] die »allgemeine Herrschaft« über sie »ergreift« und »die ganze Welt der Genüsse, Arbeiten etc.« seinem eigenen Diktat unterwirft[41] – es ist vor allem der Begriff der »thätigen Mitte«, der an diesen Formulierungen verrät, wie sehr Marx bereits hier die Eigenschaften des Hegelschen »Geistes« auf diejenigen des »Kapitals« zu übertragen versucht. Aber abgesehen von diesem problematischen Zug der »Grundrisse«, dessen negative Konsequenzen erst am einige Jahre später fertiggestellten Buch vollkommen zutage treten werden, ist darin bereits die Einsicht festgehalten, die von nun an wohl das größte Verdienst der von Marx entwickelten Theorie des Kapitalismus bleiben wird; in seiner wirtschaftsgeschichtlichen Analyse streicht er mit beeindruckender Hellsichtigkeit heraus, dass der Unterschied der neuen, kapitalistischen Produktionsweise gegenüber allen älteren, vorangegangenen Produktionsweisen darin besteht, nicht mehr die Subsistenz aller Gesellschaftsmitglieder sichern zu sollen, sondern auf ständig steigende Wertschöpfung und damit auf Maximierung des ökonomischen Ertrags angelegt zu sein. Was aus der Sicht von Marx das Besondere an dieser veränderten Wirtschaftsform bildet, was für ihn ihre geschichtliche Sonderstellung ausmacht, ist der mit der Entstehung von privatem »Kapital« einhergehende Zwang, nach immer neuen Chancen der produktiven Verwertung von geldlichem Vermögen suchen zu müssen, um im Konkurrenzkampf mit anderen wirtschaftlichen Unternehmen bestehen zu können. Der Hang zur »Bereicherung«, von der er in den »Grundrissen« gerne spricht,[42] so ließe sich auch sagen, ist für Marx nicht ein psychisch-kultureller Grundzug der jüngst entstandenen Produktionsweise, nichts, was sich primär einem historischen Gesinnungs- oder Mentalitätswandel verdanken würde, sondern ein Verhaltensdiktat, das der mit dem Kapitalismus strukturell hervorgebrachten Notwendigkeit der Maximierung von wirtschaftlichen Erträgen entstammt.

Bevor ich kurz zeigen werde, wie Marx in seinen »Grundrissen« den Ertrag dieser wirtschaftsgeschichtlichen Analyse mit einer Entfremdungsdiagnose zu verquicken versucht, sollen daran zunächst einige weitere Punkte hervorgehoben werden, die bereits

40 Ebd., S. 200.

41 Ebd., S. 146.

42 Besonders eindrücklich: ebd., S. 146-150.

die Grundzüge seiner reifen Gesellschaftstheorie zu erkennen geben. Als Erstes fällt an seinen Ausführungen ins Auge, dass hier das uns schon aus der »Judenfrage« vertraute Motiv der »Entzweiung« des Menschen zwar wieder aufgenommen, aber doch mit einer dramatisch veränderten Bedeutung versehen wird: »Entzweit« oder geschieden ist nun in der modernen Gesellschaft nicht mehr der Mensch einerseits in den »bourgeois« und andererseits in den »citoyen«, vielmehr ist das arbeitende Subjekt als punktuelles, objektloses Individuum abgetrennt von all den ihm ursprünglich angehörenden Produktionsvoraussetzungen. Die Spaltung, die Marx an der neuen Gesellschaftsformation so empörend findet, verläuft mitten durch den Arbeiter hindurch und trennt nicht mehr bloß zwei soziale Rollen, die der Mensch beide spielen muss, ohne sie vereinigen zu können. Dieser Wandel in der Beschreibung dessen, was die gegenwärtigen Sozialverhältnisse voneinander scheiden, ergibt sich aus einer zweiten Neuerung der in den »Grundrissen« entwickelten Gesellschaftsanalyse: Die moderne Gesellschaft wird nicht mehr mit Hegel als ein funktional differenziertes Gefüge bestimmt, in dem Markt und Staat nebeneinander in spannungsvoller Einheit existieren, sondern als ein mit dem Markt im Ganzen zusammenfallendes Gebilde, so dass für andere soziale Sphären oder Funktionsbereiche kein Platz mehr zu bestehen scheint. In nichts kommt dieser neue Zug in der Gesellschaftsanalyse von Marx deutlicher zum Ausdruck als in seiner Verwendungsweise des Begriffs der »bürgerlichen Gesellschaft«; er behält diese Hegelsche Kategorie zwar bei, verwendet sie auch ganz in dessen Sinne, also als Bezeichnung für die Welt des markvermittelten Verkehrs unter isolierten Privatpersonen, aber meint damit nun das Insgesamt aller sozialen Vorgänge und Interaktionen in der modernen Gesellschaft, ohne dabei noch mit dem Gegenstück einer öffentlichen Sphäre des staatlichen Lebens zu rechnen. Daher auch ist vom »citoyen« als dem politischen Bürger, der in der »Judenfrage« immerhin noch ein Schattendasein gefristet hatte, in den »Grundrissen« nirgends mehr die Rede; an die Stelle des alten Gegensatzpaares von politischem und wirtschaftendem Bürger, von »citoyen« und »bourgeois«, ist nun der Antagonismus zwischen Kapitalist und Arbeiter getreten – ein deutlicher Hinweis darauf, wie sehr Marx inzwischen der Überzeugung ist, die Analyse des Kapitalverhältnisses liefere den Schlüssel für eine umfassende Gesellschaftstheorie.

An diesen zentralen Weichenstellungen ist hier weniger von Interesse, dass es eine fragwürdige, mindestens aber begründungsbedürftige Prämisse ist, von einer natürlichen oder wesenhaften Verbundenheit des arbeitenden Subjekts mit den für seine Tätigkeit erforderlichen Voraussetzungen auszugehen, seien diese das zu bebauende Land, die benutzten Werkzeuge oder sonstige unverzichtbare Utensilien des jeweiligen Tuns; gewiss, es mag an tiefsitzende Intuitionen rühren, für solche Arbeitsvollzüge zu unterstellen, sie liefen umso ungezwungener von der Hand, je stärker man sich dabei der freien Verfügung über alle hierzu notwendigen Bedingungen sicher sein kann; aber daraus eine Wesensbestimmung der Arbeit zu machen, dürfte weitaus mehr an argumentativem Aufwand verlangen, als Marx zu betreiben bereit scheint.[43] Es soll an dieser Stelle auch nicht noch einmal problematisiert werden, dass Marx in seiner historischen Skizze der Herausbildung des Kapitalismus sehr einseitig allein auf die Entwicklung der Produktivkräfte, das Bevölkerungswachstum und die durch beide erzwungenen Transformationen in den Eigentums- und Wirtschaftsformen abhebt; zwar werden in den »Grundrissen«, stärker als später im *Kapital*, immer wieder »Kriege« als intervenierende Ereignisse genannt,[44] betont wird auch die starke Bedeutung der »Kolonisation«,[45] ja, es wird sogar ungewöhnlich viel Wert gelegt auf die Wandlungen in den alltäglichen Gesinnungen und moralischen Orientierungen, die vonnöten waren, bevor es zur ursprünglichen Akkumulation von Kapital kommen konnte;[46] gleichzeitig aber wird weder der

43 Zu den Problemen des Arbeitsbegriffs von Marx vgl. die inzwischen klassische Studie: Ernst Michael Lange, *Das Prinzip Arbeit. Drei metakritische Kapitel über Grundbegriffe, Struktur und Darstellung der Kritik der Politischen Ökonomie von Karl Marx*, Frankfurt/M./Berlin/Wien 1980, v. a. Kap. 2. Knapp, aber bestechend klar auch: Will Kymlicka, *Politische Philosophie heute. Eine Einführung*, übersetzt von Hermann Vetter, Frankfurt/New York 1996, Kap. 5 (»Der Marxismus«).

44 Nur exemplarisch: Karl Marx, »Ökonomische Manuskripte 1857/58«, a. a. O., S. 381 f., S. 395-397.

45 Zum Beispiel: Ebd., S. 201 f., 393 f.

46 Vgl. die Ausführungen zur Entstehung von psychischen Einstellungen wie »Bereicherungssucht«, »Geiz« und »Geldgier« mit der Etablierung des Geldes als allgemeinem Äquivalent des wirtschaftlichen Austauschs: ebd., S. 146-150. An solche Überlegungen von Marx scheint Georg Simmel vierzig Jahre später anzuknüpfen, wenn er die sich mit dem »Geld« als »reinem Mittel« herausbildenden psychischen Dispositionen zu bestimmen versucht: Georg Simmel, *Philosophie*

Staatenbildung noch den Veränderungen in den Rechtsverhältnissen, weder dem Wandel in den Verwandtschaftsbeziehungen noch den Umwälzungen in den Kommunikationsformen die Aufmerksamkeit geschenkt, die sie sicherlich verdienen; vielmehr werden alle diese Neuerungen oder Umbildungen allein als funktionale Anpassungen an die Entwicklung der Produktionsverhältnisse begriffen, so dass im Ganzen doch der Eindruck eines ökonomistisch verengten Erklärungsschemas bleibt.[47]

Gegenüber diesen in der Vergangenheit hinlänglich diskutierten Fragen will ich aber an den »Grundrissen« ein gänzlich anderes Problem in den Mittelpunkt rücken, das mir für die heutige Auseinandersetzung mit Marx' Werk von besonderem Gewicht zu sein scheint. Es war bereits zu sehen, dass Marx seit seinen frühen Schriften durchgängig den Hegelschen Begriff der »bürgerlichen Gesellschaft« verwendet, ihn aber jetzt – in den »Grundrissen« – mit einer wesentlich umfassenderen Bedeutung versieht; damit soll nun nicht mehr nur die eine Sphäre des marktvermittelten Verkehrs unter Privatpersonen gemeint sein, sondern die Gesamtheit aller strukturrelevanten Einrichtungen und Vorgänge in der neuen, heraufziehenden Gesellschaftsformation. Dabei macht Marx sich natürlich den Umstand zunutze, dass Hegel von den Marktverhältnissen eben als einer bürgerlichen »Gesellschaft« gesprochen hatte, ohne ausdrücklich zu betonen, dass er damit nicht das ganze institutionelle System einer national umgrenzten Gesellschaft bezeichnen wollte, sondern eben nur den Teil daran, der insofern »gesellschaftlich« sein sollte, als hier die Subjekte ausschließlich durch rechtlich-private Beziehungen vermittelt seien.[48] Wenn Marx nun

des Geldes (1900), hg. von David Frisby und Klaus Christian Köhnke, Frankfurt/M. 1989, Drittes Kapitel, II.

47 Unter den vielen Autoren, die diesen Hang zum Reduktionismus bei Marx nach den großen Debatten im Umfeld um Max Weber thematisiert haben, seien hier nur genannt: Jürgen Habermas, *Zur Rekonstruktion des Historischen Materialismus*, Frankfurt/M. 1976; Cornelius Castoriadis, *Gesellschaft als imaginäre Institution. Entwurf einer politischen Philosophie*, übersetzt von Horst Brühmann, Frankfurt/M. 1984, v.a. Erster Teil.

48 G.W.F. Hegel, *Grundlinien der Philosophie des Rechts*, in: ders., *Werke in zwanzig Bänden*, Frankfurt/M. 1970, Bd. 7, Dritter Teil, Zweiter Abschnitt, §§ 182-256. Zur sehr spezifischen Fassung des Begriffs der »bürgerlichen Gesellschaft« bei Hegel siehe: Manfred Riedel, »Der Begriff der ›Bürgerlichen Gesellschaft‹

den Hegelschen Ausdruck für diese Teilsphäre verwendet, damit aber den Charakter der neuen Gesellschaft in ihrer Gänze zu kennzeichnen versucht, verunklart er willentlich oder unwillentlich, wo die Grenzen zwischen den wirtschaftlichen Vorgängen und dem Rest des gesellschaftlichen Lebens eigentlich verlaufen sollen; ohne es explizit zu machen, ohne die Begriffserweiterung als solche zu kennzeichnen, suggeriert er vielmehr nur, das Kapital sei in alle Poren der modernen Gesellschaft eingedrungen und bestimme diese nun in jeder ihrer verschiedenen Sektoren – an einer Stelle der »Grundrisse« heißt es dementsprechend in aller Deutlichkeit, das »Capital« bilde »die innere Konstruktion der modernen Gesellschaft«.[49] Mit dieser begrifflichen Strategie hat Marx seine Nachfolger dazu eingeladen, die Kategorie des »Kapitalismus«, die er selbst nie verwendet hat, je nach Belieben zu gebrauchen; das eine Mal konnte damit nur eine bestimmte, durch den Zwang zur Kapitalakkumulation geprägte Wirtschaftsform bezeichnet werden, das andere Mal aber auch die moderne Gesellschaft in ihrer Totalität, unabhängig davon, ob all ihre Sphären tatsächlich dem Diktat des Kapitals unterstanden.

Dass es um diese begriffliche Verwässerung bei Marx allerdings noch schlimmer bestellt ist, wird deutlich, sobald ich mich nun kurz der Entfremdungsdiagnose in seinen »Grundrissen« zuwende. Die These, dass die arbeitenden Subjekte in der neuen Wirtschaftsform entzweit seien, also abgetrennt existierten von der Verfügung über die ihnen doch eigentlich zustehenden Produktionsbedingungen, stellt nämlich nur einen Teil der sozialen Pathologien dar, die Marx für die moderne Gesellschaft behauptet; deren anderer, gewichtigerer Teil bildet für ihn die »Entfremdung«, unter der nach seiner Überzeugung nicht nur die Arbeiter, sondern alle Mitglieder der neuen Gesellschaftsordnung leiden. Eine solche »Entfremdung« besteht für Marx in der kapitalistischen Wirtschaft deswegen, weil die Subjekte hier aufgrund des Anscheins, die objektivierten Produkte der »lebendigen Arbeit« besäßen dieser gegenüber eine Selbstständigkeit, sich selbst als jeglicher Handlungsmacht beraubt erfahren müssen, als passiv und den objektiven Verhältnissen bloß

und das Problem seines geschichtlichen Ursprungs«, in: ders., *Studien zu Hegels Rechtsphilosophie*, Frankfurt/M. 1969, S. 135-166.

49 Karl Marx, »Ökonomische Manuskripte 1857/58«, a. a. O., S. 200.

hilflos ausgesetzt;[50] was Marx dabei vor Augen hat, ist offenbar so etwas wie der Umstand, dass die Gesellschaftsmitglieder in ihren alltäglichen Überzeugungen dazu neigen, die produzierten Waren und die modernen Betriebsanlagen als eigenmächtige, aus sich heraus wirksame und aktive Wesen zu begreifen, denen gegenüber sie selbst vollkommen machtlos und bar jeder Chance zur Einflussnahme sind – ersetzt man hier das, was Marx die »personificirten Produktionsbedingungen«[51] nennt, durch den Ausdruck »Gott«, so wird der Anklang an die Religionskritik Feuerbachs sofort offensichtlich. Auf jeden Fall soll in derartigen Passagen zur »Entfremdung«, von denen es viele in den »Grundrissen« gibt, nicht etwas über die Eigenart der neuen Wirtschaftsform, auch nicht etwas über die Spezifik der modernen Gesellschaft, sondern etwas über den Charakter der alltäglichen Bewusstseinsform zeitgenössischer Bürgerinnen und Bürger ausgesagt werden; das Objekt der Analyse, die Marx vornimmt, wenn er vom gegenwärtigen Zustand der »Entfremdung« spricht, ist die Kultur oder Lebensform jener neuen Gesellschaft, die ökonomisch durch den Zwang zur Kapitalakkumulation geprägt sein soll. Damit aber hat er, ob willentlich oder unwillentlich sei hier wiederum dahingestellt, einen Prozess in Gang gesetzt, in dem unter »Kapitalismus« plötzlich ein kulturelles Ganzes verstanden werden konnte, eine Form des Lebens und Denkens, die sich von allen bisherigen Daseinsweisen des Menschen eklatant unterscheidet; und mit den Untersuchungen des jungen Lukács zur »Verdinglichung«,[52] mit Adornos Behauptung eines universellen »Verblendungszusammenhangs« ist diese Redeweise dann alsbald zum theoretischen Gemeinplatz geworden. Die begriffliche Verwirrung ist damit aber, so scheint es, komplett; je nach Kontext, persönlicher Vorliebe oder politischer Absicht kann mit dem Begriff des »Kapitalismus« entweder eine von der rastlosen Suche nach profitablen Ertragschancen getriebene Wirtschaftsform, ein davon im Ganzen beherrschtes Gesellschaftssystem oder eine

50 Ebd., S. 697-699.

51 Ebd., S. 698.

52 Georg Lukács, »Die Verdinglichung und das Bewußtsein des Proletariats« (1923), in: *Geschichte und Klassenbewußtsein* (Georg Lukács, *Werke*, Frühschriften II, Neuwied und Berlin 1968, S. 161-517), S. 257-397; Theodor W. Adorno, »Spätkapitalismus oder Industriegesellschaft?« (1969), in: ders., *Gesammelte Schriften*, Bd. 8 (Soziologische Schriften 1), Frankfurt/M. 1972, S. 354-370.

durch die Tendenz zur »Verdinglichung« geprägte Kultur gemeint sein. Wenden wir uns nun dem *Kapital* zu, so wird sich zeigen, dass Marx genau diese begriffliche Entgrenzung dabei behilflich ist, den Kapitalismus als ein geschlossenes, sich »spiralförmig« weiterentwickelndes System zu präsentieren.

III.

Auf den ersten Blick besteht eine der größten Leistungen der drei Bände über *Das Kapital* sicherlich darin, ständig weit über die Grenzen einer reinen Wirtschaftsanalyse hinauszugreifen und auch den Zustand der neuen Gesellschaft im Ganzen wie deren spezifische Kultur oder Lebensform in Augenschein zu nehmen; vor allem im ersten, 1867 veröffentlichten Band versteht es Marx mit außerordentlichem Geschick, die Darstellung des Produktionsprozesses des Kapitals so mit Beobachtungen zum Schicksal auch anderer Sphären und zu typischen Denkformen seiner Zeit zu verzahnen, dass man den Eindruck gewinnen kann, das Porträt einer kompletten Gesellschaftsformation vor sich zu haben.[53] Die Möglichkeit, eine solche totalisierende Perspektive einzunehmen, hat sich Marx durch einen methodologischen Entschluss eröffnet, den er endgültig wohl erst in den späten 1850er Jahren gefasst hat; damals kämpfte er mit der Frage, wie die Unmasse des in den »Grundrissen« gesammelten Materials einheitlich präsentiert werden könnte, und fand schließlich zu der Lösung, dafür die Darstellungsmethode des Hegelschen Systems zu verwenden;[54] für sein eigenes Feld bedeutete das, eine subjektähnliche Kraft im ökonomischen System der Gegenwart zu identifizieren, welche die alles durchwaltende Rolle des Geistes bei Hegel übernehmen könnte – und dafür bot sich augenscheinlich keine andere Größe an als die des »Kapitals«, von der ja schon in den »Grundrissen« häufig als einer »tätigen Mitte« oder

53 Karl Marx, *Das Kapital. Kritik der politischen Ökonomie*, Erster Band, *MEW*, Bd. 23, Berlin 1971.

54 Vgl. erneut Gareth Stedman Jones, *Karl Marx*, a. a. O., S. 470 ff. In einem Brief von Marx an Engels vom Januar 1858 heißt es: »In der Methode des Bearbeitens hat mir grossen Dienst geleistet, daß ich by mere accident – Freiligrath fand einige ursprünglich dem Bakunin gehörige Bände Hegels u. schickte sie mir als Präsent – Hegels Logik wieder durchgeblättert hatte« (ebd., S. 470).

einem aktiven Subjekt gesprochen worden war.[55] Wie Marx bei dieser Übertragung des Hegelschen Begriffs des »Geistes« auf den des »Kapitals« in seinem Hauptwerk im Einzelnen verfahren ist, ob er dabei das einlinige Prozessieren des »Kapitals« durch ein gelegentliches Erfassen der in der Lebenswelt angerichteten Schäden kritisch konterkarieren wollte[56] oder gar noch andere literarische Vorbilder zu Darstellungszwecken ergänzend hinzugezogen hat,[57] soll hier nicht weiter von Interesse sein; für das Problem, das ich im Folgenden behandeln möchte, ist einzig von Belang, dass Marx mit der Orientierung am Hegelschen System eine Perspektive wählt, die es ihm erlaubt, einer rein ökonomisch bestimmten Größe, für die er die technische Formel G-W-G' wählt,[58] die Fähigkeit oder Kraft zu unterstellen, die existierende Gesellschaft in der Bandbreite all ihrer wesentlichen Institutionen und Denkgewohnheiten zu prägen und zu durchformen. Von dieser methodischen Strategie, dem Dreh- und Angelpunkt der Marxschen Gesellschaftstheorie, möchte ich zeigen, dass sie stets wieder auf Probleme stößt, weil es nicht vollständig gelingen will, das aufzuarbeitende Material unter das leitende Deutungsschema zu subsumieren; die dargestellten Phänomene sträuben sich an manchen Stellen dagegen, so lautet meine These, bloß als Ausfluss eines Prozesses der Verselbstständigung des Kapitals aufgefasst zu werden, weil sie eigensinnige Strukturen oder Gehalte besitzen. Wäre diese Vermutung richtig, müsste man allerdings sagen, dass das, was die eigentliche Größe der Marxschen Gesellschaftstheorie auszumachen scheint, zugleich ihren größten Makel bildet; es sollen zwar in seiner Analyse die moderne Wirtschaft, Gesellschaft und Kultur als einem einzigen Prinzip unterworfene Sphären dargestellt werden, aber an vielen Punkten gehorcht der entsprechende Stoff nicht dem damit gegebenen Vorsatz.

Es mag aus vielerlei Gründen naheliegen, einen solchen Ab-

55 Karl Marx, »Ökonomische Manuskripte 1857/58«, a. a. O., S. 200.

56 Vgl. vor allem: Georg Lohmann, *Indifferenz und Gesellschaft. Eine kritische Auseinandersetzung mit Marx*, Frankfurt/M. 1991.

57 In einer neuen Studie hat z. B. William Clare Roberts die interessante These vertreten, Marx habe sich bei seiner Abfassung des *Kapitals* auch stark vom ersten Teil (»Inferno«) der *Divina Commedia* Dantes beeinflussen lassen: ders., *Marx's Inferno. The Political Theory of Capital*, Princeton/N. J. 2017.

58 Karl Marx, *Das Kapital*, a. a. O., S. 170.

gleich zwischen dem Material und dem Darstellungsverfahren des *Kapitals* dort zu beginnen, wo Marx gleich zu Beginn seines ersten Bandes auf die angeblich für alle Mitglieder moderner Gesellschaften typischen Bewusstseinsformen zu sprechen kommt, sich also mit der Alltagsmentalität zeitgenössischer Individuen beschäftigen will. Hier, in dem berühmten, stilistisch meisterhaften Abschnitt über den »Fetischcharakter der Ware«,[59] greift er sein altes Thema der »Verkehrung« wieder auf, versucht ihm aber nun eine präzisere Gestalt zu geben: Wie die berühmte Formulierung lautet, ist jeder am erweiterten Austausch von Waren Beteiligte, im Prinzip also jedes Mitglied der neuen, »bürgerlichen« Gesellschaft, gezwungen, den »gesellschaftlichen Charakter« seiner »eignen Arbeit« zu verkennen und stattdessen die in geldliche Form gekleidete Beziehung der produzierten Waren untereinander als »gesellschaftliche Verhältnisse« wahrzunehmen;[60] zu einer solchen kategorialen Verwechselung bloß dinglicher Objekte mit lebendigen Wesen, die untereinander scheinbar soziale Beziehungen unterhalten können, soll es Marx zufolge unter den gegebenen Bedingungen deswegen mit Notwendigkeit kommen, weil für den Einzelnen hinter den auf dem Markt getauschten Waren die darin verausgabte, sozial koordinierte Arbeit nicht mehr zu erkennen ist, so dass an deren Stelle die Waren selbst für die eigentlichen Akteure des gesellschaftlichen Geschehens gehalten werden. Wollte man diese Diagnose umgangssprachlicher wiedergeben, so ließe sich vielleicht sagen, Marx behaupte, die Mitglieder kapitalistischer Gesellschaften besäßen nahezu reflexhaft die Neigung, die sie umgebende Welt der Waren mit aktiver Gestaltungsmacht zu versehen, sich selbst aber stattdessen nur noch wie unfreie, leblose Dinge aufeinander bezogen zu erleben. Obwohl diese starke These sicherlich eine gewisse Plausibilität für sich beanspruchen kann – mag es doch sein, dass häufig im Konsum von Waren aus Unkenntnis oder Gleichgültigkeit die Masse der für ihre Verfertigung konkret verausgabten Arbeit vergessen wird und jene uns daher wie etwas ganz und gar Fremdes erscheint –,[61] so ist der daraus von Marx gezogene Schluss

59 Ebd., S. 85-98.

60 Ebd., S. 86.

61 So viel räumt sogar Georg Simmel in seiner *Philosophie des Geldes* ein: »Daß das Arbeitsprodukt der kapitalistischen Epoche ein Produkt mit entschiedenem Fürsichsein, eigenen Bewegungsgesetzen, dem herstellenden Subjekt selbst fremden

doch haltlos und weit überzogen; denn aus dem Umstand, dass wir an den ausgetauschten Gütern nicht mehr das ganze Geflecht der in sie eingegangenen Tätigkeiten wahrnehmen, darf gewiss nicht ohne Weiteres gefolgert werden, dass wir deswegen gleich schon kognitiv die Welt der Waren mit einer Lebendigkeit und Subjektivität ausstatten, die eigentlich nur uns Menschen zukommt.[62] Allerdings ist aus diesem Vorbehalt nicht die Art von immanentem Einwand zu gewinnen, die ich zuvor in Aussicht gestellt hatte, als ich von einer misslichen Spannung zwischen Material und Darstellungsverfahren im Marxschen »Kapital« gesprochen habe; denn in seinen betreffenden Ausführungen lässt der Autor an keiner Stelle den geschichtlichen Stoff selber zu Wort kommen, bezieht sich also gar nicht auf reale Erscheinungen seiner Zeit, so dass diese auch nicht gegen seine systematische Darstellung kritisch ins Feld geführt werden können. Der Abschnitt über den »Fetischcharakter der Ware« ist eher das Resultat einer Deduktion aus einigen Prämissen bezüglich des illusionären Eigenlebens von Waren, nicht aber das Ergebnis einer theoretischen Reibung mit Befunden über tatsächliche Denkgewohnheiten der existierenden Bevölkerung.

Ganz anders verhält es sich aber mit zwei ebenso wichtigen Unterkapiteln, die sich zweihundert Seiten nach den soeben kurz gestreiften Ausführungen zum »Fetischcharakter« finden; in diesen späteren Abschnitten, die das Achte Kapitel zum »Arbeitstag« abschließen, behandelt Marx, nachdem er das Geheimnis der Mehrwertproduktion, von G-W-G', gelüftet hat,[63] den »Kampf um den Normalarbeitstag« in der englischen Fabrikgesetzgebung[64] – und hier muss nun das geschichtliche Material zwangsläufig zu Wort kommen und kann daher auf seine Verträglichkeit mit dem Deutungsschema der alles durchformenden Kraft des »Kapitals« geprüft werden.

Marx beginnt seine Schilderung der Kämpfe, die auf der briti-

Charakter ist, wird da zur eindringlichsten Vorstellung werden, wo der Arbeiter genötigt ist, sein eigenes Arbeitsprodukt, wenn er es haben will, zu kaufen« (Georg Simmel, *Philosophie des Geldes*, a. a. O., S. 632).

62 Zu den internen Ungereimtheiten der Marxschen Kritik am Warenfetischismus vgl.: Marco Iorio, »Fetisch und Geheimnis. Zur Kritik der Kapitalismuskritik von Karl Marx«, in: *Deutsche Zeitschrift für Philosophie* 58 (2010), S. 241-256.

63 Karl Marx, *Das Kapital*, a. a. O., Zweiter Abschnitt, Viertes Kapitel, 1 (S. 161-170).

64 Ebd., S. 294-320.

schen Insel in der ersten Hälfte des 19. Jahrhunderts um die staatliche Begrenzung des Arbeitstags geführt wurden, mit einer kurzen Zusammenfassung der verheerenden Lage, in der sich die Lohnarbeiterschaft zu Beginn des neuen Jahrhunderts mangels rechtlicher Regelungen zunächst befunden hatte: Weil dem »Kapital« seit der »Geburt der industriellen Revolution« vorläufig keinerlei Schranken bei der Gestaltung des Arbeitstages auferlegt waren, konnte es wahre »Orgien« feiern und die Arbeitszeit von Männern, Frauen und Kindern »bis zu den Grenzen des natürlichen Tages von 12 Stunden [...] verlängern«, um aus deren Verwertung einen möglichst hohen Profit zu schlagen.[65] Schon an diesen ersten Passagen des neuen Abschnitts zeigt sich, dass der Autor jetzt seinem großen, bereits in früheren Schriften bewiesenen Talent freien Lauf lassen wird, historische Ereignisse mit unverhohlener Ironie als eine komplexe Gemengelage unterschiedlichster Gruppeninteressen darzustellen;[66] zu Wort kommen daher auf den nächsten fünfundzwanzig Seiten nicht nur unterschiedliche Fraktionen des Kapitals und die sich allmählich organisierende Arbeiterschaft, sondern auch die legislative Stimme des englischen Parlaments und die in deren Auftrag tätigen »Fabrikinspektoren«. Es sind natürlich diese letzten beiden Akteure, die im Folgenden unsere ganze Aufmerksamkeit verdienen; denn sie scheinen in das bislang präsentierte Schema einer fortschreitenden Verselbstständigung des Kapitals nicht recht zu passen, vertreten sie doch das Anliegen des »Rechts«, die Arbeitszeit zugunsten des Schutzes der Lohnarbeiterschaft zu regulieren. Wie aus heiterem Himmel, unvorbereitet durch all das, was zuvor zu lesen war, meldet sich schon auf der dritten Seite des Berichts von Marx das Parlament zu Wort mit der Absicht, zunächst allein die Kinderarbeit gesetzlich zu regulieren und zeitlich zu begrenzen;[67] die verschiedenen Gegenmaßnahmen des Kapitals, so perfide sie Marx zufolge auch waren, fruchten nach seiner Darstellung wenig, im Gegenteil, schon zwei Seiten später lesen wir – inzwischen schreiben wir das Jahr 1844 –, dass ein neuer »Fabrikakt« nun auch »die Frauenzimmer über 18 Jahre« unter Schutz gestellt

65 Ebd., S. 294.

66 Vgl. v. a. Karl Marx, *Die Klassenkämpfe in Frankreich 1848 bis 1850* (1850), in: *MEW*, Bd. 7, Berlin 1960, S. 9-107; ders., *Der achtzehnte Brumaire des Louis Bonaparte* (1852), in: *MEW*, Bd. 8, Berlin 1960, S. 111-207.

67 Karl Marx, *Das Kapital*, a. a. O., S. 296.

und ihre zulässige Arbeitszeit auf 12 Stunden eingeschränkt hat.[68] Eine wesentliche Rolle bei der Implementierung dieser Arbeitsregulierungen spielen, wie Marx weiter berichtet, die Fabrikinspektoren, die ungeachtet von Einschüchterungen und Bestechungsangeboten penibel kontrollieren, ob die neuen Auflagen von den Fabrikherren auch strikt genug eingehalten werden; und natürlich fragt man sich hier verwundert, woher in dem bislang allein durch das Kapital konstituierten Gesellschaftssystem die normativen Ressourcen stammen sollen, die diese Gruppe von staatlichen Verwaltungsbeamten befähigt haben mögen, ihrem rechtlichen Auftrag so entschieden nachzukommen. Damit aber nicht genug, muss Marx wiederum eine Seite später dann feststellen, dass noch im selben Jahr 1844 eine Ergänzung zum vorherigen »Fabrikakt« mit bindender Wirkung vorschreibt, die Arbeitszeit aller Lohnarbeiter »allgemein und uniform« auf zwölf Stunden zu begrenzen;[69] wie aber um die zuvor aufgeworfene Frage schnell auszuräumen, heißt es dazu dann im Text in zwei direkt aufeinanderfolgenden, sich aber widersprechenden Sätzen einerseits, alle diese rechtlichen Neuerungen seien »Naturgesetze der modernen Produktionsweise«, andererseits, sie seien das »Ergebnis langwieriger Klassenkämpfe«.[70]

Die sich an diesem seltsamen Widerspruch offenbarende Verlegenheit von Marx, zu erklären, wie ein solches Dazwischentreten des Rechts unter Bedingungen der Herrschaft des Kapitals möglich gewesen sein soll, darf wohl als ein deutlicher Hinweis darauf gewertet werden, wie groß seine Schwierigkeiten sind, das eigene Material theoretisch unter Kontrolle zu bringen. Zwar spricht alles, was er historisch zu berichten weiß, dafür, hier ein staatlich initiiertes Wirksamwerden liberaler Schutz- und Freiheitsrechte in der Sphäre des Arbeitsmarktes zu vermuten; allein, genau das kann Marx nicht wahrhaben wollen, weswegen er zum Notnagel schnell formulierter, sich aber wechselseitig ausschließender Ersatzerklärungen greift – von denen die erste besagt, es liege ganz in der Natur des Kapitalismus, das profitable Gut der Ware Arbeitskraft nicht dem Verschleiß zu überlassen, die zweite hingegen, es sei der erfolgreiche Kampf der Arbeiterklasse gewesen, der den Staat zur

68 Ebd., S. 298.
69 Ebd., S. 299.
70 Ebd.

rechtlichen Intervention gezwungen habe. Verfolgt man die historischen Ausführungen zum »Kampf um den Normalarbeitstag« weiter, so ändert sich nichts mehr an dieser obskuren Strategie, den Rechtssetzungen des Staates jedes autonome Wirken abzusprechen; um keinen Preis will Marx auch auf den anschließenden Seiten zugestehen, dass die liberalen Rechte, einmal öffentlich verkündet, die staatlichen Akteure von sich aus auf ein Handeln verpflichten könnten, welches dem Schutz der leiblichen Unversehrtheit ihrer Bürger und Bürgerinnen zu dienen hat. Immer wieder finden sich zwar empirische Befunde in seinem Bericht, die genau das nahelegen müssten – so wie die, nach der die »Gesetzgebung« »gezwungen« gewesen sei, jeden »Ausnahmecharakter allmählich abzustreifen« und alle Arbeitsplätze denselben rechtlichen Regelungen zu unterwerfen, so als wirke hier ein rechtsinterner Zwang zur Generalisierung –,[71] nur zieht er aus derartigen Feststellungen nie die Konsequenz, dem modernen Recht einen gewissen Grad an normativem Eigensinn zuzubilligen;[72] damit aber hat Marx schon an dieser frühen Stelle seiner Untersuchung die Chance vertan, die Entwicklung der modernen Gesellschaft als einen langwierigen Widerstreit zwischen rechtsstaatlicher Demokratie und kapitalistischer Wirtschaft darzustellen.

Nicht besser ist es um den Versuch von Marx bestellt, sich in demselben Abschnitt den allmählich wachsenden Widerstand der Arbeiterschaft gegen die neuen Produktionsverhältnisse zu erklären; auch dabei sprechen die historischen Befunde, auf die er sich stützt, letztlich eine andere Sprache als die, die sein Darstellungsprinzip offiziell zulässt. Dieses würde ja verlangen, wie Marx häufig genug klarstellt, die revolutionäre Auflehnung des Proletariats rein immanent als eine durch das Kapital selbst produzierte Gegenbewegung zu interpretieren – wenn die moderne Gesellschaft alleine durch die Selbsttätigkeit des Kapitals konstituiert und zusammengehalten sein soll, so muss naheliegenderweise auch jeder Widerstand gegen sie aus ebendieser Tätigkeit hervorgehen. Die Formel, mit der Marx die entsprechende Absicht im vorliegenden Kontext um-

71 Ebd., S. 316.

72 Zur höchst ambivalenten Stellung des Rechts in diesem Zusammenhang, aber auch im *Kapital* im Ganzen vgl.: Georg Lohmann, »Normative und rechtsstaatliche Kapitalismuskritiken und ihre Verdrängung bei Marx«, in: *Deutsche Zeitschrift für Philosophie* 66 (2018), H. 4, S. 429-465.

reißt, lautet, die »Arbeiterbewegung« erwachse »instinktiv aus den Produktionsverhältnissen«;[73] und an vielen Stellen seines Buches versucht er dann ja auch, einen solchen reflexhaften Automatismus in der Entstehung proletarischen Widerstands unter Beweis zu stellen.[74] Aber vieles von dem, was Marx in seiner historischen Skizze über die aufkeimende Arbeiterbewegung in England ausführt, stimmt mit diesem methodischen Vorsatz nicht überein; denn da ist nicht nur überraschenderweise davon die Rede, dass »die Antriebskraft der Arbeiterklasse [...] mit der Zahl ihrer Verbündeten in den nicht unmittelbar interessierten Gesellschaftsschichten« wuchs,[75] womit auf das moralische Klima in der Gesamtgesellschaft hingewiesen wird, dem hier eine erstaunliche Plastizität und weit über den Klassengegensatz hinausreichender Spielraum eingeräumt wird; da wird nicht nur gesagt, dass in »Nordamerika« aufgrund der dort noch existierenden Sklaverei eine »selbstständige Arbeiterbewegung« kaum Wurzeln schlagen könne,[76] womit geschichtlich entweder förderliche oder abträgliche Bedingungen ins Feld geführt werden – beides schon Hinweis genug, dass das Gedeihen proletarischen Widerstands nicht Resultat irgendeines Automatismus sein kann. Vielmehr spricht Marx an einer Stelle sogar davon, dass sich das Erwachen der englischen Arbeiterbewegung einer »moralischen Wiedergeburt der Fabrikarbeiter« verdanke.[77] Damit aber führt der Autor eine Größe in seine Untersuchung ein, die darin eigentlich überhaupt keinen Platz einnehmen dürfte; denn was soll mit »Moral«, mit moralischen Antrieben, Überzeugungen und Empfindungen in einem Kontext gemeint sein, in dem doch angeblich nur die durch die Kapitalbewegung erzeugten und an die Klassenlage gebundenen Interessen eine Rolle spielen sollen. Ebenso wenig wie dem »Recht« darf Marx nach seinem eigenen Selbstverständnis der »Moral«, irgendeine unabhängige Gestaltungsmacht im kapitalistischen System einräumen; doch hier, an einer unscheinbaren Stelle in seinem historischen Exkurs, taucht

73 Karl Marx, *Das Kapital*, a. a. O., S. 319.

74 Eine andere von Marx gern verwendete Formel dafür lautet, dass es der »Mechanismus des kapitalistischen Produktionsprozesses« sei, durch den die Arbeiterklasse »selbst geschult[], vereint[] und organisiert[]« würde (ebd., S. 791).

75 Ebd., S. 300.

76 Ebd., S. 318.

77 Ebd., S. 312.

sie plötzlich auf als eine bewegende Kraft im geschichtlichen Geschehen der neuen Gesellschaftsformation.[78]

Aus alldem ist zunächst einmal nur zu schließen, dass Marx erhebliche Mühe hat, sein eigenes Darstellungsprinzip einer gesellschaftsformierenden Kraft der Bewegung des Kapitals durchzuhalten, sobald er den von ihm behandelten Stoff auch nur mit einem Hauch von konkret-historischer Wirklichkeit versieht; an derartigen Stellen meldet sich, um es metaphorisch auszudrücken, die moderne Gesellschaft mit ihrer rechtsstaatlichen Verfassung und mit den ihr eigenen moralischen Ressourcen eigensinnig zu Wort, um gegen ihre Subsumtion unter das auf sie angewandte Deutungsschema Einspruch zu erheben. Was aber wäre, wenn nicht nur für die Stellen, an denen Marx von sich aus einige seiner leitenden Kategorien mit sozialem Leben zu füllen versucht, gälte, dass dessen Gestalt in der modernen Gesellschaft normativ und kulturell um einiges komplexer ist, als es die Theorie zulässt? Bislang haben wir nur am »Kampf um den Normalarbeitstag« gesehen, dass, wenn der Vorhang des methodischen Darstellungsprinzips einmal gelüftet wird, dahinter eine Reihe von sozialen Erscheinungen hervortreten, die derart von Marx eigentlich gar nicht vorgesehen sein konnten – eine staatliche Gesetzgebung, die zugunsten der Arbeiterschaft tätig wird, »Verbündete« aus den »nicht unmittelbar interessierten Gesellschaftsschichten«, strikt rechtskonform handelnde »Fabrikinspektoren« und nicht zuletzt ein Proletariat, das nicht seinen Interessen, sondern moralischen Überzeugungen folgt. Was also wäre, so möchte ich zum Schluss fragen, wenn für alle von Marx im »Kapital« verwendeten Schlüsselbegriffe gälte, dass sie eine nicht thematisierte Unterseite, eine durch die Methode nicht zugelassene Schicht besitzen, mit der sie in der sozialen Lebenswelt der modernen Gesellschaft verankert sind? Dann müsste man wohl

78 Hier klingt bei Marx durch, was Edward P. Thompson dann gut einhundert Jahre später in seiner klassischen Studie zur »moralischen Ökonomie der englischen Unterschichten« untersucht hat: ders., »Die ›moralische Ökonomie‹ der englischen Unterschichten im 18. Jahrhundert« (1971), in: ders., *Plebejische Kultur und moralische Ökonomie. Aufsätze zur englischen Sozialgeschichte im 18. und 19. Jahrhundert*, übersetzt von Günther Lottes, Frankfurt/M./Berlin/Wien 1980, S. 66-129. Vgl. dazu insgesamt auch: E. P. Thompson, *Die Entstehung der englischen Arbeiterklasse*, übersetzt von Lotte Eidenbenz u. a. (zwei Bände), Frankfurt/M. 1987.

die von Marx im Laufe seiner intellektuellen Entwicklung vollzogene Bewegung umkehren und die Gesellschaft nicht als Produkt der kapitalistischen Wirtschaft begreifen, sondern jene als deren Basis und institutionellen Rahmen.

IV.

Blicken wir noch einmal zusammenfassend auf die einzelnen Stationen meiner Rekonstruktion zurück, so zeigt sich, dass Marx in der Entfaltung seiner Gesellschaftstheorie der Linie einer zunehmenden Entgrenzung des Begriffs der »bürgerlichen Gesellschaft« folgt: War mit dem Begriff in seinen frühen Schriften im Anschluss an Hegel nur jener Teilbereich der zeitgenössischen Gesellschaft gemeint, in dem der wirtschaftliche Markt beheimatet ist und der dem Staat als Sphäre öffentlicher Belange gegenübersteht, so versteht Marx darunter seit dem Beginn seiner Beschäftigung mit der politischen Ökonomie im wachsenden Maße nun das Insgesamt der neuen Sozialverhältnisse; nicht mehr nur der Markt oder, mit seinen Worten, die erweiterte Warenproduktion mit ihrer kapitalistischen Verwertung der Arbeitskraft wird jetzt von ihm als »bürgerliche Gesellschaft« bezeichnet, sondern das Ganze der sich gerade herausbildenden Gesellschaftsformation einschließlich ihrer rechtlichen Institutionen, ihrer Kultur und ihrer Verkehrsformen. Damit aber geht innerhalb der Gesellschaftstheorie von Marx, so lautete das Zwischenergebnis meiner Rekonstruktion, die Grenze zwischen der Wirtschaft und den anderen Bereichen der modernen Gesellschaft verloren; alles, was darin eine eigenständige, nicht ökonomisch verfasste Existenz zu haben scheint, muss vielmehr als ein durchs Kapital bereits geprägtes oder verformtes Sozialgebilde aufgefasst werden. In den »Grundrissen«, denen ich mich im zweiten Schritt zugewandt hatte, testet Marx vorläufig erst noch, wie er dieses zum System gewordene Verhältnis der kapitalistischen Gesellschaft angesichts der Masse des einzuarbeitenden ökonomischen Stoffs in einem Zug darstellen können soll; noch unsicher, wie dies gelingen könne, gewährt er hier zwar der sozialen Wirklichkeit noch größeren Spielraum, besitzt aber doch bereits die starke Neigung, sowohl die Kultur als auch die tragenden Institutionen der neuen Gesellschaft bloß als Ausfluss ihrer wirtschaftlichen Produktionsverhältnisse zu begreifen. Erst in seiner Schrift *Das Kapital*, der letzten Station meiner Rekonstruktion, hat Marx dann endgültig die Antwort auf das ihn über einen langen Zeitraum hinweg beschäftigende Darstellungsproblem gefunden; er versucht mit bewunderungswürdiger Konsequenz, die »mehrwertheischende« Bewegung des Kapitals nach dem Muster der Tätigkeit des Hegelschen »Geistes« als einen Prozess zu begreifen, in dem sich jenes, das Kapital, wie ein schöpferisches Subjekt alle Bereiche des gesellschaftlichen Lebens allmählich aneignet und mit seiner nüchtern-kalkulatorischen Gesinnung durchformt. Allerdings sträubt sich nun dieser empirische Stoff des sozialen Lebens, wie ich zum Schluss hatte zeigen wollen, gegen seine Vereinnahmung durch ein solches Darstellungsprinzip; denn immer dann, wenn Marx an der gesellschaftlichen Wirklichkeit selber einmal empirisch oder phänomenologisch darlegen möchte, wie sehr die Verhältnisse doch inzwischen durch das Kapital geprägt sind, sprechen diese vernehmlich eine andere Sprache als die des verwendeten Darstellungsprinzips. Die Frage, die sich dann allerdings aufdrängt und mit der ich geendet habe, ist die, ob eine solche Spannung zwischen Stoff und Methode nicht weit über die historischen Passagen hinaus für alle konstitutiven Begriffe des *Kapitals* geltend gemacht werden kann.

Interessanterweise gibt es eine Schlüsselkategorie in Marx' Hauptwerk, von der er selbst behauptet, sie besitze ihrer ganzen »Natur« nach einen »zwieschlächtigen« Charakter,[79] weil mit ihr eine ökonomische Funktion bezeichnet wird, deren Wirksamwerden sich aber ohne Rückgriff auf die soziale Lebenswelt gar nicht angemessen erläutern lässt; von der »Ware« hören wir nämlich schon im I. Kapitel des I. Bandes, dass ihr »Tauschwert« im wirtschaftlichen Handel nur zu realisieren ist, wenn sie gleichzeitig auch über einen »Gebrauchswert« verfügt, der in ihrem »Nutzen« für eine sich in ihren Bedürfnissen und Gepflogenheiten ständig wandelnde Gemeinschaft besteht.[80] Begreifen wir hier den Gebrauchswert als die stoffliche Unterseite des Tauschwerts, also als das, womit dieser im sozialen Leben verwurzelt bleibt, so wird sofort klar, dass die rein ökonomische Seite der Kategorie zu unbestimmt ist, als dass sie bei der Erklärung wirtschaftlicher Vorgänge

79 Ebd., S. 56.
80 Ebd., S. 50 ff.

tatsächlich von Hilfe sein könnte; denn wohin die gesellschaftlichen Bedürfnisse sich entwickeln, welche Gestalt sie zu einem bestimmten Zeitpunkt annehmen, lässt sich nicht dem Tauschwert einer Ware entnehmen, sondern nur ihrem je nach historischen Umständen, moralischem Klima und kulturellen Gepflogenheiten variierenden Gebrauchswert – gewiss, es wird sich bald nach Marx eine von ihm noch gar nicht vorhersehbare Werbeindustrie entwickeln, die schnell alles daransetzt, auf die Bedürfnisse der Konsumenten in der Weise Einfluss zu nehmen, dass die für den Absatz bestimmten Güter den von der Kapitalseite erhofften Tauschwert auch tatsächlich erzielen. Aber auch diese Entwicklung, deren Effektivität inzwischen durch das digitale Netz noch einmal erheblich gesteigert worden sein mag,[81] kann nicht darüber hinwegtäuschen, dass die rein ökonomische Kategorie sich nicht umstandslos auf die soziale Wirklichkeit anwenden lässt; dazu bedarf es erst immer der Berücksichtigung einer sozialen Lebenswelt, in der sich Bedürfnisse und Begehrlichkeiten nach einer kulturellen Logik entwickeln, auf die Marx im Rahmen seiner Darstellungsmethode keinen Zugriff hat. Es war das große Verdienst von Thorstein Veblen, mit seiner Kategorie der »conspicuous consumption«, des »demonstrativen Konsums«, klargemacht zu haben, wie weit der Nutzen eines Gutes, also sein »Gebrauchswert«, von den sozialen Teilnehmern tatsächlich ausgelegt werden kann.[82]

So wie um den Tauschwert mag es aber auch um fast alle anderen im *Kapital* verwendeten Begriffe bestellt sein; beinah jeder von ihnen verfügt, mal mehr, mal weniger, über eine stoffliche Unterseite, durch die er mit den mannigfaltigen Entwicklungen im gesellschaftlichen Gesamtgefüge derart verknüpft bleibt, dass sich ohne deren Einbeziehung nichts über das faktische Wirken der von ihm bezeichneten Größe ermitteln lässt. Beginnen wir mit dem Kapital, der Zentralkategorie von Marx' Buch, so wird dessen materielles Substrat – das, wodurch es an die sich verändernde Gesellschaft zurückgekoppelt ist – in dem rechtlichen und sittlichen Spielraum bestehen, der der Erzielung von Renditen und der Bildung von

81 Exemplarisch: Philipp Staab, *Falsche Versprechen. Wachstum im digitalen Kapitalismus*, Hamburg 2016.

82 Thorstein Veblen, *Theorie der feinen Leute. Eine ökonomische Untersuchung der Institutionen* (1899), übersetzt von Susanne Heintz und Peter von Haselberg, Köln 1958, v. a. S. 62-84.

Monopolen historisch jeweils gesetzt ist; nicht anders beim Gegenbegriff der »Arbeit«, der gleich über ein ganzes Bündel von solchen stofflichen Bindungen verfügt, weil nicht nur die Bemessung ihrer Produktivität, der Höhe ihres Gebrauchswerts für die Gesellschaft also,[83] sondern auch die Art ihrer Erbringung oder Bereitstellung weitgehend von der institutionellen Verfassung und den normativen Regeln der Gesamtgesellschaft abhängig ist; hinzu kommt, dass die Verteilung der Lohnarbeit gewöhnlich mittels Schließungsmechanismen entlang von hierarchischen Gruppengrenzen verläuft, die durch sowohl auf der Mikro- wie auf der Makroebene wirksamen Praktiken der »weißen« oder »männlichen« Vorherrschaft ebenfalls tief in der Sozialstruktur moderner Gesellschaften verankert sind[84] – alles Verwurzelungen der gesellschaftlichen Arbeit im institutionellen Sozialgefüge, die Marx nicht zu erkennen vermag, weil er dessen Begriff von seinen stofflichen Wurzeln abkoppelt. Als letztes Beispiel mag die Kategorie der »Ausbeutung« dienen, die er zwar wiederum rein ökonomisch zu bestimmen versucht,[85] die aber ebenfalls eine tief in die soziale Lebenswelt hinein reichende Unterseite besitzt; denn ob die Aneignung der Mehrarbeit mit der Androhung physischer Gewalt erzwungen, durch die Vorspiegelung patriarchalischen Großmuts verführerisch abgerungen oder durch die Gewährung eines gewissen Grades von Mitbestimmung zumindest im Ansatz kooperativ gestaltet wird, dürfte für die Erfahrungswelt der Betroffenen, aber auch für die wirtschaftliche Produktivität von Unternehmen einen merklichen Unterschied machen; alles, was innerhalb einer kritischen Arbeitssoziologie seit einigen Jahrzehnten unter Stichworten wie »manufacturing consent« oder »labour process« diskutiert wird, hat in dieser materiellen Unterseite der Mehrwertproduktion einen lebensweltlichen Sitz.[86] Die damit angedeuteten Beispiele mögen ausreichen, um die These zu stützen, dass Marx falsch daran getan hat, seine leitenden Begriffe so einzuführen und zu behandeln, als besäße nicht jeder von ihnen jene Doppelgesichtigkeit, die in seinem Buch allein der Kategorie der »Ware« zugedacht wird; ebenso wie diese, nur in unterschiedlichen Graden, ver-

83 Karl Marx, *Das Kapital*, a. a. O., S. 57.

84 Charles Tilly, *Durable Inequality*, Berkeley 1999.

85 Karl Marx, *Das Kapital*, a. a. O., S. 200-213.

86 Michael Burawoy, *Manufacturing Consent. Changes in the Labour Process under Monopoly Capitalism*, Chicago 1979.

fügen alle von ihm ökonomisch ins Feld geführten Phänomene über die Eigenschaft, zwar eine rein wirtschaftliche, häufig sogar quantifizierbare Außenseite zu haben, in ihrem Inneren aber über eine Reihe von »symbiotischen Mechanismen« – um Luhmanns Ausdruck zu verwenden[87] – mit den kulturellen und normativen Vorgängen in ihrer sozialen Umwelt aufs engste verflochten zu bleiben.[88]

Dann aber hat Marx einen gravierenden Fehler begangen, als er in den 1850er Jahren allmählich daranging, mit dem von Hegel ererbten Begriff der »bürgerlichen Gesellschaft« nicht länger nur den kapitalistischen Markt zu bezeichnen, sondern die moderne Gesellschaft im Ganzen; mit diesem Schritt nämlich, so wagemutig und umstürzlerisch er auch gewesen sein mag, hat er sich forthin jede Möglichkeit genommen, den kapitalistischen Wirtschaftsprozess in der Bandbreite all der institutionellen Gestalten zu studieren, die er unter dem Einfluss von Veränderungen in der gesellschaftlichen Kultur, in der institutionalisierten Moral und im Recht annehmen kann[89] – der kapitalistische Markt besitzt für Marx in der neuen Gesellschaftsformation kein soziales Außen mehr, wie es Karl Polanyi in Begriffen der Lebenswelt zu fassen versucht hat, um sich aus deren moralischen Antrieben die stete Möglichkeit von Bewe-

87 Niklas Luhmann, *Macht*, Stuttgart 1975, S. 61 ff. Für Luhmann besitzen solche »symbiotischen Mechanismen« die Aufgabe, sicherzustellen, dass die Kommunikationsmedien des Geldes, der Macht oder der Wahrheit bei all ihrer Abstraktheit an organische Prozesse zurückgebunden bleiben (Bedürfnisbefriedigung, physische Gewalt, Wahrnehmung), um derart ihre allgemeine Verständlichkeit zu wahren. Ich verwende den hilfreichen Ausdruck hier natürlich nur analog, um deutlich zu machen, dass die ökonomischen Größen, die Marx behandelt, der »symbiotischen« Rückbindung an lebensweltlich erfahrbare Prozesse bedürfen, um überhaupt die Funktion erfüllen zu können, die er ihnen zuspricht.

88 Kein anderer Gesellschaftstheoretiker nach Marx war an dieser stofflichen, mit dem sozialen Leben aufs engste verbundenen Unterseite der wirtschaftstheoretischen Schlüsselbegriffe mehr interessiert als Georg Simmel in seiner *Philosophie des Geldes* (a. a. O.); allerdings verlor er über der Inbrunst, mit der er die komplexe Wechselwirkung zwischen dem Geld und den innergesellschaftlichen, kulturellen sowie psychischen Vorgängen studierte, die zentrale These von Marx aus dem Blick, nach der es nicht das Geld als solches, sondern das Kapital mit seinem inneren Zwang zur profitablen Vermehrung ist, welches die Tendenz besitzt, alle sozialen Sphären seinem eigenen Prinzip in Form einer »reellen Subsumtion« zu unterwerfen.

89 Vgl. exemplarisch: Peter A. Hall/David Soskice (Hg.), *Varieties of Capitalism. The Institutional Foundations of Comparative Advantage*, Oxford 2001.

gungen gegen den entfesselten Markt zu erklären.[90] Der von Marx gegen Ende der 1850er Jahre gefasste Entschluss, zur systematischen Darstellung des inzwischen als »System« verstandenen und mit der Gesellschaft gleichgesetzten Kapitalismus das Verfahren des Hegelschen Systems zu verwenden, hat den Irrtum dieses ersten Schrittes dann nur noch einmal vertieft; denn damit war er genötigt, das Kapital als ein sich stufenweise durch alle sozialen Erscheinungen hindurcharbeitendes Subjekt zu beschreiben, so dass für nicht wirtschaftlich geprägte, eigensinnig verfasste Gebilde der Gesellschaft, ja für die Gesellschaft als solche in seiner Theorie kein Raum mehr bestand. Der Fehler von Marx ist daher nicht gewesen, dass er versucht hat, die Bewegung des Kapitals im Ausgang vom erweiterten Äquivalententausch als einen Prozess zu beschreiben, der droht, sich alle sozialen Vollzüge einzuverleiben und gemäß den eigenen Gesetzmäßigkeiten umzugestalten; im Gegenteil, es war sicherlich das größte Verdienst seiner Kapitalismusanalyse, uns schon in der Mitte des 19. Jahrhunderts vor Augen geführt zu haben, mit welcher Dynamik und Macht der Imperativ kapitalistischer Akkumulation in Zukunft verlangen wird, immer neue Winkel der profitablen Verwertung zu erschließen und auf diesem Wege stets wieder die zivilen Voraussetzungen von rechtsstaatlichen Demokratien zu gefährden. Unter den gesellschaftlichen Bedingungen der Gegenwart, die allerdings auch nicht als unverrückbar angesehen werden dürfen, hat dieser Prozess sogar die paradoxe Form angenommen, dass die einst gegen ihn geschaffenen Wohlfahrtsleistungen durch eine mit der Aushöhlung ihres rechtlichen Kerns einhergehende Privatisierung allmählich selber zu einer neuen Quelle der Profitsteigerung zu werden beginnen. Der Fehler von Marx bestand vielmehr darin, nicht gesehen zu haben, dass derselbe Prozess an jeder seiner Stationen wie durch undurchsichtige Fäden an die institutionellen Verhältnisse der Gesellschaft gebunden bleibt, die je nach ihrem moralischen Klima, ihrer rechtlichen Organisation und ihrer politischen Konstellation seinen Verlauf beeinflussen können: Die kapitalistische Akkumulation wird in ihrem jeweiligen Charakter durch die politische, rechtliche und moralische Verfasstheit der Gesellschaft bestimmt – und nicht umgekehrt, wie Marx es in seiner reifen Theorie des Kapitalismus zu glauben schien.

90 Karl Polanyi, *The Great Transformation*, a. a. O., Kap. II.

Drei, nicht zwei Begriffe der Freiheit

*Zur Reaktualisierung einer verschütteten Tradition**

Selbst für diejenigen unter uns, denen die berühmte Freiheitsstudie von Isaiah Berlin nicht allzu überzeugend erscheint,[1] ist es inzwischen nahezu selbstverständlich geworden, am modernen Verständnis von individueller Freiheit eine Unterscheidung vorzunehmen, die sich mit dessen eigener weitgehend deckt: Auf der einen Seite, so glauben wir, gehört zur normativen Kultur der Moderne ein bloß »negativer« Begriff von Freiheit, der darin besteht, dem Einzelnen eine möglichst umfangreiche, vor äußeren Eingriffen geschützte Sphäre der rein persönlichen Interessenverfolgung einzuräumen, auf der anderen Seite aber sind wir ebenso stark davon überzeugt, dass die individuelle Freiheit erst eigentlich darin besteht, sich im Handeln an persönlich für richtig gehaltenen Gründe zu orientieren und in dem Sinn selbst zu bestimmen. Wir sind gegebenenfalls noch bereit, an diesem zweiten, »positiven« Modell der Freiheit eine Unterscheidung zwischen einer »autonomen« und einer »authentischen« Form der Selbststimmung vorzunehmen, um derart eine Vorstellung von dem Kontrast zu gewinnen, der darin besteht, sich im individuellen Handeln entweder an moralischen Normen oder am Ziel der Verwirklichung der eigenen Natur, der als höchst individuell erfahrenen Bedürfnisse zu orientieren.[2] Aber im Großen und Ganzen bleibt es doch bei einer Unterteilung unserer Freiheiten in eine negative und eine positive Variante. Im Folgenden möchte ich die These vertreten, dass diese von Berlin beeinflusste Zweiteilung unserer Freiheiten in einer gravierenden Hinsicht unvollständig ist; denn in beiden Modellen wird die Möglichkeit ausgeschlossen, dass sich die Absichten eines Aktors nur im wechselseitigen Zusammenwirken zwischen mehreren Subjekten formieren

* Dieser Beitrag stellt die leicht erweiterte Fassung der »Dewey-Lecture« dar, die ich im November 2014 an der Law School der University of Chicago gehalten habe.

1 Isaiah Berlin, »Zwei Freiheitsbegriffe«, in: ders., *Freiheit. Vier Versuche*, übersetzt von Reinhard Kaiser, Frankfurt/M. 1995, S. 197-256.

2 Vgl. zu dieser Unterscheidung: Christoph Menke, *Tragödie im Sittlichen. Gerechtigkeit und Freiheit nach Hegel*, Frankfurt/M. 1996, Kap. 4; Charles Taylor, *The Ethics of Authenticity*, Cambridge/Mass. 1992, S. 28 ff.

und auch nur erst im gemeinschaftlichen Handeln ungezwungen realisiert werden können. Hier passt die ganze, uns mittlerweile selbstverständlich gewordene Vorstellung nicht mehr, nach der die individuelle Freiheit in der Realisierung einer bereits existierenden oder reflexiv gewonnenen, eigenen Absicht besteht; vielmehr muss der Freiheitsvollzug selbst als ein kooperativer Prozess gedacht werden, in dessen Verlauf sich erst durch die kontributive Mitwirkung von Anderen herausstellt, welche Absichten eigentlich im Weiteren realisiert werden sollen.

Ich will so vorgehen, dass ich zunächst an einigen uns vertrauten Beispielen erläutere, wie wir uns eine solche Form der kooperativen Realisierung von Freiheit vorstellen müssen; dieser erste Schritt soll auch die Funktion haben, uns vor Augen zu führen, dass wir in unserem Alltag durchaus derartige Erfahrungen mit einer dritten Kategorie von »Freiheit« machen, für die uns allerdings die Sprache fehlt, um sie als »Freiheit« zu kennzeichnen (I). In einem zweiten Schritt will ich kurz die philosophische Tradition in Erinnerung rufen, in der diese Idee einer »sozialen Freiheit«, wie ich von nun sagen möchte, stets ins Zentrum gerückt worden ist; dabei soll es vor allem darum gehen, den Blick dafür zu öffnen, dass die zuvor genannten Beispiele aus unserem alltäglichen Leben in der Vergangenheit durchaus gelegentlich mit einer dritten, gesonderten Kategorie der »Freiheit« belegt worden sind (II). Erst im letzten Schritt will ich dann schließlich die systematische Frage angehen, ob es sich bei dem von mir bislang nur exemplarisch angedeuteten Modell von Freiheit tatsächlich um einen dritten Begriff handelt, der sich unserer herkömmlichen Zweiteilung nicht fügt; hier wird es darauf ankommen, nicht nur möglichst genau die Züge herauszuarbeiten, in denen sich die soziale Freiheit von den beiden anderen Freiheitsmodellen unterscheidet, sondern auch deutlich zu machen, warum wir in unserer Selbstverständigung auf diesen dritten Begriff nicht verzichten können (III).

I.

Wahrscheinlich ist es sinnvoll, mit einem Beispiel zu beginnen, das uns allen aus dem politischen Alltag unserer Gesellschaften wohlvertraut ist, ohne dass wir viel Mühe darauf verwenden, uns die Form des sich darin repräsentierenden Freiheitsvollzugs genauer vor Augen zu führen. Ich denke an unsere regelmäßige oder nur gelegentliche Mitwirkung an Prozessen der demokratischen Willensbildung, wie wir sie dann vollziehen, wenn wir an politischen Diskussionen teilnehmen, zu Protesten aufrufen, Stellungnahmen unterschreiben oder auch nur Handzettel auf einer Demonstration verteilen. Was an derartigen Handlungen zunächst und unmittelbar auffällt, ist, wie schwierig, ja unmöglich es ist, sie mit Hilfe der herkömmlichen Kategorie der negativen Freiheit zu beschreiben, obwohl wir sie doch wohl als individuelle Vollzüge von Freiheit wahrnehmen. Gewiss, wir machen bei politischen Stellungnahmen der genannten Art davon Gebrauch, dass uns ein rechtlich geschützter Raum der staatlichen Nichteinmischung zur Verfügung steht, der es uns erlaubt, unsere Überzeugungen in der Öffentlichkeit frei und ungezwungen kundzutun; aber bereits die Vorstellung, als Urheberin einer solchen Meinungskundgabe allein das isolierte, von allen anderen abgeschnittene »Ich« zu begreifen, wie es das Modell der negativen Freiheit nahelegt, erst recht aber der damit verknüpfte Gedanke, die Handlung als bereits mit dieser Kundgabe für abgeschlossen und also für das Ende des Freiheitsvollzugs zu halten, ist einigermaßen irreführend. Die politische Überzeugung, die in den öffentlichen Stellungnahmen geäußert wird, wäre irgendwie falsch beschrieben, wenn sie auf den privaten Willensentschluss eines einsam agierenden Subjekts zurückgeführt würde; die individuelle Willensbestimmung wird hier weder rein monologisch vorgenommen, noch zielt sie irgendwie auf eine bloß private Verwirklichung ihres Gehalts. Das Subjekt bezieht sich in seiner Äußerung vielmehr auf eine ganze Kette von bereits vorangegangenen Stellungnahmen, die es zu korrigieren oder zu verbessern versucht, so dass es angemessen nur als Mitglied eines vorgängig bereits konstituierten und ihm reflexiv stets präsenten »Wir« begriffen werden kann. Für den Vollzug der »freien« Handlung bedeutet das dementsprechend, dass sie mit der bloßen Kundgabe der eigenen Überzeugung noch gar nicht als abgeschlossen betrachtet werden kann; denn worauf die individuelle Stellungnahme abzielt und worin sie erst ihre Vollendung finden würde, so dass sie als vorläufig beendet betrachtet werden könnte, ist eine Reaktion des adressierten »Wir« oder einzelner seiner Vertreter, die mit ihren Stellungnahmen wiederum die politischen Überzeugungen der anderen Teilnehmer korrigieren oder verbessern wollen. Was diese Beschreibung nahezulegen scheint, ist die Vorstellung, dass die an der demokratischen Willensbildung Beteiligten ihre jeweiligen Meinungskundgebungen als derart ineinandergreifend verstehen können müssen, dass sie gar nicht umhinkommen, ein »Wir« zu unterstellen, an dessen Aufrechterhaltung sie selbst durch ihre Beiträge beteiligt sind.

Obwohl wir offensichtlich die Neigung besitzen, die Teilnahme an der demokratischen Willensbildung als einen individuellen Vollzug von Freiheit zu deuten, scheint diese daher nicht als eine Ausübung von bloß negativer Freiheit beschrieben werden zu können;[3] denn alle drei Bestandteile, die zusammengenommen dessen Eigenart ausmachen, finden hier keine plausible Anwendung: Weder darf der Aktor als ein privates Subjekt vorgestellt werden, das seine Handlungsabsichten nur je für sich formuliert hätte, noch ist er in der Ausführung seiner Handlung nur dann »frei«, wenn andere Akteure sich nicht »willkürlich« einmischen, und schließlich kommt seine Handlung nicht schon mit der Bekundung der eigenen Meinung an ihr Ende, weil diese doch erst abgeschlossen wäre, wenn die anderen Teilnehmer darauf in einer rational nachvollziehbaren Weise reagiert hätten. Die Handlungen meiner Mitbürgerinnen und Mitbürger stellen mithin keine Hindernisse für die Freiheit meines eigenen politischen Tuns dar, sie bilden auch nicht bloß dessen Ermöglichungsbedingung, sondern sie sind damit so intrinsisch verwoben, dass es schwerfällt, hier überhaupt von einem individuellen Akt zu sprechen; wir können diese demokratische Freiheit scheinbar nur im Zusammenwirken realisieren, indem wir unsere je individuellen Meinungsbekundungen als sich ergänzende Beiträge zum gemeinsamen Projekt einer allgemeinen Willensfindung verstehen.[4]

Ein Grund, warum diese »intersubjektive« oder »kooperative«

3 In dieselbe Richtung zielt: Bernard Crick, »Freedom as Politics«, in: P. Laslett/W. G. Runciman (Hg.), *Philosophy, Politics and Society*, Third Series, Oxford 1969, Bd. III, S. 194-214.

4 Vgl. Elizabeth Anderson, »The Epistemology of Democracy«, in: *Episteme* 3, 2006, S. 9-23. Einen großartigen Vorschlag mit derselben Absicht hat vor einhundertzwanzig Jahren bereits der britische Neohegelianer Bernard Bosanquet unterbreitet: Bernard Bosanquet, »The Reality of the General Will«, in: *International Journal of Ethics* 4 (1894), S. 308-321.

Struktur der politischen Freiheit so leicht aus dem Blick gerät, mag daran liegen, dass wir uns den Standardfall der demokratischen Teilnahme zumeist nach dem Muster des individuellen Gangs zur Wahlurne vorstellen; dann kann es nämlich so scheinen, als bestünde die Freiheit hier in dem einen, abgeschlossenen Akt, sich privat eine Meinung über die eigenen Präferenzen zu bilden und diese unbeeinflusst vom willkürlichen Eingriff anderer möglichst geheim zu hinterlegen. Aber ein solches Bild demokratischen Handelns, gegen das schon John Dewey Sturm lief, weil er darin das erforderliche Element der Partizipation ausgeblendet sah,[5] nimmt fälschlicherweise den Teil für das Ganze; es verkennt, dass dem Wahlgang öffentliche Diskussionen, eine freie Berichterstattung in den Medien und damit Prozesse der wechselseitigen Beeinflussung vorhergehen, die konstitutive, nicht zufällige Züge der Demokratie ausmachen.[6] Der Wahlgang selbst, der isoliert genommen vielleicht noch nach dem Modell der negativen Freiheit gedacht werden könnte, ist nur Ausschnitt aus einem viel umfassenderen Geschehen, welches durch geeignete Instrumente des Erfahrungs- und Meinungsaustauschs dafür Sorge tragen soll, dass individuelle Überzeugungen nicht einfach nur aggregiert, sondern zu einem möglichst rationalen »Gemeinwillen« zusammengeschweißt werden; aber auch selbst dort, wo eine solche Übereinstimmung über das Gemeinwohl nicht zustande kommen kann, weil darüber krass unterschiedliche Auffassungen vorherrschen, muss der entstehende Konflikt um die bessere Deutung wohl noch als ein kooperativer Prozess beschrieben werden. Wer an derartigen Prozessen der konsensuellen oder konflikthaften Willensfindung teilnimmt, kann sich die damit verknüpfte Ungezwungenheit und Freiheit nicht länger nach dem Muster einer möglichst ungestörten Umsetzung von nur privaten Interessen vorstellen; er muss sich, um überhaupt nur seine eigenen Absichten formulieren zu können, in die Überzeugungen anderer Personen hineinversetzen, diese als potentielle Korrekturinstanz akzeptieren und damit die demokratische Willensbildung als ein kooperatives Unterfangen verstehen können, das der Suche nach einem gemeinsamen Guten dient.

Damit nicht der irreführende Eindruck entsteht, nur die de-

5 Vgl. etwa John Dewey, »The Ethics of Democracy«, in: ders., *The Early Works*, Bd. I, Carbondale/Edwardsville 1969, S. 227-249.

6 Vgl. erneut: Elizabeth Anderson, »The Epistemology of Democracy«, a. a. O.

mokratische Willensbildung würde sich gegen eine Beschreibung in Begriffen der negativen Freiheit sperren, will ich ein anderes wohlvertrautes Beispiel aus unserem Alltag nennen, das bei allen Unterschieden ähnliche Züge trägt. Auch das Freundschafts- oder Liebesverhältnis, das von den meisten Menschen aufgrund seiner Ungezwungenheit und begleitenden Ich-Entschränkung wohl als ein Vollzug von Freiheit gedeutet werden dürfte, lässt sich kaum nach dem Muster der ungestörten Realisierung von nur privat gewonnenen Absichten verstehen. Schon die erste Prämisse der Konzeption negativer Freiheit findet hier keine plausible Anwendung: Jemand, der zu einer anderen Person eine aufrichtige Freundschafts- oder Liebesbeziehung unterhält, wird die innerhalb dieser Beziehung vollzogenen Handlungen zwar als »frei« verstehen, dabei aber seine Absichten überhaupt nur mit Bezug auf die Wünsche und Bedürfnisse seines Gegenübers formieren; keine Rede kann in einem solchen Fall davon sein, dass die freie Handlung ihren Ausgang von Interessen oder Vorsätzen nimmt, die ausschließlich im Willen eines einsamen Aktors verankert sind. Aber auch wenn der Begriff negativer Freiheit nicht so stark mit der Voranname eines isolierten Ichs ausgestattet wird, lässt er sich auf die eigentümliche Gestalt der Freiheit in der Liebe oder Freundschaft nicht sinnvoll anwenden: Die Eingriffe der anderen Person in die eigene Handlungssphäre werden hier nicht nur als nicht einschränkend empfunden, was ja mit der Bedingung noch vereinbar wäre, dass nur »arbitrary« oder »uncontrolled interferences« die Ausübung negativer Freiheit verhindern können sollen;[7] vielmehr sind die Willen der beteiligten Personen so aufeinander abgestimmt oder miteinander verzahnt, dass die Redeweise von den äußeren Eingriffen ihren ganzen Sinn verliert. Die Beschränkung des eigenen Willens mit Rücksicht auf den konkreten Anderen nimmt innerhalb von Freundschaften oder Liebesbeziehungen häufig einen Grad an, der es unmöglich macht, die »eigenen« Interessen oder Absichten noch von denen des Gegenübers deutlich und klar zu unterscheiden; die Bestrebungen beider Personen überlappen sich nicht nur in bestimmten Hinsichten, sondern greifen permanent ineinander, so dass deren Erfüllung aus einer geteilten Perspektive als ein ge-

7 Vgl. z. B. Philipp Petit, »Agency-Freedom and Option-Freedom«, in: *Journal of Theoretical Politics* 15 (2003), S. 387-403.

meinsames Anliegen wahrgenommen wird.[8] Wo aber die je individuellen Interessen mit denen des Anderen dermaßen verschmolzen sind, wo also zwischen »Mein« und »Dein« nicht mehr hinreichend zu unterscheiden ist, greift auch die Definition nicht länger, nach der sich die Freiheit einer Person daran bemessen soll, ob sie ihre »eigenen« Absichten ohne willkürliche Eingriffe hat verwirklichen können.

Schon an dieser Stelle wird deutlich, dass die beiden Beispiele der demokratischen Willensbildung und der persönlichen Beziehungen mehr Gemeinsamkeiten aufweisen, als es auf den ersten Blick erscheinen mag. Der Punkt, an dem die Anwendung des Modells der negativen Freiheit hier jeweils scheitert, ist nahezu identisch und hängt mit der Schwierigkeit zusammen, dass nicht klar ist, worin jener »eigene« Wille bestehen soll, an dessen unbeschränkter Realisierung sich die »freie« Handlung eines Individuums zu erweisen hat. Im Falle der demokratischen Willensbildung versteht ein Subjekt seine politischen Handlungen nur dann richtig, wenn es sie aus der stets mitlaufenden Perspektive eines »Wir« begreift, zu dessen permanenter Erneuerung es durch das Vorbringen seiner eigenen Überzeugungen beizusteuern versucht; aber das »Eigene« an diesen Überzeugungen stellt aufgrund der erforderlichen Bereitschaft zur Perspektivübernahme immer nur etwas sehr Vorläufiges und Tentatives dar, so dass es nicht als die stabile Ausgangsgröße genommen werden kann, an deren ungehinderter Realisierung sich die individuelle Freiheit bemessen soll. Ähnlich verhält es sich im Fall der Freundschafts- oder Liebesbeziehungen, bei denen die Grenzen zwischen den jeweils »eigenen« Absichten und denen des Gegenübers sogar noch stärker verlorengehen; auch hier werden dank einer stets unterstellten »Wir«-Perspektive die Pläne oder Ziele des Anderen von vornherein als intrinsischer Bestandteil in die Bestimmung der »eigenen« Willensabsichten einbezogen, so dass im Allgemeinen ein Ineinandergreifen der Bestrebungen beider Beteiligter zustande kommt. Für den einen wie für den anderen Fall kann daher aus demselben Grund gelten, dass sich das Modell der negativen Freiheit als nicht geeignet erweist, um die jeweils

8 Vgl. zur Unterscheidung von »overlapping« und »intertwining ends« die Überlegungen von Daniel Brudney, »Gemeinschaft als Ergänzung«, in: *Deutsche Zeitschrift für Philosophie* 58 (2010), S. 195-219.

praktizierten Formen von Freiheit zu bestimmen; diese bestehen in einem ungezwungenen Zusammenwirken, welches einen höheren Grad an kollektiver Übereinstimmung in den Handlungszielen voraussetzt, als jenes Modell zuzulassen vermag.

Nun ließe sich gegen die bislang entwickelte Argumentation einwenden, dass die aufgeführten Beispiele vielleicht Fälle nicht von negativer, sondern von positiver Freiheit darstellen; und da wir gelegentlich in unserem Alltag zur Klärung unserer normativen Kultur auch auf diese zweite Kategorie zurückgreifen – etwa dann, wenn wir auf die moralische Autonomie zu sprechen kommen –, wäre es doch ratsam, es mit Blick auf die beiden Beispiele einmal mit dem anderen der von Isaiah Berlin unterschiedenen Freiheitsmodelle zu probieren. Aber auch dieser Versuch erweist sich schnell als wenig geeignet, um zu bestimmen, welche Art von Freiheit wir in der demokratischen Willensbildung oder in der Liebe und Freundschaft realisieren. Mit Konzepten positiver Freiheit soll bekanntlich verhindert werden, dass wir eine individuelle Handlung allein schon deswegen »frei« nennen, weil ihr bei der Ausführung keine äußeren, willkürlich gesetzten Hindernisse im Wege stehen; zu diesem Zweck wird versucht, die Freiheit einer Handlung an die zusätzliche Bedingung zu knüpfen, dass durch sie höhere Ziele oder Werte realisiert werden – sei es wie bei Kant die Übereinstimmung mit moralischen Normen oder wie in der romantischen Tradition die Verwirklichung der eigenen Bedürfnisnatur.[9] Solange wir allerdings unter einer derart charakterisierten Freiheit wiederum nur eine Tätigkeit verstehen, die ein einzelnes Subjekt vollzieht, indem es eine ihm gegebene Fähigkeit (zum Beispiel der Normorientierung oder Bedürfnisartikulation) praktisch ausübt, scheint es auf der Hand zu liegen, dass sich mit ihrer Hilfe die zuvor beispielhaft genannten Handlungen nicht in ihrem Freiheitscharakter erschließen lassen; denn deren Besonderheit bestand doch gerade darin, dass mehrere Subjekte füreinander tätig sein mussten, um das zu realisieren, was sie aus ihrer je individuellen Perspektive als eine gemeinsame Ausübung von Freiheit erleben. Die Übereinstimmung mit der Vorstellung der positiven Freiheit besteht hier zwar vielleicht darin, dass sich auch die Bürgerinnen und Bürger

9 Vgl. zu diesem Spektrum der positiven Freiheitsbegriffe Raymond Geuss, »Auffassungen der Freiheit«, in: *Zeitschrift für philosophische Forschung* 49 (1995), S. 1-14.

oder die Liebenden und Freunde an gewissen Idealen orientieren müssen – sagen wir dem Gut einer gleichberechtigten Ausübung von Volkssouveränität oder dem Gut einer vertrauensvollen Intimität –, um in der gemeinten Weise füreinander tätig sein zu können; aber es ist dieses »Füreinander«, welches den ganzen Unterschied zur herkömmlichen Idee positiver Freiheit ausmacht, weil in der demokratischen Willensbildung oder in der Liebesbeziehung das erstrebte Gut nur verwirklicht werden kann, wenn mehrere Subjekte ungezwungen Handlungen vollziehen, die sich wechselseitig ergänzen und somit ein freies Zusammenwirken ermöglichen.

Allerdings könnte dieser Hinweis auch bedeuten, dass der Unterschied zwischen der positiven und der gesuchten Form von Freiheit nur in der Kategorie der jeweils verfolgten Güter besteht, nicht aber im Modus oder der Vollzugsweise selber: Während bei dem, was gewöhnlich als positive Freiheit bezeichnet wird, Güter oder Werte angestrebt werden, die in dem Sinne »individuell« sind, dass sie durch eine einzelne Person kraft ihrer Fähigkeiten alleine verwirklicht werden können, handelt es sich bei der hier gemeinten Form von Freiheit um die Verfolgung von Gütern oder Werten, die deswegen einen »kollektiven« Charakter besitzen, weil ihre Realisierung nur durch die vereinten Anstrengungen von mehreren Subjekten möglich ist. Gesetzt, diese Unterscheidung wäre plausibel, hätten wir es also bei der demokratischen Willensbildung oder der Freundschaft und Liebe mit einer kollektiven Version von positiver Freiheit zu tun – eine Möglichkeit, die Isaiah Berlin in seinem berühmten Essay immerhin gelegentlich streift, um sie dann aber wegen der ihr innewohnenden Gefahr der despotischen Zweckentfremdung sofort wieder zu verwerfen.[10] Die Gründe seiner Zurückweisung machen freilich auch deutlich, dass er sich den kollektiven Vollzug positiver Freiheit exakt nach demselben Muster vorstellt wie deren individuelle Ausübung: So nämlich, als müssten dabei die Mitglieder einer homogenen Gruppe alle dieselben Handlungen vollziehen, um in diesem Gleichklang diejenigen Werte oder Güter zu realisieren, in deren Erreichung das Ziel der Freiheit gesehen wird. Aber ein derartiges Bild entspricht natürlich in keiner Weise dem, was wir bislang über die Art der Freiheit in Erfahrung gebracht haben, die in der demokratischen Willensbildung oder in

10 Isaiah Berlin, »Zwei Freiheitsbegriffe«, a. a. O., S. 226-236.

Liebes- und Freundschaftsbeziehungen praktiziert wird; denn hier verhalten sich die Beteiligten untereinander gerade nicht wie die Mitglieder in einer gleichgeschalteten Gruppe, weil sie in Form von Aushandlungen erst immer wieder gemeinsam festlegen müssen, wie sie die sich aus der geteilten Wertorientierung resultierenden Handlungsverpflichtungen und damit ihre sich wechselseitig ergänzenden Beiträge aufgeteilt sehen möchten. Das »Wir«, das unter Bürgerinnen und Bürgern oder unter Liebenden und Freunden vorausgesetzt werden muss, ist daher ein ganz anderes, als es Isaiah Berlin in seiner Schilderung eines Kollektivs positiver Freiheit vor Augen hat: Hier ist man auf ein ethisches Ziel eingeschworen, das es durch die vorweg festgelegten Handlungsbeiträge aller Einzelnen zu verwirklichen gilt, dort dagegen teilt man zwar auch die Orientierung an bestimmten Werten, muss aber ständig neu aushandeln, in welcher Form die gemeinsamen Aufgaben im Lichte der fortlaufend miteinander reinterpretierten Ziele verteilt werden sollen. Bei aller Einschränkung seines Willens mit Rücksicht auf den Anderen behält daher der Einzelne in diesem zweiten Fall ein Mitspracherecht darüber, wie die jeweiligen Handlungen ineinandergreifen und sich wechselseitig ergänzen sollen; in der demokratischen Willensbildung wird das daran deutlich, dass die Teilnehmer bei der kooperativen Erzeugung eines gemeinsamen Willens jeweils entscheiden können, ob sie eher die Rolle des Sprechers oder Zuhörers, des Demonstranten oder Zuschauers übernehmen wollen, in der Liebe oder Freundschaft ist das daran zu erkennen, dass die Beteiligten immer wieder auch die Möglichkeit ergreifen können, ihr Gegenüber zu einer Neuverteilung der aus der gemeinsamen Bindung entstandenen Aufgaben und Verpflichtungen zu bewegen. Auf jeden Fall sind die Teilnehmer in den genannten Beispielen anders in das gemeinsam vorausgesetzte »Wir« einbezogen als die Mitglieder jenes Kollektivs, das sich Isaiah Berlin als Träger eines überindividuellen Prozesses der Verwirklichung von positiver Freiheit vorgestellt hat; sie behalten ein Mitspracherecht darüber, wie sie ihre auf das stets gemeinsam neu zu definierende Ziel gerichteten Absichten ineinandergreifen lassen wollen, um derart in der Freiheit des Anderen zugleich eine Bedingung auch ihrer eigenen Freiheit erblicken zu können. Halten wir daher vorläufig fest, dass auch die kollektive Version des Begriffs der positiven Freiheit nicht geeignet ist, um die Form von kooperativer Freiheit zu erschließen, die sich offenbar in den sozialen Praktiken der demokratischen Willensbildung oder der Liebe und Freundschaft vollzieht; hier scheint meine Freiheit darin zu bestehen, dass ich aufgrund der zwanglosen Verzahnung unserer Tätigkeiten in dem Anderen nicht eine Begrenzung, sondern eine Bedingung der Verwirklichung meiner eigenen Bestrebungen erblicken kann, ohne deswegen die Möglichkeit zu verlieren, über die Art dieser Verzahnung und über das zu erreichende Ziel mitzubestimmen. Bevor ich darangehe, den damit eröffneten Gedankengang weiterzuverfolgen, will ich aber zunächst prüfen, ob sich in der philosophischen Tradition bereits Hinweise auf ein solches drittes, soziales oder intersubjektives Modell von Freiheit finden lassen.

II.

Dass die Formen sozialer Praxis, die wir bislang am Beispiel der demokratischen Willensbildung und der persönlichen Beziehungen von Freundschaft und Liebe kennengelernt haben, zusammengenommen eine eigenständige Kategorie der Freiheit bilden, ist eine These gewesen, die spätestens seit Hegel in einer Unterströmung des politisch-philosophischen Denkens vertreten worden ist. Hegel selbst war der Überzeugung, dass die beiden Arten von Freiheit, die Isaiah Berlin später als »negativ« und als »positiv« bezeichnen wird, nicht die höchsten Stufen von Freiheit bilden können, die unter den Mitgliedern moderner Gesellschaften möglich sein sollen; stattdessen hat er für diese gesellschaftlichen Formationen eine dritte Stufe von Freiheit ins Auge gefasst, die er verschiedentlich als »objektiv« bezeichnet hat und über deren genaue Auslegung sich die Fachleute bis heute streiten. Der Grundgedanke, von dem Hegel sich dabei leiten lässt, ist zwar durchgängig in die Terminologie seines philosophischen Systems eingewoben, ist aber wohl auch unabhängig von diesem Rahmen in stark vereinfachter Form wiederzugeben: Wird die individuelle Handlung einer Person nur in dem »negativen« Sinn als frei begriffen, dass ihrer Ausführung keine Hindernisse in der äußeren Welt entgegenstehen dürfen, so bleibt dabei für Hegel unberücksichtigt, dass die ihr zugrundeliegenden Willensabsichten doch nur dann wirklich als frei gelten können, wenn sie von kausalen Zwängen unabhängig und daher in selbstgesetzten Gründen verankert sind. Die naheliegende Schlussfolgerung Kants, deswegen den Willen nur dann als frei zu betrachten, wenn seine Setzungen aus rationalen Erwägungen hervorgegangen sind, führt nach Hegel zu der ebenso misslichen Konsequenz, dann keine Gewähr dafür zu besitzen, dass diese selbstbestimmten Absichten auch wirklich in der objektiven Wirklichkeit realisiert werden können. Aus den Mängeln beider Freiheitskonzeptionen schließt Hegel in Form einer Synthese, dass eine vollständige Vorstellung individueller Freiheit erst dann gewonnen wäre, wenn die selbstgesetzten Vorsätze des Willens als durch die Wirklichkeit gefördert oder sogar »gewollt« gedacht werden könnten; und das hält Hegel in jenen »ethischen« Sphären moderner Gesellschaften für möglich, in denen die frei gewählten Absichten der Mitglieder derart ineinandergreifen, dass sie sich wechselseitig ergänzen und somit innerhalb der sozialen Wirklichkeit eine »gewollte« Erfüllung finden.[11]

Mit dieser eher formalen, sehr summarischen Darstellung ist freilich noch nicht allzu viel im Hinblick darauf gewonnen, was Hegel mit seiner Idee einer dritten, »objektiven« Freiheit eigentlich hat besagen wollen; hier differieren die Interpretationen erheblich in Abhängigkeit davon, als wie stark der Einfluss von Kant auf Hegels Freiheitsvorstellung angesehen wird. Robert Brandom zufolge »sozialisiert« Hegel nur die Kantische Vorstellung »positiver« Freiheit, indem er die individuelle Fähigkeit zur Selbstbindung an Normen abhängig macht von der Anerkennung durch die Mitglieder einer Gemeinschaft, die jedoch in ihrer anerkennenden Autorität ihrerseits wieder vom anerkannten Subjekt selbst anerkannt sein müssen; die daraus resultierenden Praktiken wechselseitiger Anerkennung konstituieren dann in der Deutung Brandoms jeweils die normativen Horizonte, in denen ein Subjekt dadurch von seiner positiven Freiheit einen allseits akzeptierten Gebrauch machen kann, dass es die von den Mitgliedern geteilten kulturellen Potentiale stets durch eigene »expressive« Initiativen erneuern kann.[12] Mit den bislang entwickelten Überlegungen berührt sich dieser Inter-

11 Zu dieser Rekonstruktion des freien Willens vgl. exemplarisch: G.W.F. Hegel, *Grundlinien der Philosophie des Rechts*, in: *Werke*, Bd. 7, Frankfurt/M. 1970, S. 29-87 (§§ 1-32).

12 Vgl. Robert Brandom, *Reason in Philosophy. Animating Ideas*, Cambridge/Mass. 2009, S. 72-77.

pretationsvorschlag darin, dass hier als Kern der Hegelschen Konzeption die Idee angesehen wird, die individuelle Freiheit an die Voraussetzung der Übernahme einer »Wir«-Perspektive zu binden; aber die Freiheit selbst, die durch diese Teilnahme an einer Gemeinschaft sich wechselseitig in ihrer Autonomie anerkennender Subjekte ermöglicht werden soll, wird in der Hegel-Deutung Brandoms wiederum nur als ein individueller Vollzug begriffen, nämlich als die expressiven Akte je Einzelner, durch die der gemeinsam geteilten Kultur neue Akzente verliehen werden. Demgegenüber glaube ich, dass Hegel auch die durch wechselseitige Anerkennung ermöglichte Freiheit ihrerseits selbst noch als eine gemeinsame oder kooperative Praxis verstanden wissen wollte, weil sich in dieser die Handlungsabsichten der Einzelnen jeweils derart ergänzen, dass sie erst dadurch zu dem gewünschten Abschluss gelangen können; insofern stellt nach meiner Deutung die Freiheit in ihrer »objektiven« Bedeutung für Hegel etwas dar, das nicht ein individuelles Subjekt je für sich, sondern nur in der geregelten Interaktion gemeinsam mit anderen vollziehen kann. Ähnliche Vorbehalte habe ich gegenüber der profunden Deutung, die Frederick Neuhouser der Hegelschen Idee der »objektiven« Freiheit gegeben hat, deren auf die Subjekte bezogene Seite er einschränkend als »soziale Freiheit« zu rekonstruieren versucht. Danach lässt sich Hegel in seiner Rechtsphilosophie von der Vorstellung leiten, dass ein vollständiger Begriff der individuellen Freiheit zusätzlich all die institutionellen Bedingungen beinhalten muss, die es den Gesellschaftsmitgliedern erlauben, ihren partikularen Identitäten zwanglos in sozialen Rollen eine äußere Gestalt zu verleihen und zudem diesen institutionell eröffneten Wegen der Selbstverwirklichung subjektiv ihre Zustimmung zu geben.[13] Auch hier wird daher wieder die individuelle Freiheit an die Voraussetzung gebunden, sich in eine »Wir«-Perspektive versetzen zu können, die es ermöglicht, die Aufrechterhaltung bestimmter, nämlich freiheitsverbürgender Institutionen als im gemeinsamen Interesse liegend zu verstehen; aber wie bei Brandom, so wird auch bei Neuhouser die Ausübung dieser »sozial« bedingten Freiheit erneut nur als ein Akt verstanden, den jedes Mitglied je für sich vollziehen können soll, ohne dabei der rezipro-

13 Frederick Neuhouser, *Foundations of Hegel's Social Theory. Actualizing Freedom*, Cambridge/Mass. 2003, Kap. 5.

ken Handlung eines anderen Subjekts zu bedürfen. Meiner Überzeugung nach aber will Hegel mit seiner Konzeption von Freiheit auf eine viel stärker intersubjektive Vorstellung hinaus: Der Einzelne kann die ihm durch bestimmte Institutionen eröffneten Freiheiten nur dann verwirklichen, wenn er in Kooperation mit anderen handelt, deren Absichten also zu einem Bestandteil seiner eigenen Absichten macht. Es ist für Hegel insofern nicht nur erforderlich, dass dem individuellen Vollzug von Freiheit die Übernahme einer »Wir«-Perspektive vorausgeht, die entweder die Konstitution einer Anerkennungsgemeinschaft oder ein gemeinsames Engagement für freiheitsgarantierende Institutionen ermöglicht; vielmehr muss für ihn ein solcher Vollzug von Freiheit selbst in der Antizipation eines »Wir« vorgenommen werden, von dem aus zu erwarten ist, dass mein Gegenüber die meinen Absichten oder Bedürfnissen korrespondierenden Handlungen vollzieht. Erst diese doppelte Intersubjektivität, als Voraussetzung und als herzustellendes Ziel meiner freien Handlungen, lässt verständlich werden, warum Hegel immer wieder die Liebe als Paradigma seiner eigenen Vorstellung von Freiheit begreift: Hier ist nach der berühmten Formulierung der Eine in der Weise »bei sich selbst« im Anderen, dass er dessen auf ihn gerichtete Handlungen als Bedingung der Realisierung seiner eigenen, selbstbestimmten Absichten verstehen kann.[14]

Wie allerdings die berühmte Formel vom »Bei-sich-selbst-Sein-im Anderen« schon nahelegt, hat Hegel mit seiner Idee einer »objektiven« Freiheit weitaus mehr intendiert, als nur in therapeutischer Absicht auf bestimmte Möglichkeiten des zwanglosen und daher freiheitlichen Zusammenwirkens in modernen Gesellschaften hinzuweisen;[15] letztlich wollte er mit seinem Ansatz darauf hinaus, unser ganzes Weltverhältnis als ein derartiges Wiedererkennen der eigenen Zielsetzungen im Anderen der objektiven Realität zu deuten, um damit idealistisch die Möglichkeit unserer Freiheit im Umgang auch mit der dinglichen Umwelt zu unterstreichen. Für unsere Zwecke aber genügt es, sich auf seine Ausführungen zur sozialen Welt zu beschränken, da es vor allem diese waren, die später von einigen Autoren aufgegriffen und mit neuen Zielsetzungen

14 Vgl. etwa: G.W.F. Hegel, *Grundlinien der Philosophie des Rechts*, a.a.O., §7, Zusatz.

15 Vgl. Axel Honneth, *Leiden an Unbestimmtheit. Eine Reaktualisierung der Hegelschen Rechtsphilosophie*, Stuttgart 2001, bes. Kap. 4.

versehen worden sind. Schon im französischen Frühsozialismus findet sich in der Kritik an den damals expandierenden Marktverhältnissen eine Vorstellung von Freiheit, die nur angemessen zu verstehen ist, wenn ihre Wurzeln bis auf Hegels Rechtsphilosophie zurückverfolgt werden; anders als im Freiheitsverständnis des bürgerlichen Rechts, dem man die Legitimierung der rein privaten Interessenverfolgung auf dem kapitalistischen Markt vorwirft, soll in den Schriften von Fourier oder Proudhon unter Freiheit ein solidarisches Füreinandertätigsein verstanden werden, wie es sich nach Ansicht beider vorbildhaft in der zwanglosen Kooperation unter Handwerkern zeigt – ganz im Sinne von Hegel heißt es daher bei Proudhon, dass die individuelle Freiheit eines jeden von nun an nicht mehr »als eine Schranke«, sondern als eine »Hilfe« für die Freiheit aller anderen gedacht werden müsse.[16] Noch viel stärker als bei den Frühsozialisten tritt die Abhängigkeit von Hegels Freiheitsbegriff aber in den Frühschriften von Marx zutage, in denen das Bild einer sozialen Gemeinschaft umrissen wird, in der die Mitglieder nicht länger »gegeneinander«, sondern »füreinander« tätig sein sollen; hier finden wir den von nun an für den Sozialismus leitenden Gedanken, dass von einer wirklichen Freiheit unter den Gesellschaftsmitgliedern nur dort die Rede sein kann, wo die Handlungsvollzüge der Einzelnen sich derart ergänzen, dass die Freiheit des Einen eine Voraussetzung für die Freiheit des Anderen bildet.[17] Wie für seine Vorgänger in Frankreich stellt auch für Marx dabei das spielerische Ineinandergreifen der Handlungsvollzüge in der handwerklichen Kooperation das konkret-historische Vorbild dar; nach seiner Auffassung sind die Subjekte in derartigen Interaktionen in einer besonderen Weise »frei«, weil sie von den jeweils anderen Beteiligten wissen können, dass diese die Ausführung des eigenen Anteils an den mitlaufend koordinierten Handlungsplänen begrüßen und somit darin eine zugleich als notwendig begriffene und willkommen geheißene Ergänzung ihrer jeweiligen Absichten sehen würden – schon die Redeweise vom »Sich-wechselseitig-Ergänzen« macht deutlich, wie viel an Anregungen dieses Kooperationsmodell von Marx der Hegelschen Freiheitskonzeption verdankt. Der

16 Pierre-Joseph Proudhon, *Bekenntnisse eines Revolutionärs* [1849], übersetzt von Arnold Ruge, Reinbek b. Hamburg 1969, S. 150.

17 Vgl. dazu erneut: Daniel Brudney, »Gemeinschaft als Ergänzung«, a. a. O.

Versuch nun, sich die Sozialintegration einer zukünftigen Gesellschaft vollständig nach dem Muster einer solchen ungezwungenen Kooperation zu denken, nämlich als eine Gemeinschaft »füreinander« tätiger Subjekte, macht nach meiner Auffassung wohl den innersten ethischen Impuls des Sozialismus aus; hier wird die soziale Vollzugsform von Freiheit, die Hegel nur in einzelnen Sphären moderner Gesellschaften am Werk hat sehen wollen, im Grunde genommen undifferenziert auf die Gesamtgesellschaft übertragen, indem deren Mitglieder als Kooperationspartner vorgestellt werden, die wechselseitig um die Befriedigung der Bedürfnisse des jeweils Anderen bemüht sind. Ich will auf die vielen Schwierigkeiten, die diese ursprüngliche Vision des Sozialismus mit sich gebracht hat, hier nicht weiter eingehen, weil darin das Erfordernis einer funktionalen Differenzierung moderner Gesellschaften fahrlässig ignoriert worden ist;[18] mir kommt es im vorliegenden Kontext nur darauf an, an eine Unterströmung des politisch-philosophischen Denkens zu erinnern, in der die Idee einer originär sozialen Freiheit schon im 19. Jahrhundert geltend gemacht worden ist. Im darauffolgenden Jahrhundert ist ein ähnlicher Gedanke dann von Hannah Arendt aufgegriffen worden, die ihren Begriff demokratischen Handels durchgängig so verstanden wissen wollte, dass darin die ursprüngliche Intersubjektivität der menschlichen Freiheit zum Ausdruck kommen soll; erst in der politischen Sphäre, wenn darunter ein Raum der öffentlichen Auseinandersetzung über das gemeinsam zu verfolgende Gute verstanden wird, sind wir nach ihrer Überzeugung wirklich »frei«, weil der Einzelne dann die ihm kausal aufgenötigten Privatbelange abgestreift und im intersubjektiven Austausch der Argumente eine Erweiterung seiner zuvor nur egozentrischen Perspektive vorgenommen haben muss.[19] Während allerdings für Hannah Arendt gewiss nicht gelten kann, dass sie ihren Begriff der sozialen Freiheit den Anregungen Hegels verdankt, lässt sich das für den letzten der von mir hier zu benennenden Vertreter jener untergründigen Tradition mit umso größerem Recht behaupten: Im deutlichen Rückgriff auf Hegel hat John Dewey zeit seines Lebens die Auffassung vertreten, dass die individuelle Frei-

18 Vgl. dazu: Axel Honneth, *Die Idee des Sozialismus. Versuch einer Reaktualisierung*, Berlin 2015, Kap. 4.

19 Vgl. exemplarisch: Hannah Arendt, *Vita Activa oder Vom tätigen Leben*, München 1967, Zweites Kapitel, 7; Fünftes Kapitel, 24f.

heit falsch verstanden wäre, wenn sie ausschließlich als Vermögen oder Besitz eines einsamen Subjekts vorgestellt würde; vielmehr steigert sich nach seiner Meinung der Grad unserer Freiheit mit jeder sozialen Kooperation, an der wir aktiv teilnehmen, weil wir umso mehr unserer Absichten und Wünsche zwanglos verwirklichen können, je vielfältiger die Interaktionen sind, in denen wir dabei auf den Zuspruch und die Mitwirkung von Anderen rechnen können. Wie schon für Hegel stellt daher auch für Dewey der Beitrag zur arbeitsteiligen Verwirklichung eines gemeinsamen Ziels die eigentliche Vollzugsform individueller Freiheit dar, weil hier die Realisierung meines »Willens« vom Anderen selbst noch einmal gewollt wird. Ich will meine kurze Rückerinnerung an eine weitgehend vergessene Tradition daher mit einem Zitat Deweys beschließen, in dem dieses Grundmotiv der Idee sozialer Freiheit noch einmal sehr schön zum Ausdruck kommt: »Liberty is«, so heißt es bei dem amerikanischen Pragmatisten, »that secure release and fulfillment of personal potentialities which take place only in rich and manyfold association with others: the power to be an individualized self making a distinctive contribution and enjoying in its own way the fruits of association.«[20]

III.

Gegen das bislang unterbreitete Plädoyer für einen dritten, sozialen Begriff der Freiheit mögen die Anhänger Isaiah Berlins nun allerdings einwenden, dass darin die fatale Neigung zum Ausdruck gelangt, den Wert der Freiheit mit anderen Idealen unter uns Menschen zu verwechseln; ebenso wenig wie wir in den Begriff der individuellen Freiheit untergründig das Ziel der sozialen Gerechtigkeit hineinschmuggeln sollten, dürfen wir diesen unter der Hand mit Zielen eines solidarischen Zusammenlebens ausstatten, weil beides gleichermaßen bedeuten würde, den unaufhebbaren Pluralismus unserer Werte zu ignorieren und den möglichen Konflikt zwischen ihnen nicht wahrhaben zu wollen.[21] Ich will im letzten Teil meines

20 John Dewey, *The Public and Its Problems*, in: ders, *The Later Works 1925-1953*, Bd. 2, Carbondale//Edwardsville 1988, S. 235-372, hier S. 329.

21 Vgl. Isaiah Berlin, »Zwei Freiheitsbegriffe«, a. a. O., S. 250 ff.

Vortrags diesem möglichen Einwand zuvorkommen, indem ich zunächst an den besagten Interaktionsmustern noch einmal das Freiheitsmoment herausarbeite, um dadurch in einem ersten Schritt zu belegen, dass es sich hier tatsächlich um eine gesonderte Form von Freiheit handelt; in einem zweiten Schritt will ich dann zeigen, dass der Vollzug dieser Freiheit in oder durch kooperative Handlungen nicht an die gemeinsame Verfolgung des immer gleichen Ziels gebunden sein muss, sondern mit dem Erreichen ganz verschiedener Werte vereinbar sein kann; insofern wäre das gleichbleibende Moment an solchen Praktiken die besondere Form sozialer Freiheit, während die damit verfolgten Werte durchaus variieren können und insofern nicht mit der zugrundeliegenden Freiheit selbst verwechselt werden dürfen.

Blicken wir noch einmal auf die bislang aufgeführten Beispiele sozialer Freiheit zurück – die demokratische Willensbildung, die Liebe und die Freundschaft und bei den Sozialisten schließlich auch die ökonomische Produktion –, so war das erste auffallende Moment daran stets, dass die beteiligten Subjekte sich als Mitglieder eines »Wir« verstehen müssen, ohne deswegen aber ihre individuelle Selbständigkeit zu verlieren; zwar ist die erfolgreiche Durchführung der Handlungen, die sie vollziehen wollen, an die Voraussetzung eines komplementären Handlungsvollzugs von Seiten des oder der Anderen gebunden, so dass eine reziproke Übernahme der »Wir«-Perspektive vorliegen muss, aber das bedeutet keinesfalls, dass sie gemeinsam ein Kollektiv bilden, das wie ein einstimmiges, bloß erweitertes »Ich« handelt. Wir können die sozialontologische Position, auf deren Grundlage solche intersubjektiven Freiheitsvollzüge beschrieben werden können, mit Philip Pettit als »holistischen Individualismus« bezeichnen; damit ist die Annahme gemeint, dass zur Realisierung bestimmter Vermögen des Menschen soziale Gemeinschaften und damit nur holistisch zu beschreibende Entitäten erforderlich sind, die aber nicht etwa die Existenz von unabhängigen Individuen ausschließen.[22] Aber warum sollen individuelle Handlungen, deren Ausführung eine Gemeinschaft von kooperationsbereiten Subjekten voraussetzt, überhaupt als Elemente einer besonderen Klasse von Freiheit be-

22 Philipp Pettit, *The Common Mind. An Essay on Psychology, Society and Politics*, Oxford 1993, S. 271 f.

griffen werden? Was ist an solchen zwanglos ineinandergreifenden Handlungen so besonders, dass es gerechtfertigt werden kann, für sie eine neue Kategorie von Freiheit einzuführen, die distinkt von den bislang als hinreichend angesehenen Kategorien der negativen und der positiven Freiheit sein soll? Hier geben meiner Überzeugung nach Hegel und John Dewey die besten Auskünfte, weil sie auf dasjenige Phänomen hinweisen, das Aspekte der Antwort enthält; beide sind der Auffassung, dass das Besondere der reziproken Durchführung solcher zwanglos ineinandergreifenden Handlungen darin besteht, den eigenen Beitrag als jeweils von der anderen Seite gewollt erfahren zu können. Im Unterschied zu allen anderen Handlungsvollzügen, die wir entweder als »negativ« oder als »positiv« frei verstehen können, zeichnet sich diese Klasse kooperativer Handlungen dadurch aus, dass wir wechselseitig die Zustimmung des Gegenübers voraussetzen und daher unsere eigenen Handlungen mit einem Bewusstsein zwanglosen Entgegenkommens durchführen können; es sind vom Interaktionspartner nicht nur keine willkürlichen Eingriffe zu erwarten, vielmehr darf man darauf vertrauen, dass das, was man selbst freiwillig tut, von dem Anderen oder allen anderen Beteiligten wiederum freiwillig gewünscht wird. Technisch gesprochen, erhöht sich dadurch der Grad der Zwanglosigkeit einer kommunikativen Handlung nicht nur, weil beide Seiten wechselseitig voneinander wissen, dass sie eine frei gewählte Handlung vollziehen, sondern auch, weil die Durchführung dieser jeweiligen Handlung einen autonom hervorgebrachten Wunsch des jeweils Anderen erfüllt. Hegel betont an diesem Vollzug sozialer Freiheit daher vor allem die kognitive Seite, die in der reflexiven Struktur des gemeinsam geteilten Wissens bestehen soll, während Dewey daran viel stärker die affektive Seite hervorhebt, die er im Genuss der Erfahrung erblickt, dass die eigenen Handlungsbeiträge von den beteiligten Anderen als Bereicherungen oder sogar Vollendungen ihrer noch unabgeschlossenen Handlungen angesehen werden.

Der Vollzug einer solchen Form von Freiheit erfordert allerdings, wie bereits die Rede vom begleitenden Bewusstsein eines »Wir« kenntlich macht, dass die Beteiligten gemeinsame Ziele oder Werte verfolgen, weil sie erst dadurch gehalten sind, bei der Formierung ihrer eigenen Absichten diejenigen der anderen zu berücksichtigen; jeder der Teilnehmer beschränkt sich hier auf die Durchführung allein von solchen Handlungen, von denen er wissen kann, dass sie zur Bereicherung des untereinander geteilten Zweckes beitragen. Wie die positive Freiheit an die Voraussetzung eines reflexiven Aktes der Selbstbestimmung oder Selbstartikulation geknüpft ist, so ist daher die soziale Freiheit an die Voraussetzung der Herausbildung eines gemeinsamen Willens gebunden; wo ein solcher nicht vorliegt und dementsprechend die Perspektive eines »Wir« von den Subjekten nicht eingenommen werden kann, vermag sich in deren Bewusstsein auch kein übereinstimmendes Schema der Kooperation zu formieren, das es ihnen erlauben würde, durch ihre sich ergänzenden Handlungsbeiträge »füreinander« tätig zu werden. Insofern ist der Begriff der sozialen Freiheit – anders als der Begriff der negativen, aber wie der Begriff der positiven Freiheit – eine selektive Kategorie der menschlichen Freiheit; er bezeichnet nicht ein allgemeines, bedingungsloses Vermögen von Subjekten, sondern nur eines, dessen Ausübung an die Bedingung der Existenz von bestimmten sozialen Voraussetzungen gebunden ist, nämlich der Zugehörigkeit zu einer Gemeinschaft ethisch übereinstimmender Mitglieder.

Wie wir bereits gesehen haben, darf diese Voraussetzung der Mitgliedschaft in einer ethischen Gemeinschaft jedoch nicht dahingehend missverstanden werden, als ob die Beteiligten damit ihre Fähigkeit zur Eigeninitiative und Selbständigkeit restlos verloren hätten. Warum dem nicht so sein kann, können wir jetzt freilich genauer formulieren, weil wir inzwischen wissen, dass im Fall der sozialen Freiheit der eigene Handlungsbeitrag stets als die Erfüllung der autonom hervorgebrachten Wünsche oder Absichten eines Gegenübers gelten muss; diese Voraussetzung bleibt nämlich nur so lange in Kraft, wie demselben Anderen gleichzeitig die Möglichkeit eingeräumt wird, das untereinander ausgehandelte Kooperationsschema dann in Frage zu stellen, wenn sich seine individuelle Bedürfnis- oder Interessenlage geändert hat. Weil ein solcher Anspruch aber wechselseitig zugestanden werden muss, damit alle Beteiligten ihre Beiträge als Bereicherungen des autonomen Wunsches der jeweils Anderen begreifen können, muss gelten, dass der Vollzug sozialer Freiheit an die Voraussetzung des anerkannten Anspruchs eines jeden gebunden ist, über das gemeinsam zu praktizierende Kooperationsschema jederzeit mitzubestimmen.

Allerdings darf dieses »Mitspracherecht« – oder besser: dieser anerkannte Anspruch – nun seinerseits nicht nach dem Muster der »negativen« oder »positiven« Freiheit aufgefasst werden, so als rage damit eine andere Form der individuellen Freiheit gleichsam wie von außen stets in den Vollzug von sozialer Freiheit hinein. Was die Teilnehmer geltend machen, wenn sie das bislang vereinbarte Kooperationsschema in Frage stellen, ist nämlich weder das Ergebnis einer rein privaten Interessenabwägung noch das Resultat einer rein individuellen Selbstbestimmung, wie sie Kant vor Augen hatte; vielmehr erkunden sie ihren Willen vor dem normativen Hintergrund der gemeinsam eingegangenen Verpflichtungen, um zu überprüfen, ob sich ihr Wille mit dem ausgehandelten Kooperationsschema noch in Übereinstimmung befindet. Der Unterschied besteht darin, dass die Beteiligten diese Selbsterkundung nicht von einem ethischen Nullpunkt aus vornehmen, wie es die Modelle der negativen oder positiven Freiheit jeweils suggerieren, sondern unter Akzeptanz der Verpflichtungen, die sie um der Verfolgung der gemeinsamen Ziele willen den anderen gegenüber bereits besitzen; daher werden sie Vorschläge zur Neuanpassung des Kooperationsschemas, die ihnen aufgrund ihrer gewandelten Bedürfnis- oder Interessenlage erforderlich erscheinen, nur jeweils in dem Umfang vorbringen, wie ihnen dies mit den geteilten Zielsetzungen noch als vereinbar gilt. Der Anspruch auf Mitsprache, welchen die Beteiligten in Hinblick auf die Verteilung von Lasten und Verpflichtungen in Liebesbeziehungen, Freundschaften oder demokratischen Gemeinschaften besitzen, kommt nicht von außen, sondern ist intrinsischer Bestandteil der sozialen Freiheit, die sie gemeinsam in solchen Beziehungen genießen.

Diese Überlegungen leiten zu dem letzten Punkt meines Beitrags über, in dem ich auf die Frage zurückkommen will, ob mit dem Vorschlag eines dritten, sozialen Modells der Freiheit nicht der Fehler einer Verwechslung des Werts der Freiheit mit dem Wert der Solidarität begangen wird. Ein solcher Vorwurf scheint nahezuliegen, weil die Beteiligten in den genannten Fällen ihre Handlungsabsichten ja nur deswegen so bruchlos ineinandergreifen lassen können, weil sie gemeinsam dasselbe Ziel eines vertrauensvollen Zusammenhalts anstreben, mag dieses auch so unterschiedliche Gestalten wie die sexuelle Intimität in der Liebe, die wechselseitige Unterstützung in der Freundschaft oder die gleichberechtigte Willenserkundung in der demokratischen Gemeinschaft annehmen;

das, worum es dabei allen Mitwirkenden jeweils geht, so lautet der Einwand, ist die vereinte Verwirklichung des Gutes der Solidarität und nicht, wie ich es wahrhaben möchte, des Wertes einer besonderen Form von Freiheit. Allerdings verlangt dieser Einwand nun, genauere Angaben darüber zu machen, worin der Wert des solidarischen Zusammenhalts für uns Menschen eigentlich bestehen soll; und dabei stößt man auf die eigentümliche Schwierigkeit, zwar auf so positive Erfahrungen wie die eines wechselseitigen Vertrauens oder die einer beiderseitigen Hilfestellung verweisen zu können, damit aber noch nicht wirklich zu erklären, was die besondere Qualität der Solidarität für uns ausmacht. Wie wäre es daher, wenn es sich anders verhalten würde, wenn nämlich die unterschiedlichen Gestalten des solidarischen Zusammenhalts ihren Wert für die Beteiligten nur daraus bezögen, dass sie verschiedene Spielarten der sozialen Freiheit bildeten? Dann würde sich das, was für uns Menschen die Liebe, die Freundschaft oder das demokratische Zusammenwirken so erstrebenswert macht, nicht einfach durch den Verweis auf das Gut der Solidarität erklären lassen; vielmehr würde diese umgekehrt ihren Wert für uns letztlich überhaupt nur daraus beziehen, dass sie in verschiedenen Weisen den Vollzug einer Freiheit erlaubt, in der der Andere nicht, wie gewöhnlich, als Grenze, sondern als Ermöglichungsbedingung unserer eigenen Absichten erlebt wird. Wir erstreben solidarische Beziehungen nicht um ihrer selbst, sondern um der besonderen Form von Freiheit willen, die sie in jeweils unterschiedlichen Gestalten verkörpern; was uns daran anzieht, was diese Beziehungsformen für uns erstrebenswert macht, ist die im sonstigen Sozialleben ausgeschlossene Erfahrung, unsere eigenen Absichten und Wünsche in den komplementären Absichten und Wünschen eines Gegenübers derart gespiegelt zu sehen, dass wir sie nur im Füreinander-tätig-Sein gemeinsam realisieren können.

Wir können, so lässt sich aus diesen Überlegungen schließen, den Wert solidarischer Beziehungen gar nicht bestimmen, ohne dabei jeweils auf positive Erfahrungen sozialer Freiheit zu verweisen – aber nicht nur das: in evaluativer Hinsicht stellt die Idee sozialer Freiheit sogar den Oberbegriff für die verschiedenen Spezialfälle solidarischer Beziehungen dar, weil sich das, was diese jeweils wertvoll für uns macht, sich stets nur mit Bezugnahme auf jenes »Sich-Wiederfinden-im-Anderen« erläutern lässt, das mit der

Idee gemeint ist. Die »soziale Freiheit« verhält sich zur Solidarität wie »type« zu »token« – deren unterschiedliche Gestalten bilden empirische Realisierungen dessen, was das Füreinander-tätig-Sein zu einem menschlichen Gut macht. Dann aber kann der Vorwurf nicht gelten, dass in der Idee sozialer Freiheit der Wert der Freiheit fälschlicherweise mit dem Wert der Solidarität verwechselt wird. Es ist genau umgekehrt; wir könnten uns den Wert bestimmter Formen sozialen Zusammenseins gar nicht angemessen vor Augen führen, stünde uns neben den Begriffen der »negativen« und der »positiven« Freiheit nicht noch ein dritter Begriff der Freiheit zur Verfügung, der uns klarmacht, dass wir um der Erfahrung einer vollkommenen Zwangslosigkeit im eigenen Handeln willen solche Formen des Zusammenseins erstreben. Das Besondere dieser dritten Form der Freiheit ist der komplette Wegfall all der Hindernisse, die die Absichten der anderen Mitsubjekte im Allgemeinen für mich bilden; nur hier finde ich daher in der sozialen Welt die Art von »Heimat«, von der schon Hegel wusste, dass sie allein dort existiert, wo ich im Anderen bei mir selbst sein kann. Lassen Sie mich damit schließen, dass es unter den historischen Bedingungen einer wachsenden Verrechtlichung und Ökonomisierung unserer Kultur, also der Zunahme einer nur »negativ« verstandenen Freiheit, an der Zeit sein mag, an die verschüttete Tradition der Idee »sozialer« Freiheit zu erinnern.

II. Deformationen sozialer Freiheit

Die Krankheiten der Gesellschaft

Annäherungen an einen nahezu unmöglichen Begriff

Die Rede von den »Krankheiten der Gesellschaft« ist schon seit langer Zeit im Guten wie im Schlechten ein fester Bestandteil unserer praktisch-ethischen Selbstverständigungen; wir sind davon überzeugt, dass sich von einer Pathologie oder Fehlorganisation nicht nur mit Blick auf den Organismus und die Psyche des Individuums sprechen lässt, sondern auch mit Bezug auf ganze Sozialverbände und Gesellschaften. Im Grunde genommen wird die Möglichkeit, derart zu denken und somit dem Gemeinwesen selbst ein internes Prinzip des intakten Funktionierens zu unterstellen, bereits mit Platons berühmtem Dialog über die »Politeia«, die ideale Verfassung einer freiheitlichen Staatsordnung, eröffnet: Sobald dieser nämlich im vierten Buch seiner Schrift darangeht, den Staatskörper in Analogie zur Einzelperson zu betrachten, um aus der Wohlgeordnetheit der verschiedenen Seelenkräfte normative Rückschlüsse auf die Prinzipien einer gerechten Gesellschaftsverfassung zu ziehen, ist einer wechselseitigen Übertragbarkeit von Psychologie und Politik der Weg bereitet und damit die Chance der Rede von einer »kranken« oder pathologischen Gesellschaft gegeben.[1] Seither geistert die Vorstellung, dass auch gesellschaftliche Systeme in Gänze erkranken können, durch all die Diskurse, in denen über die Ideal- und Verfallsformen sozialer Verbände nachgedacht wird; sie findet sich nicht nur in Werken der Romanliteratur – man denke nur an Tolstoi oder Čechov, Flaubert oder Thomas Mann –, sondern auch in Schriften der philosophischen und soziologischen Tradition, wo sie sich spätestens seit Rousseaus berühmter Zweiten Abhandlung über die »Ungleichheit unter den Menschen« eingebürgert hat.[2]

1 Platon, *Politeia*, in: ders., *Sämtliche Werke, Band 2*, hg. von Ursula Wolf, übersetzt von Friedrich Schleiermacher, Reinbek b. Hamburg 2013, S. 195-537, hier 433a-445a; vgl. insgesamt dazu: Arbogast Schmitt, *Der Einzelne und die Gemeinschaft in der Dichtung Homers und in der Staatstheorie bei Platon. Zur Ableitung der Staatstheorie aus der Psychologie*, Stuttgart 2000.

2 Vgl. zu dieser Tradition: Axel Honneth, »Pathologien des Sozialen. Tradition und Aktualität der Sozialphilosophie«, in: ders., *Das Andere der Gerechtigkeit. Aufsätze zur praktischen Philosophie*, Frankfurt/M. 2000, S. 11-69.

Allerdings haftet dieser Idee einer erkrankten Gesellschaft von Anfang an nicht nur die Gefahr an, beliebig zum Zwecke der Herabwürdigung anderer Gemeinwesen verwendet werden zu können; zwar wird ein solcher Missbrauch, die Titulierung des zum Feind erklärten Kollektivs als »entartet« oder »artfremd« und damit »krank«, gerade in der deutschen Geschichte des 20. Jahrhunderts mit besonderer Perfidie betrieben; aber das ist nicht die einzige Untiefe, die uns an der Übertragung des Krankheitsbegriffs auf ganze Gesellschaften beunruhigen muss. Dem Gedanken wohnt vielmehr seit jeher auch die große Schwierigkeit inne, dass an ihm nicht wirklich klar ist, wer hier eigentlich erkrankt sein soll: Ist es nur eine hinreichend große Menge an Einzelpersonen, ist es das wie ein Großsubjekt verstandene Kollektiv, oder ist es gar die »Gesellschaft« selbst, die durch eine bestimmte Fehlorganisation der sozialen Einrichtungen derart in ihrer Funktionstüchtigkeit beeinträchtigt sein soll, dass wir getrost von einer sozialen »Krankheit« sprechen können? Für alle drei Alternativen der Zurechnung – die vereinzelten Individuen in der Summe ihrer Erkrankungen, das Kollektiv mit einem nur ihm eigenen Krankheitsbild, die Gesellschaft als selbst von krankhaften Zuständen befallen – finden sich in der entsprechenden Literatur jeweils genügend Belege; so sprechen etwa Freud und Sartre ausdrücklich von der »kollektiven Neurose« und haben also die homogene Gruppe als Träger der sozialen Erkrankung im Blick, der Soziologe Émile Durkheim bezieht sich, wenn er von der sozialen »Anomie« oder »Pathologie« redet, auf eine Funktionsuntüchtigkeit der Gesamtgesellschaft, und die Mehrzahl der heute die Idee verwendenden Autorinnen und Autoren hat schließlich wohl kaum mehr vor Augen als eine Ansammlung von je individuell durch gesellschaftliche Umstände erkrankten Menschen. So viele Versuche und Vorschläge existieren, von den »Krankheiten« einer Gesellschaft in einem nicht bloß übertragenen, sondern buchstäblichen Sinn zu sprechen, so viele Vorstellungen darüber gibt es, wer hier eigentlich von der in Rede stehenden Krankheit befallen sein soll, dass eine einheitliche Verwendung der Idee kaum möglich scheint.

Um aus den Schwierigkeiten dieser begrifflichen Verwirrungen herauszufinden, die einen Geburtsfehler der gesamten Redeweise markieren, bietet es sich an, zunächst noch einmal auf Alexander Mitscherlichs Auseinandersetzung mit unserem Thema zurückzugreifen; denn als sich der große Arzt und Psychoanalytiker gegen Ende der 1960er Jahre in einem später berühmt gewordenen Beitrag der Frage zuwendet, wie und ob überhaupt von den Krankheiten einer Gesellschaft gesprochen werden kann, ist er sich der zuvor benannten Zurechnungsprobleme so bewusst, dass er ihnen einen großen Teil seiner Ausführungen widmet (I).[3] Nachdem sich mit Hilfe der einschlägigen Überlegungen Mitscherlichs die Schwierigkeiten der Zurechnung hoffentlich ein wenig haben beheben lassen, will ich im zweiten Schritt meines Beitrags die mindestens ebenso wichtige Frage verfolgen, was denn innerhalb einer Gesellschaft als der Auslöser dieser »Krankheiten« betrachtet werden kann; auch hier können uns die Ausführungen von Alexander Mitscherlich, aber auch die von Sigmund Freud ein Stück weiterhelfen, weil beide eine Antwort auf die Frage zu geben versuchten, in deren Licht wir mit Blick auf die Gegenwart mögliche Alternativen erwägen können. In einer letzten Wendung will ich schließlich diese Bemühungen um eine Ätiologie der sozialen Krankheiten bis zu einem Punkt vorantreiben, an dem sich zumindest abzeichnet, wie »Gesellschaften« ontologisch begriffen werden müssen, damit sich an ihnen solche Funktionsbeeinträchtigungen und Störungen überhaupt zeigen können; hier darf man allerdings keine Auskunft über den Gehalt derartiger Erkrankungen erwarten, sondern nur Antworten auf die Frage, warum es überhaupt zu »Krankheiten der Gesellschaft« kommen kann (II).

I.

Gleich zu Beginn seines Aufsatzes über »Die Krankheiten der Gesellschaft und die psychosomatische Medizin« gibt Alexander Mitscherlich zu erkennen, worin er den Anlass dafür sieht, sich mit Fragen der sozialen Verursachung bestimmter Krankheitserscheinungen erneut zu beschäftigen. Dem Arzt oder Therapeuten zeigt sich in den Sprechstunden, so heißt es schon auf der ersten Seite, dass bei einer wachsenden Zahl von Patienten relativ »konturlose« Symptome gehäuft auftreten – Schwindel, Schweißaus-

3 Alexander Mitscherlich, »Die Krankheiten der Gesellschaft und die psychosomatische Medizin«, in: ders., *Gesammelte Schriften* II (Psychosomatik 2), hg. von Tilman Allert, Frankfurt/M. 1983, S. 425-444.

brüche, Schlaflosigkeit –, für die sich vorläufig nur die Diagnose eines diffusen »Leistungsversagens« finden lässt; jeder Versuch, für diese Krankheitserscheinungen rein körperliche Vorgänge verantwortlich zu machen, sei bislang gescheitert, so dass man sich inzwischen genötigt sehe, auf seelische Konstellationen, nämlich »Erlebnisstörungen«, als Ursachen zu schließen. Sobald sich aber solche Gefühlsspannungen oder psychischen Irritationen als bedingender Faktor in der Diagnose zeigten, so fährt Mitscherlich fort, müsse der behandelnde Arzt notgedrungen auch die gesamte »soziale Umwelt« des Patienten mit in den Blick nehmen; denn Störungen im individuellen Erleben, in der Realitätsbeherrschung und Angstbewältigung ließen sich letztlich nur darauf zurückführen, dass etwas an den Prozessen der Integration des Einzelnen in die Gesellschaft, an dem Verhältnis von Individuation und sozialer Umwelt nicht stimmt. Eine kurze Rückerinnerung an Freud, der sich angesichts ganz anderer Krankheitssymptome, nämlich der Psychoneurosen, zu einer ähnlichen Einbeziehung gesellschaftlicher Prozesse in die Diagnose veranlasst gesehen habe, soll nun die allgemeine Schlussfolgerung bestätigen, zu der sich Mitscherlich nach diesen anfänglichen Betrachtungen berechtigt glaubt: Bei einer bestimmten Klasse von Erkrankungen, für die sich mangels rein physiologischer Erklärungen nur psychische Störungen als Ursachen ausmachen lassen, muss bei abnormal erhöhtem Auftreten davon ausgegangen werden, dass Anpassungsprobleme zwischen Individuum und Gesellschaft mitverantwortlich zu machen sind, weil anders nicht zu erklären wäre, warum so viele Gesellschaftsmitglieder gleichzeitig von derselben Symptomatik befallen sein sollen. Insofern ist es vorläufig angebracht, von den »Krankheiten einer Gesellschaft« dort zu sprechen, wo es zu krankheitsbedingenden Funktionsstörungen in der gesellschaftlichen Integration des Einzelnen kommt.

Bevor ich diesen Gedankengang Mitscherlichs weiterverfolge, um zu sehen, woran sich solche sozialen Funktionsstörungen bemessen sollen, ist es wahrscheinlich angebracht, aus dem bislang Gesagten schon erste Konsequenzen für unser allgemeines Thema zu ziehen. Mitscherlich bindet das Vorliegen einer »Krankheit« der Gesellschaft zunächst an die Voraussetzung, dass eine auffällig große Zahl ihrer Mitglieder stark genug unter Symptomen einer psychischen Abnormalität leidet, um zuhauf die Sprechstunden von Ärzten oder Therapeuten aufzusuchen; gäbe es nicht diesen ersten

Indikator eines massenhaft empfundenen Leidens an seelischen Funktionsbeeinträchtigungen, so hätten wir auch keinen Anlass, uns auf die Suche nach tiefer liegenden Störungen im Prozess der sozialen Integration zu begeben. Bei Freud, dessen kulturdiagnostische Studien zweifellos das Vorbild für Mitscherlichs Überlegungen bilden, verhält es sich ähnlich; auch nach seiner Auffassung müssen zunächst einmal die Nervenärzte das rapide Anwachsen einer bestimmten Klasse von nur psychologisch erklärbaren Krankheiten vermerkt haben, bevor sich der soziologisch interessierte Analytiker daranmachen kann, nach den Ursachen im gesellschaftlichen Getriebe zu fahnden; ohne den therapeutischen Ausgangsbefund, dass eine moderne Form der Nervosität unter den Angehörigen des Bürgertums – und hier vor allem der Frauen – um sich greift, hätte Freud es erst gar nicht für nötig empfunden, sich über die schädlichen Folgen einer für die Moderne charakteristischen Verschärfung der Sexualmoral Gedanken zu machen.[4]

Nun stellt allerdings schon diese erste Prämisse, die Behauptung also, dass sich »Krankheiten« der Gesellschaft stets zunächst im psychischen Leid eines hinreichend großen Teils ihrer Mitglieder spiegeln müssen, keinesfalls eine Selbstverständlichkeit dar. Zumindest zwei Überlegungen sprechen dagegen, zwischen irgendwelchen pathologisch anmutenden Auffälligkeiten im gesellschaftlichen Leben und den Symptomen eines weitverbreiteten Erkranktseins der Individuen eine allzu enge Verbindung herzustellen. So mag es erstens Fälle geben, in denen wir in nur vagen Anzeichen eines sozialen Unbehagens oder eher diffuser Stimmungslagen gute Gründe vermuten, um auf bedenkliche Vereinseitigungen oder Reibungen im gesellschaftlichen Zusammenleben zu schließen, ohne dass diese sich direkt in einer als Leid erfahrenen und damit als »Krankheit« bemerkbaren Funktionsstörung des Einzelnen niedergeschlagen haben müssen; der Hang zum privaten Konsumismus etwa, in dem Hannah Arendt die Tendenzen einer modernen »Weltentfremdung« ausmachte, weil damit ein wachsendes Desinteresse an der Verständigung über öffentliche Belange einhergehen soll,[5] oder das Anwachsen egozentrischer Einstellungen durch den Wegfall

4 Sigmund Freud, »Die kulturelle Sexualmoral und die moderne Nervosität«, in: ders., *Gesammelte Werke*, Bd. VII, Frankfurt/M. [5]1972, S. 141-167.

5 Hannah Arendt, *Vita Activa oder Vom tätigen Leben*, Stuttgart 1960, S. 115-123.

solidarischer Bindungen, in dem Émile Durkheim ein Symptom der anomischen Desintegration erblickte,[6] sind zwei Beispiele für mögliche »Erkrankungen« unserer Gesellschaften, die auf das Gesundheitsempfinden ihrer Mitglieder kaum Einfluss gehabt haben dürften und sich daher auch in den therapeutischen Befunden der Ärzte nicht hätten widerspiegeln können. Andererseits lässt sich aber auch nicht ausschließen, dass es sich genau umgekehrt verhält und die medizinischen Indikatoren des Anschwellens einer bestimmten, nur psychologisch deutbaren Symptomatik keinerlei Rückschlüsse darauf erlauben, ob nun das soziale Umfeld der Patienten tatsächlich von einer gravierenden Pathologie, einer sozialen Funktionsstörung, gekennzeichnet ist; das mag zum Beispiel immer dort der Fall sein, wo das öffentliche Eingestehen eines psychischen Leidensdrucks insofern einen sozialen Distinktionsgewinn in Aussicht stellt, als es ersichtlich auf ein besonderes Maß der Leistungsbereitschaft oder eine andere Form der anerkennungswürdigen Selbstaufopferung schließen lässt. Darüber hinaus besteht auch die Möglichkeit, dass die Ärzte und Therapeuten zu einem gewissen Zeitpunkt nur deswegen so schnell zu stark übereinstimmenden Befunden in der Diagnose psychischer Erkrankungen kommen, weil sie sich von einem neu in Umlauf befindlichen Interpretationsansatz blenden lassen und kurzerhand darunter verschiedene, nur schwer verstehbare Symptome zusammenfassen. Solche Rückkoppelungseffekte von nur kurzzeitig als aussichtsreich erscheinenden Deutungsschlüsseln könnten im Übrigen erklären, warum sich nun schon seit einigen Jahrzehnten die zeittypischen Erkrankungen der Psyche (Narzissmus, Borderline, Depression, Burnout) in so schneller Folge ablösen.

Aus diesen Bedenken und Erwägungen muss wohl der Schluss gezogen werden, dass die erste Prämisse der von Freud und Mitscherlich unternommenen Versuche, zu bestimmen, was »Krankheiten der Gesellschaft« sein können, der Kritik nicht standhält: Wir sollten nach dem Gesagten nicht davon ausgehen, dass das massenhafte Auftreten von psychischen Erkrankungen, wie sie die Ärzte in ihren Sprechstunden diagnostizieren können, eine notwendige Bedingung der Feststellung sozialer Integrations- oder

6 Émile Durkheim, *Physik der Sitten und des Rechts*, übersetzt von Micheal Bischoff, Frankfurt/M. 1989.

Funktionsstörungen ist. Der Zusammenhang zwischen den medizinischen Diagnosen individueller Erkrankungen der Psyche und dem Befund gesellschaftlicher »Krankheiten« ist viel lockerer, als Freud und Mitscherlich es wahrhaben wollten: Die Ärzte und Therapeuten können sich täuschen, und die Individuen müssen nicht zwangsläufig unter den Pathologien leiden, die sich an ihrem gesellschaftlichen Umfeld hypothetisch erkunden lassen. Wesentlich überzeugender nimmt sich hingegen die zweite Prämisse aus, die Freud und Mitscherlich ihren Ansätzen jeweils zugrunde legen; beide plädieren in Hinblick auf die Frage, wem sich die gesellschaftlichen Krankheiten zurechnen lassen sollen, für die starke These, dass diese als gesonderte Phänomene einzig und allein an der Gesellschaft selbst, nicht an ihren individuellen Mitgliedern auffindbar sein müssen. Weder Freud noch Mitscherlich machen den Fehler, die von ihnen an einer Vielzahl von Individuen festgestellten Erkrankungen lediglich auf die höherstufige Ebene der gesellschaftlichen Organisation zu übertragen, um dann etwa von einer »neurotisch« erkrankten oder einer »leistungsgestörten« Gesellschaft zu sprechen; ihnen ist die Vorstellung, dass es sich bei gesellschaftlichen Pathologien um nichts anderes handeln soll als eine Verallgemeinerung oder Ausweitung von seelischen Störungen der Gesellschaftsmitglieder, weitgehend fremd geblieben. Stattdessen nehmen beide die Gesellschaft als eine Entität *sui generis* wahr, deren mögliche Funktionsbeeinträchtigungen daher auch von einer kategorial anderen Art sein müssen als diejenigen, von denen die Einzelpersonen in ihrem Leben heimgesucht werden können; jene, die »Krankheiten« der Gesellschaft, sollen zwar die Ursache für diese sein, also die in ihrer Häufigkeit erklärungsbedürftigen psychischen Erkrankungen, aber zwischen den zwei Größen besteht doch eine ontologische Differenz, die es verbietet, hier wie dort dieselbe Sprache der Psychologie oder Psychoanalyse zu verwenden. Insofern sind sowohl Mitscherlich als auch Freud – zumindest der Freud der Betrachtungen über die »moderne Nervosität« – im Laufe ihrer Analysen jeweils gezwungen, immer dann zu einem gesellschaftstheoretischen Vokabular überzuwechseln, wenn sie sich den sozialen Ursachen der von ihnen konstatierten Erkrankungen der Psyche zuwenden. Auf dieser zweiten Ebene, derjenigen einer Theorie der sozialen Integration, müssen sie dann mit Hilfe eigenständiger Kriterien darlegen können, worin die für die Gegenwart typischen »Krankheiten« oder Funktionsstörungen der Gesellschaft bestehen sollen; und ist der Schlüssel einer solchen Pathologiediagnose schließlich einmal gefunden, dann sind damit auch die sozialen Bedingungen benannt, die erklären können, warum so viele Zeitgenossen an ein und derselben psychischen Störung leiden.

An dieser Stelle, an der die Logik der Argumentation von Freud und Mitscherlich zum ersten Mal vollständig zu überblicken ist, scheint es mir angebracht, noch einmal auf die eingangs erwähnten Zurechnungsprobleme zurückzukommen; es ist nun nämlich wesentlich besser einzuschätzen, welche theoretischen Vor- und Nachteile sich jeweils in Abhängigkeit davon ergeben, wem man die »Krankheiten« der Gesellschaft eigentlich zurechnet. Wird die entsprechende Zurechnung nur so verstanden, dass die mit dem Begriff der »Krankheit« gemeinte Funktionsstörung oder -einschränkung nur die Gesellschaftsmitglieder selbst betreffen soll, so ist damit sicherlich eine falsche Richtung eingeschlagen; eine solche gesellschaftliche Erkrankung muss mehr beinhalten, als dass bloß eine große Menge von in derselben sozialen Umwelt lebenden Individuen unter einer übereinstimmenden Symptomatik leiden. Es bedarf erst des Übergangs zur selbstständigen Organisationseinheit der Gesellschaft, die nicht in der Summe des Verhaltens ihrer Mitglieder aufgeht, um von irgendwelchen Pathologien oder Krankheiten eines sozialen Lebenszusammenhangs sprechen zu können. Dasselbe gilt gewiss auch für die hier nicht weiter behandelte Idee der »kollektiven Neurose«, wenn damit überhaupt mehr gemeint sein soll als wiederum eine bloße Aufaddierung von psychischen Störungen der Einzelpersonen; ist damit indes sinnvollerweise die holistische Vorstellung verknüpft, dass die Individuen ein abnormes, neurotisches oder sonst irgendwie gestörtes Verhalten nur deswegen entwickeln, weil und insofern sie in der Gruppe oder Masse miteinander agieren und also deren eigensinnigen Gesetzmäßigkeiten unterliegen, dann ist auch mit derartigen kollektiven Krankheitserscheinungen noch nicht die Stufe erreicht, auf der wir tatsächlich von Pathologien der Gesellschaft reden können. Eine solche Redeweise verlangt vielmehr die Bezugnahme auf Anfälligkeiten oder Funktionsstörungen, die eine Gesellschaft im Ganzen an der empfindlichen Nahtstelle von Individuation und gesellschaftlicher Integration verletzen; läuft an diesen Prozessen der individuellen Vergesellschaftung etwas schief, können sich die

Einzelnen also nicht als aktiv mitwirkende und aufeinander bezogene Mitglieder einer gemeinsam erfahrbaren Gesellschaft begreifen, so können wir vorläufig von einer gesellschaftlichen Krankheit oder Pathologie sprechen.

Nun ist an Freuds und Mitscherlichs Prämisse einer Bindung derartiger Pathologien an individuelle Krankheitserscheinungen immerhin so viel richtig, dass wir ohne das Vermerken irgendwelcher Absonderlichkeiten oder irritierender Einseitigkeiten im sozialen Leben erst gar nicht auf die Idee kämen, uns an die Erkundung von möglichen Quellen gesellschaftlicher Funktionsstörungen zu machen; würde sich das Misslingen der individuellen Vergesellschaftung überhaupt nicht in Verhaltensauffälligkeiten der Mitglieder spiegeln, gäbe es keinen Anlass, über mögliche »Erkrankungen« der Gesellschaft nachzudenken. Sowohl Hannah Arendt als auch Émile Durkheim, um noch einmal auf diese beiden Vertreter einer alternativen Theorietradition zurückzukommen, lassen sich zu ihren Pathologiediagnosen jeweils motivieren, weil sie an ihrer sozialen Umwelt zunächst verstörende, beunruhigende Verhaltensweisen wahrnehmen – dort, bei Hannah Arendt, handelt es sich um den rastlosen Hang zum bloßen Konsumieren von Waren, hier, bei Émile Durkheim, um die Tendenz zur moralischen Isolation und Desorganisation des Einzelnen. Allerdings liegen solche Abnormitäten eben noch nicht auf der Sichtbarkeitsschwelle, auf der sich die vom Arzt oder Therapeuten beobachteten Symptome einer psychischen Erkrankung bewegen; ja, im Falle von Hannah Arendt sind die entsprechenden, die Diagnose provozierenden Verhaltenserscheinungen im Gegenteil sogar auf der klinisch vollkommen unauffälligen Ebene eines produktiven, positiven Handelns angesiedelt, nämlich der lustbereitenden Verausgabung finanzieller Mittel für den Erwerb schnell konsumierbarer Dinge. Der Fehler von Freud und Mitscherlich lag also nicht schon darin, den Anfangsverdacht einer Erkrankung der Gesellschaft an die Voraussetzung von verstörenden Verhaltensauffälligkeiten ihrer Mitglieder zu binden, sondern erst in deren Beschränkung allein auf die vom Arzt diagnostizierbaren psychischen Krankheiten. Demgegenüber ist mit der hier bislang durch Arendt und Durkheim repräsentierten Theorietradition daran festzuhalten, dass die den Verdacht begründenden Absonderlichkeiten des sozialen Lebens auch in Verhaltensweisen bestehen können, die kein individuelles Leid verursachen und daher nicht unbedingt auf seelische Funktionsstörungen schließen lassen; die weitverbreitete Geltungssucht oder »amour propre«, die Rousseau zum Anlass nahm, um über eine mögliche Pathologie der bürgerlichen Gesellschaft nachzudenken,[7] die obsessive Beschäftigung mit der Sexualität und ihren Perversionen, die für Foucault den Anstoß gab, um über eine bizarre Vereinseitigung des modernen Selbstverhältnisses zu spekulieren,[8] all das sind nahezu kreative, leistungsanspornende Sozialphänomene, die bei beiden Denkern gleichwohl den besagten Anfangsverdacht auszulösen vermochten.

Freilich müssen sich solche Ausgangsbeobachtungen nun immer erst daran bewähren, ob sie wirklich einen Schlüssel bieten, um zu einer überzeugenden Diagnose von Funktionsstörungen im gesellschaftlichen Getriebe, eben: einer »Krankheit« der Gesellschaft, zu gelangen; fehlen den jeweils beschriebenen Verhaltensauffälligkeiten die Angriffsflächen, um in einem zweiten, gesellschaftstheoretischen Schritt überprüfen zu können, inwiefern die soziale Integration zu einem bestimmten Zeitpunkt tatsächlich misslingt, müssen sie bei aller Erschließungskraft doch als Resultate einer überverfeinerten, idiosynkratischen Beobachtungsgabe genommen werden. Freud und Mitscherlich sind frei von dem Fehler, einen solchen Übergang zur Gesellschaftsanalyse nicht wenigstens probiert zu haben; wie wir sehen konnten, bemühen sich beide in ihren Analysen darum, ihre klinischen Ausgangsbefunde auf Ursachen zurückzuführen, die ihre Wurzel in einer Funktionsstörung der Gesellschaft selbst haben sollen. In einem zweiten Schritt will ich nun der Frage nachgehen, wie weit Freud und Mitscherlich in ihren Versuchen einer solchen Gesellschaftsdiagnose gelangt sind und ob sich zu ihren Ansätzen nicht Alternativen aufdrängen.

7 Jean-Jacques Rousseau, *Diskurs über den Ursprung und die Grundlagen der Ungleichheit unter den Menschen*, übersetzt und hg. von Heinrich Meier, Paderborn [6]1993; vgl. dazu Frederick Neuhouser, *Pathologien der Selbstliebe. Freiheit und Anerkennung bei Rousseau*, übersetzt von Christian Heilbronn, Berlin 2012.

8 Michel Foucault, *Sexualität und Wahrheit. Erster Band: Der Wille zum Wissen*, übersetzt von Ulrich Raulff und Walter Seitter, Frankfurt/M. 1977.

II.

Für Freud, noch ganz ein Kind des viktorianischen Zeitalters, stellt sich die gesellschaftstheoretische Lösung für das Rätsel der sich vor seinen Augen rapide ausbreitenden Psychoneurosen noch relativ einfach und übersichtlich dar; in seinem Aufsatz über die »moderne Nervosität« entwickelt er die These, dass die auffälligen Symptome von Zwangshandlungen und Hysterie auf eine gesellschaftlich institutionalisierte Sexualmoral zurückzuführen seien, die in ihrer Forderung nach strikter Monogamie den Individuen zu wenig Spielraum für die Befriedigung ihrer libidinösen Triebkräfte biete. Weil die Heranwachsenden von früh an in der Erziehung dazu angehalten werden, so lautet die Begründung für die These, bis zur legalen Ehe sexuelle Abstinenz zu wahren, müssen sie ihren sich während der Pubertät machtvoll zu Wort meldenden Bedürfnissen auf anderen, indirekten Wegen Abfuhr verschaffen; nur ein Teil dieses beim Menschen konstitutionell überschüssigen Triebpotentials kann durch Sublimierung für geistige oder körperliche Leistungen verwendet werden, der andere Teil muss – vor allem bei Jungen – durch masturbatorische Sexualpraktiken oder – eher bei den strenger erzogenen Mädchen – durch Aufschub gewährende Zukunftsphantasien Befriedigung finden. Kommt es dann schließlich zur Eheschließung, so entwickelt sich schnell eine Abwärtsspirale wechselseitiger Frustrationen, weil beide Seiten sich nicht geben können, wonach es ihnen doch seit langem verlangt: Die Männer sind aufgrund der ausufernden Selbstbefriedigung nur noch zu »verminderter Potenz« fähig, die Frauen infolge ihrer regen Ersatzphantasien »für den normalen Verkehr anästhetisch« geworden – »der Ausgang in die Nervosität«, also in die Zwangssymptomatik und hysterischen Reaktionen, so schreibt Freud lakonisch, ist »unter diesen Verhältnissen« die nächstliegende Lösung.[9]

Den Hintergrund dieser Diagnose einer sozialen Funktionsstörung, die zugleich Ursache von psychischem Leiden sein soll, bildet eine Theorie der Gesellschaft, die insgesamt nur sehr wenige Komponenten umfasst: Die Einrichtung einer auf Arbeit und Fortpflanzung angewiesenen Gesellschaftsordnung ist Freud

9 Sigmund Freud, »Die kulturelle Sexualmoral und die moderne Nervosität«, a. a. O., S. 164.

zufolge nur möglich, wenn das von unten andrängende Potential der beim Menschen überschüssigen Sexualtriebe mittels einer in der Erziehung praktizierten Moral auf eine Weise kanalisiert wird, dass auf der einen Seite genügend Energie für die sublimierende Verrichtung jener erforderlichen Tätigkeiten vorhanden ist, auf der anderen Seite aber auch hinreichend libidinöser Anreiz für den zur Zeugung führenden Sexualverkehr verbleibt; zu einer Störung oder Pathologie in diesem gesellschaftlichen Funktionszusammenhang von sozialer Reproduktion und moralischer Triebsteuerung kommt es gemäß der Theorie nun immer dann, wenn die etablierte Sexualmoral eine Gestalt annimmt, die die energetische Zufuhr entweder für die notwendigen Arbeitsverrichtungen oder für die Betätigung des genitalen Geschlechtstriebs versiegen lässt; das Letztere, also das Versiegen der genitalen Sexualinteressen, stellt für Freud die soziale Krankheit der Moderne dar, weil hier im moralischen Gebot der ehelichen Monogamie der Bogen der Triebunterdrückung dermaßen überdehnt worden ist, dass aus den bereits genannten Gründen die Vereitelung eines wechselseitigen Begehrens der Eheleute ganz unvermeidlich folgt.[10] Nur an zwei unauffälligen Stellen dieser auf wenigen Seiten umrissenen Gesellschaftsdiagnose gibt Freud zu erkennen, dass sein Maßstab für die Bemessung sozialer Pathologien nicht allein in der Aufrechterhaltung der gesellschaftlichen Reproduktionsfähigkeit besteht; so heißt es ganz am Ende des Aufsatzes, dass aus Gründen des uns überlieferten Hedonismus auch »ein gewisses Maß an individueller Glücksorientierung unter die Ziele« gerechnet werden muss, an deren Erreichung sich die Intaktheit einer gesellschaftlichen Ordnung messen lassen sollte,[11] an einer anderen Stelle heißt es sinngemäß, dass eine Kultur erst dann tatkräftig, intellektuell energisch und damit gesund genug sei, wenn sie genügend sexuelle Freizügigkeit in Aussicht stelle.[12]

Wie es auch immer um solche normativen Erweiterungen eines kruden Funktionalismus bei Freud bestellt sein mag, im Ganzen zeugt seine Gesellschaftstheorie doch eher davon, dass soziale Pathologien nur am Versagen der Reproduktionsfähigkeit gemessen werden sollen: Was das Funktionieren einer Gesellschaft gewährleistet und damit bei Versagen zu deren Erkrankung führt, ist im

10 Vgl. die Formulierung einer normativen Paradoxie: ebd., S. 161.

11 Ebd., S. 167.

12 Ebd., S. 160.

Wesentlichen die Sicherstellung der für die Reproduktion erforderlichen Arbeits- und Zeugungsbereitschaften. Siebzig Jahre später kann Mitscherlich an einer derart primitiven Vorstellung über die Erfordernisse einer intakten Sozialintegration natürlich nicht mehr festhalten; nicht nur hatte sich die Sexualmoral inzwischen wesentlich gewandelt und war um viele Grade flexibler geworden, vielmehr lieferte die Soziologie nach Durkheim, Mead und Parsons jetzt auch unvergleichlich komplexere Beschreibungen der Vorgänge, durch die soziale Ordnungen mittels normativer Verhaltensregulierung aufrechterhalten werden. Mitscherlich bedient sich einer Mischung aus verschiedenen solcher neueren Ansätze, um nun seinerseits zu umreißen, worin die »Krankheiten der Gesellschaft« bestehen sollen, welche die ihn beschäftigenden Funktionsstörungen der Seele verursacht haben könnten. Schon sein empirischer Ausgangspunkt, nämlich jene im Vergleich zu den Psychoneurosen weniger konturierten Symptome eines weitverbreiteten Leistungsversagens, verlangt von ihm, einen wesentlich umfassender verstandenen Prozess der moralischen Regulierung des Sozialverhaltens in den Blick zu nehmen, als Freud es noch getan hatte; denn im Unterschied zu diesem kann Mitscherlich in den Krankheitserscheinungen seiner Patienten nicht primär sexuelle Störungen am Werk sehen, darf daher auch nicht die Sexualmoral als alleinige Instanz der normativen Integration der Gesellschaftsmitglieder begreifen, sondern muss sich auf all die Werte und moralischen Normen beziehen, die zu einem bestimmten Zeitpunkt kraft ihrer verhaltenskontrollierenden Wirkung für die Bereitschaft zur sozialen Kooperation sorgen.

Damit hat sich Mitscherlich bereits eine Perspektive eröffnet, die es ihm nun erlaubt, seine Theorie der gesellschaftlichen Reproduktion nahezu nach dem Vorbild des Strukturfunktionalismus von Parsons anzulegen: Der instinktoffen geborene Mensch, wie es im Anschluss an die damalige Biologie heißt, muss erst durch einen Prozess der erzieherischen Vermittlung von herrschenden Werten und Normen lernen, in sich auf dem Weg der Internalisierung diejenigen umweltverträglichen Verhaltensweisen herauszubilden, die dem Tier schon bei der Geburt als fixe Reaktionsmuster mitgegeben sind. Allerdings müssen nun jene Werte und Normen, damit dieser aufwendige Vorgang der sozialisatorischen Einpassung des Nachwuchses gelingt, zwei Bedingungen genügen, die festlegen, an welchen Parametern sich die Funktionstüchtigkeit spezifisch menschlicher Sozialverbände bemisst: Einerseits dürfen die zu erlernenden Verhaltensregeln nicht zu rigide und restriktiv sein, um nicht den für den Menschen charakteristischen Individuationsdrang zu ersticken, andererseits müssen sie den sich durch menschliches Innovationsvermögen schnell verändernden Umwelten stets so angepasst sein, dass sich die Heranwachsenden in ihnen kompetent und motiviert zu bewegen wissen. Offenheit für individuelle Abweichungen und die Kraft, Sicherheit im Umgang mit neuen, technologischen oder sozialen Herausforderungen zu schenken, Flexibilität und doch auch vertrauenssichernde Bestimmtheit, das sind die beiden schwer zu vereinbarenden Eigenschaften, die Mitscherlich zufolge die jeweils etablierten Normen und Werte besitzen können müssen, wenn die Sozialintegration einen intakten Verlauf nehmen soll; und weichen die normativen Verhaltensregeln, also das, was an Idealen und Pflichten die nachwachsende Generationen erlernen soll, zu sehr von diesen Erfordernissen ab, so ist nach seiner Überzeugung damit zur rechnen, dass die Vergesellschaftung misslingt und damit ein ganzes Gemeinwesen erkrankt. Dementsprechend muss Mitscherlich zwischen zwei Typen sozialer Pathologien oder Krankheiten unterscheiden, je nachdem, welche der beiden Auflagen der normativen Regeln, die der Flexibilität oder die der Bestimmtheit, jeweils verletzt werden; im ersten Fall, in dem die Werte und Normen zu starr und diktatorisch sind, muss die für jede Gesellschaft erforderliche Spontaneität des Einzelnen verkümmern, im zweiten Fall, in dem sie zu unbestimmt und leer sind, geht die individuelle Sicherheit der Lebensbewältigung verloren. Nur an einer einzigen, längeren Stelle seines Aufsatzes fasst Mitscherlich diese Differenzierungen so zusammen, dass schon deutlich zu erkennen ist, auf welche Pathologiediagnose er mit ihrer Hilfe für seine Gegenwart hinauswill:

> Soziales Leben tritt offenbar an den beiden Enden seines Spektrums in eine krankhafte Veränderung ein. Soziale Krankheit entsteht, wenn die soziale Matrix zu schwach geworden ist, um die Sozialisierung des Einzelnen in verbindlicher Weise zu fordern, den Einzelnen also ohne Anleitung in vielen Lebenslagen sich selbst überlässt und damit unbewusste mehr als bewusste Ängste erweckt. Soziale Krankheit entsteht am anderen Ende des Spektrums, wenn der Anspruch der Gesellschaft so terroristisch in das Individuum hinein vorgetragen wird, dass Abweichungen von den Geboten

und Verhaltensnormen permanente, intensive Angst erwecken und damit die spontane Rückäußerung des Individuums auf die gesellschaftlichen Zustände gelähmt erscheint. Beide Zustände gefährden die Gesellschaft in jedem Einzelnen ihrer Mitglieder und veranlassen pathologische Verhaltensweisen. Deshalb kann man mit Recht unter solchen Voraussetzungen von sozialer Krankheit sprechen.[13]

Auch wenn in diesen letzten Sätzen wieder ein wenig durcheinandergerät, wer eigentlich von der sozialen Krankheit betroffen sein soll, die Gesellschaft selbst oder nur die Summe ihrer Mitglieder, so macht doch der Anfang der Ausführungen unmissverständlich klar, dass Mitscherlich von der Möglichkeit einer Funktionsstörung der gesellschaftlichen Reproduktion als ganzer fest überzeugt ist; eine derartige Pathologie des sozialen Lebens kann nach seiner Meinung dadurch entstehen, dass die Mitglieder entweder durch ein Zuviel oder ein Zuwenig an normativen Verbindlichkeiten in das gesellschaftliche Ordnungsgefüge integriert werden. Vergegenwärtigt man sich darüber hinaus die historische Atmosphäre, in der der Aufsatz geschrieben wurde, die späten 1950er Jahre, tritt schnell auch zutage, durch welche Art von Krankheit Mitscherlich die Gesellschaft seiner Zeit bedroht sieht: In den Versagensängsten der Patienten, die ihm in seiner Praxis begegnen, soll sich exemplarisch die Gefahr spiegeln, dass die Gesellschaftsmitglieder aufgrund der rapiden Erodierung moralischer Vorbilder und Normen nicht mehr über genügend Verhaltenssicherheit verfügen, um den schnellen Wandlungen in Technik und Kultur gewachsen zu sein. Die Zeitdiagnose, die Mitscherlich liefert, läuft mithin auf den Befund nicht, wie bei Freud, eines normativ über-, sondern unterregulierten Modus der Sozialintegration hinaus.

Aber mich interessieren hier nicht so sehr die Inhalte dieser beiden Analysen – sie dürften aus verschiedenen Gründen inzwischen als veraltet gelten – als vielmehr ihre jeweiligen theoretischen Grundlagen und Begrifflichkeiten. Schaut man sich das entsprechende Arsenal an Hintergrundannahmen genauer an, so gelangt man schnell zu der Feststellung, dass nicht nur Freud, sondern auch Mitscherlich einen relativ simplen Standard verwendet hat, um in Erfahrung zu bringen, ab wann wir es in einer Gesellschaft mit

13 Alexander Mitscherlich, »Die Krankheiten der Gesellschaft und die psychosomatische Medizin«, a. a. O., S. 440.

einer Funktionsstörung oder Pathologie zu tun haben sollen: Für den Gründervater der Psychoanalyse war es, wie wir gesehen haben, der Maßstab der materiellen und physischen Reproduktionsfähigkeit, der ihn zu der Überzeugung kommen ließ, dass Gesellschaften im Ganzen dann Schaden nehmen, wenn ihre Mitglieder nicht mehr über genügend Antriebskräfte sowohl zur Verrichtung notwendiger Arbeiten als auch zur natürlichen Hervorbringung des Nachwuchses verfügen; der ein halbes Jahrhundert später geborene Mitscherlich vermeidet zwar erfolgreich ein solches rein biologisches Kriterium des gesellschaftlichen Überlebens und bezieht in seine Diagnose das Identitätsverlangen der Subjekte mit ein, aber diese zusätzliche Dimension wird doch wieder nur in dem Umfang berücksichtigt, in dem sich darüber neutrale, vom Stand der gesellschaftlichen Entwicklung unabhängige Aussagen machen lassen.

Für Mitscherlich sollen Gesellschaften, so hatte sich gezeigt, dann in einen pathologischen Zustand geraten, wenn die für ihre soziale Integration zuständigen Werte und Normen den Mitgliedern entweder keinen Spielraum für die kreative Individuierung oder umgekehrt zu wenig Sicherheiten in der Bewältigung einer sich wandelnden Umwelt bieten; was dabei aber jeweils als richtiges Maß zu gelten hat, was als hinreichend für die individuelle Persönlichkeitsentfaltung oder als notwendig für die Meisterung von neuen Herausforderungen anzusehen ist, soll sich bei ihm unabhängig von irgendwelchen Auskünften darüber ermitteln lassen, zu welchem normativen Selbstverständnis die betreffende Gesellschaft jeweils gelangt ist. Wie Freud, nur nicht mit dessen naturalistischen Mitteln, will Mitscherlich die Bestandsvoraussetzungen von Gesellschaften objektiv und ohne historische Qualifizierungen bestimmen, um daraus allgemeine Rückschlüsse auf deren Funktionsstörungen oder Krankheiten zu gewinnen; das aber ist höchst unplausibel, weil im Unterschied zu vorhumanen Sozialverbänden in die Bestimmung dessen, was eine menschliche Gesellschaft überlebensfähig macht, stets die normativen Überzeugungen der Mitglieder mit einfließen, die ihrerseits einem permanenten Wandel der Zeiten und Kulturen unterliegen. Insofern ist eine Bestimmung der Funktionserfordernisse sozialen Lebens auf der menschlichen Entwicklungsstufe nicht ohne die Berücksichtigung solcher geschichtlichen Umstände zu gewinnen; das lässt sich schon unschwer am ersten Kriterium der Diagnose von Mitscherlich demonstrieren, der erforderlichen Offenheit der jeweils institutionalisierten Werte und Normen für individuelle Abweichungen, weil sich die Vorstellungen über den Individualitätsbedarf der Subjekte, ihr Anrecht auf persönliche Besonderung, mit dem Übergang zu modernen Gesellschaften erheblich gesteigert und danach noch einmal radikal ausgeweitet haben dürften.[14] Wenn sich jedoch schon die Parameter für den erhaltenswerten Bestand einer Gesellschaft mit den historischen Epochen ständig verändern, dann damit natürlich zugleich auch die Kriterien für das, was in ihr jeweils als Funktionsstörung oder soziale Krankheit anzusehen ist. Die Festlegung von Funktionserfordernissen des sozialen Lebens und damit auch die Auslotung seiner möglichen Fehlorganisationen bedürfen, kurz gesagt, immer der Einschränkung auf das aktuelle Selbstverständnis eines geschichtlichen Zeitalters. Daraus ergibt sich der paradoxe Befund, dass die Notwendigkeit einer derartigen Berücksichtigung von geschichtlichen Umständen und Selbstverständnissen sogar umso stärker anwächst, je deutlicher bei der Bestimmung gesellschaftlicher Funktionserfordernisse auf spezifisch menschliche Bedürfnisse und Sozialinteressen abgehoben wird; die Pathologiediagnose von Mitscherlich, in die Belange der gesellschaftlich vermittelten Subjektwerdung einbezogen werden, setzt sich daher dem Vorwurf der historischen Unbestimmtheit noch viel massiver aus als der Biologismus Sigmund Freuds, der sich darauf beschränkt, soziale Krankheiten nur an der Verletzung natürlicher Reproduktionszwänge zu messen.

Die Ansätze der beiden Autoren teilen aber über ihre Geschichtsvergessenheit hinaus noch eine zweite Schwäche in ihren jeweiligen theoretischen Hintergrundannahmen; gehen wir auch dieser Unzulänglichkeit nach, so werden wir indirekt auf eine weitere Auflage stoßen, die eine Diagnose sozialer Krankheiten zu befolgen hätte, um am Ende wirklich überzeugende und stimmige Aussagen treffen zu können. Sowohl Freud als auch Mitscherlich scheinen sich, wenn sie darangehen, die sozialen Ursachen für die von ihnen beobachteten Krankheitssymptome ausfindig zu machen, auf nur eine einzige Dimension der Reproduktion von Gesellschaften zu konzentrieren; so als sei es selbstverständlich,

14 Vgl. exemplarisch hier nur: Georg Simmel, *Soziologie. Untersuchungen über die Form der Vergesellschaftung*, Leipzig 1908, Kap. X.

nehmen sie nämlich aus den bestandserhaltenden Prozessen nur diejenigen heraus, die in Form der moralischen Sozialisation zur gesellschaftlichen Einpassung des individuellen Antriebspotentials beitragen. Nur hier, an dieser Nahtstelle der Gesellschaft, wo es zwischen der inneren Natur des Menschen und den Kooperationszwängen der Gesellschaft einer Vermittlung bedarf, sollen nach ihrer gemeinsamen Überzeugung überhaupt nur Störungen in der sozialen Reproduktion entstehen können. Aber auch das ist im Ganzen wieder wenig überzeugend, ist doch die Aufrechterhaltung einer sozialen Ordnung stets auf mehr angewiesen als bloß Prozesse einer durch Normen kanalisierten Triebkontrolle oder Bedürfnisformung; selbst wenn man darin den Kern aller Ermöglichung von Gesellschaftlichkeit sehen sollte, wie Freud es zweifellos tat, lässt sich wohl kaum bestreiten, dass menschliche Gemeinwesen in beinah demselben Maße von einer je spezifischen Meisterung ihrer natürlichen Umwelt sowie einer normativen Stabilisierung ihrer sozialen Interaktionsbeziehungen abhängig sind. Auseinandersetzung mit der äußeren Natur, soziale Formung der inneren Natur, Regulierung der zwischenmenschlichen Beziehungen, das sind nach herkömmlicher Auffassung von Marx bis Parsons die Herausforderungen, die Gesellschaften bewältigen können müssen, um sich in ihrem Bestand über einen gewissen Zeitraum hinweg erhalten zu können; und jedem dieser drei Überlebenszwänge entspricht dann eine Funktion, die innerhalb einer sozialen Ordnung mittels institutioneller Einrichtungen zu Zwecken der eigenen Reproduktion erfüllt werden muss. Warum aber Freud und Mitscherlich aus dem damit umrissenen Spektrum bestandssichernder Funktionen jeweils nur eine herausgreifen, um einzig an deren Störung oder Nichterfüllung die Möglichkeit einer gesellschaftlichen Erkrankung festzumachen, bleibt dann einigermaßen rätselhaft; gewiss, Freud berücksichtigt in seiner Gesellschaftsanalyse den Imperativ der gesellschaftlichen Arbeit, nimmt daran aber nicht das besondere Verhältnis zur äußeren Natur zur Kenntnis, Mitscherlich hingegen scheint sich ausschließlich auf den Prozess der normativ vermittelten Sozialisation des Einzelnen zu beziehen, wenn er sich an seinen eigenen Versuch einer Pathologiediagnose begibt. Dagegen wäre als ein Zwischenergebnis festzuhalten, dass sich Störungen oder Fehlorganisationen in der gesellschaftlichen Reproduktion an allen drei der genannten Funktionen auftun können; soziale Pathologien, wenn damit denn eine Erkrankung der Gesellschaft selbst gemeint sein soll, können sich nicht nur im Zusammenhang der gesellschaftlichen Sozialisation, sondern auch in dem der Bearbeitung der äußeren Natur und in dem der intersubjektiven Anerkennungsbeziehungen vollziehen. Zum Versäumnis, die kulturelle Vorausgelegtheit der jeweiligen sozialen Funktionen nicht berücksichtigt zu haben, tritt mithin bei Freud und Mitscherlich noch der Fehler einer ungebührlichen Verengung des diagnostischen Blicks hinzu; so wie es im Augenblick aussieht, muss es nämlich mehr mögliche Krankheiten der Gesellschaft geben, als die beiden Theoretiker einzuräumen bereit sind.

Allerdings stellt sich spätestens an diesem Punkt die Frage, ob der bislang auf den Spuren von Freud und Mitscherlich verfolgte Weg überhaupt dazu angetan ist, uns bei der Erschließung eines plausiblen und stimmigen Begriffs der gesellschaftlichen Krankheit oder Pathologie zu helfen, ob wir also nicht auf eine falsche Fährte gelockt worden sind. Blicken wir zurück, so haben wir uns von den beiden Denkern die Idee vorgeben lassen, dass eine solche Erkrankung stets im Versagen oder der Störung einer Funktion bestehen muss, deren Erfüllung für die gesellschaftliche Ordnung überlebenswichtig ist; und dementsprechend konnten wir mit einer Wendung gegen Freud und Mitscherlich schließen, dass nicht nur eine, sondern so viele Krankheiten der Gesellschaft existieren können, wie in ihr bestandssichernde Funktionen gegeben sind, weil jeder soziale Verband an der Bewältigung einer dieser verschiedenen Aufgaben scheitern kann. Hier bedurfte es freilich einer erheblichen Einschränkung, da wir einsehen mussten, dass mit Bezug auf menschliche Formen der Vergesellschaftung nicht einfach von nackten, invarianten Funktionszwängen die Rede sein kann; diese Imperative der Bestandssicherung sind vielmehr immer schon kulturell als je besondere Anforderungen bestimmt und dürfen daher auch nur unter Berücksichtigung des normativen Selbstverständnisses einer Gesellschaft eingeführt werden. Also ließe sich insgesamt schlussfolgern, dass von einer gesellschaftlichen Krankheit oder Pathologie dann zu sprechen ist, wenn eine Gesellschaft in ihrem institutionellen Arrangement an einer der Aufgaben scheitert, die sie sich innerhalb der Funktionskreise von Sozialisation, Naturbearbeitung und Regulierung der Anerkennungsbeziehungen gemäß den in ihr herrschenden Wertüberzeugungen selbst gestellt hat. Aber ist ein solches Versagen an selbstdefinierten Zielen der Bestandssicherung tatsächlich das, was wir intuitiv meinen, wenn wir von der Erkrankung einer ganzen Gesellschaft sprechen? Wird dabei nicht zu sehr auf Phänomene abgehoben, die wir herkömmlicherweise mit Begriffen wie Fehlentwicklung, Krise oder Staatsversagen belegen, während das, was uns an Krankheiten eigentlich charakteristisch zu sein scheint, vollkommen in den Hintergrund zu treten scheint? Zwar hatte ich schon im I. Teil meiner Ausführungen gesagt, dass wir einen falschen Weg einschlagen, wenn wir die Verwendung der Idee einer »Krankheit« der Gesellschaft zu eng an die Voraussetzung knüpfen, dass an ihr zugleich auch eine Mehrzahl der individuellen Mitglieder erkrankt sein müssen; bei einer derartigen Einschränkung gerät viel zu leicht aus dem Blick, dass sich solche gesellschaftlichen Krankheiten auf einer den Subjekten prinzipiell übergeordneten Ebene abspielen und daher auch nicht zwingend einen Niederschlag in leidvoll erlebten Funktionsstörungen der Individuen finden müssen. Andererseits aber darf doch bei der Rede von den »gesellschaftlichen Krankheiten« die Analogie zum uns vertrauten Begriff der »Krankheit« nicht so weit preisgegeben werden, dass die dahinterliegende Intuition gänzlich verschwindet, nach der wir es in solchen Fällen doch mit einer irgendwie als Freiheitseinschränkung erlebten Beeinträchtigung zu tun haben sollen; dieser Bezug auf das Erleben einer Verengung von Freiheitsspielräumen, eine Eigenheit jeder Krankheit, die vor allem Alexander Mitscherlich immer wieder betont hat, muss in der Vorstellung einer gesellschaftlichen Erkrankung bewahrt bleiben, wenn es überhaupt sinnvoll sein soll, zu so starken Begriffen zu greifen. Lassen Sie mich mit einem Vorschlag schließen, wie wir von den bislang entwickelten Überlegungen aus doch noch eine Brücke zu unserem herkömmlichen Begriff der »Krankheit« schlagen können, ohne dabei jene ontologisch höherstufige Ebene zu verlassen, auf der »Gesellschaften« im Unterschied zur Menge ihrer Mitglieder angesiedelt sind. Zu diesem Zweck sollten wir von gesellschaftlichen Krankheiten nicht schon dort reden, wie bisher geschehen, wo es sich um eine Störung oder ein Versagen bei der Bewältigung kulturell definierter Zielsetzungen der Bestandssicherung handelt; solange wir eine solche, mit gewissen Einschränkungen auch von Freud und Mitscherlich verwendete Redeweise beibehalten, wird nicht recht deutlich, warum wir es mit einem

Krankheitsgeschehen und nicht bloß mit einer Fehlentwicklung, einer institutionellen Fehlanpassung zu tun haben sollten. Etwas anderes wäre es, wenn wir unser Augenmerk statt auf die einzelnen, gesonderten Funktionskreise auf deren Zusammenspiel untereinander, auf deren wechselseitiges Passungsverhältnis richten; hier, auf dieser noch einmal übergeordneten Ebene einer Verschränkung der verschiedenen Funktionsbereiche, kann es ebenfalls zu Störungen oder Reibungen kommen, dann nämlich, wenn die jeweiligen institutionellen Regelungen nicht zusammenstimmen oder sich gar untereinander beeinträchtigen: Die gesellschaftlich etablierten Sozialisationsmuster, deren maßgebliche Werte und Normen können in einem tiefgreifenden Missverhältnis stehen zu den institutionalisierten Weisen der materiellen Produktion, diese wiederum können in eine Spannung geraten zu normativen Regelungen, die die Anerkennungsbeziehungen unter den Gesellschaftsmitgliedern organisieren und verbindlich machen. Solche Reibungen und Spannungen haben mit individuellen Krankheiten das gemeinsam, dass sie ein gestörtes Verhältnis eines Subjekts, sei es der Person oder der Gesellschaft, zu sich selbst anzeigen; und die Freiheitseinschränkung, die zu unserem Begriff der »Krankheit« gehört, besteht im Fall der Gesellschaft darin, dass die institutionellen Lösungen der einzelnen Funktionsbereiche sich wechselseitig im Weg stehen und untereinander an einer gedeihlichen Entfaltung hindern. Die Parallele zum lebenden Organismus, die in derartigen Formulierungen zum Vorschein kommt, ist nicht zufällig und lässt sich kaum vermeiden; denn wahrscheinlich können wir von »Krankheiten der Gesellschaft« am Ende nur dann stimmig und gehaltvoll genug sprechen, wenn wir uns die Gesellschaft nach dem Muster eines solchen Organismus vorstellen, bei dem die einzelnen Organe derart im Einklang zusammenwirken können, dass wir uns daran eine Idee von seiner ungehinderten, »freien« Entfaltung zurechtzulegen vermögen.

Nun sind Gesellschaften nicht einfach natürliche Organismen; sie unterscheiden sich von diesen mindestens dadurch, dass ihre Mitglieder die Bestimmung sowohl der einzelnen Funktionsbereiche als auch die der Aufgabe ihres Zusammenwirkens mit vereinten Kräften ändern können. Die Reproduktion des gesellschaftlichen Funktionssystems kann, aber muss sich nicht zwangsläufig blind vollziehen; im Unterschied zu Pflanzen oder Tieren, die ihren

Organismus automatisch an die sich stets wandelnde Umwelt anpassen, vermögen die vergesellschafteten Subjekte auf diesen Austauschprozess reflexiv Einfluss zu nehmen, indem sie die Ziele oder die Mittel ihres sozialen Zusammenlebens modifizieren. Aber dabei können sie folgenreiche Fehler begehen oder gravierenden Irrtümern unterliegen, nämlich entweder die einzelnen Funktionsbereiche nicht hinreichend an die gesellschaftlich definierten Ziele anpassen oder umgekehrt bei der Festlegung der Ziele den Eigensinn der jeweiligen Funktionsbereiche ignorieren. Ich vermute, dass sich das, was wir meinen, wenn wir von den »Krankheiten« einer Gesellschaft sprechen, exakt im Spektrum von diesen zwei möglichen Fehlanpassungen bewegt – und davon können wir nur sinnvoll reden, darüber können wir nur dann theoretische Vermutungen anstellen, wenn wir uns nicht weiterhin scheuen, die lange Zeit für tot erklärte Analogie der »Gesellschaft« mit einem lebendigen Organismus wieder aufzunehmen, ohne darüber die Differenz zur Natur zu vergessen.

Erziehung und demokratische Öffentlichkeit

Ein vernachlässigtes Kapitel der politischen Philosophie

Die Geschichte des öffentlichen Erziehungssystems in den demokratischen Verfassungsstaaten ist seit seinen Anfängen im 19. Jahrhundert eine ununterbrochene Kette von Konflikten um die Untergliederung, die Form und den Gehalt des schulischen Unterrichts gewesen; von den erbittert geführten Auseinandersetzungen, die entweder zwischen den Interessenvertretern sozialer Klassen oder einer organisierten Elternschaft und den staatlichen Behörden geführt wurden, blieben weder die Schichtung des Schulsystems noch die Lehrmethoden oder das Curriculum unberührt. Den Zündstoff, der in dem staatlichen Versprechen eines allgemeinen Bürgerrechts auf Bildung und Erziehung steckte, mag Immanuel Kant schon vorausgeahnt haben, als er in seinen Vorlesungen zur »Pädagogik« den berühmten Satz formulierte: »Zwei Erfindungen der Menschen kann man wohl als die schweresten ansehen: die der Regierungs- und die der Erziehungskunst nämlich, und doch ist man selbst in ihrer Idee noch streitig.« (Kant 1964, Bd. XII, S. 703) Für Kant ergab sich die Parallele zwischen Regierungs- und Erziehungskunst aus der Überlegung, dass es sich bei beiden um gesellschaftlich geschaffene Einrichtungen handelt, die in den unterschiedlichen Dimensionen der Gattungs- und der Individualgeschichte, der Phylo- und der Ontogenese dieselbe Aufgabe zu leisten haben; sie müssen uns durch geschickte Wahl der Mittel und Methoden, eben durch eine Art von »Kunst«, darin unterrichten können, wie das eine Mal ein Volk von Untertanen, das andere Mal ein seiner Natur noch unterworfenes Kind aus dem Zustand der Unmündigkeit in den der Freiheit zu versetzen sei. Was aber zunächst nur nach einer bloßen Analogiebildung klingt, wird von Kant dann selbst im weiteren Verlauf seiner Vorlesungen noch viel stärker ausgedeutet, indem er auf ein Verhältnis der wechselseitigen Bedingung von republikanischer Staatsordnung und Erziehung verweist: Der kleine, naturgetriebene Mensch muss erst einen Prozess der auf Freiheit zielenden Erziehung durchlaufen haben, bevor er Mitglied eines sich selbst regierenden Staatsvolks werden kann, so wie umgekehrt nur autonome Bürgerinnen und Bürger eine öffentliche Erziehung institutionalisieren können, die ihren Kindern den Weg in die politische Mündigkeit ermöglicht. Eine gute Erziehung und eine republikanische Staatsordnung sind deswegen komplementär aufeinander angewiesen, weil jene in Form eines allgemeinen und öffentlichen Unterrichts im Einzelnen erst die kulturellen und moralischen Befähigungen hervorbringt, mit deren Hilfe diese dann derart existieren und gedeihen kann, dass die Bürgerschaft an der politischen Emanzipation auch des niederen Volkes noch Anteil nimmt. Wie schon im »Émile« von Rousseau bildet daher in der »Pädagogik« von Kant die Idee des »guten Bürgers«[1] das Verbindungsglied zwischen Erziehungstheorie und Regierungslehre, zwischen Bildungskonzeption und politischer Philosophie: Ohne die eine wäre die andere nicht möglich, weil beide Voraussetzungen eines demokratischen Gemeinwesens erläutern, die unabhängig voneinander nicht existieren könnten.

Es ist diese äußerst enge, interne Verknüpfung gewesen, die im politisch-philosophischen Diskurs der Moderne dafür gesorgt hat, dass kaum ein Demokratietheoretiker von Rang und Namen nicht einen systematischen Beitrag zur Erziehungslehre verfasst hat; angefangen mit Rousseau und Kant über Schleiermacher bis hin zu Émile Durkheim und John Dewey haben sich immer wieder große und bedeutende Denker gefunden, denen es ganz selbstverständlich war, dem Thema der öffentlichen Erziehung eigenständige Monographien zu widmen.[2] Die Pädagogik, verstanden als die Lehre von den Maßstäben und Methoden einer angemessenen Unterrichtung des Nachwuchses, wurde als Zwillingsschwester der Demokratietheorie begriffen, weil ohne ausgewogene Anleitungen dazu, wie im Kind Kooperationsfähigkeit und moralische Eigeninitiative zugleich zu wecken seien, gar nicht erläuterbar schien,

1 Vgl. Immanuel Kant, »Über Pädagogik«, in: *Werke in zwölf Bänden*, Bd. XII, Frankfurt/M. 1964, S. 760.

2 Vgl. Friedrich Schleiermacher, »Über den Beruf des Staates zur Erziehung«, in: ders., *Texte zur Pädagogik. Kommentierte Studienausgabe*, hg. von Michael Winkler und Jens Brachmann, Frankfurt/M. 2000, 2 Bde., 1. Band, S. 272-290; Émile Durkheim, *Erziehung, Moral und Gesellschaft*, übersetzt von Ludwig Schmidts, Neuwied a. Rhein/Darmstadt 1973; John Dewey, *Demokratie und Erziehung. Eine Einleitung in die philosophische Pädagogik*, übersetzt von Gudrun und Harald Hylla, Weinheim/Basel 1993.

was es heißen sollte, vom gemeinsamen Zusammenwirken in der demokratischen Selbstbestimmung zu sprechen; die Idee des »guten Bürgers« war nicht Leerformel oder Zierde politischer Festreden, sondern praktische Herausforderung, der man sich durch den theoretischen Entwurf, ja die experimentelle Erprobung geeigneter Schulformen und Unterrichtsmethoden gewachsen zeigen musste. Als es daher nach der Zerschlagung des Nationalsozialismus darum ging, ein ganzes Volk wieder an die systematisch verlernten Praktiken der demokratischen Willensbildung zu gewöhnen, konnte etwa die amerikanische Besatzungsmacht ganz selbstverständlich auf die pädagogischen Schriften ihres Landsmannes John Dewey zurückgreifen, um die vor ihr stehende Aufgabe zu bewältigen;[3] zwischen demokratischer Theorie und pädagogischer Praxis war das Band noch so eng, schien der interne Zusammenhang weiterhin so evident gegeben, dass es nichts von Paternalismus und Bevormundung an sich hatte, den demoralisierten Mitgliedern eines in Schutt und Asche versunkenen Unrechtsstaates demokratische Gepflogenheiten wieder beibringen zu wollen. Seither aber ist die Verknüpfung von Demokratie- und Erziehungskonzept, von politischer Philosophie und Pädagogik zerrissen; gewiss, es gibt immer wieder Vorstöße, über das Erfordernis einer demokratischen Erziehung nachzudenken, aber diese kommen meistens von einer alleingelassenen Erziehungswissenschaft und nicht mehr aus der Mitte der politischen Philosophie selbst. Die Demokratietheorie in der Vielzahl ihrer Gestaltungen und Stimmen schweigt sich über die erzieherische Seite ihres Geschäftes heute weitgehend aus, weder Überlegungen zu schulischen Methoden noch zum Lehrplan sind in ihr noch aufzufinden; jede Vorstellung davon, dass eine vitale Demokratie durch allgemeine Bildungsprozesse ihre eigenen kulturellen und moralischen Bestandsvoraussetzungen stets wieder erst erzeugen muss, ist der politischen Philosophie mittlerweile abhandengekommen. Bevor ich im zweiten Schritt meines Vortrags darangehe, im Anschluss an die eben nur angedeutete Tradition den Zusammenhang von Erziehung und politischer Freiheit, von Bildung und Demokratie noch einmal zu erläutern (II), will ich in einem ersten Schritt zunächst versuchen, die Gründe für die inzwi-

3 Zur »reeducation« vgl. Walter Gagel, *Geschichte der politischen Bildung in der Bundesrepublik Deutschland 1945-1989/90*, Wiesbaden 2005, Kap. 2.

schen eingetretene Entkoppelung von Pädagogik und politischer Philosophie zu benennen; sie liegen, wie sich zeigen wird, in einem fatalen, »wahlverwandtschaftlich« zu nennenden Zusammenschluss von problematischen Auffassungen über die kulturellen Voraussetzungen der Demokratie und einem falsch verstandenen Neutralitätsgebot des Staates (I). Nachdem ich auf diese Weise sowohl negativ als auch positiv für eine Wiederannäherung von Erziehungslehre und Demokratietheorie plädiert habe, will ich in einem dritten Schritt schließlich die Herausforderungen skizzieren, mit denen ein erneuertes Programm der demokratischen Erziehung heute vor allem konfrontiert ist; dabei muss ich es bei wenigen Stichworten bewenden lassen, weil jede ausführlichere Behandlung den zeitlichen Rahmen meines Vortrags sprengen würde (III).

I.

Während Kant, Durkheim oder Dewey das Thema der demokratischen Erziehung noch als intrinsischen Bestandteil ihrer eigenen politisch-philosophischen Unternehmungen betrachteten, spielt es heute innerhalb der normativ orientierten Demokratietheorie nur noch eine randständige Rolle; zwar findet es hier gelegentlich noch einmal Erwähnung und wird in den entsprechenden Einführungen auch immer einmal wieder als Aufgabenfeld benannt, aber als solches wird dessen Erschließung, Bestimmung und Ausführung doch der wissenschaftlichen Pädagogik überantwortet.[4] Die Demokratietheorie hat sich von ihrer Zwillingsschwester, der Lehre von der angemessenen Organisation und Methode einer demokratischen Bildung, verabschiedet und sich damit der Möglichkeit begeben, selbst etwas zur normativen Funktion von Vorschule, Schule und Erwachsenenbildung beisteuern zu können. Man könnte sich angesichts dieser Entwicklung mit der Feststellung beruhigen, dass sich darin nur das Ergebnis einer weiteren Differenzierung der einzelnen Wissenschaftsdisziplinen spiegelt, wie wir sie seit rund zweihundert Jahren beobachten können; so wie sich die Philosophie in der zweiten Hälfte des 19. Jahrhunderts von der Gesellschaftslehre

4 Eine große Ausnahme bildet die politische Philosophin Amy Gutmann, für die allerdings die hier benannte Tradition nur eine sehr untergeordnete Rolle spielt: Amy Gutman, *Democratic Education*, Princeton/N.J. 1999.

hat trennen müssen, die sich später dann im Fach der Soziologie hat etablieren können, musste sie sich im Laufe ihrer voranschreitenden Spezialisierung dann auch von der Aufgabe lösen, aus eigenen Mitteln die zur Herausbildung von demokratischer Mündigkeit erforderlichen Erziehungsprozesse zu bestimmen. Dass die Dinge nicht so einfach liegen und vielmehr auf ein schwerwiegenderes Problem verweisen, wird schon an dem Umstand ersichtlich, dass die politische Philosophie an jeder erdenklichen Stelle erneut auf das Problem der Erziehung stößt, ohne dafür heute auch nur den Ansatz einer Lösung bereitzuhalten. Mit der staatlichen Durchsetzung einer allgemeinen Schulpflicht ist der behördlich verwaltete Unterricht nämlich zu einem entscheidenden Hebel der Formung von Verhaltensweisen und Fähigkeiten der nachfolgenden Generation geworden, so dass er sowohl im Guten wie im Schlechten auf die Eigenschaften des zukünftigen Bürgers und der zukünftigen Bürgerin Einfluss nimmt. Die Art der schulischen Erziehung, ihre Methoden und Gehalte, kann sich entweder in wünschenswerter Weise auf den Bestand einer Demokratie auswirken, indem sie etwa Kooperationsvermögen und individuelle Selbstachtung fördert, oder aber in negativer Weise zu ihrer schleichenden Untergrabung beitragen, wo sie nämlich Autoritätshörigkeit und moralischen Konformismus vermittelt.[5] Insofern bildete die Frage nach der angemessenen Form der staatlich organisierten Erziehung von Anfang an – man denke nur an Platons *Politeia*[6] – ein Herzstück jeder politischen Philosophie: Wer sich damit beschäftigte, wie ein Staat oder ein politisches Gemeinwesen angesichts der menschlichen Natur beschaffen sein sollte, konnte und durfte nicht das damit zusammenhängende Problem aussparen, nach welcher Methode die schulische Erziehung welchen Schülern welche Gehalte beizubringen habe. Wenn diese Frage daher heute aus der politischen Philosophie weitgehend ausgeblendet und hier weder in ihrer positiven noch in ihrer negativen Gestalt weiterverfolgt wird, so kann das nicht einfach an der rational nachvollziehbaren Ausgliederung

5 In dieser »negativen« Rolle taucht die Schule etwa in der politischen Philosophie von Louis Althusser auf: Louis Althusser, »Ideologie und ideologische Staatsapparate«, in: ders., *Marxismus und Ideologie*, Westberlin 1973, S. 111-172, bes. S. 140 ff.

6 Platon, *Politeia*, in: *Werke in acht Bänden*, hg. von Gunther Eigler, Darmstadt ^{2}1990, IV. Bd., v. a. Buch V. Vgl. dazu auch die Auseinandersetzung von Dewey mit Platon: John Dewey, *Demokratie und Erziehung*, a. a. O., S. 122-126.

eines woanders viel besser und adäquater zu behandelnden Themas liegen; das Problem der staatlich organisierten Erziehung steht viel zu sehr im Zentrum alles politischen Handelns, berührt viel zu umfassend die Bestandsvoraussetzungen des demokratischen Rechtsstaats, als dass es sich heute so ohne Weiteres aus dem Korpus einer Wissenschaft oder Philosophie der Politik heraustrennen ließe. Die Gründe, die helfen können, die wachsende Abkoppelung der Demokratietheorie von der Erziehungslehre zu erklären, müssen mithin auf einer anderen Ebene angesiedelt sein als die der voranschreitenden Differenzierung einzelner Fächer; ich vermute sie stattdessen auf einer weit tiefer liegenden begrifflichen Ebene, dort, wo es um die Bestimmung und Auslotung des Umfangs geht, in dem die Demokratie auf sich selbst einwirken kann. Als theoretische Faustregel mag hier gelten, dass dieser Umfang als umso geringer angesehen werden muss, je mehr an eigenen Bestandsvoraussetzungen dem demokratischen Rechtsstaat, sei es aufgrund von normativen Beschränkungen oder aufgrund von sachlichen Unverfügbarkeiten, entzogen zu sein scheinen. Wird dieser Spielraum für selbstgenerative Aktivitäten für nur noch äußerst schmal gehalten, so wird folgerichtig auch der schulischen Erziehung kaum mehr ein politischer Stellenwert eingeräumt werden können, weil sich selbst mit ihrer Hilfe die Lebensbedingungen der Demokratie nicht verändern lassen. Es sind theoretische Wandlungen solcher Art, also Ernüchterungen über die selbstgenerativen Kräfte demokratischer Gemeinwesen, die meines Erachtens im Wesentlichen dafür verantwortlich sind, dass heute der Schule und der staatlich organisierten Erziehung eine nur noch geringe Aufmerksamkeit von Seiten der politischen Philosophie zukommt. Ich will zwei der theoretischen Quellen benennen, die im Laufe der letzten Jahrzehnte dafür gesorgt haben mögen, warum die Demokratietheorie beinah unmerklich und hinter ihrem Rücken den Glauben an den Wert der staatlich organisierten Erziehung für die Demokratie verloren hat; es ließen sich gewiss noch Einflussgrößen anderer Art benennen, etwa die Vorverlagerung der charakterlichen Prägung in die dem Staat entzogene Phase der frühkindlichen Sozialisation, aber ich will mich auf die beiden folgenden Aspekte beschränken, weil sie in das Hoheitsgebiet der politischen Philosophie selbst fallen.

Auf der einen Seite mag zur Verbreitung der Vorstellung, dass dem demokratischen Rechtsstaat ein nur sehr geringer Spielraum bei der Regenerierung seiner eigenen moralisch-kulturellen Bedingungen bleibt, die nach ihrem Autor als Böckenförde-These benannte Auffassung beigetragen haben, wonach die Demokratie in ihrer Reproduktion von der Zufuhr einiger ihr selbst vorausliegender Traditionsbestände abhängig ist. Obwohl der Staatsrechtler Böckenförde seine Einsicht ursprünglich wohl viel enger verstanden hat, nämlich als Hinweis auf die sittlichen Bestandsvoraussetzungen allein des modernen Rechts,[7] wird sie inzwischen doch viel weiter gedeutet und als Beleg für eine kulturelle Unselbständigkeit aller demokratischen Rechtsstaaten genommen: Solche politischen Systeme sind, folgt man dieser generalisierten Lesart, beständig darauf angewiesen, dass sie durch moralische Gewohnheiten und Verhaltensweisen kulturelle Unterstützung finden, für deren Wachstum und Pflege sie selbst nicht die geeigneten Instrumentarien besitzen. Auf der höchsten Stufe der Verallgemeinerung lautet die Böckenförde-These heute dann sogar, dass Demokratien ihren sozialen Erhalt moralischen Einstellungen verdanken, die nur in gewachsenen Gemeinschaften mit ethisch-substantiellen, ja religiösen Orientierungen gedeihen können. Wird aber von einer derartigen Vorstellung ausgegangen, dann liegt die Schlussfolgerung nahe, den staatlich organisierten Erziehungsprozessen, also der schulischen und vorschulischen Bildung, allen Wert für die Vermittlung von demokratiefördernden Verhaltensweisen abzusprechen; denn was an moralischen Einstellungen der kooperativen Willensbildung entgegenkommt – Toleranzfähigkeit, das Sich-in-den-Anderen-hineinversetzen-Können, Gemeinwohlorientierung –, wird nicht in wie gut auch immer durchgeführten Unterrichtsprozessen erlernt, sondern nur im ethischen Sozialisationsmilieu vorpolitischer Gemeinschaften. Wo sich bei Böckenförde zumindest noch Hinweise darauf finden, dass auch »Bildung und Erziehung« dieses Werk verrichten können,[8] bleibt in der allgemeinen Rezeption seiner These nur die Überzeugung vom Erfordernis demokratischer Gesellschaften übrig, auf das Überleben traditionaler Gesinnungsgemeinschaften zu vertrauen: Alle staatlichen Anstrengungen der Organisation einer demokratischen Erziehung sind vergeblich, weil

7 Ernst-Wolfgang Böckenförde, »Freiheit und Recht, Freiheit und Staat«, in: ders., *Recht, Staat, Freiheit*, Frankfurt/M. 2006, S. 42-57.

8 Ebd., S. 48.

sie nicht das an sittlichen Tugenden erzeugen können, was für den Fortbestand von Demokratien lebensnotwendig ist.

Mit dem Eindringen dieser Auffassung in den Theoriebestand der politischen Philosophie ist wohl eine der Voraussetzungen benannt, die in der jüngeren Demokratietheorie dazu geführt hat, Fragen nach der öffentlichen Erziehung weitgehend von sich fernzuhalten; derartige Problemstellungen müssen sich in dem Maße als überflüssig erweisen, in dem festzustehen scheint, dass demokratische Gesinnungen nicht in staatlich vermittelten Erziehungsprozessen, sondern in den vorpolitischen Milieus traditioneller Gemeinschaften erworben werden. Die populäre Version der Böckenförde-These stellt aber nicht den einzigen Grund dar, der heute die Demokratietheorie dazu bewegt, zur einstigen Zwillingsschwester, der Erziehungslehre, zunehmend auf Distanz zu gehen; solchen Tendenzen der Entkoppelung kommt vielmehr von einer anderen, stärker normativen Seite noch die Neigung entgegen, das staatliche Neutralitätsgebot derart restriktiv auszulegen, dass selbst noch die Prinzipien der demokratischen Willensbildung keinerlei Niederschlag im öffentlichen Schulunterricht mehr finden dürfen.

Wie schon die kulturkonservative Neudeutung der Demokratie, nach der diese nur unter permanenter Zufuhr von ihr vorausliegenden Traditionsbeständen lebensfähig bleibt, so hat sich auch die Verschärfung des Gebots staatlicher Neutralität eher im Rücken der politischen Philosophie vollzogen als zielgerichtet und bei vollem Bewusstsein; ja, es kann sogar sein, dass es sich bei dieser zweiten theoretischen Verschiebung um die unbeabsichtigte Konsequenz der insgesamt gutgemeinten Absicht handelt, den in unseren Gesellschaften wachsenden Pluralismus der ethnischen und religiösen Kulturen durch eine Unterstreichung der strikten Unparteilichkeit des staatlich organisierten Unterrichts Rechnung zu tragen. Natürlich unterliegt die politische Bestimmung des Tiefengrades staatlicher Neutralität seit jeher einem ständigen Fluss, in dem sich auf kaum durchsichtige Weise die ethischen Überzeugungen einer Mehrheit und damit auch soziale Kräfteverhältnisse spiegeln; die Legitimität solcher Wertbindungen bemisst sich letztlich nur daran, ob sie dem Kriterium genügen, die universalistischen Grundsätze demokratischer Verfassungen nicht zu verletzen. Im immerwährenden Streit um die unvermeidbare Parteilichkeit staatlichen Handelns stand es für die von mir zuvor benannte Tradition von Kant bis Durkheim und Dewey stets außer Frage, dass der staatlich betriebene Unterricht genau die Werte zu verkörpern habe, die sich in der Entscheidung niedergeschlagen hatten, ihn für alle zukünftigen Staatsbürger verpflichtend zu machen: Das Recht der Eltern, ihren Kindern die je eigenen, partikularen Wertüberzeugungen zu vermitteln, musste an der Pforte der Schule gebrochen werden, damit den Zöglingen durch Einübung von reflexiven Verhaltensweisen der Weg zur Teilnahme an der öffentlichen Willensbildung geebnet werden konnte. Die Selbstverständlichkeit, die in einer solchen Ausrichtung des Schulunterrichts auf dieselben demokratischen Prozeduren zum Ausdruck gelangt, durch die er selbst erst als allgemein verpflichtend ins Leben gerufen worden war, wird aber heute zunehmend wieder in Zweifel gezogen; entweder besinnt man sich dabei auf das staatliche Neutralitätsgebot, um vor einer Überfrachtung der schulischen Erziehung mit ihr fremden, politischen Werten zu warnen, oder beklagt von interessierter Elternseite, dass bei zu starker Orientierung an demokratischen Zielen die Vermittlung von karrierefördernden Leistungen zu kurz kommen könnte. Finden solche altgedienten Vorbehalte dann noch ungewollt öffentliche Unterstützung dadurch, dass angesichts des gewachsenen Multikulturalismus tatsächlich vieles für eine Befreiung unserer Schulen von weltanschaulichen Relikten spricht, so entsteht unmerklich jene diffuse Gemengelage von Falschem und Richtigem, aus der heraus plötzlich jede Art von Parteilichkeit des schulischen Unterrichts als gleichermaßen problematisch oder verwerflich gelten muss; das Gebot staatlicher Neutralität wird folgerichtig nun bis zu dem Punkt ausgedehnt, an dem selbst die Idee der demokratischen Erziehung ihre normative Selbstverständlichkeit verliert.

Gewiss ist die politische Philosophie der Gegenwart noch nicht im Ganzen von derart radikalisierten Interpretationen des Neutralitätsgebots staatlichen Handelns durchdrungen; in ihr wird vielmehr weiterhin heftig darüber gestritten, wie sich dieses Erbstück des liberalen Staatsdenkens angesichts der zunehmenden Heterogenität von kulturellen Wertvorstellungen angemessen reformulieren ließe.[9] Aber im Verbund mit den kulturkonservativen Neudeu-

9 Vgl. dazu John Rawls, »Der Vorrang des Rechten und die Ideen des Guten«, in: ders., *Die Idee des politischen Liberalismus. Aufsätze 1978-1989*, übersetzt von Mi-

tungen der Lebensfähigkeit von Demokratien zeichnet sich gegenwärtig doch eine theoretische Entwicklung ab, an deren Ende die Überzeugung stehen mag, dass die Methoden und Gehalte des staatlich verwalteten Unterrichts auch von allen demokratischen Zielsetzungen befreit werden müssen. Auf der Linie eines solchen denkbaren Fluchtpunkts liegen heute schon Erwägungen, die Schule nur noch mit der Aufgabe der Anerziehung eines »zivilen Minimums« zu beauftragen,[10] Eltern durch Ausbildungsgutscheine die Wahl bei dem weltanschaulichen Charakter des Schulunterrichts zu überlassen[11] und die Lehrerinnen und Lehrer insgesamt nicht mehr als die Beauftragten des Rechtsstaats, sondern nur noch als die der vereinigten Elternschaft zu verstehen.[12] Je weiter diese zunächst nur tentativen Überlegungen aber vorangetrieben werden, je entschiedener also die öffentliche Schule als ethisch neutral gedacht würde, um an ihre Stelle eine Vielzahl von weltanschaulich gebundenen Privatschulen treten zu lassen, desto stärker ginge die demokratische Gesellschaft des beinah einzigen Instruments verlustig, über welches sie zur Regenerierung ihrer eigenen moralischen Grundlagen verfügt; insofern ist der Konflikt um das staatliche Schulsystem, gleichgültig ob er nun dessen Gliederung, die Curricula oder die verwendeten Methoden betrifft, immer auch ein Kampf um die Zukunftsfähigkeit von Demokratien. In keiner Tradition war das Wissen um diesen Zusammenhang deutlicher präsent als in derjenigen, die zunächst durch Kant angestoßen wurde und schließlich in Durkheim und Dewey ihren Höhepunkt fand.

chael Anderheiden, Markus Klatetzki und Wilfried Hinsch, Frankfurt/M. 1992, S. 364-397. Dazu: Rainer Forst, *Kontexte der Gerechtigkeit*, Frankfurt/M. 1994, S. 78-83.

10 Vgl. Amy Gutman, *Democratic Education*, a. a. O., S. 292-303.

11 Ebd., S. 65. Vgl. dazu zudem: Michael Walzer, *Sphären der Gerechtigkeit*, übersetzt von Hanne Herkommer, Frankfurt/M./New York 1992, S. 314-318.

12 Zu solchen Tendenzen vgl. sehr gut: François Dubet, *Le Déclin de l'Institution*, Paris 2002, bes. S. 101-104. Die Idee, dass die Lehrerinnen und Lehrer sich als Beauftragte des demokratischen Rechtsstaates verstehen müssen und gerade nicht als Agenten der Eltern in einer fortgeschrittenen Lebensphase ihrer Kinder, stammt von Émile Durkheim (ders., *Erziehung, Moral und Gesellschaft*, a. a. O., S. 187-198). Zur gesamten Problematik vgl. auch Amy Gutmann, *Democratic Education*, a. a. O., S. 292-303.

II.

Die bislang vorgetragenen Überlegungen haben in der bloß negativen Gestalt einer Kritik an Tendenzen der zeitgenössischen Demokratietheorie bereits indirekt zu erkennen gegeben, welche Prämissen vorausgesetzt werden müssen, wenn das öffentliche Schulsystem als eine notwendige Ergänzung, ja als die andere, ihr vorgelagerte Hälfte der demokratischen Willensbildung verstanden werden soll; weder darf dann, so haben wir gesehen, die praxisleitende Hypothese preisgegeben werden, dass auch jenseits der frühkindlichen Sozialisation und abseits von traditionsgestützten Sittlichkeiten die Fähigkeiten zur öffentlichen Deliberation erzieherisch geweckt werden können, noch darf leichtfertig das Recht des Verfassungsstaates aufs Spiel gesetzt werden, die von ihm organisierten Erziehungsprozesse mit demokratischen Bildungszielen zu versehen. Werden diese beiden negativen Prämissen ins Positive gewendet, so lässt sich auch sagen, dass unter den Aufgaben des demokratischen Rechtsstaates jene an vorderster Stelle zu stehen hat, jedem seiner zukünftigen Mitglieder durch angemessene Bildungseinrichtungen gleichermaßen die Möglichkeit an die Hand zu geben, an der öffentlichen Legitimierung seiner eigenen Entscheidungen »ohne Angst und Scham« mitzuwirken. In Kants Erziehungsschrift, die stark unter dem Einfluss von Rousseaus »Émile« steht, ohne ihm freilich in allem zu folgen, nimmt die damit umrissene Idee vorläufig nur die Gestalt an, gegen die »häusliche« die allgemein zugängliche, »öffentliche« Erziehung zu verteidigen, deren Vorteil es sei, ohne die Gefahr der Fortsetzung von »Familienfehlern« in jedem Zögling die Tugenden und Fähigkeiten des »künftigen Bürgers« hervorzubringen.[13] Alles, was in solchen Erziehungsprozessen pädagogisch vermittelt werden soll – erstens me-

13 Immanuel Kant, »Über Pädagogik«, a. a. O., S. 710-712. Beinahe gleichlautend heißt es bei Friedrich Schleiermacher: »Wir finden Zeiten in der Geschichte unserer neuen Welt, wo Völker nur dadurch aus einer langen Dumpfheit und Roheit zu erwachen scheinen, daß ihre Regierung die Zügel dieses wichtigen Geschäftes in die Hand nimmt und durch andere Mittel in dem jüngeren Geschlecht die gewünschten höheren Kräfte aufzuregen sucht, welche das ältere auf dem gewöhnlichen Wege der häuslichen Erziehung deshalb nicht zu erwecken vermag, weil sie in ihm selbst nicht vorhanden oder erstorben sind.« (Friedrich Schleiermacher, »Über den Beruf des Staates zur Erziehung«, a. a. O., S. 272)

chanische Geschicklichkeiten, zweitens pragmatische Klugheiten und drittens moralische Selbstbestimmung –, untersteht daher für Kant interessanterweise dem primären Ziel, im Einzelnen ebenso viele Schichten der Selbstachtung und des Selbstwerts entstehen zu lassen, die ihm zusammengenommen dann ein selbstbewusstes Auftreten als Bürger einer Republik erlauben.[14] Die Frage danach, welchen Beitrag die drei Klassen von anerziehbaren Fähigkeiten dann später zur Berufsausübung leisten sollen, stellt sich in diesem Zusammenhang noch gar nicht, weil sie alle gleichermaßen unter dem alleinigen Gesichtspunkt des Erwerbs von verschiedenen Formen des Selbstwertgefühls betrachtet werden; der zukünftige Staatsbürger muss, so heißt es bei Kant wie in einer Vorwegnahme eines berühmten Gedankens von John Rawls, zunächst über das zentrale Gut der »Selbstachtung« verfügen können, bevor er sich als Gleicher unter Gleichen an der republikanischen Selbstgesetzgebung beteiligen kann.[15]

Berufliche Geschicklichkeiten, zivilgesellschaftliches Orientierungswissen und moralische Prinzipien werden daher gerade nicht primär als erlernbare Mittel zur späteren Einkommenssicherung, sondern als gesellschaftlich verallgemeinerte Medien der sozialen Anerkennung begriffen, über deren pädagogisch vermittelte Aneignung der Heranwachsende schrittweise zu dem Bewusstsein gelangen soll, in den Augen seiner Mitmenschen einen »Wert« zu besitzen: Das Erlangen von Geschicklichkeiten gewährt ihm, wie es Kant nahezu in den Worten Hegels formuliert, Respekt »in Ansehung seiner selbst als Individuum«, der Erwerb von zivilgesellschaftlichem Wissen den »öffentlichen Wert« eines Bürgers und die Aneignung der moralischen Prinzipien schließlich die Achtung »in Ansehung des ganzen menschlichen Geschlechts«.[16]

Bei aller Hellsichtigkeit in Bezug auf den Zusammenhang von allgemeiner Schulbildung und reziproker Anerkennung im republikanischen Gemeinwesen ist Kant allerdings noch weit davon entfernt, daraus auch schon Rückschlüsse zu ziehen in Hinblick auf die Methode und die Organisationsform des schulischen Unterrichts; ihm steht der einzelne, männliche Zögling vor Augen,

14 Immanuel Kant, »Über Pädagogik«, a. a. O., S. 713.

15 John Rawls, *Eine Theorie der Gerechtigkeit*, übersetzt von Hermann Vetter, Frankfurt/M. 1979, S. 479-486.

16 Immanuel Kant, »Über Pädagogik«, a. a. O., S. 713.

der je für sich durch erzieherisch aufgenötigten Wissenserwerb zur Selbstachtung gelangen soll, nicht aber die kooperative Gemeinschaft, in der jeder als anerkanntes Mitglied mit allen anderen zum Zweck der gemeinsamen Willensbildung zusammenwirken können muss. Zwar ahnt er in seiner »Pädagogik« gelegentlich bereits, dass die Republik viel stärker noch als auf eine einseitige Wissensvermittlung auf die Schulung der kommunikativen Tugenden angewiesen wäre, gleichwohl schreckt er noch vor der Konsequenz zurück, in der öffentlichen Schule zunächst und vor allem eine Bildungsstätte demokratischer Fähigkeiten auszumachen.[17] Diesen Schritt vollziehen erst rund einhundert Jahre später Émile Durkheim und John Dewey, als sie jeweils in ihrem eigenen Werk darangehen, den inneren Zusammenhang von Erziehung und Demokratie, von schulischen Lernprozessen und zukünftiger Staatsbürgerrolle zu umreißen.[18]

Obwohl die Grundannahmen der beiden Denker einander nahezu auszuschließen scheinen – hier der szientistisch gesinnte Soziologe, dort der pragmatisch verfahrende Philosoph –, weisen ihre Überlegungen zur demokratischen Erziehung doch eine Reihe von überraschenden Gemeinsamkeiten auf. Unter den drei Funktionen, die die Schule aus heutiger Sicht in sich zu bündeln hat, die der Berufsqualifikation, die des Ausgleichs familien- oder milieubedingter Bildungsdefizite und die der allgemeinen Vorbereitung auf die Staatsbürgerrolle, heben Durkheim und Dewey einzig und allein auf die dritte, die zuletzt genannte ab; wie schon Kant verstehen sie das Erlernen von beruflich verwertbarem Wissen eher als ein beiläufiges Resultat der Einübung von demokratischen Gewohnheiten; und alles, was an kompensatorischer Erziehung zu leisten ist, wird als selbstverständliche Aufgabe der jeweiligen Schulgemeinschaft begriffen. Auch das Recht des demokratischen Staates, das von ihm durch Steuereinnahmen finanzierte Erziehungssystem an die Auflage zu binden, staatsbürgerliche Fähigkeiten zu regenerieren, wird von beiden Denkern, wo sie es überhaupt für nötig halten, mit ähnlichen Argumenten begründet. Weil sich die staatliche

17 Bei Immanuel Kant heißen diese demokratischen Fähigkeiten »weltbürgerliche Gesinnungen« und tauchen nur gelegentlich in seiner »Pädagogik« auf (ebd., S. 761).

18 Émile Durkheim, *Erziehung, Moral und Gesellschaft*, a. a. O.; John Dewey, *Demokratie und Erziehung*, a. a. O.

Einführung der allgemeinen Schulpflicht nur unter der Bedingung als ein demokratisch legitimationsfähiger Akt deuten lässt, dass sie als eine gemeinsame, gleichsam zivilgesellschaftliche Anstrengung gewertet wird, allen Bürgerinnen und Bürgern gleichermaßen zur faktischen Ausübung ihrer politischen Rechte zu verhelfen, darf diesem Staat nun nicht nachträglich das Recht abgesprochen werden, den schulischen Unterricht auch tatsächlich zur Einübung der entsprechenden Kenntnisse und Praktiken zu nutzen.[19]

Aber solche demokratietheoretischen Überlegungen bilden nur den allgemeinen Rahmen, in dem Durkheim und Dewey nun die Untersuchungen ansiedeln, die sie dem Gehalt und der Struktur des schulischen Unterrichts widmen. Den Ausgangspunkt ihrer wiederum stark übereinstimmenden Argumentationen stellt die These dar, dass die Vorbereitung auf die zukünftige Staatsbürgerrolle weniger eine Sache der angemessenen Wissensvermittlung ist als vielmehr der praktischen Gewohnheitsbildung; was die Schülerinnen und Schüler im schulischen Unterricht erlernen sollen, um später effektiv an der demokratischen Willensbildung teilnehmen zu können, sind nicht primär überprüfbare Kenntnisse über politische oder geschichtliche Zusammenhänge, sondern Verhaltensweisen, welche das moralisch selbstbewusste Auftreten in einer kooperierenden Gemeinschaft erlauben. Dass John Dewey als Pragmatist seine Überlegungen in eine derartige Richtung lenkt und also die Schule zuvorderst als eine Bildungsstätte des Zusammenwirkens in der forschenden Öffentlichkeit begreift, mag nicht sonderlich überraschen;[20] aber dass Émile Durkheim ähnlich argumentiert und die Schule ebenfalls unter dem Blickwinkel betrachtet, welchen Beitrag sie zur Einübung demokratischer Kooperationsfähigkeiten leistet, bedarf wohl einer kurzen Erläuterung.

Durkheim lässt sich zwar zunächst im Unterschied zu Dewey, der hier weitaus optimistischer dachte, von der an Kant orientierten Vorstellung leiten, dass in jedem Kind die egoistischen Neigungen erst durch moralische Disziplinierungen gebrochen werden müssen, bevor es sich autonom an die sozialen Regeln der demokratischen Gemeinschaft zu halten lernt; aber er weicht doch darin erheblich von seinem philosophischen Lehrmeister ab, dass er die-

19 Vgl. Amy Gutman, *Democratic Education*, a. a. O., Kap. 2.

20 Zur Pädagogik Deweys vgl. insgesamt: Jürgen Oelkers, *John Dewey und die Pädagogik*, Weinheim/Basel 2009.

sen vorausliegenden Erziehungsprozess umso geschmeidiger und vor allem umso erfolgversprechender vonstattengehen sieht, je stärker dabei durch praxisnahe Vorbilder und spielerische Aktivitäten auch die Leidenschaften und Begehrlichkeiten, kurz die sinnliche Natur des Kindes, angesprochen werden.[21] Im Grunde genommen stellt daher für Durkheim das Aufbrechen des kindlichen Egoismus gerade nicht, obwohl er immer wieder davon spricht, einen Prozess der moralischen Disziplinierung dar, sondern einen Vorgang der affektvermittelten Gewohnheitsbildung: Das Kind lernt durch Teilnahme an ihm gemäßen, seine Neigungen also affizierenden Praktiken zunächst einmal nur, jene Regeln des demokratischen Zusammenlebens habituell zu beherrschen, die es sich dann später mit wachsendem Alter auch in ihrem rationalen Geltungsanspruch klarzumachen hat. Für die Schule und ihre Erziehungsstile kann Durkheim dann aber aus diesen Korrekturen Kants beinahe dieselben Konsequenzen ziehen, zu denen Dewey im Ausgang von seinen ganz anderen, nämlich hegelianischen Prämissen gelangt war: Im schulischen Unterricht müssen die Heranwachsenden durch möglichst kooperative Lernmethoden, durch Mitbestimmung an allen die Schule betreffenden Angelegenheiten und schließlich durch eher gemeinschaftsbezogene als individuelle Formen des Tadels und der Ermutigung daran gewöhnt werden, sich schon früh jenen Geist des demokratischen Zusammenwirkens anzueignen, der ihnen im Erwachsenenalter dann zu einem selbstbewussten Auftreten in der politischen Öffentlichkeit verhelfen kann. Insofern sind beide Denker auch nicht der heute häufig vertretenen Meinung, dass die Schule primär der Ausbildung von individueller Autonomie zu dienen hat; ihr Erziehungsbild ist vielmehr übereinstimmend von der Idee geprägt, den Schülern ein sicheres Gespür dafür beizubringen, was es heißt, den Mitschüler als einen gleichberechtigten Partner in einem gemeinsamen Lern- und Untersuchungsprozess zu verstehen. Soll die öffentliche Schule in jeder nachwachsenden Generation erneut diejenigen Verhaltensweisen erzeugen, die für die demokratische Willensbildung lebensnotwendig sind, so muss sie statt auf die einseitige Vermittlung von moralischen Prinzipien viel stärker auf die Eingewöhnung in eine Kultur der Assoziation setzen;[22]

21 Émile Durkheim, *Erziehung, Moral und Gesellschaft*, a. a. O., S. 158 f.

22 Zur Verteidigung dieser Idee einer »Assoziationsmoral« als richtungsweisend für die Schule vgl. auch Amy Gutmann, *Democratic Education*, a. a. O., S. 59-64.

nicht das Erlernen von individuellen Grundsätzen richtigen Handelns, sondern das kommunikative Einüben von Perspektivübernahme und moralischer Initiative bilden für Durkheim und Dewey den Königsweg, auf dem der schulische Unterricht zur Regenerierung der Demokratie beitragen kann.

Nun ist allerdings nicht nur zwischen Kants Pädagogik und diesen Formulierungen bereits ein Jahrhundert vergangen, sondern zwischen ihnen und unserer Gegenwart noch einmal dieselbe Anzahl an Jahren. Angesichts des großen Zeitabstands mag daher so mancher den Kopf schütteln und mit triumphalistischer Geste darauf verweisen, dass sich inzwischen doch mit der sozialen und ökonomischen Umwelt auch die Anforderungen an die Schule radikal verändert haben: Die enorm gewachsenen Schülerzahlen, der wirtschaftliche Ruf nach Flexibilität und Leistungsbereitschaft, die trotz aller sozialpolitischen Anstrengungen unverändert fortwirkenden Bildungsdefizite der unteren Schichten, all das scheint in den kapitalistisch hochentwickelten Ländern keine andere Wahl zu lassen, als im Schulunterricht verstärkt auf Selektionsdruck, individuelle Leistungskontrolle und Anreiz zum Konkurrenzverhalten zu setzen.[23] Schon gehen in den USA Politiker, Wirtschaftsfachleute und Manager daran, eine Reform des gesamten Schulsystems vorzuschlagen, die in der Summe der angekündigten Maßnahmen auf nichts anderes hinausliefe als eine Aktivierung des Unterrichts zugunsten des Erwerbs von rein ökonomisch verwertbaren Fähigkeiten: Die Effektivität aller amerikanischen Schulen soll nach diesen Plänen vergleichend anhand von quantitativen Daten kontrolliert werden, die den Erfolg der einzelnen Lehrer daran messen, zu welchem Abschneiden sie ihren Schülern bei den landesweit standardisierten Tests zu verhelfen vermochten.[24]

Kontrollverfahren solcher Art, die über kurz oder lang die Marginalisierung aller nicht statistisch überprüfbaren Fächer zur Folge hätten, werden mittlerweile aber nicht nur in den USA, sondern auch auf dem Kontinent diskutiert, so als gälte es auch hier, die Schulen mit Hilfe finanzwirtschaftlicher Methoden einseitig dem

23 Vgl. exemplarisch: François Dubet, »L'égalité et le mérite dans l'école démocratique de masse«, in: *L'Année sociologique* 50,2 (2000), S. 383-408; ders., *Le Déclin de l'Institution*, a. a. O., Kap. 3.

24 Diane Ravitch, »Schools We Can Envy«, in: *New York Review of Books* LIX,4 (2012), S. 19 f.

Diktat der ökonomischen Entwicklung zu unterwerfen. Für die Erinnerung an Zeiten, in denen der öffentliche Schulunterricht einmal als Dreh- und Angelpunkt der Selbsterneuerung von Demokratien betrachtet wurde, scheint unter derartigen Umständen kein Bedarf zu bestehen; nicht nur die Demokratietheorie selbst, sondern auch die staatliche Politik hat offenbar das Interesse an dem einzigen Organ verloren, mit dem sich wenigstens versuchsweise und bei steter Anstrengung die fragilen Voraussetzungen einer demokratischen Willensbildung des Volkes immer wieder regenerieren ließen.

Diesen Tendenzen zu einer Abkehr von der Idee der demokratischen Erziehung widersprechen freilich alle empirischen Befunde, die die vergleichende Bildungsforschung und die verschiedenen Pisa-Studien in den letzten Jahren zutage gefördert haben; denn darin findet auf eine geradezu wundersame Weise Bestätigung, was Durkheim und Dewey vor einem Jahrhundert vorausgedacht hatten, als sie zwischen kooperativen, demokratiefördernden Lehrmethoden und schulischen Leistungen eine ganz enge Beziehung herstellen wollten. Das Schulsystem, das bei allen internationalen Leistungsvergleichen stets die besten Ergebnisse erzielt, ist nämlich zugleich dasjenige, in welchem die demokratischen Ideale der beiden Denker noch am ehesten zur Verwirklichung gelangt sind: In den finnischen Schulen bleiben die Schüler unterschiedlicher Bildungsherkünfte so lange wie nur möglich in einer einzigen Schulgemeinschaft zusammen, werden Test- und Prüfungsverfahren auf das nur eben erforderliche Minimum reduziert, wird kommunikativer Verantwortung und wechselseitigem Vertrauen weit mehr Gewicht beigemessen als individueller Zurechenbarkeit und gehört schließlich die Hoheit über die Gestaltung des Unterrichts allein einer professionell ausgebildeten, mit den Schülervertretern eng kooperierenden Lehrerschaft.[25] Gewiss, in den Beschreibungen des Schulsystems in Finnland wird nicht das Vokabularium Durkheims und Deweys verwendet, da ist weder die Rede von Gewohnheitsbildung noch von Gemeinschaftsmoral oder kooperativen Erziehungsmethoden; aber solche Rückübersetzungen in eine Sprache der demokratischen Bildung scheinen doch leicht möglich und gä-

25 Pasi Sahlberg, *Finnish Lessons. What Can the World Learn from Educational Change in Finland?*, New York/N.Y. 2012.

ben dann den seltenen, historisch unwahrscheinlichen Glücksfall zu erkennen, dass das politisch und normativ Richtige mit dem pragmatisch Zweckmäßigen einmal zusammenfiele: Jene Schulformen sind für die kognitiven Leistungen und Fähigkeiten der Schüler die besten, die zugleich auch der Regenerierung demokratischer Verhaltensweisen am stärksten entgegenkommen. Es gibt daher in Zeiten, in denen allerorten von wachsender politischer Apathie gesprochen und sogar die Gefahr einer »Postdemokratie« an die Wand gemalt wird,[26] keinen, aber auch keinen Grund, nicht die von Kant, Durkheim und Dewey begründete Tradition noch einmal wiederzubeleben und die öffentliche Erziehung als zentrales Organ der Selbstreproduktion von Demokratien zu begreifen.

III.

Nach dem bislang Gesagten könnte leicht der Eindruck entstehen, als seien zugleich mit den angemessenen Methoden eines demokratischen Unterrichts auch dessen Stoffe ein für alle Mal gegeben und damit jedem historischen Wandel auf Dauer entzogen; vor allem Kant hat dieser Vorstellung starken Auftrieb gegeben, bindet er doch den Erwerb der für den Bürger erforderlichen Formen der Selbstachtung an das stufenweise Erlernen zeitlos gültiger Wissensgehalte, aber auch bei Durkheim lässt sich die Neigung ausmachen, bestimmte Materien allen Prozessen der kooperativen Erziehung als fixe Bestandteile vorzuschreiben.[27] Nur John Dewey widerspricht in seinen pädagogischen Schriften der damit umrissenen Tendenz, indem er immer wieder mit großer Nüchternheit hervorhebt, dass sich mit den jeweiligen Herausforderungen der öffentlichen Problemlösung auch die stofflichen Gehalte des Unterrichts wandeln müssen; zwar geht auch er wie sein Mitstreiter Durkheim von einer unverzichtbaren Hierarchisierung der zu vermittelnden Wissensdisziplinen aus – in seinem Fall nimmt erstaunlicherweise die Geographie den obersten Rang ein –,[28] was jedoch in diesen

26 Colin Crouch, *Postdemokratie*, übersetzt von Nikolaus Gramm, Frankfurt/M. 2008.

27 Émile Durkheim, *Erziehung, Moral und Gesellschaft*, a. a. O., 17. und 18. Vorlesung.

28 John Dewey, *Demokratie und Erziehung*, a. a. O., S. 274-288 (16. Kapitel).

Disziplinen durch kooperatives Zusammenwirken jeweils erlernt werden muss, bemisst sich für ihn einzig und allein an den sich historisch verändernden Aufgaben der demokratischen Willensbildung.[29] Daher mag es richtig sein, ganz im Geiste Deweys zum Schluss die zwei geschichtlichen Herausforderungen wenigstens kurz zu benennen, die sich heute aufgrund ihrer Folgewirkungen für das demokratische Zusammenleben vor allem im Unterrichtsstoff niederzuschlagen hätten; von beiden Problematiken dürfte sich bei ausführlicherer Betrachtung zeigen, dass sie nicht durch Abschiebung in ein einzelnes Fach angemessen behandelt werden können, sondern eine stoffliche Mitthematisierung in fast dem gesamten Fächerkanon unserer Schulen erforderlich machen.

Für jeden aufmerksamen Zeitgenossen dürfte gegenwärtig außer Frage stehen, dass die digitale Revolution der Kommunikationsverhältnisse nicht nur die Formen der Anbahnung und Aufrechterhaltung privater Beziehungen, sondern auch die Wege der politischen Meinungsbildung nachhaltig verändern wird; mit dem Internet, das den Einzelnen in die Lage zugleich einer Enträumlichung und Beschleunigung seiner Interaktionen versetzt, entstehen heute mit wachsendem Tempo eine Vielzahl von Netzöffentlichkeiten, deren Außengrenzen und Themen in ständigem Fluss begriffen sind.[30] Es ist gewiss die Aufgabe des schulischen Unterrichts, die Schüler auf den Gebrauch dieses neuen Mediums technisch und sozial vorzubereiten, aber darin dürfte sich die gemeinsame Bewältigung seiner historischen Folgen bei weitem nicht erschöpfen; vielmehr schiene es mir darüber hinaus vonnöten, in der experimentellen Überprüfung des Zustandekommens digital verbreiteter Themen und Wissensbestände gemeinsam zu erkunden, wo neben den Potentialen auch die Grenzen und Gefährdungen des neuen Mediums liegen.[31] Bei solchen exemplarischen Rekonstruktionen, in denen etwa die Genese und die Qualität bestimmter Lexikoneinträge bei Wikipedia unter die Lupe genommen werden könnten, müssten die ver-

29 Ebd., S. 254 ff.

30 Vgl. dazu Axel Honneth, *Das Recht der Freiheit. Grundriß einer demokratischen Sittlichkeit*, Berlin 2011, S. 560-567.

31 Überlegungen in diese Richtung entwickelt im Anschluss an John Dewey: Richard S. Croft, »What is a Computer in the Classroom? A Deweyan Philosophy for Technology in Education« in: *Journal of Educational Technology Systems* 22 (1993/94), Heft 4, S. 301-308.

schiedenen Schulfächer eng zusammenarbeiten, weil neben dem rein technischen und ökonomischen Sachverstand auch Kenntnisse in den entsprechenden Themengebieten gefragt wären. Aber dieses eine Beispiel soll hier nur für die viel allgemeinere Idee stehen, dass es heute in unseren Schulen darauf ankäme, zugleich mit der Handhabung des Internets auch dessen Produktionsgesetze und Wirkungsweisen zu erlernen; die Schülerinnen und Schüler müssten durch die kooperative Nutzung des Computers, also ganz im Sinne Deweys, darauf vorbereitet werden, sich später einmal mündig der neuen Instrumente der politischen Willensbildung zu bedienen.

Stellt die digitale Revolution die erste der beiden geschichtlichen Herausforderungen dar, vor welche die demokratische Öffentlichkeit heute gestellt ist, so bildet die wachsende Heterogenität der Bevölkerung in den westlichen Ländern deren zweite.[32] Wie in Bezug auf das neue Medium des Internets, so dürfte auch mit Blick auf den Multikulturalismus inzwischen kaum ein Dissens darüber bestehen, dass in den Schulen alles unternommen werden muss, um auf diese veränderten Bedingungen der öffentlichen Meinungsbildung vorzubereiten; aber auch hier stellt sich wieder die Frage, wie die methodischen Mittel und materialen Gehalte beschaffen sein sollten, die die geforderte Aufgabe am besten zu lösen vermögen. Die Idee der demokratischen Erziehung, an die ich mit meinem Vortrag erinnern wollte, hält für den ersten, methodischen Teil dieser Frage bereits die Antwort bereit: Je weniger der Schüler oder die Schülerin im Unterricht als ein isoliertes, leistungserbringendes Subjekt adressiert, je stärker er oder sie mithin als Mitglied einer lernenden Kooperationsgemeinschaft behandelt wird, desto eher dürften sich unter ihnen Kommunikationsformen einstellen, in denen kulturelle Differenzen nicht nur spielerisch akzeptiert, sondern als Chancen der wechselseitigen Bereicherung begriffen werden können.[33] Allerdings ist mit diesem Verweis auf die aner-

32 Vgl. dazu: Axel Honneth, *Das Recht der Freiheit*, a. a. O., S. 535-539.

33 Vgl. dazu: Krassimir Stojanov, *Bildung und Anerkennung. Soziale Voraussetzungen von Selbstentwicklung und Welt-Erschließung*, Wiesbaden 2006, v. a. Kap. 4. Zur Bedeutung von schulischen Anerkennungsprozessen für die Idee einer Demokratisierung der Schule vgl. auch: Annedore Prengel, »Zwischen Heterogenität und Hierarchie in der Bildung – Studien zur Unvollendbarkeit der Demokratie«, in: Luise Ludwig u. a. (Hg.), *Bildung in der Demokratie II* (Schriftenreihe der Deutschen Gesellschaft für Erziehungswissenschaft), Opladen 2011, S. 83-94.

kennungsstiftende Kraft der demokratischen Erziehung noch nicht die zweite, materiale Teilfrage beantwortet, in der es darum geht, welche Konsequenzen aus dem wachsenden Multikulturalismus unserer Gesellschaften für den Unterrichtsstoff selbst gezogen werden müssen. Lassen Sie mich mit der Vermutung schließen, dass wir uns alle noch gar nicht angemessen ausmalen können, wie bei einer fairen Berücksichtigung der ethnischen und kulturellen Zusammensetzung der Schulklassen jene zu erlernenden Gehalte in fünfzehn oder zwanzig Jahren beschaffen sein müssen; sollen die künftigen Schülerinnen und Schüler einmal zu mündigen Teilnehmern einer dann äußerst heterogenen, bunt zusammengewürfelten Öffentlichkeit werden, so müssen sie sich die Geschichte, die Literatur, die Geographie und die meisten anderen Fächer aus derselben dezentrierten Perspektive anzueignen lernen, die wir uns heute an den Universitäten in den entsprechenden Disziplinen erst allmählich und mühsam beizubringen versuchen.

Demokratie und soziale Arbeitsteilung

Noch ein vernachlässigtes Kapitel der politischen Philosophie

> The industrial system [...] is in great measure the key to the paradox of political democracy. Why are the many nominally supreme but actually powerless? Largely because the circumstances of their lives do not accustom or fit them for power or responsibility. A servile system in industry inevitably reflects itself in political servility.
>
> G. D. H. Cole, *Labour in the Commonwealth*, London 1918, S. 35[1]

Versucht man sich einen Überblick darüber zu verschaffen, was sich heute in der gesellschaftlichen Arbeitswelt des westlichen Kapitalismus zuträgt, so ist man mit einer Reihe von alarmierenden Entwicklungstendenzen konfrontiert. Zum einen scheint die Hochphase sozialstaatlich gesicherter und dauerhafter Beschäftigungsverhältnisse schon seit einigen Jahrzehnten überschritten; infolge der Anfang der 1980er Jahre einsetzenden Deregulierungen des kapitalistischen Marktes wurden auch die sozialen Einhegungen der Arbeitsverträge abgeschmolzen, die Bedingungen für Kündigungen herabgeschraubt und mehr und mehr informelle, ungesicherte und schlechtbezahlte Beschäftigungsverhältnisse geschaffen.[2] Im Ganzen redet man heute daher von einer Dualisierung des Arbeitsmarktes und meint damit eine Spaltung der Beschäftigungsverhältnisse in einen geschützten Sektor hochqualifizierter und einen prekären Sektor schlechtbezahlter, unqualifizierter Arbeit im Produktions- und Dienstleistungsbereich.[3] Zum anderen droht mit der sich abzeichnenden Digitalisierung der Arbeit eine große Welle von Entlassungen, da mit der Zunahme

1 Zur Bedeutung der Schriften von G.D.H. Cole, der Mitglied der Fabian-Society war, für das Projekt einer Demokratisierung der gesellschaftlichen Arbeit vgl.: Carole Pateman, *Participation and Democratic Theory*, Cambridge/UK 1970, S. 35-42.

2 Vgl. überblickshaft: Robert Castel, *Die Metamorphosen der sozialen Frage. Eine Chronik der Lohnarbeit*, übersetzt von Andreas Pfeuffer, Köln 2008.

3 Vgl.: Patrick Emmenegger u. a., *The Age of Dualization. The Changing Face of Inequality in Deindustrializing Societies*, Oxford 2012.

elektronischer Steuerungsprozesse eine Vielzahl von kontrollierenden, ausführenden und registrierenden Tätigkeiten überflüssig werden dürfte; noch ist zwar nicht ausgemacht, bis zu welchem Maße dieser Wegfall von Arbeitsplätzen durch die Schaffung neuer Industriezweige in der Elektronikbranche zu kompensieren sein wird, aber schon jetzt dürfte klar sein, dass die bevorstehenden Transformationen zu einem massiven Anstieg von Arbeitslosigkeit führen werden.[4] Nimmt man beide Prozesse zusammen, so lässt sich durchaus von einer wachsenden Krise der gesellschaftlichen Arbeit in den kapitalistischen Ländern des Westens sprechen; die bündigste Formel dafür ist, dass Arbeit heute immer weniger dazu in der Lage ist, den Lebensunterhalt der Arbeitenden und ihrer Familien sicherzustellen.[5]

Angesichts der lebensweltlichen Bedeutung dieser Entwicklungstendenzen ist es nun allerdings überraschend, feststellen zu müssen, dass von alldem innerhalb der politischen Philosophie kaum die Rede ist; hier wird weitgehend so getan, als könne man ignorieren, welche Veränderungen sich heute in der Arbeitswelt vollziehen, wenn man die Bedingungen und Gefährdungen der gegenwärtigen Demokratie untersucht. Zwar kommen alle denkbaren Ursachen für krisenhafte Erscheinungen in den westlichen Demokratien in den Blick – Funktionsverlust politischer Parteien, Entparlamentarisierung, nationaler Souveränitätsverlust, Aushöhlung der demokratischen Öffentlichkeit[6] –, dass aber auch die Erosion gesicherter Arbeitsverhältnisse in diesem Zusammenhang eine kausale Rolle spielen könnte, wird so gut wie nicht thematisiert. Damit soll hier nicht auf das inzwischen empirisch gut belegte Phänomen angespielt werden, dass soziale Gruppen, die angesichts wachsender Migration befürchten müssen, aus dem Arbeitsmarkt verdrängt zu werden, zu migrationsfeindlichen Einstellungen neigen und daher häufig sogenannte populistische, tendenziell undemokratische Par-

4 Einen ersten, allerdings recht optimistischen Überblick gibt Shoshana Zuboff: dies., *In the Age of the Smart Machine. The Future of Work and Power*, New York 1988.

5 Matthew Desmond, »Why work doesn't work anymore«, in: *The New York Times Magazin*, 16. September 2018, S. 36-41, 49.

6 Vgl. Horst Dreier, »Vom Schwinden der Demokratie«, in: Friedrich Wilhelm Graf/Heinrich Meier (Hg.), *Die Zukunft der Demokratie*, München 2018, S. 29-82.

teien bevorzugen;[7] gemeint ist vielmehr der viel grundsätzlichere Sachverhalt, dass die Qualität der demokratischen Partizipation und damit das Funktionieren der politischen Willensbildung auch und wesentlich von der wirtschaftlichen Voraussetzung einer fairen, transparenten und möglichst inklusiven Arbeitsteilung innerhalb der Gesellschaft abhängt. Es ist dieser schwer zu durchschauende Zusammenhang zwischen Demokratie und gesellschaftlicher Arbeitsteilung, dem ich im Folgenden nachgehen möchte; meine Vermutung ist, dass es innerhalb der politischen Philosophie eine Tendenz zur Vernachlässigung der Bedeutung von Arbeit und Beschäftigung deswegen gibt, weil hier im Ganzen die Verwurzelung der Demokratie in den wirtschaftlichen Verhältnissen einer Gesellschaft aus dem Blick geraten ist. Um die These begründen zu können, dass die Qualität der demokratischen Willensbildung ganz entscheidend vom Zustand der gesellschaftlichen Arbeitsteilung abhängt, muss ich zunächst überhaupt deren Bedeutung für die Integration moderner Gesellschaften demonstrieren; von hier aus lässt sich dann die These begründen, dass die Bereitschaft zur aktiven Teilnahme an der politischen Willensbildung im hohen Maße von der Möglichkeit abhängt, sich als wertvolles Mitglied eines für einen selber durchsichtigen Kooperationszusammenhangs in der eigenen Gesellschaft verstehen zu können (I). Habe ich diese kausale Abhängigkeit umrissen, so bedarf es einer Überprüfung der traditionellen Vorstellungen über die gesellschaftliche Arbeitsteilung, denn diese leiden an einer Reihe von Einseitigkeiten und Verkürzungen, die erst korrigiert werden müssen, bevor die normativen Anforderungen an eine demokratieförderliche Arbeitsteilung bestimmt werden können (II). Im letzten Schritt werde ich dann auf der Basis eines solchen verbesserten Konzepts einige normative Gesichtspunkte entwickeln, die Berücksichtigung finden sollten, wenn das Ziel einer größeren Inklusion in den Prozess der demokratischen Willensbildung verfolgt wird (III).

7 Agnar Freyr Helgason/Vittorio Mérola, »Employment insecurity, incumbent partisanship, and voting behavior in comparative perspective, in: *Comparative Political Studies* 50,11 (2017), S. 1489-1523. Vgl. darüber hinaus viel breiter: Philip Manow, *Die Politische Ökonomie des Populismus*, Berlin 2018.

I.

Mit einer gewissen Übervereinfachung lässt sich wohl behaupten, dass es seit Beginn der gesellschaftlichen Moderne zwei kontrastierende Auffassungen darüber gibt, aus welchen Quellen sich der soziale Zusammenhalt moderner Gesellschaften speist. Der Einfachheit halber will ich diese beiden Traditionen mit den Namen derjenigen Autoren oder Autorinnen belegen, die jeweils in repräsentativer Weise die entsprechende Auffassung verteidigt haben. Da ist auf der einen Seite die exemplarisch von Tocqueville und Arendt vertretene Position, die dartut, dass es das politische Zusammenwirken der Bürgerinnen und Bürger in den Foren der Zivilgesellschaft ist, welches ein soziales Band zwischen den Gesellschaftsmitgliedern zu stiften in der Lage ist. Weil alle erwachsenen Personen in den demokratischen Gesellschaften der Moderne dazu aufgefordert sind, sich auf kommunaler, regionaler oder nationaler Ebene an der politischen Willensbildung zu beteiligen, erhoffen sich Tocqueville und Arendt von dieser andauernden Kommunikation das Maß an normativem Einverständnis, das für die soziale Integration erforderlich ist.[8] Auf der anderen Seite findet sich die exemplarisch von Marx und Durkheim vertretene Position, nach der es die gesellschaftliche Arbeitsteilung ist, die für einen solchen Zusammenhalt unter den Mitgliedern moderner Gesellschaften sorgt. Auch wenn Marx diese integrative Wirkung der arbeitsteiligen Kooperation erst in eine Zukunft hineinprojiziert, in der die Wirtschaft der Gesellschaft »kommunistisch« geworden ist, so stimmt er doch mit Durkheim grundsätzlich darin überein, dass nur das Zusammenwirken der Gesellschaftsmitglieder im für die Reproduktion notwendigen Arbeitsprozess das normative Einvernehmen schaffen kann, das für die soziale Integration erforderlich ist: Weil jeder sich in seiner Arbeit auch dem ihm fremden Mitglied insofern verpflichtet weiß, als nur gemeinsam die Reproduktion der Gesellschaft sicherzustellen ist, sehen sich alle im Ziel der Wohlstandsmehrung vereint.[9]

8 Alexis de Tocqueville, *Über die Demokratie in Amerika.* Zwei Bände, übersetzt von Hans Zbinden, Zürich 1987; Hannah Arendt, *Vita Activa oder Vom tätigen Leben*, Stuttgart 1960, v. a. Zweites Kapitel.

9 Karl Marx, »Ökonomisch-philosophische Manuskripte aus dem Jahr 1844«, in: Karl Marx/Friedrich Engels, *Werke. Ergänzungsband. Erster Teil*, (*MEW*), Berlin

Beide Ansätze teilen eine Reihe von Schwächen, die größtenteils mit ihrem hohen Abstraktionsgrad zusammenhängen; so vernachlässigen alle genannten Autoren mit der Ausnahme von Hannah Arendt den Umstand, dass häufig erst der Kraftstoff nationaler Gesinnungen und Gefühle hinzutreten musste, bevor die jeweils angeführten Quellen des sozialen Zusammenhalts ihre integrative Wirkung entfalten konnten.[10] Vergleicht man aber die beiden Ansätze direkt miteinander, so erweist sich schnell, dass die zweite, von Marx und Durkheim repräsentierte Position der ersten an Überzeugungskraft und Generalisierbarkeit überlegen ist. Ich will zunächst die Schwächen und Misslichkeiten der ersten, von Tocqueville und Arendt verfochtenen Auffassung stichwortartig benennen, um vor deren Hintergrund dann die Vorzüge der zweiten Tradition zu umreißen:

a) Ein erster Einwand, der gegen die Vorstellung erhoben wird, die demokratische Kommunikation unter den Bürgerinnen und Bürgern könne als Quelle der sozialen Integration moderner Gesellschaften dienen, geht auf Benjamin Constant zurück; dieser hatte in seiner berühmten Schrift über »Die Freiheit der Alten im Vergleich zu der der Heutigen« (1819) die Meinung vertreten, dass es gegen das moderne Verständnis der Freiheit verstoße, von den Bürgern zu erwarten, sie müssten ein Interesse an der politischen Mitgestaltung ihres Landes besitzen.[11] Mit diesem Argument war der Boden bereitet für die heute weitgehend geteilte Vorstellung, dass moderne Demokratien auf einem »vernünftigen« Pluralismus unterschiedlicher Weltsichten und ethischer Überzeugungen basieren, der es verbietet, die Teilnahme an der demokratischen Willensbildung zur Auflage oder gar Pflicht zu machen; ob man es

1968, S. 467-588; Émile Durkheim, *Über soziale Arbeitsteilung. Studie über die Organisation höherer Gesellschaften*, übersetzt von Ludwig Schmidts und Michael Schmid, Frankfurt/M. 1988.

10 Hannah Arendt, *Elemente und Ursprünge totaler Herrschaft*, Frankfurt/M. 1955, v. a. Kap. 8 und 9.

11 Benjamin Constant, »Über die Freiheit der Alten im Vergleich zu der der Heutigen«, in: ders., *Politische Schriften*. Vier Bände, hg. von Axel Blaeschke und Lothar Gall, übersetzt von Eva Rechel-Mertens, Bd. IV, Berlin 1972, S. 363-396. Dass Constants politische Lehre gleichwohl nicht im Sinne der Verteidigung einer rein »negativen« Konzeption von individueller Freiheit verstanden werden darf, hat u. a. Stephen Holmes sehr schön herausgearbeitet: Stephen Holmes, *Benjamin Constant and the Making of Modern Liberalism*, New Haven 1984.

vorzieht, an politischen Debatten, an Sportveranstaltungen oder an religiösen Zeremonien teilzunehmen, obliegt der eigenen ethischen Entscheidung, da es innerhalb moderner Rechtsstaaten keine Verpflichtung auf eine bestimmte Lebensform geben darf.

b) Eine psychologische Ergänzung zu diesem normativen Ideal des Pluralismus stellt die von John Dewey ins Spiel gebrachte These dar,[12] dass Menschen im Allgemeinen so verschiedene Interessen besitzen und so diverse Projekte verfolgen, dass es unrealistisch wäre, irgendwann einmal von ihnen eine Übereinstimmung bezüglich der Wichtigkeit demokratischer Aktivitäten zu erwarten. Aus dieser psychologischen Perspektive betrachtet, wäre es ziemlich kontraintuitiv, zu hoffen oder zu glauben, die Mitglieder moderner Gesellschaften könnten in ihrem gemeinsamen Engagement für politische Angelegenheiten einen Zusammenhalt finden; die Annahme, die Teilnahme an der demokratischen Selbstverwaltung könne die Staatsbürgerinnen und -bürger miteinander in Kontakt bringen und ein gemeinsames Band zwischen ihnen stiften, abstrahiert in fataler Weise von der Disparatheit menschlicher Interessen und Präferenzen.

Werden beide Mängel der Tocqueville/Arendt-Tradition hervorgehoben, ihre Vernachlässigung sowohl des normativen Prinzips des Pluralismus als auch des Faktums eines Pluralismus menschlicher Interessen, so muss das umgekehrt nun nicht automatisch beinhalten, die Marx/Durkheim-Tradition für fehlerfrei oder gar sakrosankt zu halten; diese hat ihre eigenen Schwächen und Einseitigkeiten, von denen bald auch schon die Rede sein wird. Aber zunächst gilt es die Punkte festzuhalten, in denen die auf die Arbeitsteilung setzende Schulmeinung der ihr entgegengesetzten Position unzweideutig überlegen ist:

a) Als der größte Vorzug der zweiten gegenüber der ersten Auffassungsweise kann sicherlich der Vorschlag gelten, die Quelle der sozialen Integration in einer Praxis oder Tätigkeitsform zu verorten, die den einzelnen Gesellschaftsmitgliedern nicht frei zur Disposition steht: Weil jedes erwachsene, zumindest männliche Individuum in modernen »Arbeitsgesellschaften« dazu angehalten ist, für seinen und den Lebensunterhalt seiner Familie durch seine

12 John Dewey, *Human Nature and Conduct*, in: *Middle Works of John Dewey*, Bd. 14 (1922), Carbondale/Ill. 2008.

eigene Arbeit zu sorgen, soll die Tatsache der arbeitsteiligen Verzahnung all dieser Arbeiten hinreichend Gewähr dafür bieten, dass alle sich voneinander abhängig wissen und daher ein Gefühl gemeinsamer Zugehörigkeit entwickeln. Wie immer kritisch sich Marx auch zu den Bedingungen der Arbeitsteilung in kapitalistischen Gesellschaften verhalten mag, mit der zentralen Prämisse dieser Auffassung stimmt er zeitlebens überein: Nur durch Teilnahme an der gesellschaftlichen Kooperation, durch die Erfahrung nämlich, wechselseitig füreinander tätig zu sein,[13] können wir ein Verständnis unser selbst als Mitglied einer sozialen Gemeinschaft gewinnen.

b) Noch vor Marx und Durkheim war es allerdings Hegel, der dieser These von der Arbeitsteilung als Quelle sozialer Integration einen weiteren Akzent verliehen hat, welcher bis heute unser modernes Selbstverständnis prägt; auf den Autor der »Rechtsphilosophie« geht nämlich die Auffassung zurück, dass die tätige Mitwirkung an der gesellschaftlichen Arbeitsteilung jedem Bürger die Chance vermittelt, ein Gefühl des öffentlichen Anerkanntseins und damit des eigenen Selbstwerts zu entwickeln.[14] Gewiss, die Vorstellung, wir benötigten soziale Reputation und Respekt, um angstfrei und ohne Scham in der Öffentlichkeit auftreten zu können, geht auf ganz andere philosophische Traditionen zurück; sie verdankt sich nicht zuletzt der schottischen Moralphilosophie, in der als Voraussetzung des eigenen Selbstwerts die soziale Wertschätzung von Seiten der Mitbürgerinnen und Mitbürger erkannt worden ist.[15] Hegel nimmt diesen Gedanken auf, bindet nun aber jene soziale Wertschätzung an die Voraussetzung des pflichtgemäßen Beitrags zur gesellschaftlichen Arbeitsteilung: Nur wer bereit ist, so lautet sein von Adam Smith beeinflusster Gedanke, die ihm arbeitsteilig zugewiesene Aufgabe »rechtschaffen« zu erfüllen, wird in den Genuss sozialer Anerkennung und damit eines Bewusstseins des eigenen Selbstwerts gelangen. Seither ist die Idee tief in unserer

13 Zur Schlüsselbedeutung dieser Annahme für Marx vgl.: Daniel Brudney, »Community and Completion«, in: Andrew Reath u. a. (Hg.), *Reclaiming the History of Ethics. Essays for John Rawls*, Cambridge/UK 1997, S. 388-418.

14 G. W. F. Hegel, *Grundlinien der Philosophie des Rechts*, Frankfurt/M. 1970 (Theorie-Werkausgabe, Bd. 7); dazu: Christoph Schmidt am Busch, *»Anerkennung« als Prinzip der Kritischen Theorie*, Berlin 2011, bes. Kap III.

15 Vgl. dazu: Axel Honneth, *Anerkennung. Eine europäische Ideengeschichte*, Berlin 2018, Kap. III.

Kultur verankert, dass öffentlich als jemand zu gelten an die Bedingung geknüpft ist, mit der eigenen Arbeit zur Wohlstandsmehrung der Gesamtgesellschaft beizutragen.

c) Ein drittes Argument zugunsten der Marx/Durkheim-Tradition lässt sich wohl am besten als negatives Gegenstück zur gerade umrissenen These von Hegel begreifen. Zwar war schon dieser in seinen Ausführungen zum »Pöbel« der Vermutung nachgegangen, dass die ungewollte Freisetzung von jeglicher geregelter Arbeit die psychische Gefahr mit sich bringen könne, als »überflüssig« zu gelten und damit der sozialen Verwahrlosung zu verfallen – heute würden wir vielleicht von der Gefahr eines »sozialen Todes« sprechen.[16] Aber erst eine Reihe von soziologischen Untersuchungen hat später aus solchen Spekulationen und Vermutungen eine empirisch plausible These werden lassen. Die berühmte Studie zu »Marienthal« von Marie Jahoda und ihren Mitarbeitern übernahm in diesem Zusammenhang bekanntlich eine Vorreiterrolle, weil es mit ihr zum ersten Mal gelang, die psychologisch verheerenden Folgen von Langzeitarbeitslosigkeit nachzuweisen: Die davon Betroffenen litten nicht nur unter dem wachsenden Verfall ihres Zeitgefühls und dem zunehmenden Verlust betrieblicher Solidargemeinschaften, ihre niederschmetterndste Erfahrung war vielmehr, als »überflüssig« und nutzlos für die soziale Gemeinschaft zu gelten.[17] Es fällt nicht schwer, den Befund dieser und ähnlich gelagerter Studien als empirischen Beleg für die Hegelsche These zu nehmen, dass wir vornehmlich durch einen sozial »anerkannten« Beitrag zur gesellschaftlichen Arbeitsteilung ein Bewusstsein unseres eigenen Selbstwerts erlangen.

Nehmen wir alle drei Punkte zusammen, so scheint mir der Schluss gerechtfertigt, die von Marx und Durkheim umrissene Position für die bessere Lösung des Problems zu halten, was als die mögliche Quelle der sozialen Integration in modernen Gesellschaften betrachtet werden kann: Es ist die Mitwirkung nicht an der demokratischen Willensbildung, sondern an der gesellschaftlichen Arbeitsteilung, die das größere Potenzial enthält, ein Gefühl

16 Orlando Patterson, *Slavery and Social Death*, Cambridge/Mass. 1983.

17 Marie Jahoda, Paul Lazarsfeld, Hans Zeisel, *Die Arbeitslosen von Marienthal. Ein soziographischer Versuch über die Wirkung langandauernder Arbeitslosigkeit* (1933), Frankfurt/M. 1975.

der Zusammengehörigkeit unter den Gesellschaftsmitgliedern zu stiften und damit zur Integration sich ansonsten indifferent gegenüberstehender Individuen beizutragen. Bevor ich nun allerdings auf die Mängel und Schwächen auch dieser durch Marx und Durkheim repräsentierten Auffassung zu sprechen kommen kann, ist erst noch ein Zwischenschritt erforderlich; ich muss bereits an dieser Stelle wenigstens andeuten, warum die Qualität und Intensität der demokratischen Partizipation davon abhängen soll, in welchem Zustand sich die gesellschaftliche Arbeitsteilung befindet. Bislang haben wir zwar gesehen, dass es einigermaßen plausibel erscheint, von der Einbindung in diese Arbeitsteilung die soziale Integration der Gesellschaftsmitglieder zu erwarten; aber vollkommen unklar ist noch, warum damit auch positive Effekte in Hinblick auf den Willen und die Fähigkeit zur Teilnahme am demokratischen Prozess der deliberativen Willensbildung verknüpft sein sollen. Ein paar Worte sollen hier reichen, um diesen Zusammenhang in groben Umrissen deutlich zu machen.

Wahrscheinlich ist es ganz sinnvoll, den gemeinten Zusammenhang erst einmal mit Hilfe einer breit geteilten Intuition zu veranschaulichen; kaum jemand dürfte nämlich vorderhand bestreiten, dass nichts den Willen und das Vermögen zur demokratischen Partizipation mehr beeinflusst als die sozialen Bedingungen, unter denen man beruflich tätig ist: Je dürftiger die Chancen zur Mitgestaltung der eigenen Arbeit, je geringer das erwerbsmäßig erworbene Einkommen und je niedriger die soziale Reputation der ausgeübten Tätigkeit, desto schwächer dürfte das Vertrauen in die eigene politische Wirkungskraft, in die eigene »political efficacy« sein. Was bereits der gesunde Menschenverstand vermuten lässt, findet sich inzwischen durch eine Vielzahl von sozialwissenschaftlichen Studien bestätigt: Das Maß des Glaubens daran, selbst etwas an den politischen Umständen ändern oder beeinflussen zu können, hängt in großem Umfang davon ab, wo man innerhalb der gesellschaftlichen Arbeitsteilung positioniert ist.[18] Nach allem, was wir wissen, ist es weniger die Höhe des Einkommens, sondern es sind vielmehr die sozialen Bedingungen des eigenen Arbeits-

18 Ich beschränke mich auf die Angabe einer älteren und einer jüngeren Monographie, in denen viele Hinweise auf weitere Forschungsliteratur zu finden sind: Carol Pateman, *Participation and Democratic Theory*, a. a. O., Kap. III; Andrea Veltman, *Meaningful Work*, Oxford 2016, Kap. 3.

platzes – Sicherheit der Beschäftigung, Grad der Komplexität und Sinnhaftigkeit der Tätigkeit, Umfang der Mitgestaltungsmöglichkeiten –, die über das Vertrauen entscheiden, das man dem Gewicht des eigenen Wortes in der demokratischen Willensbildung entgegenbringt. Natürlich ist die Stärke dieses Vertrauens nicht nur und automatisch von der beruflichen Position in der gesellschaftlichen Arbeitsteilung abhängig; auch das politisch-kulturelle Klima einer Gesellschaft beeinflusst erheblich, wie viel an politischer Wirkmächtigkeit der Einzelne sich jeweils zutraut. In seinem autobiographischen Bericht *Rückkehr nach Reims* beschreibt Didier Eribon sehr eindrücklich, dass in den 1950er und 60er Jahren selbst die kleinen, unqualifizierten Arbeiter in der französischen Provinz zutiefst von ihrer politischen Kraft und Stärke überzeugt waren, weil sie sich kollektiv von der damals noch mächtigen Kommunistischen Partei repräsentiert wussten; dieses Vertrauen in die eigene Wirkmächtigkeit begann erst zu schwinden, so schildert Eribon, als die Partei allmählich an Einfluss verlor und damit immer weniger als repräsentatives Organ proletarischer Erfahrungen und Belange gelten konnte.[19] Insofern dürften unter historischen Bedingungen, in denen keine starke Arbeiterbewegung das schwache Selbstwertgefühl und die positionsbedingte Scham des Industrie- und Dienstleistungsproletariats kompensiert, die zuvor genannten Kausalbeziehungen ungehindert zur Geltung kommen: Je kleiner das Mitspracherecht am Arbeitsplatz, je geringer die Herausforderungen und Aufgaben der Tätigkeit, der man beruflich nachgeht, so fasst Carol Pateman ihre Sichtung des empirischen Materials zusammen, desto schwächer ist das Vertrauen in die eigene politische Wirkmächtigkeit.[20]

Aufs Erste nehme ich diese Andeutungen als hinreichenden Beleg für die These, dass die Intensität und Qualität der demokratischen Partizipation im hohen Maße davon abhängt, wie inklusiv, durchsichtig und fair die gesellschaftliche Arbeitsteilung organisiert ist: Je mehr Gesellschaftsmitglieder die Chance haben, auf gut gesicherten Arbeitsplätzen komplexen Aufgaben nachzugehen, über deren Zuschnitt, Organisation und Ziele sie mitbestimmen können, desto höher wird der Grad der politischen Beteiligung an de-

19 Didier Eribon, *Rückkehr nach Reims*, Berlin 2016.

20 Carol Pateman, *Participation and Democratic Theory*, a. a. O., Kap. III.

mokratischen Prozessen sein. Die Konsequenzen dieser These für die politische Philosophie sind umfangreicher, als es auf den ersten Blick erscheinen mag; räumt man nämlich ein, dass Demokratien auf eine gute und faire Organisation der gesellschaftlichen Arbeit angewiesen sind, so lässt sich die heute gängige Abkopplung der Demokratietheorie von arbeitssoziologischen, ja überhaupt von sozioökonomischen Fragen nicht länger rechtfertigen: Die Organisation der gesellschaftlichen Arbeit stellt nicht ein Außen oder eine begrenzende Bedingung demokratischer Praxis dar, sondern ist interner Bestandteil ihres eigenen Funktionierens. Autoren wie der amerikanische Pragmatist John Dewey oder der britische Sozialist G. D. H. Cole haben immer wieder darauf hingewiesen, wie widersinnig es für eine Demokratietheorie ist, den Staatsbürger nur in seiner politischen, nicht aber in seiner wirtschaftlichen Rolle zu berücksichtigen; da dieser, tritt er als politisches Subjekt auf, seine Rolle im arbeitsteiligen Wirtschaftsprozess nicht einfach abstreifen kann, muss er auch innerhalb der Theorie stets im spannungsreichen Miteinander beider Funktionen gesehen werden. Bevor ich weiterverfolgen kann, welche Konsequenzen sich daraus für die Frage einer fairen Arbeitsteilung ergeben, muss ich aber zunächst auf die schon mehrfach erwähnten Mängel der Tradition von Marx und Durkheim eingehen; erst wenn diese deutlich benannt sind, lässt sich die Frage in Angriff nehmen, welche normativen Gesichtspunkte bei einer Organisation der gesellschaftlichen Arbeitsteilung berücksichtigt werden müssten, die das Ziel hat, mehr Bürgerinnen und Bürger in die demokratische Willensbildung einzubeziehen.

II.

Betrachten wir das Konzept der gesellschaftlichen Arbeitsteilung, wie es von Adam Smith eingeführt und von Marx und Durkheim in verschiedene Richtungen weiterentwickelt wurde, so fällt daran sofort eine Reihe von Mängeln und Einseitigkeiten ins Auge. Alle drei Ansätze kranken in unterschiedlichem Maße daran, dass sie erstens eine zu eingeschränkte Vorstellung davon besitzen, was als gesellschaftlich notwendige »Arbeit« zu gelten hat (1), dass sie zweitens in deterministischer Weise annehmen, die jeweils herrschende Form der Arbeitsteilung sei allein durch technologische Anforderungen bedingt (2), und dass sie drittens schließlich den mechanistischen Fehlschluss begehen, die Möglichkeit einer alternativen Komposition spezifischer Tätigkeitsfelder und von anderen Grenzziehungen zwischen den Berufen kategorisch auszuschließen (3). Nicht alle drei Autoren begehen diese Fehler, wie gesagt, im selben Umfang; so war Marx beispielsweise durchaus davon überzeugt, dass in Zukunft die Grenzen zwischen einzelnen Tätigkeitsfeldern viel durchlässiger gezogen werden könnten; er dachte aber ebenso reduktionistisch wie Smith oder Durkheim, wenn es um die Frage ging, welche Tätigkeiten innerhalb der kapitalistischen Gesellschaft als »Arbeit« gewertet werden sollten. Im Folgenden will ich bei Absehung von solchen Differenzen die drei angesprochenen Mängel jeweils kurz kommentieren, um zu begründen, warum es nicht ratsam ist, weiterhin mit dem traditionellen Konzept der gesellschaftlichen Arbeitsteilung zu operieren:

1) In Hinblick auf die Frage, wie die »Arbeit« zu definieren sei, die in modernen Gesellschaften aufgeteilt werden muss, scheinen alle drei Autoren eine ähnliche Vorstellung zu haben; im Vordergrund ihrer Auffassung steht die industrielle, physisch anstrengende Lohnarbeit, mit deren Hilfe in Klein- oder Großbetrieben rohes Material unter Mitwirkung von Maschinenkraft in fertige Güter verwandelt wird. Smith, Marx und Durkheim waren, um es anders zu sagen, Gefangene eines Vokabulars, in dem »Arbeit« weitgehend mit physischer Anstrengung gleichgesetzt wird, zur Verfertigung »materieller« Güter dienen soll und in Form von wechselseitig kündbaren Verträgen organisiert ist.[21] Diese Vorstellung war von Anfang an viel zu einseitig und erforderte einen hohen Preis, weil aus der Masse der damals gesellschaftlich erforderlichen Arbeitsvollzüge die folgenden tendenziell ausgeklammert werden mussten:

- die Dienstarbeit in all ihren Formen vom Frondienst über die Arbeitsverpflichtung und die Schuldknechtschaft bis hin zum rechtlich gerahmten Arbeitsvertrag, die zusammengenommen im ausgehenden 19. und beginnenden 20. Jahrhundert den höchsten Anteil der Beschäftigten in den »industrialisierten« Ländern des europäischen Westens ausmachten;[22]
- alle landwirtschaftlichen Tätigkeiten in den verschiedenen or-

21 Vgl. u. a. Shoshana Zuboff, *In the Age of the Soft Machine*, a. a. O., S. 395.

22 Jürgen Osterhammel, *Die Verwandlung der Welt. Eine Geschichte des 19. Jahrhunderts*, München 2016, Kap. XIII.

ganisatorischen Formen, in denen sie damals existierten und teilweise heute noch bestehen;

- die Reste der hemmungslos ausbeuterischen Sklavenarbeit, die in weiten Teilen Nordamerikas und Westeuropas erst die wirtschaftlichen und materiellen Voraussetzungen für die kapitalistische Industrialisierung geschaffen hatte;[23]
- die schnell wachsende Zahl von Bürotätigkeiten im Finanzsektor, im Rechtswesen und im politischen Betrieb, die aufgrund des rapiden Anwachsens von Handel und Industrie erforderlich wurden;[24]
- und natürlich all die physischen und psychologischen Tätigkeiten im Haushalt und in der Familie, die zum allergrößten Teil von Frauen ausgeführt wurden und indirekt stark zum Wirtschaftswachstum beitrugen.[25]

Führt man sich diese vielen Aussparungen vor Augen, so stellt sich selbstverständlich die generelle Frage, welche Tätigkeiten innerhalb einer Gesellschaft überhaupt als »Arbeiten« in einem wirtschaftlich relevanten Sinn bezeichnet werden sollten; es ist wenig sinnvoll, dazu jede Art von Verrichtung zu zählen, die einen sozial nützlichen Zweck verfolgt, weil dann auch rein private, um ihrer selbst willen ausgeführte Tätigkeiten dazugerechnet werden müssten – der Unterschied zwischen dem freiwilligen Mitwirken in einem Chor oder der privaten Bastelei im eigenen Haushalt und der beruflichen Anstellung in einem Opernchor und der bezahlten Tätigkeit in einem Handwerksbetrieb ginge bei einer solchen weiten Fassung des Arbeitsbegriffs verloren.[26] Einen Ausweg aus diesen Schwierigkeiten bietet vorläufig nur der Vorschlag, allein

23 Marcel van der Linden, *Workers of the World. Eine Globalgeschichte der Arbeit*, Frankfurt/M. 2017, Kap. I. Eine großartige Geschichte dieser Ursprünge des Kapitalismus in der Sklaverei liefert Sven Beckert: *Empire of Cotton. A Global History*, New York 2014.

24 Weitsichtig mit Bezug darauf: Siegried Kracauer, »Die Angestellten. Aus dem neuesten Deutschland« (1930), in: ders., *Werke*, hg. von Inka Mülder-Bach und Ingrid Belke, Bd. I, Berlin 2006, S. 211-310. Die klassische Darstellung liefert: Daniel Bell, *Die nachindustrielle Gesellschaft*, übersetzt von Siglinde Summerer und Gerda Kurz, Frankfurt/M. 1975.

25 Andrea Komlosy, *Work. The last 1000 Years*, London/New York 2018, Kap. 5.

26 Zu den Schwierigkeiten, zu definieren, was als »Arbeit« gelten soll, vgl. u. a.: John Budd, *The Thought of Work*, Ithaca 2011; Andrea Veltman, *Meaningful Work*, a. a. O., S. 22-26.

solche Verrichtungen als »Arbeit« zu werten, die zur materiellen und kulturellen Reproduktion einer Gesellschaft zu einem jeweils gegebenen Zeitpunkt erforderlich sind und daher in einem weiten Sinn zu deren Wertschöpfung beitragen – alle Verrichtungen und Tätigkeiten, die nicht direkt oder indirekt die Reproduktion der Gesellschaft in ihrem jetzigen Zustand ermöglichen, sollten daher nicht mit dem Begriff der Arbeit belegt werden.[27] Das Manko einer solchen Definition liegt natürlich auf der Hand; mit ihr wird bis auf weiteres festgeschrieben, was als notwendig für die soziale Aufrechterhaltung der gegenwärtigen Gesellschaft gilt, so dass kurzfristige Wandlungen im kulturellen Selbstverständnis ausgeschlossen werden. Aber daraus ist nur der Schluss zu ziehen, den Begriff der »gesellschaftlich notwendigen Arbeit« hinreichend offen zu halten für Revisionen, die sich aus Veränderungen unserer Auffassungen darüber ergeben können, was wir als unverzichtbar für unsere Form des gesellschaftlichen Zusammenlebens ansehen.

2) Der zweite Mangel, den das traditionelle Konzept aufweist, besteht in der monokausalen Sicht auf die Ursachen für die jeweils gegebene gesellschaftliche Arbeitsteilung; alle genannten Autoren gehen wie selbstverständlich davon aus, dass die Aufteilung zwischen den einzelnen Verrichtungen und ihre Verkoppelung mit der jeweiligen Maschinerie einseitig durch technologische Zwänge der wirtschaftlichen Effizienzsteigerung bedingt werden. So gilt für Adam Smith wie für Marx, dass sie sich den Übergang von der agrarischen Welt kleinteiliger Landwirtschaft zur industriellen Welt des Kapitalismus als einen Fortschritt von der Autarkie zur wirtschaftlichen Spezialisierung vorgestellt haben; dass dem aber nicht so gewesen ist, dass dieser Übergang komplexer und sozial umstrittener war, ist die zentrale These der Studie, die Michael Piore und Charles Sabel über die Geschichte der Arbeitsteilung zu Beginn der Industriellen Revolution vorgelegt haben.[28] Nach ihren Recher-

27 Marx, der bei seinem Versuch einer Lösung dieses Problems vor ähnlichen Schwierigkeiten stand, hat sich mit dem Begriff »Gebrauchswert« beholfen; aber auch dieser führt in Schwierigkeiten, weil damit alle Tätigkeiten, die irgendeinen Nutzen erfüllen oder irgendein Bedürfnis befriedigen, als »Arbeit« bezeichnet werden müssten: Karl Marx, *Das Kapital*, Erster Band, in: ders./Friedrich Engels, *Werke* (*MEW*), Bd. 23, Berlin 1971, S. 49-61.

28 Michael Piore/Charles Sabel, *The Second Industrial Divide*, New York 1994; Charles Sabel, *Work and Politics*, New York 1984, S. 23.

chen bestanden zu Beginn des 19. Jahrhunderts zwei praktikable Alternativen in Hinblick darauf, wie zukünftig die menschlichen Fähigkeiten und Maschinen erfolgversprechend verkoppelt werden könnten, nämlich die der Produktion von Massengütern mit Hilfe hochspezialisierter Fertigkeiten und Maschinen sowie die der handwerklichen Produktion von Spezialartikeln mit Hilfe generalisierungsfähiger Ressourcen; dass dann aber alsbald einseitig nur die erste Alternative realisiert wurde, die der Massenproduktion, ergab sich aus der Sicht von Piore und Sabel nicht aus technologischen Erfordernissen, sondern ausschließlich aus der damaligen Verteilung von »Macht und Reichtum«: »Diejenigen, die die Kontrolle über die Ressourcen und die Rückflüsse aus den Investitionen verfügten, suchten aus den gegebenen Technologien die aus, die ihren Interessen am ehesten zu dienen schienen.«[29] Daher aber darf der Weg zum Fordismus, der vorherrschenden Form der kapitalistischen Produktion im 20. Jahrhundert, nicht als unvermeidbar angesehen werden, so als spiegele sich darin ein ehernes Gesetz des technologischen Fortschritts; vielmehr war es die machtgestützte, durch Profitinteressen angetriebene Verdrängung der handwerklichen Kleinindustrie schon in der Mitte des 19. Jahrhunderts, die dann einige Jahrzehnte später dazu geführt hat, dass die standardisierte Fließbandproduktion zum dominanten Produktionsmodell werden konnte. Verallgemeinern wir diesen historischen Befund, so lässt sich feststellen, dass das jeweils herrschende Muster der gesellschaftlichen Arbeitsteilung nicht die notwendige Folge ökonomischer Effizienzzwänge ist; da beinah zu jedem Zeitpunkt verschiedene, ähnlich effiziente Möglichkeiten bestehen, instrumentelle Fähigkeiten und maschinelle Vorrichtungen zu kombinieren, ist die Entscheidung darüber, welche Kombinationsweise vorzuziehen ist, meistens das Resultat des Ausgangs politisch-wirtschaftlicher Konflikte. Die Form, in der die gesellschaftlich notwendige Arbeit jeweils verteilt und zurechtgeschnitten wird, ist mithin durch soziale Kämpfe und politische Auseinandersetzungen mitbedingt; wie menschliche Fähigkeiten, technische Regeln und maschinelle Gerätschaften kombiniert werden, wird sozial ausgehandelt oder im Konflikt entscheiden und nicht einfach durch anonyme Zwänge bestimmt. Das bringt mich zur dritten Schwachstelle des traditio-

29 Michael Piore/Charles Sabel, *The Second Industrial Divide*, a. a. O., S. 38.

nellen Konzepts der gesellschaftlichen Arbeitsteilung, nämlich dem zu mechanistischen Bild individueller Berufs- oder Tätigkeitsfelder, das darin vorausgesetzt wird.

3) Mit der Bemängelung eines zu mechanistischen Bildes individueller Berufe ist gemeint, dass notorisch davon abgesehen wird, wie vielfältig die Möglichkeiten sind, die Grenzen einzelner Kernaufgaben im Industrie- oder Dienstleistungsbereich zu bestimmen; je nach Ausgang politischer Verhandlungen und Konflikte können partikulare Tätigkeitsfelder entweder mit mehr oder mit weniger Zuständigkeiten und Verrichtungen versehen werden. Ein gutes Beispiel für diese Unschärfe im Zuschneiden von Berufen und Jobs ist das Krankenhaus; dort ist es immer wieder Sache zäher Verhandlungen oder politischer Entscheidungen, wo die Tätigkeiten und Verantwortlichkeiten des einen Berufs, etwa der Krankenhelferin, exakt enden und diejenigen des anderen Berufs, zum Beispiel der Ärztin, beginnen; die Grenzziehungen zwischen beiden Tätigkeitsfeldern sind nicht durch irgendwelche Sachzwänge bedingt und daher stets offen für Revisionen, so dass letztlich sozial festgelegt werden muss, wo sie genau verlaufen sollen. So wie im Falle des Krankenhauses verhält es sich aber in fast allen Berufsfeldern; nahezu immer gibt es Möglichkeiten, den Umfang eines bestimmten Aufgabenbereichs neu zuzuschneiden, bestimmte Zuständigkeiten hinzuzunehmen, andere abzuziehen, ja sogar ganz neue Ressorts und Tätigkeitsbündel zu schaffen. Bezog sich der Vorwurf des Determinismus auf die falsche Vorstellung, die jeweilige gesamtgesellschaftliche Gewichtung und Verteilung von verschiedenen Arbeits- und Produktionsweisen sei durch Imperative wirtschaftlicher Rationalisierung erzwungen, so richtet sich der Vorwurf des Mechanismus gegen die irreführende Vorstellung, die individuellen Beschäftigungsfelder seien nun einmal so zugeschnitten, wie sie es gerade sind, weil die jeweilige Aufgabe das so verlange.

Lässt man diese verschiedenen Einseitigkeiten und Mängel noch einmal Revue passieren, so scheint es wenig ratsam, der Frage nach einer fairen und demokratieförderlichen Form der sozialen Arbeitsteilung im Rahmen der dazu in der Vergangenheit entworfenen Konzepte nachzugehen; wie sich gezeigt hat, leiden diese gemeinsam an einer viel zu engen Vorstellung von dem, was als gesellschaftliche Arbeit gelten soll, an einer zu deterministischen Auffassung darüber, warum bestimmte Produktionsweisen und Arbeitsformen jeweils gesellschaftlich vorherrschen, und an einer zu mechanistischen Sicht auf die Verfasstheit von Tätigkeits- und Berufsfeldern. Versucht man nun, diese Fehler abzustreifen, so gelangt man zu einem wesentlich umfassenderen und offeneren Bild dessen, was die gesellschaftliche Arbeitsteilung jeweils ausmacht: darin müssen nicht nur bislang weitgehend ausgeschlossene Tätigkeitsbereiche wie die Hausarbeit und viele Dienstleistungen einbezogen werden, vielmehr bieten all diese notwendigen Verrichtungen auch weitaus mehr Spielräume zur Umgestaltung, Reorganisation und Verkoppelung, als traditionell angenommen wurde. Auch wenn diese Neuregelungen Maßnahmen erfordern, die langfristig und aufwendig sein könnten, sollte dieser Umstand einen nicht davor zurückschrecken lassen, über demokratieförderlichere Formen der gesellschaftlichen Arbeitsteilung nachzudenken; gelegentlich ist »das langsame Bohren von harten Brettern« (Max Weber) notwendig, um die Aufmerksamkeit der Politik kaum merklich, aber beharrlich auf die wirklich dringenden Aufgaben zu lenken. Andererseits darf der größere Aktionsradius, den man durch die zuvor umrissene Einsicht gewinnt, auch keinen Freibrief bilden, nun wilde Spekulationen über eine ideale, von Entfremdungen, Belastungen und Mühsal freie Arbeitswelt anzustellen; solche Entwürfe am Reißbrett stellen zu wenig in Rechnung, dass es bei alldem um Veränderungen gehen soll, die auf der Grundlage des historisch Gegebenen die gesellschaftlich notwendigen Arbeiten und Tätigkeiten so umverteilen und neugestalten, dass jeder Erwachsene eine größere Chance zur Mitwirkung an der demokratischen Willensbildung erhält. Im Folgenden will ich versuchen, einige normative Gesichtspunkte zu skizzieren, die bei einer derartigen Reorganisation der gesellschaftlichen Arbeitsteilung als Richtschnur dienen könnten; dabei soll es sich nicht, um es zu wiederholen, um moralische Ideale handeln, sondern um praktikable Anforderungen, deren kurz- oder längerfristige Verwirklichung helfen würde, die Arbeitswelt den Erfordernissen der demokratischen Gleichheit anzupassen.

III.

In der Tradition des marxistischen Denkens, in der wir alle gewollt oder ungewollt leben, gibt es eine starke Tendenz, über zukünftige Veränderungen der Arbeitswelt in relativ utopischen, von der Gegenwart durch einen zeitlichen Abgrund getrennten Kategorien nachzudenken; so ist häufig die Rede von einer möglichen Zukunft, in der die Arbeit jeglichen Aspekt von »Entfremdung« verloren haben könnte, in der sie als sinnerfüllt erlebt werden würde, ja, in der alle Beschäftigten sogar in der Lage seien, je nach Fähigkeit und Gutdünken zwischen verschiedenen Tätigkeitsfeldern hin und her zu wechseln. Keine dieser anziehenden, von romantischem Gedankengut beeinflussten Ideen ist bei nüchterner Sicht dazu angetan, uns in der Gegenwart darüber zu informieren, welche Richtung eine Verbesserung des gegebenen, kapitalistischen Systems der gesellschaftlichen Arbeitsteilung nehmen sollte: Die Vorstellung einer Aufhebung aller Entfremdung in der Arbeit ist entweder zu vage aufgrund ihrer vielen metaphysischen Prämissen[30] oder ausnehmend selektiv, weil sie am Bild der selbstdirigierten Herstellung eines handwerklichen Produkts haftet;[31] die reizvolle Idee eines rhythmischen Wechsels zwischen kontrastierenden Beschäftigungen – »morgens zu jagen, nachmittags zu fischen, abends Viehzucht zu treiben«[32] – unterschätzt nicht nur maßlos den Zeitaufwand erforderlicher Spezialisierungen und beruflichen Wissenserwerbs, sondern verdrängt auch vollkommen den wohl auf Dauer fortbestehenden Bedarf an »schmutziger«, mühevoller und erniedrigender Arbeit. Man wird mithin nicht unbedingt klüger oder gewinnt brauchbare Informationen, wenn man die marxistische Tradition daraufhin befragt, welche Veränderungen erforderlich sind, um den abhängig Beschäftigten zu mehr Selbstbewusstsein, größerer Autonomie und damit Vertrauen in die eigene politische Wirkmächtigkeit zu verhelfen.

30 Zu den metaphysischen Prämissen vgl.: Will Kymlicka, *Politische Philosophie heute. Eine Einführung*, übersetzt von Hermann Vetter, Frankfurt/M. 1997, Kap. 5 (»Der Marxismus«).

31 Vgl. die exzellente Studie von Ernst Michael Lange, *Das Prinzip Arbeit. Drei metakritische Kapitel über Grundbegriffe, Struktur und Darstellung der Kritik der Politischen Ökonomie von Karl Marx*, Berlin 1980.

32 Karl Marx/Friedrich Engels, *Die deutsche Ideologie*, in: *Werke* (*MEW*), Bd. 3, Berlin 1969, S. 9-530, hier S. 33.

Eine Alternative zum Erbe des Marxismus stellt die Theorie dar, in der Émile Durkheim die normativen Bedingungen einer fairen Teilung der gesellschaftlichen Arbeit dargelegt hat;[33] auch sein Entwurf weist zwar eine Reihe von idealisierenden Zügen auf und lässt sich gelegentlich von purem Wunschdenken treiben,[34] im Ganzen aber zollt er den tatsächlichen Bedrängnissen und Einschränkungen der Arbeitswelt doch wesentlich mehr Beachtung als Marx. Ein sinnvoller Weg, heute noch einmal an Durkheims Theorie anzuknüpfen, besteht nach meiner Überzeugung darin, aus seiner Diagnose der »anormalen« oder pathologischen Formen der Arbeitsteilung einige positive Kriterien zu extrahieren, die dann als erste Orientierungsgrößen dienen können; der Vorteil eines solchen indirekten Vorgehens ist es, dass auf die Darstellung der aufwendigen Begründung des ganzen Rahmens der Theorie verzichtet und stattdessen der normative Kern des Anliegens von Durkheim ins Zentrum gerückt werden kann. Leitet man aus der Analyse, in der Durkheim die negativen, »anomischen« Formen der Arbeitsteilung untersucht,[35] die positiven Maßstäbe ab, die er dabei voraussetzen muss, so gelangt man zu folgenden drei Auflagen an eine faire und demokratieförderliche Organisation der Arbeitsteilung:

a) Es wäre erstens ratsam und erstrebenswert, so ist Durkheim überzeugt, die individuellen Arbeitsvollzüge in der Weise belangvoller und kooperativer zu gestalten, dass jeder Beschäftigte gleich welcher Position die Chance erhielte, seine eigene Rolle im Verbund der gemeinhin undurchsichtig vernetzten Tätigkeiten besser zu verstehen; gelingt es, die verschiedenen Arbeitsplätze tendenziell so zu gestalten, dass jeder von seiner Station aus leichter überblicken kann, wie die eigenen Verrichtungen mit denjenigen anderer verzahnt sind, so verstärkt sich der Sinn für den gesellschaftlichen Wert dessen, was man tagtäglich tut. Durkheim erhofft sich von solchen Maßnahmen nicht nur eine Steigerung des kollektiven Bewusstseins wechselseitiger Abhängigkeiten, sondern zusätzlich eine Erhöhung des Selbstwertgefühls jedes Arbeitenden – in Erfahrung zu bringen, dass die eigene Tätigkeit ein kaum ersetzbares Rad in einem arbeitsteilig organisierten Getriebe bildet, sollte im Normalfall den Stolz auf die vollzogene Leistung erhö-

33 Émile Durkheim, *Über soziale Arbeitsteilung*, a. a. O.

34 Vgl. Steven Lukes, *Émile Durkheim. His Life and Work*, London 1973, Kap. 7.

35 Émile Durkheim, *Über soziale Arbeitsteilung*, a. a. O., Drittes Buch.

hen.[36] Gewiss ist es für unterschiedliche Tätigkeitsfelder unterschiedlich schwer, solche Möglichkeiten der Bewusstmachung arbeitsteiliger Abhängigkeiten zu ersinnen; je stärker heute im unteren Dienstleistungssektor die Arbeitsplätze bei geringster Entlohnung individualisiert, anonymisiert und vermachtet werden, wie etwa im Post- und Paketdienst oder bei der Gebäudereinigung, desto schwieriger dürfte es sein, dort überhaupt auch nur die Ansätze für eine Verstärkung des Sinns für die eigene Rolle im Zusammenhang der gesellschaftlichen Arbeitsteilung zu finden.[37] Allerdings lässt sich daraus nur der Schluss ziehen, der Verbreitung solcher Beschäftigungsformen mit aller verfügbaren Macht entgegenzuwirken; man sollte nicht allein aus Gründen der unzureichenden Entlohnung, des prekären Status und des enormen Arbeitsdrucks dagegen ankämpfen, sondern auch deswegen, weil die entsprechend Beschäftigten kaum eine Chance haben, von ihrem verbürgten Recht zur Mitwirkung am demokratischen Prozess Gebrauch zu machen. In Hinblick jedoch auf all die Tätigkeitsbereiche, in denen nicht schon der Arbeitsvertrag und die Beschäftigungsweise dem Anspruch auf demokratische Teilhabe Hohn spricht, gilt es, institutionelle Phantasie aufzubringen, um die unersetzbare Rolle der verschiedenen Verrichtungen für die gesellschaftliche Arbeitsteilung ins allgemeine Bewusstsein zu heben; das Arsenal möglicher Mittel reicht hier von der symbolischen Veranschaulichung wechselseitiger Abhängigkeiten über die Ausweitung von Gruppenarbeit bis zur finanziellen und kulturellen Aufwertung von Tätigkeitsfeldern, deren unentbehrliche Bedeutung für die gesellschaftliche Reproduktion zuvor kaum sichtbar war – vieles ist mit Bezug auf solche Lösungen aus den inzwischen vergessenen Reformprojekten einer Zivilisierung der Arbeitswelt sowohl in den kapitalistischen als aber auch in den ehemaligen kommunistischen Ländern zu lernen.[38]

36 Robert Blauner, *Alienation and Freedom. The Factory Worker and his Industry*, Chicago 1964; ders., *Alienation in Work. The Diversity of Industrial Environment*, Chicago 1974.

37 Philipp Staab, *Macht und Herrschaft in der Servicewelt*, Hamburg 2014, v. a. Kap. V.

38 Vgl. die entsprechenden Erwähnungen in dem faszinierenden Buch von Joshua Freeman, *Behemoth. A History of the Factory and the Making of the Modern World*, New York 2018. Für Deutschland vgl.: Joan Campbell, *Joy in Work, German Work. The National Debate: 1800-1945*, Princeton 1989.

b) Ein zweites Anliegen, das Durkheim in seiner Diagnose von »anormalen« Formen der Arbeitsteilung zum Ausdruck bringt, betrifft die wachsende Ausdünnung und geistige Verarmung von immer mehr beruflichen Tätigkeiten im Zuge wachsender Spezialisierung. Wie vor ihm bereits Adam Smith – und nach ihm Harry Braverman –[39] befürchtet Durkheim, dass die Monotonie der Arbeitsaufgaben und die Dürftigkeit der abverlangten Fähigkeiten längerfristig zu einem Verlust von geistiger Wachheit, von Weltwissen im Ganzen und damit von politischem Engagement bei Industriearbeitern und beim Dienstleistungspersonal führen könnten; wer über Wochen, Monate und Jahre immer dieselben kleinen, längst routinisierten Handgriffe zu verrichten hat, der steht nach Durkheim in Gefahr, das intellektuelle Handwerkszeug zu verlieren, das für die Partizipation am demokratischen Prozess erforderlich ist. Der Vorschlag, den er unterbreitet, um diesen Tendenzen entgegenzuwirken, läuft darauf hinaus, das funktionale Bündel der einzelnen Tätigkeiten durch Neuzusammensetzung von Berufen und veränderte Grenzziehungen zwischen ihnen zu erweitern; ohne bereits ein klares Wissen darüber zu besitzen, wie sehr die Einteilung und Abgrenzung der gesellschaftlichen Tätigkeitsfelder eine Sache politischer Aushandlungen und Konflikte ist, empfiehlt der französische Soziologe eine Anreicherung solcher Arbeitsaufgaben, die besonders stark unter den Tendenzen zur Vereinseitigung leiden. Auch hier stellt sich natürlich wieder die Frage, wie Verrichtungen heute angereichert werden können, die infolge der jüngsten Deregulierungen des Arbeitsmarktes außergewöhnlich stark von einer Verknappung der Aufgaben und einer Vereinzelung der Ausführung betroffen waren – als Beispiel mögen wieder Beschäftigungen im Paket- oder Telefondienst und in der Gebäudereinigung dienen. Ebenso ließe sich fragen, wie es mit der Forderung nach funktionaler Anreicherung bei der Hausarbeit bestellt ist, die Durkheim natürlich noch gar nicht in das Netzwerk der gesellschaftlichen Arbeitsteilung einbezogen hat; auch dabei werden die notwendigen Aufgaben traditionell in großer Isolation verrichtet und verlangen meistens wenige, schnell erlernte Handgriffe, so dass stets die Gefahr der Abstumpfung und damit der Heraus-

39 Harry Braverman, *Labor and Monopoly Capitalism. The Degradation of Work in the Twentieth Century*, New York 1974.

lösung aus dem demokratischen Prozess droht. Gewiss gibt es für beide Beschäftigungsfelder, für den unteren Dienstleistungssektor wie für die Hausarbeit, eine Reihe von organisatorischen Alternativen, die allerdings nur unter den Bedingungen eines erheblich gewandelten Arbeitsregimes durchsetzbar wären; für die Hausarbeit etwa ließe sich denken, dass sie nach dem Beispiel von Kibbuzim reihum von verschiedenen Mitgliedern einer Wohngenossenschaft getragen würde, für die einfachen, auch längerfristig nicht aufhebbaren Dienstleistungen wäre vorstellbar, dass sie durch sich selbst verwaltende Gruppen in Teamarbeit erledigt würden. Der organisatorischen Phantasie sind in dieser Hinsicht heute nur deswegen enge Grenzen gezogen, weil das Modellvorbild für alle Beschäftigungsverhältnisse der Arbeitsvertrag zwischen privaten Rechtssubjekten bleibt. Damit bin ich bei der letzten Empfehlung angelangt, die Durkheim zugunsten einer fairen und demokratieförderlichen Organisation der gesellschaftlichen Arbeitsteilung umreißt.

c) Die größte Sorge, die Durkheim in seiner Diagnose von »anormalen« Formen der gesellschaftlichen Arbeitsteilung zum Ausdruck bringt, gilt der Gefahr, dass die zwischen Arbeitgebern und Arbeitnehmern geschlossenen Arbeitsverträge von Druck und Zwang beeinflusst sein könnten; ähnlich wie Marx glaubt er, dass die abhängig Beschäftigten häufig nur über ihre Arbeitskraft verfügen und daher immer wieder aus purem Existenzzwang Vertragsbedingungen zustimmen müssen, die sie unter Voraussetzung tatsächlicher Entscheidungsfreiheit auf keinen Fall gutheißen könnten. Im Unterschied zu Marx geht Durkheim allerdings davon aus, dass dieses Übel mit politisch-rechtlichen Maßnahmen bekämpft werden kann, die mit den ökonomischen Voraussetzungen einer Marktwirtschaft vereinbar bleiben; als den entscheidenden Hebel, um die überlegene Verhandlungsmacht der Kapitaleigner zu brechen, betrachtet er die Steuerpolitik, gelegentlich scheut er jedoch auch davor nicht zurück, das Verbot eines jeden Rechts auf private Vererbung zu empfehlen.[40] Keine dieser Gegenmaßnahmen hat in den mehr als einhundertzwanzig Jahren, die seit dem Erscheinen von *De la division du travail social* verflossen sind, an politischer Relevanz verloren; angesichts der neuerlichen Entgrenzungen des Arbeitsmarktes sind sie heute nicht weniger bedenkenswert als

40 Émile Durkheim, *Über soziale Arbeitsteilung*, a. a. O., 3. Buch, 2. Kapitel.

zu den Zeiten Durkheims. Irritierend an den Vorschlägen, die er unterbreitet, bleibt freilich, dass sie ausschließlich darauf gerichtet sind, faire Bedingungen für den Vertragsschluss zwischen abhängig Beschäftigten und Kapitalisten zu schaffen; nirgends findet dabei die Frage auch nur Erwähnung, ob die Allokation gesellschaftlicher Arbeit vielleicht auch anders vorgenommen werden könnte als auf dem Weg privater Arbeitsverträge.[41] Dieser Ausschluss von wirtschaftlichen Alternativen zum Arbeitsmarkt ist nicht nur historisch fragwürdig, weil damit für den Zeitraum des späten 19. Jahrhunderts suggeriert wird, es hätte neben dem individuellen Vertragsschluss keine anderen Organisationsformen von gesellschaftlicher Arbeit gegeben; demgegenüber wurde ja bereits darauf hingewiesen, dass im damaligen Kapitalismus so verschiedene Allokationsmechanismen wie die Schuldknechtschaft, die verdeckte Sklaverei, die handwerkliche Selbständigkeit, die private Hausarbeit und schließlich der »freie« Arbeitsvertrag nebeneinander existierten.[42] Was aber noch wesentlich schwerer wiegt, ist, dass Durkheim sich mit seiner Einseitigkeit die Möglichkeit nimmt, über fairere, demokratieförderliche Formen der Arbeitsteilung jenseits von Verbesserungen der Vertragsbedingungen für Lohnabhängige nachzudenken; er scheint vollkommen auszuschließen, dass auch andere Formen der Organisation gesellschaftlicher Arbeit dem Ziel einer Stärkung demokratischer Solidarität dienen könnten.

So sucht man in seinen Analysen zum Beispiel vergeblich nach Erwähnungen der Möglichkeit, die gesellschaftlich anfallende Arbeit durch selbstverwaltete Betriebe in Arbeitnehmerhand oder durch staatliche Dienstverpflichtungen entweder einer Altersgruppe oder aller erwachsenen Gesellschaftsmitglieder durchführen zu lassen. Für beide Alternativen zum Arbeitsmarkt gibt es Vorbilder in der Vergangenheit und in der Gegenwart, die Anlass zu der Erwartung geben können, mit ihnen wachse sowohl die Bereitschaft als auch die Fähigkeit zur demokratischen Partizipation. Viele Be-

41 Über Alternativen der Allokation von Arbeitskräften informieren: Johannes Berger/Claus Offe, »Die Zukunft des Arbeitsmarktes. Zur Ergänzungsbedürftigkeit eines versagenden Allokationsprinzips«, in: Claus Offe, *»Arbeitsgesellschaft«. Strukturprobleme und Zukunftsperspektiven*, Frankfurt/M. 1984, S. 87-117.

42 Vgl. erneut: Marcel van der Linden, *Workers of the World, Eine Globalgeschichte der Arbeit*, a. a. O., Kap. I; Andrea Komlosy, *Work. The last 1000 Years*, a. a. O., Kap. 5.

richte und Untersuchungen zeigen, dass mit der Einbeziehung der Arbeitenden in den betrieblichen Entscheidungsprozess, sei es bei Industriebetrieben, Dienstleistungsunternehmen oder staatlichen Einrichtungen, nicht nur die Arbeitszufriedenheit und das eigene Selbstvertrauen zunehmen, sondern auch das Interesse an den politischen Vorgängen in der Gesamtgesellschaft steigt – man glaubt schlicht, sich besser über allgemeine Entwicklungen informieren zu müssen, wenn die eigene Stimme bei betrieblichen Entscheidungen zählt. Das gilt in noch viel stärkerem Maße für die Mitarbeit in sich selbst verwaltenden Betrieben, die entweder in staatlichem oder in genossenschaftlichem Besitz sind; eine Sichtung der Literatur zu solchen Unternehmen zeigt sehr schnell, dass Arbeitszufriedenheit, politisches Selbstbewusstsein und demokratisches Engagement stark anwachsen, sobald man im Verbund mit allen Mitbeschäftigten für das Schicksal des eigenen Unternehmens verantwortlich ist.[43]

Vollkommen anders verhält es sich natürlich bei der Allokation von Arbeit durch staatliche Dienstverpflichtungen, wie man dies vornehmlich aus dem Militärdienst kennt. Denkt man aber nicht an diesen, sondern etwa an die zunehmend wichtiger werdende Altenpflege oder an die Kinderbetreuung, so zeigen sich deren demokratiebelebende Wirkungen weniger an der Befähigung zur politischen Partizipation als an der Vermittlung von Wissen über soziale Problemlagen und gesellschaftliche Funktionszusammenhänge. Es ist gewiss ein radikaler, unschwer als antiliberal zu tadelnder Schritt, von staatlicher Seite aus eine ganze Altersgruppe oder gar die gesamte erwachsene Bevölkerung zu einem Dienst zu verpflichten, der dem Allgemeinwohl zugutekommen soll; mit dem Verweis auf die Einsparung von Kosten oder Haushaltslücken sind solche Zwangsmaßnahmen sicherlich nicht zu begründen. Eine demokratisch vertretbare Rechtfertigung aber könnte darin

43 Vgl. die von Carol Pateman vorgestellten Ergebnisse: Carol Pateman, *Participation and Democratic Theory*, a. a. O., Kap. 4. Interessant ist in diesem Zusammenhang auch der Bericht von Michael Walzer über die »San Francisco Scavengers«: Michael Walzer, *Sphären der Gerechtigkeit. Ein Plädoyer für Pluralität und Gleichheit,* übersetzt von Hanne Herkommer, Frankfurt/M./New York 1992, S. 261-264. Einen Gesamtüberblick über empirische Befunde liefert: Alex Bryson u. a., »Share capitalism and worker wellbeing«, in: *Labour Economics* 42 (2016), S. 151-158.

bestehen, auf den angesichts wachsender Diversifizierungen stark zunehmenden Bedarf zu verweisen, die Bevölkerung mit den alltäglichen Herausforderungen des sozialen Zusammenlebens und den Lebenslagen verschiedener Schichten vertraut zu machen; zudem könnte als moralisches Argument auch ins Spiel gebracht werden, dass bestimmte unvermeidbare Arbeiten von der gesamten Bevölkerung reihum und auf einen kurzen Zeitraum beschränkt durchgeführt werden sollten, um sie nicht auf Dauer ein und der gleichen, meistens besonders benachteiligten Gruppe zuzumuten.[44] Das erste Argument beruft sich auf eine Tugend der demokratischen Partizipation, das zweite Argument benennt ein Gebot sozialer Gerechtigkeit.

Die beiden Alternativen zur kapitalistischen Organisationsweise gesellschaftlich notwendiger Arbeit wurden hier nicht angeführt, um sie als Patentlösungen für eine fairere und demokratiefreundlichere Form der Arbeitsteilung zu empfehlen; weder die betriebliche Selbstverwaltung noch die staatliche Dienstverpflichtung sind je für sich oder in Kombination geeignet, all die Arbeit zu rekrutieren, die für die gesellschaftliche Reproduktion auf ihrem gegenwärtigen Stand erforderlich ist. Andererseits sollte man aber den Fehler Durkheims vermeiden, einfach aus den Augen zu verlieren, dass es auch in modernen, hochdifferenzierten Gesellschaften andere Wege der Allokation gesellschaftlicher Arbeit geben kann als das wirtschaftliche Anreizsystem des Marktes. Die staatliche Dienstverpflichtung für einen sehr begrenzten Zeitraum, die kollektive Selbstverwaltung von Unternehmen in privatem oder staatlichem Besitz, die Produktionsgenossenschaft: all diese unterschiedlichen Organisationsformen der Arbeit stellen bedenkenswerte Alternativen zum herkömmlichen Lohnvertrag dar, die in den letzten Jahrzehnten zu Unrecht in Vergessenheit geraten sind.[45] Es bedarf daher heute einer verstärkten Erinnerung an die niedergeschlagenen oder gescheiterten Reformprojekte der Vergangenheit, um mit der richtigen Mischung aus institutioneller Phantasie, wirtschaftspolitischem Realismus und soziologischem Augenmaß daranzugehen, neue, gerechtere Formen der gesellschaftlichen Arbeitsteilung zu

44 Vgl. zu solchen Argumenten: Michael Walzer, *Sphären der Gerechtigkeit*, a. a. O., Kap. 6 (»Harte Arbeit«).

45 Erik Olin Wright, *Envisioning Real Utopias*, London 2010.

ersinnen. Die Richtschnur all dieser Sondierungen, Überlegungen und experimentellen Erprobungen muss es sein, die Verteilung der gesellschaftlich erforderlichen Arbeit so zu reorganisieren, dass möglichst viele Gesellschaftsmitglieder die Fähigkeit und die Bereitschaft zur Mitwirkung am demokratischen Prozess entwickeln können – denn so viel scheint heute gewiss: Solange wir an der gegebenen Form der Arbeitsteilung nichts ändern, solange wir es bei der Unterbezahlung, Machtlosigkeit und Überforderung in vielen Tätigkeitsbereichen belassen und solange wir der geistigen Verarmung zahlloser Arbeitsfelder nichts entgegensetzen, werden wir damit fortfahren, einem großen Teil der Bevölkerung den tatsächlichen Gebrauch des Rechtes auf demokratische Mitbestimmung zu verwehren.

Kindheit

*Unstimmigkeiten unserer liberalen Vorstellungswelt**

Schon seit mindestens zwei Jahrzehnten begegnen uns in Filmen oder literarischen Texten immer häufiger Kinder und Jugendliche, die von ihren Eltern vernachlässigt werden und daher weitgehend aus eigener Kraft ihr Auskommen finden müssen. Wer den 1997 uraufgeführten Film *The Ice Storm* von Ang Lee gesehen hat, wird einige Mühe haben, die mutlosen, zwischen Bitterkeit und Verzweiflung wechselnden Gesichter der Heranwachsenden wieder zu vergessen, die bei einem heraufziehenden Eisregen am Vorabend von Thanksgiving mit ihren pubertären Sorgen von ihren mittelständischen Müttern und Vätern alleingelassen werden und ziellos durch die furchteinflößende Nacht irren.[1] Nicht anders mag es einem bei der Lektüre des Romans *Kanada* ergehen, in dem uns Richard Ford mit irritierender Lakonik einen verzweifelten Jungen schildert, der, nachdem seine Eltern aufgrund eines Verbrechens ins Gefängnis gekommen sind, plötzlich auf sich allein gestellt ist und fortan sein gerade erst begonnenes Leben ohne fürsorgliche Unterstützung meistern zu lernen hat.[2] Wie ein knappes Resümee solcher kindlichen Erfahrungen von Vernachlässigung und Alleinsein klingt die rhetorische Frage, mit der sich in Donna Tartts Roman *Der Distelfink* der von seinem alleinerziehenden Vater vernachlässigte Freund an den Ich-Erzähler der Geschichte, den 13jährigen Theodore Decker, wendet, der durch einen Terroranschlag seine über alles geliebte Mutter verloren hat und auf Hilfe seines Vaters nicht rechnen kann: »Keiner von uns findet je genug Freundlichkeit auf der Welt, oder?«[3]

* Mein Beitrag geht auf einen Vortrag zurück, den ich auf der von Ferdinand Sutterlüty organisierten Tagung »Der Streit ums Kindeswohl« (16./17. Januar 2015) in Frankfurt am Main gehalten habe. Den beiden Herausgeberinnen des Bandes, in dem der Text ursprünglich erschienen ist, Monika Betzler und Barbara Bleisch, bin ich für die vielen wertvollen Kommentare dankbar, die sie mir zum Zweck der Überarbeitung und Fertigstellung dieses Aufsatzes gegeben haben.

1 *The Ice Storm* (1997), Drehbuch: James Schamus, Regie: Ang Lee.

2 Richard Ford, *Kanada*, übersetzt von Frank Heibert, Berlin 2012.

3 Donna Tartt, *Der Distelfink*, übersetzt von Rainer Schmidt und Kristian Lutze, München 2014.

Beispiele für derartige Schilderungen von kindlicher Unbehaustheit finden sich in den Romanen und Filmen unserer Tage zuhauf. Sie unterscheiden sich von älteren Zeugnissen solcher Art – man denke nur an Dickens' *Bleak House*[4] – vor allem dadurch, dass sie in Milieus angesiedelt sind, in denen die zeitgenössischen Ideale der familialen Umsorgung und Behütung von Kindern tiefe Wurzeln geschlagen haben, ohne im täglichen Umgang dann allerdings berücksichtigt zu werden; ihre Protagonisten sind daher Kinder oder Jugendliche, die bei allem Versprechen auf einen schützenden Halt dann, wenn es darauf ankommt, doch die Erfahrung machen müssen, in ihren Sorgen und Nöten von ihren Eltern oder den nächsten Angehörigen alleingelassen zu werden. Im Hinblick auf öffentliche Sichtbarkeit und Anzahl werden solche deprimierenden Darstellungen der Situation der Kindheit heute nur von medialen Beschreibungen übertroffen, die Erfahrungen sexueller Misshandlung ins Zentrum rücken; nicht nur widmen sich inzwischen unzählbare Lebensberichte, Erzählungen und Filme diesem Thema, vielmehr scheint auch kaum ein Sonntagabend vergehen zu können, an dem nicht entweder in einer Talkshow oder in einem »Tatort«-Krimi eine Person auftaucht, deren Schicksal maßgeblich durch ein frühes Erlebnis von sexuellem Missbrauch, sei es durch nahe Angehörige, sei es durch Autoritätspersonen, bestimmt wäre. Würde sich eine Kulturhistorikerin in, sagen wir, einhundert Jahren bei ausschließlicher Orientierung an solchen ästhetischen und medialen Quellen mit der Frage beschäftigen, wie zu Beginn des 21. Jahrhunderts Kinder wahrgenommen und behandelt wurden, so käme sie zu einem einigermaßen irritierendem Ergebnis; sie müsste nämlich feststellen, dass unsere Zeit durch ein Maß an Vernachlässigung, Missbrauch und Verwahrlosung von Kindern geprägt gewesen ist, welches dasjenige früherer Epochen bei weitem übersteigt.

Das aber ist nach allem, was wir an empirischen Informationen über die gegenwärtige Lage der Kindheit besitzen, sicherlich falsch. Ganz im Gegensatz zu der Schlussfolgerung, zu der unsere zukünftige Historikerin vermutlich gelangen würde, kann es bei aller gebotenen Vorsicht inzwischen doch als ausgemacht gelten, dass Kinder selten zuvor in der Geschichte mit so viel individua-

4 Charles Dickens, *Bleak House*, übersetzt von Gustav Meyrink, Frankfurt/M. 2010.

lisierender Aufmerksamkeit und rechtlicher Absicherung bedacht wurden wie heute. Die historische Forschung, angestoßen durch die (gewiss nicht durchgängig überzeugende) Studie von Philippe Ariès,[5] hat uns darüber belehrt, dass wir im Unterschied zu früheren Epochen und anderen Kulturen unter »Kindheit« primär eine Phase der Schutzbedürftigkeit verstehen, die fürsorgliche und erzieherische Pflege deswegen verlangt, weil das Kind erst langsam auf seine Rolle als mündiges, sich selbst bestimmendes Subjekt vorbereitet werden muss. Ein Blick in die Rechtsgeschichte setzt uns darüber in Kenntnis, dass inzwischen weltweit und besonders in den liberaldemokratischen Gesellschaften eine Reihe von rechtlichen Instrumenten existieren, allen voran die UN-Kinderrechtskonvention, die das Wohl von Kindern schützen sollen, indem sie diese mit staatlich durchsetzbaren Grundrechten ausstatten;[6] und die empirische Sozialforschung schließlich vermag uns vor Augen zu führen, in welchem Maße sich in den letzten Jahrzehnten die Erziehungspraktiken zumindest in den westlichen Ländern dahingehend gewandelt haben, dass dem individuellen Kind mehr kommunikative Aufmerksamkeit entgegengebracht und größere Freiheitsspielräume geboten werden als in vorangegangenen Epochen. Insgesamt ist die Eltern-Kind-Beziehung, so heißt es zusammenfassend bei Martin Dornes, wesentlich egalitärer, ja demokratischer geworden, das Kind wird schon früh als Verhandlungspartner ernst genommen und in die Erörterung von Familienangelegenheiten mit einbezogen.[7] Wollte man aus all diesen historischen und empirischen Befunden die Schlussfolgerungen ziehen, so ließe sich mit guten Gründen behaupten, dass es um das Wohl von Kindern heute in unseren Gesellschaften im Großen und Ganzen besser bestellt ist als in den anderen Kulturen, von denen wir einigermaßen gesicherte Kenntnis besitzen; allein eine Rückerinnerung an die nur kurz zurückliegenden Zeiten des frühen 20. und späten 19. Jahrhunderts mit ihren drakonischen Erziehungsmethoden, ihren autoritären Vätern und aufgezwungenen Geschlechtsrollenidentitäten scheint zu genügen, um uns in einer solchen optimis-

5 Philippe Ariès, *Geschichte der Kindheit*, übersetzt von Caroline Neubaur und Karin Kersten, München 1975.

6 David Archard, *Children. Rights and Childhood*, London [2]2004, Part II.

7 Vgl. Martin Dornes, *Die Modernisierung der Seele. Kind – Familie – Gesellschaft*, Frankfurt/M. 2012, bes. S. 95-100.

tischen Sicht unserer eigenen Praxis im Umgang mit Kindern zu bestätigen.

Gleichwohl behalten die eingangs erwähnten Zeugnisse, sosehr sie auch allen empirischen Evidenzen widersprechen mögen, etwas Irritierendes und Verstörendes; sie sind ja nicht einfach der übersteigerten Sensibilität einzelner Regisseure oder Autorinnen entwachsen, sondern verdanken sich einem präzis geschulten, gewiss idiosynkratischen, aber doch auch feinen Gespür für Risse im Netzwerk unserer eingespielten Lebenspraktiken. Ist es eine der Aufgaben der Kunst, uns auf derartige Brüche und Abgründe in unserem eigenen Selbstverständnis aufmerksam zu machen, sie aufzuspüren und schlaglichtartig zu veranschaulichen, so wird sie durch die Werke von Ang Lee, Richard Ford und Donna Tartt meisterhaft erfüllt; deren empfindsame, aufrüttelnde Darstellungen nötigen uns, jede auf ihre Art, noch einmal zu überprüfen, welche untergründigen Vorstellungen unseren Ideen des kindlichen Wohls zugrunde liegen, worin diese begründet sind und wo sie möglicherweise zu kurz greifen und daher der Korrektur bedürfen. Die damit umrissene Herausforderung, behutsam zu erkunden, wie die Hintergrundannahmen beschaffen sind, die unsere Auffassungen vom Wohlergehen des Kindes begründen, will ich im Folgenden in Angriff nehmen. Zu diesem Zweck will ich in einem ersten Schritt auseinanderzulegen versuchen, von welchen verschiedenen Faktoren die Vorstellungen beeinflusst sein können, die den jeweiligen, historisch variierenden Erfahrungen der besonderen Verletzbarkeit des Kindes und damit umgekehrt auch den korrespondierenden Idealen des kindlichen Wohlergehens zugrundeliegen; dabei wird sich zeigen, dass es stets vier Komponenten sind, deren Festlegungen zusammengenommen bestimmen, was in unterschiedlichen Kulturen unter dem »Wohl« von Kindern verstanden wird (I). Vor dem Hintergrund dieses allgemeinen, vierdimensionalen Begriffs der Kindheit will ich mich in einem zweiten Schritt dann der Aufgabe zuwenden, im Einzelnen zu bestimmen, wie unsere heutigen, liberaldemokratischen Vorstellungen des kindlichen Wohlergehens verfasst sind; im Durchgang durch die vier zuvor umrissenen Komponenten soll hier geprüft werden, ob es möglicherweise Brüche oder Spannungen zwischen ihnen gibt, die erklären können, worin die eingangs zitierten Klagen begründet sind (II). Vielleicht lässt sich das Ziel meiner Ausführungen auch so beschreiben, dass ich durch die Aufspannung eines möglichst allgemeinen Begriffs der Kindheit zunächst eine Distanz zu unserem eigenen Umgang mit Kindern zu schaffen versuche, die mir dann erlauben soll, darin Risse und Untiefen zu entdecken, die normalerweise nicht wahrnehmbar wären.

I.

Dass sich die Vorstellungen darüber, was ein Kind in seinem familialen und gesellschaftlichen Umfeld verletzbar macht, über die menschliche Geschichte hinweg radikal verändert haben und selbst innerhalb der Moderne erheblichen Wandlungen unterworfen waren, kann heute als eine Selbstverständlichkeit gelten. Zwei Stichworte mögen vorweg genügen, um diesen nahezu trivialen Sachverhalt noch einmal in Erinnerung zu rufen: Gilt es in manchen Kulturen als ein schwerer Schaden, den man kleinen Kindern zufügen kann, wenn sie zu früh vom Bett der Eltern getrennt werden, so herrscht in unseren Praktiken nahezu die entgegengesetzte Auffassung vor; hier wird, wo man es sich räumlich leisten kann, bereits den Säuglingen ein eigenes Zimmer vorbehalten, um ihnen auf diese Weise möglichst früh schon zur selbstständigen Artikulation ihrer Wünsche und Bedürfnisse zu verhelfen. Nicht anders verhält es sich bekanntlich mit der Kinderarbeit; wurde darin über einen langen Zeitraum hinweg nicht nur ein notwendiges Mittel zur familialen Subsistenzsicherung gesehen, sondern auch eine Form des förderlichen und erquicklichen Zusammenwirkens der unterschiedlichen Familienmitglieder, so lassen wir uns heute von der genau umgekehrten Vorstellung leiten, wonach dem entwicklungs- und fürsorgebedürftigen Kind dann großer Schaden zugefügt wird, wenn es zu irgendeiner Art von unvermeidbarer Arbeit herangezogen wird.[8] Diese eher zufällig ausgewählten Beispiele sollen hier nur die Funktion erfüllen, uns einen ersten Eindruck davon zu vermitteln, wie stark die Vorstellungen über das Wohl und Weh des Kindes mit den jeweiligen Hintergrundannahmen über die Eigenart oder Spezifik von »Kindheit« variieren: Wird darunter etwa eine Phase im Lebensprozess verstanden, die vom Erwachsenen-

8 David Archard, *Children. Rights and Childhood*, a. a. O., S. 37f.

dasein strikt getrennt ist, muss gelten, dass das Kind von jeglicher Arbeitszumutung fernzuhalten ist; werden die Übergänge zwischen den beiden Daseinsweisen hingegen als kontinuierliche begriffen, so kann in der kindlichen Zuarbeit zur kooperativen Güterversorgung durchaus ein erster, schon früh Wertschätzung verschaffender Schritt zur Vorbereitung auf die spätere Rolle gesehen werden. Es sind stets, so ließe sich dementsprechend sagen, die kulturell herrschenden Begriffe von »Kindheit«, die festlegen, wodurch ein Kind verletzbar ist und womit dementsprechend seinem Wohl gedient werden kann. Hier zu einer universell gültigen Idee des »Kindeswohls« gelangen zu wollen, scheint schon deswegen schwierig, weil das eine allgemeine, kulturunabhängige Vorstellung von dem voraussetzen würde, was es heißt, ein »Kind« zu sein.

Nun besteht aber ein solcher Begriff von »Kindheit« immer aus ganz verschiedenen Komponenten, die erst zusammengenommen bestimmen, was die Eigenart und den Status von Kindern ausmachen soll. Ein erstes, zentrales Element des Begriffs (a) ergibt sich als Antwort auf die Frage, ob die frühe Lebensperiode eines Menschen überhaupt als eine distinkte, deutlich markierte Phase zu verstehen ist und wodurch diese gegebenenfalls gegenüber allen späteren Etappen charakterisiert sein soll. Fast alle Kulturen heben, soweit wir wissen, in der einen oder anderen Weise den ersten Lebensabschnitt ihrer Mitglieder von allen restlichen Altersphasen ab und verfügen insofern über ein Konzept der »Kindheit«; deren Ende wird häufig durch Initiationsrituale gekennzeichnet, die zu erkennen geben, welche psychologischen Differenzen zwischen der kindlichen Existenz und dem Erwachsenendasein vorhanden sein sollen – der in unseren Breiten individuell überreichte Pass signalisiert den Erwerb der Fähigkeit zur Selbstbestimmung, die kollektiv veranstalteten Rituale in anderen Kulturen demonstrieren öffentlich den Eintritt in das Alter sexueller Reife und Zeugungsfähigkeit. Allerdings lassen diese beiden Beispiele den fälschlichen Eindruck entstehen, als ob die psychologische Besonderheit der als »Kindheit« begriffenen Phase zwangsläufig immer nur in einem Mangel an denjenigen Eigenschaften zu bestehen hat, durch die jeweils das Stadium des Erwachsenseins gekennzeichnet sein soll; hingegen ist es durchaus auch vorstellbar, dass die Eigenart und Verlaufsform des erwachsenen Lebens in einer Weise begriffen wird, die es verständlich machen würde, in den Fähigkeiten und Eigenarten von

Kindern Potenziale zu erblicken, über die die älter gewordenen Personen bedauerlicherweise nicht mehr verfügen – man denke nur daran, dass Adorno im kindlichen Weltzugang noch mimetische Vermögen am Werk gesehen hat, die den Erwachsenen aus seiner Sicht deswegen verlorengegangen sind, weil sie das gesellschaftliche Realitätsprinzip zum instrumentell verfügenden Denken anhält.[9] Hier sind eine Reihe von Alternativen und Variationen möglich, die dem Umstand entspringen, dass Kindheit und Erwachsensein aufeinander bezogene Begriffe bilden: die besonderen Eigenschaften von Kindern werden jeweils in derselben Weise unter Bezug auf die Fähigkeiten von Erwachsenen definiert, wie umgekehrt deren Besonderheiten in Differenz zu den kindlichen Vermögen begriffen werden. Je weniger selbstverständlich also die älteren Mitglieder einer Kultur ihre eigenen Wesenszüge als vortrefflich oder abschlusshaft beschreiben, desto eher dürfte dort die Tendenz vorherrschen, in den Attributen der nachwachsenden Generation nicht nur die Vorstufen oder Keime einer zukünftigen Lebensphase zu sehen, sondern ganz eigenständige und sozial bereichernde Fähigkeiten; und man darf schon jetzt darauf gespannt sein, wie unsere Gesellschaften langfristig auf den Sachverhalt reagieren werden, dass die individuelle Lebenserwartung inzwischen stark genug gestiegen ist, um viele ältere Menschen die Erfahrung machen zu lassen, in ihrer Hilflosigkeit und Fürsorgeabhängigkeit wieder zu kindgleichen oder kindähnlichen Personen zu werden.

Eine zweite Komponente (b), die stets in jede allgemeine Vorstellung von »Kindheit« einfließt, speist sich aus Vorstellungen darüber, als wie eng die Verflechtung des heranwachsenden Subjekts mit der sozialen Umwelt aufgefasst wird. Auch hier gibt es wieder eine ganze Bandbreite von Alternativen, deren gegenüberliegende Pole darin bestehen, dass das Kind entweder als ausschließliches Mitglied seiner Familie der Gesellschaft vollständig entgegengesetzt

9 Zum normativ aufgeladenen Begriff des »Kindes« oder der »Kindheit« bei Adorno vgl.: Theodor W. Adorno, *Minima Moralia. Reflexionen aus dem beschädigten Leben*, Frankfurt/M. 2001, v.a. die Aphorismen 2, 72, 79 und 146. Vgl. inzwischen auch mein Gespräch mit Daniela Berner Zumpf: »Der Philosoph und das Kind im Ringen um Anerkennung. Acht Fragen an Axel Honneth. Gespräch mit Daniela Berner-Zumpf«, in: Caroline Teichert, Daniela Berner-Zumpf, Michael Teichert (Hg.), *»Alle Tassen fliegen hoch«. Eine Kritik der Kinderphilosophie*, Weinheim/Basel 2020, S. 92-101.

oder aber von Beginn an als Teilnehmer am gesellschaftlichen Interaktionsprozesses wahrgenommen wird. Je stärker innerhalb des dadurch definierten Spektrums die Auffassung vorherrscht, dass die Heranwachsenden nur Angehörige der familialen Kleingruppe sind, desto eher wird in der Gesellschaft auch nur diesem Verband alle Verantwortung für deren weiteres Schicksal zugewiesen; und umgekehrt hat natürlich zu gelten, dass die Mitverantwortung der Gesamtgesellschaft am Werdegang des Kindes in dem Maße zunimmt, in dem dieses schon von früh an als Teilnehmer am sozialen Interaktionsprozess empfunden wird. Die höchst missverständliche These von Philippe Ariès, der zufolge sich überhaupt erst mit dem Übergang zur Moderne so etwas wie eine allgemeine Vorstellung von »Kindheit« herausgebildet habe, gewinnt sicherlich an Plausibilität, wenn sie einzig und allein auf die damit umrissene, zweite Komponente im Kindheitsbegriff bezogen wird; seine These würde dann besagen, dass sich mit der Auflösung feudaler Familienformen insofern ein dramatischer Wandel in der Einstellung zur nachwachsenden Generation vollzogen hat, als Kinder zunehmend in den sich emotional aufladenden Binnenhof der neuen, kleiner gewordenen Familien verbannt wurden und dementsprechend ihren vormaligen Status als gesellschaftliche Interaktionspartner verloren. Eine derartige Uminterpretation der These von Ariès hätte auch den Vorteil, den zweiten Bestandteil seiner historischen Rekonstruktionen deutlicher hervortreten zu lassen, der ja besagt hatte, dass in eins mit der »Familialisierung« des Kindes zugleich auch seine »Pädagogisierung« einzusetzen begann; denn auch dieser sekundäre Vorgang, die wachsende Verschulung des Nachwuchses, ist weitaus leichter zu verstehen, wenn man ihn nicht einfach auf die »Erfindung« der »Kindheit« in der Moderne zurückführt, sondern als notwendige Folge der Isolierung des Kindes gegenüber der Gesellschaft zu begreifen versucht, die es erforderlich machte, den Heranwachsenden nun in artifizieller Form das an notwendigem Wissen zu vermitteln, was zuvor durch Teilnahme an der sozialen Kooperation implizit erworben worden war.[10]

10 Die Erziehungslehre Rousseaus, wie sie sich in seinem *Émile* entwickelt findet, stellt in dieser Hinsicht eine interessante Zwischenposition dar, weil in ihr einerseits die Isolierung des Kindes gegenüber der Gesellschaft stark verfochten wird, ihm andererseits aber so starke Fähigkeiten zum Selbstlernen im Umgang mit der natürlichen Umwelt eingeräumt werden, dass eine »externe« Pädagogisierung

Wie immer es aber auch um die einflussreiche Studie von Ariès bestellt sein mag, es ist überaus wichtig, sich klarzumachen, dass in jede Vorstellung von »Kindheit« stets eine Auffassung darüber einfließt, wie eng oder lose das heranwachsende Kind in die gesellschaftliche Umwelt einbezogen ist; in Abhängigkeit davon entscheidet sich nämlich nicht nur, wie die Verantwortlichkeiten für dessen Wohlergehen verteilt sein sollten, sondern auch, welche Erfahrungen und Belastungen ihm zugemutet werden können.

Eine dritte Komponente (c), die an allen Begriffen von »Kindheit« zu berücksichtigen ist, ergibt sich nun daraus, dass über die an der Sozialisation beteiligten Instanzen, also einerseits die intime Nahwelt des familialen Kleinverbandes und andererseits die fernere Umwelt der Gesellschaft, ganz unterschiedliche Auffassungen existieren können. In Bezug auf beide Pole dieses Spektrums bestehen kulturell erheblich voneinander abweichende Vorstellungen, deren Differenzen jedoch von massiver Bedeutung dafür sind, wie die Eigenart von Kindern und die Vollzugsform der Kindheit jeweils imaginiert wird. So macht es zum Beispiel einen großen Unterschied, ob der familiale Kleinverband, in dessen unmittelbarer Umgebung das Kind aufwächst, im gesellschaftlichen Bewusstsein als eine intrinsisch harmonische oder intrinsisch konfliktuelle Agentur repräsentiert wird; je stärker zur ersten Auslegung hin tendiert und die Familie also als ein prinzipiell einvernehmlicher Ort ausgemalt wird, desto bereitwilliger geht man gewiss davon aus, dass der Heranwachsende hier wohlbehütet heranreifen kann und daher keiner unterstützenden Hilfe von außen bedarf, seien dies nun vermittelnde Verwandte oder neutralere Instanzen; wird hingegen zu der entgegengesetzten Auffassung geneigt und die Familie mithin als eine Brutstätte unvermeidbarer, tiefsitzender Konflikte wahrgenommen, so dürfte die gesellschaftliche Bereitschaft groß sein, dem Kind anwaltschaftliche Vertreter zur Seite zu stellen, bei denen es gegebenenfalls Hilfe und Halt finden kann – einen Hinweis auf solche Vorkehrungen liefert etwa in den älteren, großfamilialen

nahezu überflüssig erscheint: Jean-Jacques Rousseau, *Emil oder Über die Erziehung*, übersetzt von Ludwig Schmidts, Stuttgart 2006. Zu den gegenläufigen Tendenzen im selben Buch, nämlich der Hervorhebung der Notwendigkeit einer vernünftigen Formung der »amour propre« im richtigen sozialen Umgang, vgl. jetzt: Frederick Neuhouser, *Pathologien der Selbstliebe. Freiheit und Anerkennung bei Rousseau*, übersetzt von Christian Heilbronn, Berlin 2012, S. 233-249.

Verbänden die institutionalisierte Rolle der Tante oder des Onkels, von denen erwartet werden konnte, dass sie dem Kind gegenüber die Aufgabe der Überbrückung endogener Familienkonflikte übernehmen. Schon an dieser Stelle sei kurz angemerkt, dass es höchst erstaunlich bleibt, warum unsere eigene Kultur einhundert Jahre nach der Intervention Freuds vergleichbare Mechanismen der innerfamilialen Konfliktsublimierung bislang nicht hat hervorbringen können und stattdessen alle Funktionen solcher Art an außerhalb der Familie angesiedelte Instanzen der therapeutischen Beratung oder staatlichen Fürsorge delegiert.

Was mit Bezug auf den familialen Verband gesagt werden kann, gilt umgekehrt gewiss auch für die gesellschaftliche Umwelt, in die das Kind stets in verschiedenen Graden als einbezogen gedacht werden muss; auch dieser erweiterte Raum der sozialen Lebensbedingungen kann je nach Kultur innerhalb eines Kontinuums entweder als eine konfliktfreie, weitgehend pazifizierte Lokalität oder als eine von Spannungen und Konflikten durchzogene Sphäre vorgestellt werden. Wie schon die unterschiedlichen Charakterisierungen der Familie, so dürften auch solche Differenzen in den Gesellschaftsbildern von großem Einfluss darauf sein, in welcher Hinsicht das Kind jeweils als verletzbar aufgefasst und was dementsprechend als Bedingung seines Wohlergehens angesehen wird. Solange die gesellschaftliche Umwelt des Heranwachsenden als mehr oder weniger ausgeglichen und intakt porträtiert wird, kann sie als wenig bedeutend für dessen gedeihliche Entwicklung begriffen werden, bildet sie jedoch in den Augen der Erwachsenen ein Feld voller Ungleichheiten und daraus resultierenden Notlagen oder Kalamitäten, so muss sie je nach Einschätzung ihres Gewichts für die kindliche Erfahrungswelt als korrekturbedürftig verstanden werden. Hier berührt sich, wie unschwer zu sehen ist, die zweite mit der dritten Komponente, denn das Maß, in dem eine durch krasse Unterschiede zerrissene Lebenswelt als zugunsten des Kindes veränderungswürdig empfunden wird, ist nicht unabhängig von dem Einfluss, der den gesellschaftlichen Rahmenbedingungen überhaupt für die kindliche Entwicklung zugestanden wird; je stärker man bereit ist, so ließe sich sagen, eine solche Abhängigkeit einzuräumen, desto eher wird man geneigt sein, die sozialen Verhältnisse dann zu ändern, wenn sie in ihren gegebenen Bedingungen als schädlich für das Kind wahrgenommen werden.

Ist damit das kategoriale Geflecht des Begriffs, der kulturell jeweils bestimmt, was unter »Kindheit« verstanden werden soll, schon äußerst vielschichtig geraten, so erhöht sich diese Komplexität noch einmal, wenn nun eine vierte und letzte Komponente in Augenschein genommen wird (d). Es ist nämlich von vornherein gar nicht klar und häufig auch umstritten, welche Gründe dafür herangezogen werden können, dass dem Kind gegenüber eine Autorität beansprucht wird, die Maßnahmen der Erziehung, Disziplinierung oder Unterweisung rechtfertigt. Auch hier ist das Spektrum möglicher Alternativen wieder denkbar breit und nur dadurch überhaupt überschaubar, dass es erneut zwei deutlich entgegengesetzte Pole gibt. An dem einen Ende herrscht die Überzeugung vor, dass den Erwachsenen in welcher Gestalt auch immer eine derartige Berechtigung deswegen nicht zukommt, weil die Heranwachsenden ihrerseits über ein individuelles, moralisch verstandenes Recht zur Selbstbestimmung verfügen, welches jede Bevormundung über das minimal erforderliche Maß hinaus ausschließt; solche radikalen Vorstellungen wurden in der Geschichte freilich erst formulierbar, nachdem alle menschlichen Subjekte der Idee nach mit individuellen Grundrechten ausgestattet worden waren, so dass von dort aus die Frage aufgerollt werden konnte, warum nicht auch dem jeweiligen Nachwuchs diese Rechte zustehen sollten.[11] An dem gegenüberliegenden Pol findet sich die historisch weitverbreitete Idee, nach der die Kinder das Eigentum entweder ihrer biologischen Eltern oder des sozialen Gemeinwesens bilden, denen deswegen ein äußerlich unbegrenztes Recht zukommt, jenen gegenüber nach ihrem jeweiligen Gutdünken Gewalt und erzieherische Autorität auszuüben; allerdings hat diese Auffassung eines Eigentumsrechts an Kindern in den letzten zwei Jahrhunderten mit wachsender Geschwindigkeit an Überzeugungskraft verloren, weil sie zunehmend mit dem seither herrschenden Grundrechtsgedanken in Konflikt geraten musste, von dem ja auch der Nachwuchs nicht vollkommen ausgenommen werden konnte und der den Anknüpfungspunkt der zuvor genannten, ersten Überzeugung dargestellt hatte. Insofern befinden wir uns heute innerhalb des dadurch markierten Kontinuums auf einer mittleren Position, an der sich die Eltern

11 Vgl. zu dieser radikalen Position: David Archard, *Children. Rights and Childhood*, a.a.O., S. 70-77.

und der Staat die Aufgabe der Erziehung je nach Altersstufe teilen, ohne dafür jedoch noch irgendein Eigentumsrecht in Anspruch zu nehmen oder umgekehrt den Kindern ein Selbstbestimmungsrecht einzuräumen; die asymmetrische Vormachtstellung wird vielmehr unter Berufung auf einen reflexiven Paternalismus gerechtfertigt, der seinerseits mit Verweis auf die psychologischen Eigenschaften begründet wird, die Kindern im Unterschied zu Erwachsenen natürlicherweise zukommen sollen: werden diese nämlich als noch mangelhafte Vorformen der Fähigkeiten begriffen, über die älter gewordene Personen nach allgemeiner Einschätzung verfügen, also etwa das Vermögen zur Selbstbestimmung oder zur reflexiven Abwägung des Guten, so soll sich aus dem damit markierten Vorsprung die Erlaubnis herleiten, entsprechende Maßnahmen zur erzieherischen Überwindung des bestehenden Mangels zu ergreifen. Hier schließt sich mithin der Kreis unserer Darlegung, weil wir wieder an den Punkt zurückgekehrt sind, mit dem die Rekonstruktion der begrifflichen Elemente aller sozialen Vorstellungen von »Kindheit« begonnen hatte; dafür bleibt die normativ getönte Entgegensetzung von kindlichen Eigenschaften und erwachsenen Fähigkeiten bis heute grundlegend, weil nur sie zu begründen vermag, warum überhaupt ein institutionell so tiefgreifender, für unsere Lebenspraxis im Ganzen fundamentaler Schnitt zwischen zwei Altersstufen gezogen werden kann.

Als das Ergebnis dieser Rekonstruktion können wir festhalten, dass jede kulturelle Idee davon, was die »Kindheit« ausmacht, ein ganzes Bündel von Festlegungen beinhaltet, die die unterschiedlichsten Dimensionen der sozialen Lebenswelt betreffen; darin fließen nicht nur Bestimmungen der Eigenschaften ein, die ältere Menschen gegenüber wesentlich jüngeren auszeichnen, sondern auch Deutungen der jeweiligen Struktur und wechselseitigen Beziehung von familialer Nahwelt und Gesellschaft sowie normative Begründungen dafür, woher das Recht zur Bevormundung und Erziehung stammen soll. Erst die begrifflichen Vorstellungen, die sich aus diesen insgesamt vier Festlegungen ergeben, entscheiden in einer Kultur jeweils darüber, wodurch ein Kind als verletzbar zu gelten hat und womit dementsprechend seinem Wohl gedient wäre: Wir wüssten gar nicht, so ließe sich auch sagen, worin die besondere Verwundbarkeit jüngerer Menschen bestehen und was mithin zum Schutz ihrer gedeihlichen Entwicklung unternommen werden sollte, stünden uns dabei nicht sozial geteilte Begriffe zu Gebote, die uns ein intuitives Wissen über den besonderen Charakter der »Kindheit« und deren Verhältnis zur gesellschaftlichen Umwelt vermitteln würden. Im zweiten Schritt meiner Überlegungen will ich das damit erzielte Ergebnis nun auf die Vorstellungen anzuwenden versuchen, von denen wir uns heute in unserer westlich-liberalen Kultur leiten lassen, wenn wir von »Kindheit« sprechen und dabei ein ganzes Netzwerk von sozialen Praktiken vor Augen haben; es wird also darum gehen, entlang der vier umrissenen Begriffskomponenten die Hintergrundannahmen zu rekonstruieren, die uns gegenwärtig über das Verhältnis von Kindern und Gesellschaft informieren.

II.

In meinen bisherigen Ausführungen habe ich schon gelegentlich durchblicken lassen, worin ich gewisse Schwächen oder Mängel der Auffassungen sehe, von denen unser gegenwärtiges, westlich-liberales Bild der Kindheit untergründig geprägt ist. Im Folgenden soll es nun darum gehen, diese nur vage angedeuteten Verdachtsmomente genauer zu überprüfen, um auf dem damit beschrittenen Weg zu den literarisch-ästhetischen Beispielen zurückzukehren, mit denen ich meinen Beitrag eröffnet hatte; denn ob darin nur ins Leere laufende Übertreibungen zu sehen sind oder doch feinfühlige Diagnosen, die empfindliche Risse oder Mängel an unserem Umgang mit Kindern erschließen, wird sich am Ende nur beurteilen lassen, wenn wir uns einen möglichst genauen Überblick über die Eigenart und den Zuschnitt dieser Praktiken verschaffen können. Dabei will ich mich an die Liste der zuvor freigelegten Komponenten halten, weil sie uns zwingt, auch ansonsten nur wenig beleuchtete Bestandteile unserer kulturspezifischen Vorstellungen von Kindheit in den Blick zu nehmen; vieles von dem, was dazu gehört, ist ja vielleicht unserer Aufmerksamkeit deswegen häufig entzogen, weil wir es für nahezu selbstverständlich und für in sich gut begründet halten. Ich werde im Folgenden die einzelnen Komponenten des heute herrschenden Bildes der Kindheit in derselben Reihenfolge abhandeln, in der sie auch im ersten Schritt entwickelt wurden.

(a) Jede kulturelle Vorstellung von »Kindheit«, so hatte ich eingangs feststellen müssen, hängt ganz grundlegend von einer begrifflichen Kontrastierung ab, mit der zwischen einer frühen und einer späteren Phase des menschlichen Lebens ein Schnitt gezogen wird; solche zeitlichen Abgrenzungen – die Voraussetzung dafür, dass überhaupt zwischen Kindheit und Erwachsenensein unterschieden werden kann – bedienen sich im Regelfall aufeinander bezogener Eigenschaftswörter, die es erlauben sollen, die Spezifik der einen Phase durch Abwesenheit der Eigenschaften der anderen Phase zu beschreiben. Wenden wir uns der Frage zu, wie es um diese Entgegensetzungen in der Gegenwart bestellt ist, so können wir allem voran die Beobachtung machen, dass sie der Tendenz nach heute einer graduellen Phaseneinteilung gewichen sind: Was die Kindheit gegenwärtig auszuzeichnen scheint, ist der Sachverhalt, dass in ihr im keimhaften Zustand all die Eigenschaften und Fähigkeiten schon angelegt sind, durch die dann nach einer entsprechenden Periode der erziehungsgestützten Reifung die Erwachsenen charakterisiert sein sollen. In dieser Ersetzung einer bloßen Oppositionsbildung durch eine Schema graduellen Wachstums ist zunächst einmal, so viel kann festgehalten werden, ein großer Vorteil zu erblicken; denn es existiert nun nicht mehr ein homogener Begriff der Kindheit, der nach einer Summe von stets gleichbleibenden Erziehungspraktiken verlangt, vielmehr sind am kindlichen Zustand verschiedene Phasen unterscheidbar geworden, die gemäß ihrem Entwicklungsgrad jeweils eigenständige Umgangsformen und Behandlungsweisen erfordern.[12] Allerdings sind an diesem heute zugrunde gelegten Reifungs- oder Entwicklungsschema bei näherer Betrachtung einige Besonderheiten zu entdecken, die an den sicherlich bestehenden Vorzügen auch wieder gewisse Zweifel wecken könnten. So werden als Gradmesser für die kindliche Reifung im Allgemeinen ausschließlich psychologische Eigenschaften herangezogen, die allesamt nur Variationen einer einzigen Größe darstellen, nämlich derjenigen der reflexiven Fähigkeit zur Selbstbestimmung, also Vermögen der argumentativen Abwägung, der moralischen Orientierung und der Verantwortungsübernahme; so

12 Am stärksten spiegelt sich dieser Zwang zur Sequentialisierung des Erziehungshandelns dort, wo aus Piagets Stufenkonzeption der frühkindlichen Entwicklung die Konsequenzen für die Erziehungslehre gezogen werden: vgl. Dieter Katzenbach/Olaf Steenbuck (Hg.), *Piaget und die Erziehungslehre heute*, Frankfurt/M. u. a. 2000.

vielfältig die Anlagen auch sein mögen, die die nächsten Anverwandten in den neuen Erdenbürgern entdecken, so weitgespannt auch die Wesenszüge, die Eltern an ihren Kindern wertzuschätzen lernen, nach unseren kulturellen Standards werden solche Attribute nur auf den Ertrag hin verrechnet, den sie zur Herausbildung derartiger reflexiver Fähigkeiten erbringen. In dieser Verengung wäre als solches vielleicht noch kein allzu großes Übel auszumachen, ließe sich doch sagen, dass die individuelle Selbstbestimmung ein wesentliches, ja wohl sogar das höchste Gut in unseren Gesellschaften bildet; aber die Tendenz, die gesamte Kindheit im Gefolge einer solchen intellektualistischen Verkürzung nur noch als einen Prozess der Hervorbringung von reflexiven Fähigkeiten zu betrachten, führt andererseits unweigerlich dazu, den Heranwachsenden im öffentlichen Bewusstsein keine eigenständigen, aus sich heraus wertvollen Eigenschaften mehr zuzuschreiben – etwa Phantasie, mimetische Nachahmung und Vertrauensbereitschaft, um nur wenige zu nennen.[13] Unser moderner, liberaler Begriff von Kindheit, so ist schon häufiger beobachtet worden,[14] besitzt die Eigenart, die erste Phase des Lebens nur als ein graduelles »Werden«, als einen Bildungsprozess zu beschreiben, während das Erwachsenenalter dann umgekehrt als ein »Sein«, als ein dauerhaftes und sicher geglaubtes Vermögen charakterisiert wird; in Konsequenz dieser höherstufigen Entgegensetzung – dort »Prozess«, hier »Resultat« – besteht unter heutigen Bedingungen zumindest die Neigung, Kinder und Heranwachsende nur noch als zukünftige Erwachsene zu betrachten und ihnen damit alle distinkten, als solche bereichernden Attribute abzusprechen[15] – eine Folge dieser verengten Sichtweise mag es im Übrigen sein, die Kindheit im Ganzen immer stärker Zwängen der »Pädagogisierung« zu unterwerfen und damit nur noch auf das Ziel zukünftiger Fähigkeiten hin zu begreifen. Unsere Kultur lässt sich

13 Zu einer Aufwertung solcher kindlichen Eigenschaften dadurch, dass sie als intrinsische Güter von Kindheit betrachtet werden, vgl. Anca Gheaus, »The intrinsic goods of childhood and the just society«, in: Alexander Bagattini/Colin M. Macleod (Hg.), *The Well-Being of Children in Theory and Practice*, London 2015.

14 Vgl. etwa: Barbara Arneil, »Becoming versus Being. A Critical Analysis of the Child in Liberal Theory«, in: David Archard/Colin M. Macleod (Hg.), *The Moral and Political Status of Children*, Oxford 2002, S. 70-94.

15 Paradigmatisch für eine solche Sichtweise: Tamar Schapiro, »What Is a Child?«, in: *Ethics* 109,4 (1999), S. 715-738.

gewiss kaum als »kinderfeindlich« hinstellen, aber ihr fehlt das evaluative Vokabular, um ihre Wertschätzung von Kindern anders zu artikulieren als in Begriffen, die eine stufenweise Annäherung an erwachsene Eigenschaften festhalten – »süß« und »drollig« tun es dabei eben nicht, weil sie keine positiven Vermögen, sondern nur Verhaltensmerkmale zum Ausdruck bringen.

Aber die intellektualistische Verarmung des Vokabulars, mit dem wir öffentlich die Eigenschaften von Heranwachsenden beschreiben, ist nicht das Einzige, was an unserer graduellen Auffassung der Kindheitsphase irritierend und vielleicht sogar von Nachteil für die Betroffenen ist. Im deutlichen Gegensatz zu den zeitlichen Stufen, in die wir die frühe Lebensperiode gemäß der Herausbildung reflexiver Fähigkeiten unterteilen, setzt nämlich das von uns praktizierte Recht einen eiskalten Schnitt zwischen einer Phase der Unmündigkeit und einer Phase endlich erworbener, als »Volljährigkeit« bezeichneter Autonomie; hier gibt es keine graduellen Abstufungen, kein allmähliches Heranreifen, sondern nur den plötzlichen, an ein bestimmtes Alter gebundenen Eintritt in das Erwachsenendasein. Was sich in der Perspektive unserer untergründigen Vorstellungen von »Kindheit« in einzelnen Schüben und also nur schrittweise entwickeln soll, die Fähigkeit zur Selbstbestimmung, kommt in der Perspektive des daneben bestehenden Rechts mit einem Schlag daher, pünktlich dokumentiert durch die Aushändigung amtlicher Nachweise. Durch diese Diskrepanz zwischen zwei Sichtweisen wird das heranwachsende Kind in einer doppelten, höchst widersprüchlichen Weise adressiert, die es vor das Problem stellt, immer erst herausfinden zu müssen, wer gerade gemeint ist, der intellektuell schon fortentwickelte, körperlich gereifte Jugendliche oder das noch unmündige, weisungsabhängige Kind. Einiges von dem, was Theodore Decker, der Held in Donna Tartts Roman, durchzumachen hat, ergibt sich aus der Überforderung durch solche doppelsinnigen Botschaften: Das eine Mal wird er als therapiebedürftiges, hilfloses Muttersöhnchen behandelt, dem von Rechts wegen der Schritt ins selbstständige Leben noch nicht zuzutrauen ist, das andere Mal aber als bereits gereifter, autonomiefähiger junger Mann betrachtet, der sein Schicksal allein in die Hände zu nehmen hat. Diese Tendenz zur zweifachen Adressierung, einerseits als ein in rapider Reifung begriffener Jugendlicher, andererseits als eine noch nicht zurechnungsfähige Rechtsperson, wird im Augenblick gewiss noch dadurch verstärkt, dass die Heranwachsenden in der Werbung und in der medialen Öffentlichkeit lange vor ihrer gesetzlich festgelegten Mündigkeit bereits als entscheidungsfähige Konsumenten angesprochen werden: Der Kleine soll schon reif genug dafür sein, die Eltern von seinen eigenen Präferenzen zu überzeugen, besitzt aber in der Rechtsprechung noch keinerlei Erlaubnis zur Selbstbestimmung. Nirgends scheint sich der darin angelegte Widerspruch heute grundsätzlicher und widersinniger zu offenbaren als auf dem Feld der Sexualität, wo schon jedes 16-jährige Mädchen dank Internet oder Peergroup inzwischen mit allen Gepflogenheiten hinlänglich vertraut ist, ohne dass ihm aber per Gesetz die Fähigkeit zur sexuellen Selbstbestimmung eingeräumt würde. Unsere Rechtssetzung wird diesen Zwiespalt zwischen einem entwicklungspsychologischen Denken und dem eigenen binären Schema über kurz oder lang nur beseitigen können, wenn es die Zuerkennung von rechtlicher Mündigkeit zeitlich stärker als bisher staffelt und die entsprechenden Gewährungen je nach Materie auf verschiedene Phasen verteilt.

(b) Mit Bezug auf die zweite Komponente, in der es um die kulturelle Wahrnehmung der Verflechtung des Kindes mit seiner gesellschaftlichen Umwelt geht, lässt sich wahrscheinlich in einer ähnlichen Weise von einer Zwiespältigkeit sprechen, auch wenn die Dinge hier ein wenig komplizierter liegen. Im Grunde genommen zerfällt dieser Bestandteil am Begriff der »Kindheit« in zwei Unterelemente, deren erstes sich auf den Grad der Einbeziehung des Kindes in die sozialen Interaktionsprozesse bezieht, deren zweites hingegen die Verteilung der Verantwortlichkeiten für das kindliche Aufwachsen betrifft; beide Elemente sind freilich nicht unabhängig voneinander, da den gesellschaftlichen Instanzen ja umso mehr Zuständigkeiten überantwortet werden müssen, je stärker die jungen Menschen als in die sie umgebende Sozialwelt einbezogen vorgestellt werden. Nach dem liberalen Standardmodell, dem wir heute weitgehend folgen, stellen sich diese Bezüge etwa folgendermaßen dar: Das Kind wird bis zu dem Alter, ab dem es der Schulpflicht unterliegt, im Wesentlichen als ausschließliches Mitglied seiner im Normalfall aus Vater, Mutter und Geschwistern bestehenden Herkunftsfamilie begriffen, auch wenn vielfältige Einflüsse von außen nicht in Abrede gestellt werden; den Eltern, die aufgrund dieser familialen Einkapselung die primären Interaktionspartner des Jungen oder Mädchens sind, wird unter Voraussetzung der Einhaltung normativer Grundsätze des kindlichen Wohlergehens die Autonomie eingeräumt, die Erziehungsziele nach eigenem Gutdünken zu bestimmen; für Eingriffe des Staates in die damit als »privat« begriffene Sphäre der Familie sind rechtlich fixierte Schwellenwerte vorgesehen, die dann als übertreten gelten, wenn die Eltern oder Erziehungsberechtigten die gesellschaftlich definierten Normen der Bewahrung des kindlichen Eigeninteresses schwerwiegend verletzt haben oder zu verletzen drohen.[16] Erst zu dem Zeitpunkt, an dem die gesetzlich verordnete Schulpflicht einsetzt, tritt die derart geschützte Erziehungshoheit der Eltern in Konkurrenz mit pädagogischen Zielvorgaben, deren Formulierung sich übergeordneten Instanzen in der gesellschaftlichen Umwelt verdanken; denn in der Schule, soweit sie öffentlichen Charakter hat, werden die Heranwachsenden nun mit erzieherischen Grundsätzen konfrontiert, die mal stärker politisch-demokratischen Absichten, mal stärker wirtschaftspolitischen Erwägungen entspringen, auf jeden Fall aber nicht den Vorsätzen der Eltern entstammen, sondern sogar, wie Kant so schön gesagt hat, deren mögliche »Fehler« beheben sollen.[17]

Zu diesem liberal-demokratischen Modell, das im Vergleich zu früheren erziehungspolitischen Arrangements fraglos einen Fortschritt darstellt, wäre gewiss eine Reihe von Anmerkungen zu machen,[18] aber ich will mich hier auf das beschränken, was mir in Hinblick auf die möglichen Verletzbarkeiten des Kindes besonders wichtig erscheint. Zunächst springt ins Auge, dass innerhalb des damit gezimmerten Rahmens das Kind erst relativ spät mit seiner gesellschaftlichen Umwelt systematisch in Kontakt gebracht wird, nämlich dann, wenn es den Schulunterricht aufnimmt; davor sind, sieht man von Kindergärten oder Vorschulen ab, die erst seit wenigen Jahrzehnen stärker ausgebaut werden und nur in den wenigsten Ländern obligatorischen Charakter besitzen, keine sozialen

16 Vgl. dazu im Einzelnen: David Archard, *Children. Rights and Childhood*, a. a. O., S. 153 ff.

17 Immanuel Kant, »Über Pädagogik«, in: *Werke in zwölf Bänden*. Frankfurt/M. 1964, Bd. XII, S. 710.

18 Vgl. dazu im Einzelnen wiederum: David Archard, *Children. Rights and Childhood*, a. a. O., Kap. 11 u. 12; ders., *Children, Family and the State*, Hampshire/UK 2003, v. a. Kap. 3.

Einrichtungen oder Veranstaltungen vorgesehen, die eine solche Einbeziehung des Kleinkindes in die übergreifenden Interaktionsprozesse fördern könnten. Das ist, von einem distanzierten Blickwinkel aus betrachtet, umso erstaunlicher, als die Heranwachsenden schon seit langem nicht mehr als Eigentum ihrer jeweiligen Eltern begriffen werden, ja jede naturalistische Begründung dafür mit der Zunahme von nicht-biologischen Elternschaften sogar endgültig weggefallen ist, so dass an die Stelle einer aus dem Zeugungsakt hergeleiteten eine viel stärker sozial verstandene Verantwortung für den Nachwuchs treten müsste. Wollte man diese Entwicklungen unterstützen und mithin Bestrebungen fördern, die es den jüngsten Vertreter der nachwachsenden Generation schon früh ermöglichen, sich selbst als willkommene und umsorgte Mitglieder der sozialen Gemeinschaft zu empfinden, so wäre es wohl nötig, hier durch die verstärkte Einrichtung von sozialisatorischen Vermittlungsinstanzen Abhilfe zu schaffen – die amerikanische Einrichtung von Sommercamps schon für die Kleinen mag an dieser Stelle als ein Vorbild stehen, das zudem den Vorteil mit sich bringt, der elterlichen Erziehungswillkür schon früh etwas entgegenzusetzen. So aber, ohne derartige Organe einer Kinder-Öffentlichkeit, von deren Notwendigkeit Oskar Negt schon vor mehr als dreißig Jahren gesprochen hat,[19] hängen alle Aufgaben der Vergesellschaftung des Nachwuchses einzig und allein von der Schule ab; mit ihr wird das heranwachsende Kind, wenn es nicht durch den Kindergarten oder ähnliche Einrichtungen vorbereitet ist, wie aus heiterem Himmel konfrontiert, so dass es sich nicht selten überfordert und in eine schwer zu ertragende Spannung zwischen elterlichen Erwartungen und schulischen Zielvorgaben versetzt sieht. In dem liberalen Standardmodell der Beziehung von Kindheit und Gesellschaft, in dem wir uns bis heute bewegen, beruht daher alles Gelingen, und gewiss zu viel, auf der Qualität der Schule und des schulischen Unterrichts; je besser ausgestattet diese sind, je kooperativer dort der Umgang miteinander ist und je weniger Einfluss darauf die Eltern haben, desto eher dürfte es trotz des relativ späten Alters doch noch gelingen, das Kind ein Gefühl für die Widrigkeiten seiner gesellschaftlichen Umwelt und ein Gespür für seine Rolle in der

19 Oskar Negt, »Kindheit und Kinder-Öffentlichkeit«, in: Gerd Harms/Christa Preissing (Hg.), *Kinderalltag. Beiträge zur Analyse der Veränderung von Kindheit*, Berlin 1988, S. 18 f.

sozialen Interaktion entwickeln zu lassen.[20] Dass dem aber häufig nicht so ist, dass die Schule an dieser übervollen Aufgabe nicht selten scheitern muss, machen wiederum die literarisch-ästhetischen Beispiele deutlich, die ich zu Beginn zitiert habe; darin tauchen immer wieder wie am fernen Horizont die Schulen auf, von denen sich die verschiedenen Protagonisten angesichts des Versagens ihrer Eltern Beistand und Ratschlag erhoffen, die aber auf solche Hilferufe nicht reagieren können, weil ihr Lehrpersonal entweder zu begrenzt ist oder nicht über die erforderliche Feinfühligkeit verfügt.

Will man die erzieherische Autonomie der Eltern zukünftig nicht weiter eingrenzen, wovon wohl aus vielerlei Gründen abzuraten wäre, wird man also den ohnehin überlasteten Schulen eine Reihe von weiteren Sozialisationsagenturen voran- und beiseitestellen müssen, die die Kinder mit ihrer gesellschaftlichen Umwelt vertraut machen können; mit den Kindergärten, Horten und Vorschulen dürfte es dabei nicht sein Bewenden haben, vielmehr ist hier institutionelle Phantasie vonnöten, die helfen könnte, Möglichkeiten einer vorschulischen Beteiligung der Kinder an der sozialen Interaktion zu ersinnen. Eine solche zeitliche Vorverlagerung der Vergesellschaftung des Kindes ist aber nicht nur aus dem funktionalen Grund heraus erforderlich, die Schule von Aufgaben zu entlasten, mit denen sie bislang vollkommen alleingelassen wird; vielmehr drängt sie sich auch deswegen auf, weil Kinder nur durch den frühen Umgang mit familienfremden Gesellschaftsmitgliedern ein Gespür dafür entwickeln können, dass die soziale Umwelt aus verlässlichen und vertrauenswürdigen Personen besteht; bleibt die Möglichkeit einer solchen Erfahrung aus, so besteht die von Psychologen immer wieder beobachtete Gefahr, dass Kinder nur die eigene Familie als wohlwollend, die umgebende Gesellschaft aber als feindlich oder indifferent wahrnehmen, so dass sie ein manchmal lebenslang fortbestehendes Misstrauen, ja eine Angst gegenüber Fremden entwickeln.[21] Gemäß ihren eigenen Normen, die dem kindlichen Wohlergehen Vorrang vor der elterlichen Autono-

20 Zur Aufgabe der Schule bei diesem Prozess vgl.: Axel Honneth, »Erziehung und demokratische Öffentlichkeit. Ein vernachlässigtes Kapitel der politischen Philosophie«, in diesem Band, S. 187-207.

21 Exemplarisch sei hier genannt: Horst-Eberhard Richter, *Patient Familie. Entstehung, Struktur und Therapie von Konflikten in Ehe und Familie*, Reinbek b. Hamburg 2001 (Neuauflage).

mie einräumen, müsste daher eine liberal-demokratische Gesellschaft dafür Sorge tragen, dass dem Nachwuchs schon früh Chancen zur Kontaktaufnahme und Interaktionserfahrung mit fremden Personen bereitgestellt werden.[22] Die zeitliche Vorverlagerung der Vergesellschaftung des Kindes, erforderlich, um schon früh das Gefühl eines sozialen Einbezogenseins und damit einer vertrauensvollen Umwelt zu wecken, erweist sich indes aus noch zwei weiteren Gründen als notwendig und erstrebenswert; diese treten allerdings erst zutage, wenn wir uns nun der dritten Komponente im Kindheitsbegriff zuwenden.

(c) Dabei ging es um die Vorstellungen, die in den verschiedenen Kulturen jeweils über den Zustand und die Verfasstheit derjenigen beiden Instanzen vorherrschen, die an der kindlichen Sozialisation zwangsläufig beteiligt sein müssen, also des familialen Verbandes auf der einen Seite, der Gesellschaft auf der anderen Seite. War unser liberal-modernes Verständnis der Kindheit über lange Zeit hinweg trotz des düsteren Bildes, das Freud entworfen hatte, von der Auffassung geprägt, dass die Kleinfamilie einen harmonischen Ort der kindlichen Geborgenheit darstellt, so ist diese optimistische Sicht inzwischen einer weitaus negativeren gewichen; zwar dominiert nicht gerade die psychoanalytische Diagnose, nach der sich die Familienmitglieder phasenweise in einem Zustand der sexuellen Dauerkonkurrenz befinden, aber weit verbreitet ist doch die Vermutung, dass die Kleinfamilie einen Hort kaum kontrollierbarer Gefühlsreaktionen bilde und überdies in ihrer traditionellen Form in Auflösung begriffen sei – der empirisch irreführende und längst widerlegte Eindruck, dass die innerfamiliale Gewalt gegenüber Kindern in den letzten Jahrzehnten drastisch zugenommen habe, ist nur eine der vielen Blüten, die dieses gewandelte Familienbild inzwischen hervorgetrieben hat.[23] Zieht man davon alle heute wild wuchernden Übertreibungen ab und beschränkt sich auf das,

22 Das ist eines der Argumente, welches Anca Gheaus für die Ausweitung einer »non-parental care for children«, einer durch gesellschaftliche Instanzen ausgeübten Betreuung von Kindern, geltend macht: Anca Gheaus., »Arguments for Nonparental Care for Children«, in: *Social Theory and Practice* 37,3 (2011), S. 483-509, hier bes. S. 501. Auf andere ihrer Argumente werde ich im Folgenden noch zurückkommen.

23 Vgl. zur Kritik solcher Katastrophenszenarien: Martin Dornes, *Die Modernisierung der Seele. Kind – Familie – Gesellschaft*, a. a. O., S. 244-251.

was gut belegbar ist, so bleibt es indes bei dem nüchternen Befund, dass die herkömmliche Familie mit ihrer Triade von leiblichem Vater, leiblicher Mutter und Kind eine Stätte großer Gefühlsambivalenzen und innerer Zerwürfnisse darstellt, die im Augenblick ihre einstige Monopolstellung zu verlieren beginnt und einer Vielzahl von neuen, in ihrer Zusammensetzung noch gar nicht bekannten Familienformen Platz macht. Worauf diese Prozesse einer schleichenden »Deinstitutionalisierung der Kleinfamilie«[24] hinauslaufen werden – ob auf die Elternschaft auf Zeit, die Patchwork-Familie, den alleinerziehenden Elternteil oder auf noch ganz andere, vielleicht auch wieder größere, mehrere Mitglieder einbeziehende Familienverbände –, das alles ist bis auf weiteres noch gar nicht auszumachen, weil es einer langgezogenen Phase der experimentellen Erkundung bedürfen wird, um das angemessene Passverhältnis von gewandelten Bedürfnissen, Sozialisationserfordernissen und institutionellen Neuerungen auszuloten. Weil wir aber den Ausgang des sich vor unseren Augen vollziehenden Wandels nicht vorausahnen können und uns andererseits die Malaisen der traditionellen Familienform hinreichend bekannt sind, weil also mit Bezug auf die Zukunft Unsicherheit vorherrschen muss und mit Blick auf die Vergangenheit die Gewissheit, dass dahin zurückzukehren nicht ratsam ist, scheint es auf jeden Fall gerechtfertigt, größere Verantwortung für die Umsorgung der Kinder in die Hände der Gesellschaft zu legen; denn die Gefühlsambivalenzen und Bindungsunsicherheiten, die uns schon aus der hinter uns liegenden Epoche vertraut sind, werden in der vor uns liegenden Phase des Umbruchs nicht etwa verschwinden, sondern nur neue, noch unbekannte Formen annehmen, so dass ein Teil der Sorge um das Wohl des Nachwuchses von den dann wie auch immer neu zusammengefügten Elternteilen auf darauf spezialisierte Instanzen der sozialen Gemeinschaft übertragen werden sollten. Eine solche zeitliche Vorverlagerung der gesellschaftlich verantworteten Erziehung empfiehlt sich mit Blick auf die Kinder schon deswegen, weil diese bei der herkömmlichen Konzentration aller frühen Sorgepflichten auf die Eltern viel zu stark den Zufälligkeiten von deren jeweiliger

24 Hartmut Tyrell, »Ehe und Familie«, in: Kurt Lüscher/Franz Schultheis/Michael Wehrspaun (Hg.), *Die »postmoderne« Familie. Familiale Strategien und Familienpolitik in der Übergangszeit*, Konstanz 1991, S. 145-156.

Bindungs- und Zuwendungsbereitschaft ausgesetzt sind. So groß nämlich auch die von uns häufig unterschätzten Fähigkeiten der Sprösslinge zur emotionalen Anpassung sein mögen, so beeindruckend ihr Vermögen, sich schnell und instinktiv in neuen Konstellationen zurechtzufinden, so sind aufgrund ihrer tiefsitzenden Abhängigkeit doch immer zunächst und an vorderster Stelle sie es, die mit den durch elterliches Versagen verursachten Zerwürfnissen, Rohheiten und Unberechenbarkeiten zu kämpfen haben. Darüber, wie sehr die Auflösung und Zersplitterung der vertrauten Nahwelt die kindlichen Gemüter belastet, belehren uns nicht nur die paar Romane und Filme, die ich zu Beginn genannt habe; kaum mehr zu überblicken ist heute vielmehr die Liste der Erzählungen und Kurzgeschichten, die uns aus Sicht der betroffenen Kinder zu berichten versuchen, was es heißt, um die Zukunft der eigenen Geborgenheit bangen zu müssen.[25]

All diese Zeugnisse geben, wie es ihr ästhetischer Auftrag ist, eine vielleicht nur selten tatsächlich existierende, sich aber doch stets am kindlichen Horizont bedrohlich abzeichnende Gefährdung zu erkennen; aufgrund des Umstands, mit all ihren emotionalen Wünschen und Anlehnungsbedürfnissen allein auf die wenigen Bezugspersonen der eigenen Familie angewiesen zu sein, hängt das psychische Wohlergehen der Kinder bislang ausschließlich von der unkontrollierbaren Zukunft des Zusammenhalts der einen Beziehungskonstellation ab, in die sie zufällig hineingeboren wurden – scheitert diese oder sind die Eltern aus welchen Gründen auch immer zur vorbehaltlosen Fürsorge nicht in der Lage, so sind Bindungsunsicherheiten, undurchsichtige Zuständigkeiten und mangelnde Zuwendung regelmäßig die Folge. Mit Blick auf solche Bedrohungen scheint es gerechtfertigt, sich verstärkt über Alternativen zur traditionellen Zweiphasigkeit von vorauslaufender Familieneinbindung und anschließender Schulsozialisation Gedanken zu machen; der Zeitpunkt, ab dem das heranwachsende Kind im

25 Als ein großartiges Beispiel unter vielen: Raymond Carver, »Keiner hat etwas gesagt«, in: ders., *Würdest du bitte endlich still sein, bitte*, übersetzt von Helmut Frielinghaus, Berlin 2000, S. 93-114. In kaum einem anderen Film der jüngeren Zeit wird beides, sowohl das Leiden der Kinder an den Auflösungserscheinungen der traditionellen Familie als aber auch ihre große Fähigkeit, sich damit auseinanderzusetzen und die Bindungsunsicherheiten zu meistern, eindrucksvoller dargestellt als in *Boyhood* (2014), Drehbuch und Regie: Richard Linklater.

sozialen Miteinander das Gefühl entwickeln können sollte, in der gesellschaftlichen Umwelt emotionalen Halt zu finden und von ihr willkommen geheißen zu werden, muss weit vor das schulpflichtige Alter verlagert werden, um nicht alle Last der schützenden Umhegung den stets brüchigen, vom Zerwürfnis bedrohten Familien zu überlassen. Je stabiler, affektiv zuverlässiger und personal dichter eine solche mit Ende des ersten Lebensjahres einsetzende Kinderbetreuung durch entsprechende gesellschaftliche Einrichtungen wäre, die neben, nicht an die Stelle der elterlichen Fürsorge zu treten hätte, desto mehr an belastender Verantwortung würde einerseits von den Eltern abfallen und desto unabhängiger von deren Pflichterfüllung wären andererseits die Kinder.[26]

Zusätzlich an Plausibilität gewinnt diese generelle Überlegung schließlich noch, wenn wir den Blick nun von der einen Seite der dritten Komponente auf deren zweite Seite wenden und uns fragen, welches Bild der Gesellschaft denn unserer heutigen Vorstellung von Kindheit zugrunde liegt. Darauf eine eindeutige Antwort zu geben, ist schon deswegen schwierig, weil es im Hinblick auf solche Gesellschaftsbilder große Unterschiede in Abhängigkeit von der sozialen Klassenlage und der ethnischen Zugehörigkeit geben dürfte; zudem liegen uns kaum empirische Untersuchungen vor, die hinreichend differenziert wären, um hier eine halbwegs gesicherte Auskunft liefern zu können. Insgesamt lässt sich wohl aber vermuten, dass das Bewusstsein krasser Einkommens- und Vermögensunterschiede während der letzten Jahre innerhalb der gesamten Bevölkerung wieder zugenommen hat; man scheut sich daher nicht länger – sicherlich umso seltener, je geringer das eigene Einkommen ist –, die Tatsache einer nach wie vor bestehenden Klassengesellschaft zu akzeptieren. Damit muss freilich auch die Kindheit, von der ja stets zu gelten hat, dass sie irgendwie in eine gesellschaftliche Umwelt hineinversetzt ist, als Bestandteil einer solchen »Klassengesellschaftlichkeit« gedacht werden.[27] Aller-

26 Auch dieses Argument findet sich in dem bereits zitierten Aufsatz von: Anca Gheaus, »Arguments for Nonparental Care for Children«, in: *Social Theory and Practice*, a. a. O., hier bes. S. 498-501.

27 Zum Vorstellungsgehalt des Konzepts der »Klassengesellschaftlichkeit« vgl. den anregenden Beitrag von Karl-Siegbert Rehberg: »›Klassengesellschaftlichkeit‹ nach dem Ende der Klassengesellschaft?«, in: *Berliner Journal für Soziologie* 21,1 (2011), S. 7-21.

dings sind aus diesem Eingeständnis, wenn ich es richtig sehe, die notwendigen Schlussfolgerungen mit Blick auf die gegenwärtige Lage von Kindern bislang noch nicht mit aller notwendigen Konsequenz gezogen worden; es bleibt nach wie vor bei einer gewissen Scheu, sich in aller Nüchternheit klarzumachen, dass Kinder aus den untersten, ökonomisch ungesicherten Gesellschaftsschichten nur eine geringe Aussicht auf eine offene, selbstbestimmte Zukunft besitzen. Dabei ist die soziale Ursachenkette, die die Wahrscheinlichkeit einer solchen individuell gestaltbaren Zukunft untergräbt, sehr wohl bekannt und keinerlei Geheimnis: Je ökonomisch ungesicherter die Existenzlage der Eltern, desto größer auch die Gefahr, dass die Familienverhältnisse selbst zerrüttet sind und die emotionalen Bindungen schwach, womit wiederum die Möglichkeit einer Verwahrlosung der Kinder wächst, so dass am Ende schließlich die Zerstörung jeder Aussicht auf eine bessere, selbstbestimmbare Zukunft stehen kann. Gewiss, darin darf auf keinen Fall eine zwangsläufige Entwicklung gesehen werden, sondern tatsächlich nur eine inzwischen gut belegte statistische Wahrscheinlichkeit; aber mit der Anzahl der Kinder, die in solchen wirtschaftlich prekären Lebenslagen groß werden, wächst dann eben insgesamt auch die Summe derer, die von einer derartigen Verletzung ihres Wohls bedroht sind. Um dem in der Gegenwart vorzubeugen, wo viele empirische Indikatoren in die Richtung einer schleichenden Zunahme von wirtschaftlicher Unsicherheit weisen, bedarf es sicherlich an vorderster Stelle sozialpolitischer Maßnahmen, die sich zum Ziel setzen, notleidende Eltern materiell zu unterstützen und damit die Voraussetzungen für eine Atmosphäre familialer Geborgenheit zu verbessern; aber solche Vorkehrungen alleine werden aus prinzipiellen Gründen nie ausreichen, um Kinder vor den Widerfahrnissen eines sozial depravierten Lebens zu schützen, da Mütter und Väter aus den kontingentesten Umständen heraus immer wieder in Lagen geraten können, die sie zugleich mit den materiellen Mitteln auch der psychischen Kraft berauben, für hinreichend gute, zukunftsförderliche Sozialisationsbedingungen zu sorgen – der Alkoholismus, die Drogenabhängigkeit, der plötzliche wirtschaftliche Ruin oder der unerwartete Tod eines Elternteils mögen hier als Beispiele für Fälle stehen, bei denen selbst unter Bedingungen großzügigster Sozialhilfe die Gefahr besteht, dass Kinder in jene zuvor benannte Abwärtsspirale von sozialer Verelendung, innerfamilialer Verwahrlosung und schließlich Blockierung aller selbstbestimmbaren Zukunftsaussichten gelangen. Angesichts solcher Risiken und Benachteiligungen, die gewiss umso bedrohlicher für das Kind sind, je schlechter die ökonomische Ausgangslage seiner Herkunftsfamilie ist, scheint es ratsam, der staatlichen Sozialhilfe als eine zweite Säule die Ergänzung der familialen Fürsorge durch möglichst früh einsetzende Betreuungseinrichtungen zur Seite zu stellen; eine entschiedene Vorverlagerung der gesellschaftlichen Einbindung des Kindes dadurch, dass ihm Fürsorge und emotionaler Halt auch durch ein entsprechend qualifiziertes, staatlich alimentiertes Erziehungspersonal gewährt würde, könnte das ihre dazu beitragen, die Benachteiligungen von Kindern aus ökonomisch oder sozial bedrohten Familien auszugleichen. Wieder, diesmal aber nicht aus dem Grund des Schutzes vor den Unwägbarkeiten des innerfamilialen Zusammenhalts, sondern dem der Kompensation von unverschuldeten Depravierungen, stellt sich heraus, dass einer Verwirklichung der Prinzipien des Kindeswohls wesentlich besser gedient wäre, würde die gesellschaftliche, von der sozialen Gemeinschaft getragene Einhegung des Kindes schon viel früher beginnen.[28]

(d) Aus dieser nun mehrfach gezogenen Schlussfolgerung ergibt sich beinah organisch, was heute auch mit Bezug auf die vierte Komponente im Kindheitsbegriff gesagt werden kann. Geht es dabei um die Frage, wer mit welchen Gründen gegenüber den Kindern das Recht auf Fürsorge und Erziehung beanspruchen darf, so zeichnet sich hier aufgrund der zuvor dargelegten Überlegungen die Notwendigkeit einer gewissen Umpolung ab. Dem Paternalismus der Eltern, der seine Berechtigung bislang aus deren nahezu ausschließlicher Verantwortung für das kindliche Gedeihen bezogen hat, hätte zu einem wesentlich früheren Zeitpunkt, als nach dem liberalen Muster vorgesehen, eine Anwaltschaft der Gesamtgesellschaft gleichberechtigt zur Seite zu treten; deren aktiver Einsatz dafür, die Kinder schon bald nach den ersten Lebensjahren in die soziale Interaktion einzubeziehen, dürfte aber nicht nur als ein Ersatz für Fürsorgeleistungen aufgefasst werden, die dauerhaft zu erbringen der elterlichen Seite aus vielerlei Gründen nicht allein

28 Vgl. dazu erneut: Anca Gheaus, »Arguments for Nonparental Care for Children«, in: *Social Theory and Practice*, a. a. O., hier S. 490-492.

überantwortet werden kann; vielmehr käme in dieser gesellschaftlichen Mitverantwortung auch die inzwischen gewachsene Einsicht zum Tragen, dass Kinder ganz unabhängig von ihrer Rolle als zukünftige Erwachsene über intrinsisch wertvolle Eigenschaften verfügen, die nur dann öffentlich zum Ausdruck gebracht und fürsorglich gefördert werden können, wenn der unbegrenzten Willkür der Eltern bei der Festlegung der Erziehungsziele gesellschaftlich schon früh ein Riegel vorgeschoben wird. Insofern hängen die beiden Korrekturen, die hier im Wesentlichen am liberal-demokratischen Standardmodell der Kindheit vorgenommen wurden, aufs engste zusammen und unterstützen sich sogar wechselseitig: Empfiehlt sich eine viel frühere Einbindung des Kindes in die Gesellschaft zunächst deswegen, weil dadurch sowohl den Unwägbarkeiten der familialen Geborgenheit als auch den Benachteiligungen durch die ökonomische Lage der Familie vorgebeugt werden kann, so kommt eine solche Vorverlagerung zugleich aber auch dem Ziel entgegen, den Kindern einen geschützten Raum für die Entfaltung der nur ihnen eigenen, in sich wertvollen Eigenschaften zu geben, weil genau diese es sind, die nicht selten durch die von Leistungswillen durchdrungenen Erziehungsabsichten der Eltern unterdrückt werden. Von der anderen Seite her aufgerollt, ließe sich der Zusammenhang zwischen den beiden Argumenten auch in der folgenden Weise wiedergeben: Den kindlichen Fähigkeiten des situationsvergessenen Spielens und des phantasiegetriebenen Interagierens kann die Gesellschaft die verdiente Wertschätzung nur dadurch öffentlich entgegenbringen, dass sie ihnen schon bald nach der ersten Regung möglichst viele, vom intervenierenden Elternwillen unabhängige Stätten der behüteten und umsorgten Betätigung zur Verfügung stellt, womit gleichzeitig dem ebenso wichtigen Zweck gedient wäre, die Kinder schon früher als bislang üblich von der einseitigen Bindung an Gedeih und Verderb der je eigenen Familie zu befreien. Führen wir uns darüber hinaus mit Adorno vor Augen, dass sich in den Vermögen der Kinder stets auch menschliche Verhaltensmöglichkeiten spiegeln, die den Erwachsenen unter dem Druck instrumenteller Verrichtungen nur allzu leicht abhandenkommen können, so erweist sich die Vorverlagerung der sozialen Verantwortung für das kindliche Wohl schließlich auch als von Nutzen für die gesamte Gesellschaft: Diese nämlich kann sich das, was ihr an spielerischen, nicht-zweckgebundenen Potenzialen durch wirtschaftliche Geschäftigkeit verlorenzugehen droht, nur so lange in den Verhaltensweisen der Kinder veranschaulichen und damit vor dem Vergessen bewahren, wie diese von ihr dazu in die Lage versetzt werden, die eigenen Vermögen ungezwungen und vielleicht sogar gegen den elterlichen Willen zu entwickeln. Nicht nur zu deren Wohl, sondern auch zum Vorteil der Gesellschaft sollte daher ein allgemeines Interesse daran bestehen, Kinder so früh, wie es ihre Anlagen erlauben, zu anerkannten Mitbewohnern unserer Lebenswelt zu machen.

III. Quellen sozialer Freiheit

Denaturierungen der Lebenswelt

*Vom dreifachen Nutzen der Geisteswissenschaften**

Ein Kind, das heute in die Gegebenheiten unserer Gesellschaft hineinwächst, kann nicht nur alsbald schon Flugzeuge am Himmel entdecken, die hilfreiche Rolle von Medikamenten bei der Bekämpfung von Krankheiten feststellen und die instrumentelle Funktion des Hammers bei Reparaturmaßnahmen ausfindig machen; vielmehr wird es durch die Teilnahme an direkten oder medial vermittelten Kommunikationen auch irgendwann lernen, dass alle Menschen über so etwas wie Rechte verfügen, dass seine Heimatstadt eine weit zurückreichende Geschichte besitzt, die auf die Gründung eines Handelsplatzes, eines kirchlichen Anwesens oder eines industriellen Standortes zurückgeht, und dass der Vater und die Mutter häufig Streitgespräche darüber führen, wie sie die im Haushalt anfallende Arbeit gerecht aufteilen können. Die Augen dieses Kindes, so ließe sich vorläufig sagen, werden nicht nur für technisch-instrumentelle Vorgänge in seiner Umwelt, sondern auch für deren moralisch-historische Bestandteile geöffnet. Was sich ihm da genau auftut, wenn es auf so eigentümliche Größen wie Rechte, moralische Streitgespräche und die Stadtgeschichte stößt, mag ihm noch verschlossen bleiben, aber es dürfte schon ahnen, dass all das einer anderen Kategorie von Tatsachen angehört als die zu deutlich erkennbaren Zwecken verwendeten Flugzeuge, Medikamente und Hämmer. Im Laufe seiner Schulzeit wird das Kind dann Kenntnisse darüber erwerben, dass ihm seinerseits gegenüber anderen Personen gewisse Rechte zustehen, dass die Straßennamen seiner näheren Umgebung bestimmte Ausschnitte aus der Geschichte seiner Geburtsstadt widerspiegeln und dass die Streitgespräche seiner Eltern nur einen kleinen Ausschnitt aus weit umfangreicheren Debatten in der Öffentlichkeit bilden. Selbst dann, wenn all das nicht im schulischen Unterricht behandelt werden sollte, kommt der Schüler aufgrund des Austauschs mit Gleichaltrigen doch nicht

* Dieser Beitrag geht auf einen Vortrag zurück, den ich im Jahr 2013 anlässlich des 10-jährigen Bestehens der Fakultät für Geisteswissenschaften der Universität Duisburg-Essen in Essen gehalten habe.

umhin, solche Spezifizierungen oder Generalisierungen an seiner moralisch-historischen Umgebung vorzunehmen, um sich darin irgendwie zu platzieren. Die Heranwachsenden lernen, so können wir vielleicht auch sagen, sich als Teil dieser eigentümlich immateriellen, bloß geistigen Welt zu verstehen, indem sie zugleich an ihr gedanklich bereits mitwirken und doch auch faktisch ihr gegenüber weitgehend nur zu einer beobachtenden Haltung gezwungen sind; zwar sind sie noch nicht volljährig, können also am demokratischen Prozess der Rechtssetzung ebenso wenig aktiv teilnehmen wie an den Entscheidungen über die städtische Erinnerungspolitik und müssen beiden gegenüber daher bloße Zuschauer bleiben; aber schon in die elterlichen Auseinandersetzungen über die häusliche Arbeitsteilung dürften sie so stark involviert sein, dass sie hier doch auch zu eigenen Stellungnahmen genötigt sind und mithin selbst schon zu praktischen Teilnehmern werden.

Als erwachsene Person ist das vormalige Kind dann schließlich vollständig in eine moralisch-historische Welt hineingewachsen, es kann nun je nach Gutdünken und Lage entweder an deren sozialer Umgestaltung mitwirken oder sich auf die Perspektive eines teilnehmenden Beobachters beschränken. Auch jetzt mag es noch immer keine begrifflich klare Vorstellung darüber besitzen, was die beiden Kategorien von Gegebenheiten, die technisch-instrumentelle und die moralisch-historische, tatsächlich voneinander trennt; die Unterschiede in den Zugangsweisen jedoch, dort Gesetze nur anwenden, hier aber Regeln gemeinsam mit anderen verändern zu können, werden ihm die Differenzen hinlänglich vertraut sein lassen. Um sich in dieser zweiten Welt kompetent bewegen zu können, wird unser erwachsen gewordenes Kind daher intuitiv auch auf ein anderes Wissen zurückgreifen müssen, als es für die Beherrschung der ersten Welt erforderlich ist: Während es hier darüber Bescheid zu wissen hat, welche Ursache-Wirkungs-Zusammenhänge welche Eingriffe erlauben, wird es dort, in seiner moralisch-historischen Umgebung, Kenntnisse darüber besitzen müssen, welche Gründe zu welchen sozialen Konfigurationen geführt haben – welche Überlegungen also die gegenwärtige Rechtslage begründet haben, welche Absichten mit der Namensgebung der städtischen Straßen verknüpft waren und welche moralischen Erwägungen einst den häuslichen Streit der eigenen Eltern motivierten. Damit aber nicht genug, wird die erwachsene Person im Zusammenhang der Bewältigung seiner zweiten Welt auch wissen wollen, ob es in dieser jeweiligen Kette von Begründungen und Überlegungen nicht auch gelegentlich zu Unterbrechungen oder Vereinseitigungen gekommen ist – ob also die gegenwärtige Rechtslage tatsächlich nur aus den rationalen Interessen aller Beteiligten zu erklären ist, ob sich in der Erinnerungspolitik seiner Geburtsstadt nicht nur vor allem die Meinung einer politischen Minderheit widerspiegelt und ob die Mutter in der Auseinandersetzung mit dem Vater damals nur deswegen hat klein beigeben müssen, weil sie sich von ihm abhängig fühlte und seine Zuneigung nicht verlieren wollte.

Eine erste, als solche noch nicht besonders herausfordernde These der im Folgenden zu entwickelnden Überlegungen wird lauten, dass Personen das zu ihrer praktischen Selbstverortung in ihrer sozialen Welt erforderliche Wissen primär jenen Disziplinen verdanken, die wir gemeinhin mit dem Begriff der »Geisteswissenschaften« belegen; wir könnten uns in dem großen Teil unserer Umgebung, den ich zuvor als »moralisch-historisch« bezeichnet habe, gar nicht hinlänglich orientieren, ja nicht einmal bewegen, gäbe es nicht in einem uns ständig verfügbaren Hintergrund einen Kranz von Disziplinen, die stellvertretend die Geschichte und die Machart der Gründe explizit werden lassen, aus denen heraus sich die sozialen Gegebenheiten der Gegenwart verstehen lassen. Die Geisteswissenschaften informieren uns in ihrem Zusammenspiel, so ließe sich auch sagen, über die selektive Kette von rationalen Erwägungen, die unsere moralisch-historische Welt zu dem haben werden lassen, als das sie sich heute unserer alltäglichen Wahrnehmung darbietet; dabei übernehmen die Sozial-, die Rechts- und die Geschichtswissenschaften ineinandergreifende, untereinander nicht ersetzbare Rollen, da sie sich jeweils gesonderten Achsen oder Strängen an diesem Bildungsprozess zuwenden, die nur zusammengenommen die besondere Gestalt unserer gegenwärtigen Lebenswelt erklären können.

Aber die damit angedeutete Aufgabe stellt nur die eine, die orientierende Seite des Geschäftes dar, welches die Geisteswissenschaften für uns immer schon übernehmen. Eine zweite, im Ganzen viel wichtigere Funktion, die allerdings von den politischen Eliten oder den Vertretern der Naturwissenschaften häufig verkannt wird, tritt erst zutage, wenn die Gründe oder Überlegungen näher betrachtet werden, die unserer sozialen Lebenswelt immer erst ihre jeweils besondere Gestalt verliehen haben; an der Produktion dieser Gründe, an der Fabrikation der Ideen, die die Gegebenheiten unserer geschichtlichen Kultur erklären können, waren nämlich die Geisteswissenschaften ihrerseits von Anfang an in maßgeblicher Weise beteiligt. Kaum eine der kulturellen Tatsachen, die wir heute in unserem alltäglichen Handeln wie selbstverständlich voraussetzen, jene zuvor genannten Rechte, elterlichen Streitgespräche oder Straßennamen, würde überhaupt existieren, hätten nicht die verschiedenen Geisteswissenschaften durch die Generierung, Erprobung und Schärfung von Ideen an ihrer Hervorbringung aktiv mitgewirkt; es verdankt sich der mühevollen, manchmal kleinteiligen, manchmal kühn-spekulativen Arbeit vieler Generationen von Theologen, Juristen, Philosophen, Sozialwissenschaftlerinnen und Historikern, dass die soziale Welt heute die kulturelle Gestalt besitzt, in der sie uns in unseren Interaktionen begegnet. Eine zweite, schon wesentlich umstrittenere These des vorliegenden Beitrags wird es daher sein, dass die Geisteswissenschaften die Gründe und Überlegungen, über deren Bedeutung zum Verständnis unserer Lebenswelt sie uns in der Gegenwart informieren, in der Vergangenheit durch ihre eigenen Forschungsbemühungen selbst miterzeugt haben; wir wären nicht, was wir sind, so ließe sich auch sagen, unsere gesellschaftliche Wirklichkeit wäre nicht die, die sie ist, ohne das vorausliegende Zutun dieser verschiedenen, arbeitsteilig aufeinander bezogenen Disziplinen.

Damit aber nicht genug, kommt an den Geisteswissenschaften sogar noch eine dritte Funktion zum Vorschein, sobald wir unseren Blick statt auf die Vergangenheit oder Gegenwart auf die Zukunft lenken; tun sich in unserer sozialen Welt heute nämlich Probleme auf, stoßen wir also etwa auf neue Herausforderungen in der Rechtssetzung, erscheint uns die städtische Erinnerungspolitik als zu einseitig oder wollen wir die Quelle des Dauerkonflikts unter den Eltern endlich trockenlegen, so greifen wir bei der Erwägung möglicher Lösungen fast immer auf eine der innovativen Ideen zurück, die uns von den geisteswissenschaftlichen Disziplinen angeboten werden. Solche Rückgriffe vollziehen sich zwar zumeist ohne das ausdrückliche Bewusstsein der Beteiligten, weil die problemlösenden Vorschläge nur auf den verschlungenen Pfaden der Verarbeitung durch soziale Bewegungen und politische Zirkel zu ihnen vordringen; aber am Anfang des Weges, den die produktiven

Ideen durch das Dickicht ihrer öffentlichen Vermittlung nehmen, steht so gut wie immer der begriffliche Einfall eines Juristen, einer Historikerin oder eines Politologen, die nach Antworten auf sich disziplinär aufdrängende Probleme suchen. Die Skepsis, die die Geisteswissenschaften dabei gegenüber bereits existierenden Vorstellungen und Ideen zur Anwendung bringen, ist nichts, was ihnen erst von außen beigesellt werden müsste, so als ob sie zunächst einer kritischen Wendung bedürften, bevor sie die zu sozialer Realität gelangten Gründe in Zweifel ziehen könnten; vielmehr hoffe ich darlegen zu können, dass eine solche delegitimierende, kritische Einstellung den Geisteswissenschaften deswegen von Haus aus zukommt, weil sie in ihrer arbeitsteiligen Beschäftigung mit Gründen stets auch deren Berechtigung hinterfragen müssen. Eine dritte, abschließende These meiner Überlegungen wird es mithin sein, dass die Geisteswissenschaften stets schon mit der Verfertigung von Gründen, Ideen und Überlegungen befasst sind, die uns durch Rückübersetzung ins öffentliche Bewusstsein gedankliche Möglichkeiten aufzeigen, wie wir sich gegenwärtig stellende Probleme unseres sozialen Zusammenlebens überwinden können; so, wie die verschiedenen Disziplinen dieses Wissenschaftszweiges schon in der Vergangenheit als produktive Kräfte tätig waren, um die moralisch-historische Welt hervorzubringen, in der wir heute leben, so wirken sie auch in die Zukunft hinein, indem sie uns Wege einer rationalen Lösung gesellschaftlicher Herausforderungen erschließen. Bei meinem Versuch, die drei damit umrissenen Thesen zu entwickeln, will ich mich so eng wie nur eben möglich an den beispielhaften Erfahrungen des zuvor ins Spiel gebrachten heranwachsenden Kindes orientieren; dadurch soll sichergestellt werden, dass die Begründungen nicht zu sehr ins Allgemeine bloß wissenschaftstheoretischer Erläuterungen abgleiten, sondern an den praktischen Herausforderungen unserer sozialen Lebenswelt überprüfbar bleiben.

I.

Die Entstehung des eigentümlichen Begriffs der »Geisteswissenschaften« verdankt sich bekanntlich in hohem Maße den besonderen Voraussetzungen der philosophischen Entwicklung in

Deutschland. Hier hatte sich unter dem kulturell prägenden Einfluss von Hegel in der ersten Hälfte des 19. Jahrhunderts die Vorstellung durchgesetzt, dass die historisch-soziale Welt im Ganzen als eine Objektivation des Geistes zu begreifen und die mit ihr befassten Disziplinen dementsprechend als dessen Wissenschaften, eben als »Geisteswissenschaften«, aufzufassen seien.[1] Das Ausmaß des ideengeschichtlichen Sonderweges, der damit im deutschen Sprachraum eingeschlagen wurde, zeigt sich schon daran, dass in anderen Wissenschaftskulturen vergleichbare Begriffsbildungen bis heute nicht existieren; weder in der philosophischen Tradition Frankreichs noch in derjenigen der angelsächsischen Länder war je der verwegene Gedanke aufgekommen, den Geist nach dem Muster einer sich eigentätig in der Wirklichkeit realisierenden Kraft zu verstehen, so dass in jenen Wissenschaftskulturen auch für die mit der sozialen Welt beschäftigten Disziplinen von Anfang an die viel nüchterneren Begriffe der »sciences humaines«[2] und der »humanities« herangezogen wurden. Der Sache nach aber war mit den unterschiedlichen Ausdrücken, gleichgültig ob sie nun auf den »Menschen« oder den »Geist« als aktive Quelle Bezug nahmen, insofern etwa das Gleiche gemeint, als darunter jedes Mal die verschiedenen Einzelwissenschaften zusammengefasst werden sollten, die sich statt mit den Vorkommnissen in der Natur mit den Hervorbringungen des Menschen oder seinen geistigen Aktivitäten befassten. Aber wie zeitbedingt diese kulturspezifischen Begriffsbildungen jeweils waren, in wie starker Abhängigkeit von philosophischen Konjunkturen und wissenschaftlichen Vorlieben sie sich befanden, lässt sich unschwer an den gegenläufigen Entwicklungen demonstrieren, die gegenwärtig in den angelsächsischen Ländern einerseits und im deutschen Sprachraum andererseits stattfinden:

1 Vgl. zu diesem Schritt: Wilhelm Dilthey, *Einleitung in die Geisteswissenschaften. Versuch einer Grundlegung für das Studium der Gesellschaft und der Geschichte* [1883], in: *Gesammelte Schriften*, I. Band, Leipzig und Berlin 1923; interessanterweise nennt Dilthey als einen der Autoren, denen sich die methodische Ausdifferenzierung und die Kategorie der »Geisteswissenschaften« verdanke, John Stuart Mill: ebd., S. 5.

2 Die Rolle Diltheys übernimmt im französischen Raum Ernest Renan, der die »science de l'humanité« von der »science de la nature« abgrenzt, ohne dabei allerdings zur Bestimmung des ersten Wissenschaftszweiges auf die Hegelsche Vorstellung eines Bereiches »geistiger Objektivationen« zurückzugreifen: Ernest Renan, *L'avenir de la science* [1848], Paris 1995.

Während die Vorherrschaft der »philosophy of mind« in den USA und in England es dort inzwischen nahelegen dürfte, den Begriff der »Geisteswissenschaften« dem der »humanities« vorzuziehen, weil als das Besondere von menschlicher Geschichte und Gesellschaft deren Verankerung in geistigen Aktivitäten begriffen wird, vollzieht sich in Deutschland gerade insofern genau der umgekehrte Prozess, als hier angesichts des internationalen Sprachgebrauchs seit geraumer Zeit gezielt der Versuch unternommen wird, den Begriff der »Geistes-« durch den der »Humanwissenschaften« zu ersetzen.[3] Solche begrifflichen Differenzen zwischen den regionalen Wissenschaftskulturen müssen uns daher so lange nicht weiter irritieren, wie sichergestellt bleibt, dass sich mit den verschiedenen Ausdrücken auf ungefähr das gleiche Feld von menschlicher Geschichte und Gesellschaft bezogen wird.

Mit der Zusammenfassung der verschiedenen auf die Gesellschaft und ihre Geschichte gerichteten Disziplinen unter einem organisierenden Oberbegriff trat in der zweiten Hälfte des 19. Jahrhunderts freilich auch alsbald zutage, dass diese sich nicht nur im Gegenstandsbereich, sondern auch in der methodischen Vorgehensweise von den sich mit der Natur beschäftigenden Wissenschaften unterscheiden. In Deutschland vollzog diese wissenschaftstheoretische Differenzierung am klarsten Wilhelm Dilthey in seiner *Einleitung in die Geisteswissenschaften*, in Frankreich war es Ernest Renan, der sich pionierhaft um eine ähnliche Abgrenzung bemühte, ohne ihr dieselbe Prägnanz geben zu können; beide sahen den Unterschied zu den Naturwissenschaften darin, dass diese auf die kausale Erklärung von Ereignisabfolgen zielten, während sich die Geisteswissenschaften um das Verstehen eines sinnvermittelten Geschehens bemühten. War damit auf dem Kontinent ein bis heute kaum überbrückter Graben zwischen den zwei Erkenntnisbereichen gezogen, so verhielt man sich in den angelsächsischen Ländern viel vorsichtiger und erblickte die Differenzen weniger in sich prinzipiell ausschließenden Methoden als vielmehr auf der zweiten Stufe von unterschiedlichen Aufgabenfeldern; je nachdem, welche

3 Allerdings wird der hierzulande seit wenigen Jahrzehnten benutzte Begriff der »Humanwissenschaften« im Allgemeinen enger gebraucht als der wesentlich ältere Begriff der »Geisteswissenschaften«, weil er vor allem die Disziplinen umfassen soll, die sich aus verschiedenen Perspektiven mit dem Menschen, nicht aber mit dessen geistigen Objektivationen befassen.

erkenntnistheoretische Auffassung man im Einzelnen vertrat, wurde dort als das einheitliche Verfahren der Natur- und Geisteswissenschaften entweder ein empirisches oder ein stärker experimentelles Vorgehen beim Erwerb von Wissen begriffen, nur dass die ersten ausschließlich an Kenntnissen über natürliche Gesetze, die zweiten aber an solchen über sozial förderliche Handlungsnormen interessiert sein sollten. Gegenüber der kontinentalen Tradition mit ihrer starken Entgegensetzung von »Erklären« und »Verstehen« hatte diese einheitswissenschaftliche Perspektive den Vorteil, viel deutlicher den praktischen Impetus aller wissenschaftlichen Bemühungen zu betonen und überdies eine größere Flexibilität bei der Wahl geeigneter Methoden walten lassen zu können; welches Verfahren jeweils als opportun zu gelten hatte, um ein sich aufdrängendes Problem in der Erweiterung unseres Wissens über die Wirklichkeit zu lösen, wurde erheblich vom spezifischen Kontext und vom zugrundeliegenden Erkenntnisinteresse abhängig gemacht, so dass die verschiedenen Einzeldisziplinen in methodischer Hinsicht auf einem Kontinuum mit nur noch graduellen Differenzen platziert werden konnten.[4] Diese Strategie einer eher pragmatischen Herangehensweise hat sich vor allem in der Version, die ihr John Dewey in seinem zu Beginn des 20. Jahrhunderts entwickelten Experimentalismus gegeben hat, bis heute als überlebensfähig und aussichtsreich erwiesen; daher werde ich mich im Folgenden, um meine Thesen zu erläutern und zu begründen, stärker an dessen Auffassung orientieren als an der hierzulande immer noch vorherrschenden Theorie der »Geisteswissenschaften« von Dilthey.

Allerdings bietet Deweys Experimentalismus nicht gerade den besten Einstieg, um die erste der drei Funktionen zu erläutern, die ich zuvor für die Geisteswissenschaften behauptet habe; denn sein Augenmerk war so stark auf die praktische, problemlösende Aufgabe aller wissenschaftlichen Theoriebildung gerichtet, dass er darüber ihre bloß orientierenden Leistungen nahezu vollkommen vergessen hat. Insofern mag es gerechtfertigt sein, sich in Hinblick auf diesen primären, beinah selbstverständlichen Zweck der Geisteswissenschaften doch an Wilhelm Dilthey zu halten, dessen Aus-

4 Für diese nur graduelle, auf ein Kontinuum verweisende Abgrenzung von Natur- und Geisteswissenschaften ist im angelsächsischen Sprachraum maßgeblich wohl John Stuart Mill verantwortlich: John Stuart Mill, *The Logic of the Moral Sciences* (1872), London 1988.

führungen hier ihre besonderen Stärken besitzen, auch wenn sie mit ihrer starken Bindung des Verstehens an die »Einfühlung« gewiss als veraltet gelten müssen.[5] Versetzen wir uns, um den Weg zu meiner ersten These zu bahnen, zunächst wieder in die Perspektive jener heranwachsenden Person hinein, die dabei ist, eigenständig erste Schritte zur Erkundung ihrer historisch-sozialen Lebenswelt zu unternehmen. Diese junge Schülerin gibt sich nun nicht mehr mit der Auskunft zufrieden, dass alle Menschen über gewisse Rechte verfügen, sondern will selbst in Erfahrung bringen, was es damit auf sich hat und welche Konsequenzen sich für sie daraus ergeben; ihr genügt es nun auch nicht mehr, die Namen der Straßen ihrer Heimatstadt einfach nur zur Kenntnis zu nehmen, vielmehr entwickelt sie ein erstes neugieriges Interesse an den damit jeweils verknüpften Bedeutungen; und schließlich ist sie es auch leid, den regelmäßig wiederkehrenden Streit ihrer Eltern immer nur passiv mitzuerleben, weil sie sich inzwischen zur eigenen Stellungnahme genötigt sieht und daher dessen Anlass zu entschlüsseln versuchen muss. Mit Dilthey können wir sagen, dass sich dieses Mädchen auf der Schwelle zu dem Entwicklungsstadium befindet, in dem es den »Sinn« jener geistigen Gegebenheiten zu verstehen lernt, die zu seiner Umwelt ebenso selbstverständlich gehören wie die in ihrer physischen Präsenz unübersehbaren Straßenlaternen, Küchenutensilien und Verkehrsmittel.[6] Deren Funktion oder Bedeutung war viel früher schon nachvollziehbar gewesen, weil sie jeweils im Insgesamt der erkennbaren Handlungskonsequenzen bestand, die sich

5 Allerdings kann in dieser Bindung des Verstehens an die »Einfühlung« auch ein erster Schritt in Richtung der Einsicht gesehen werden, dass es beim Erfassen der Bedeutung von Texten oder kulturellen Erzeugnissen nicht nur die Überzeugungen, sondern auch die Absichten und Gefühlseinstellungen der jeweiligen Autoren zu verstehen gilt. Vgl. dazu und überhaupt zur produktiven Rolle Diltheys: Wolfgang Detel, *Geist und Verstehen. Historische Grundlagen einer modernen Hermeneutik*, Frankfurt/M. 2011, S. 136-152.

6 Vgl. zu dieser neuen Herausforderung, dem Übergang von der »elementaren« zur »höheren« Form des »Verstehens«, auch zunächst am Beispiel eines Kindes eingeführt: Wilhelm Dilthey, *Der Aufbau der geschichtlichen Welt in den Geisteswissenschaften* [1910], Frankfurt/M. 1970, S. 255-263. Eine sehr viel genauere Darstellung dieses Übergangs liefert unter Einbeziehung neuerer Befunde der Entwicklungspsychologie und der Anthropologie: Wolfgang Detel, *Kognition, Parsen und rationale Erklärung. Elemente einer allgemeinen Hermeneutik*, Frankfurt/M. 2014, Kap. 2.5.

aus dem praktischen Umgang mit ihnen ergaben: Die Straßenlaternen spendeten gegen Abend Licht und verhalfen damit zur besseren Wahrnehmung, die Küchengeräte wurden zur Vorbereitung von Speisen benutzt und dienten dem Schneiden, Putzen oder Schälen von Lebensmitteln, in die Verkehrsmittel schließlich konnte man sich hineinbegeben, um von einem Ort zum anderen zu gelangen. Solche Indikatoren der zweckgerichteten Handhabung fehlen nun aber vollständig den geistigen Objekten, deren Bedeutung die Schülerin jetzt zu erlernen hat, um sich in ihrer sozialen Umwelt kompetent bewegen zu können – zwar weisen die Straßenschilder durch ihre physische Platzierung auf die Handlungskonsequenzen hin, die mit ihnen verbunden sein sollen, nicht aber die Namen, welche sie in den europäischen Städten gewöhnlich tragen. Es müssen mithin andere Anstrengungen unternommen werden, um den Sinn und Verwendungszusammenhang dieser ausschließlich im kollektiven Bewusstsein gegebenen, durch keinerlei physische Eigenart ihre Funktion verratenden Objekte zu erkennen.

Die Heranwachsende wird nun gewiss nicht, so viel scheint sicher, direkt irgendwelche Nachschlagewerke, Fachbücher oder soziologischen Studien zu dem Zweck zurate ziehen, sich über die Bedeutung der offensichtlich irgendeine Geltung besitzenden Rechte, der Namen der ihr bekannten Straßen oder des Streitmotivs ihrer Eltern Aufklärung zu verschaffen; vielmehr wird sie im Allgemeinen durch mündliche Unterweisungen von Verwandten, Lehrern oder Freunden eher unabsichtlich denn mit belehrendem Vorsatz in den Sinnzusammenhang all dieser geistigen Gegebenheiten eingeführt. Das, worauf die unterrichtenden Personen sich dabei stützen, ist ein implizites Wissen, welches sie selbst im Zuge ihrer Sozialisation einst durch Unterrichtung erworben haben und das sie inzwischen mit den Bedeutungen ihrer moralisch-historischen Welt vertraut sein lässt. Allerdings ist das derart angeeignete Wissen nicht vor Verstehenslücken gefeit, weist vielmehr im Allgemeinen viele Mängel auf und ist angesichts einer sich schnell wandelnden, immer komplexer werdenden Kultur auch extrem porös: Auf die Frage des Sohnes, wer die Aleviten seien, wird der Vater ebenso wenig sofort eine Antwort bereithaben wie der Freund auf die Frage der Freundin, über welche Rechte heute die Immigranten in Deutschland verfügen. Das aber, worauf sich die in Verlegenheit geratenen Personen dann stützen können, dasjenige, von dem sie bei Ausfall ihres impliziten Wissens immerzu Gebrauch machen können, ist das niedergeschriebene Archiv der geisteswissenschaftlichen Forschung in der ganzen Breite ihrer unterschiedlichen Disziplinen;[7] darin ist in schriftlicher oder mittlerweile digitalisierter Form explizit festgehalten, was wir in unserem alltäglichen Umgang über die soziale Bedeutung geistiger Objekte wissen müssen, so dass wir mit seiner Hilfe sich auftuende Lücken in unserem Verstehenshorizont jederzeit schließen können; und so selbstverständlich ist uns inzwischen die Nutzung solcher geisteswissenschaftlichen Hilfsmittel und Informationsquellen, dass wir häufig gar nicht mehr registrieren, wie ununterbrochen wir in unserem sozialen Leben auf sie zurückgreifen. Die heranwachsende Schülerin wird daher von ihren sozialen Bezugspersonen nicht nur mündlich in den Traditionsbestand ihrer moralisch-historischen Umwelt eingewiesen, sondern gleichzeitig damit auch unmerklich über die kulturellen Techniken belehrt, die ihr den richtigen Umgang mit dem Archiv der Geisteswissenschaften ermöglichen: Am Beispiel ihrer Eltern, Vertrauten oder Lehrer lernt sie, wie sie eigenständig ihr Wissen über die geistige Wirklichkeit erweitern kann, indem sie sich Lexika, historischer Bücher oder der Tagespresse bedient. Wo daher das Netzwerk der impliziten Traditionsvermittlung zu zerreißen droht, wo ihre Bezugspersonen beim historischen Sinn bestimmter Straßennamen nicht mehr weiterwissen oder sich die Eltern über den Anlass ihres Streits bedeckt halten, wird das junge Mädchen nun selbst zur lesenden Forscherin; sie beginnt die Mängel der mündlichen Überlieferung dadurch zu beheben, dass sie sich aktiv an die Aneignung von verschrifteten Wissensbeständen macht, mit deren Hilfe sie allmählich ihr Verstehen der ineinandergreifenden Bedeutungen unserer geistigen Umwelt vervollständigen kann.

Diese kompensatorische Funktion der Geisteswissenschaften, ihre Rolle bei der Ergänzung unseres Wissens über geistig-kulturelle Bedeutungszusammenhänge, wird häufig und gern als Sache einer bloß konservativen Weltsicht abgetan; die Aufgabe der über die Schrift vermittelten Bildung, so meint man, könne doch nur dann so hoch veranschlagt werden, wenn aus lauter Skepsis gegen-

7 Zur Rolle des Archivs als Speicher für kulturelles Wissen vgl. Maurice Halbwachs, *Das kollektive Gedächtnis* [1950], übersetzt von Holde Lhoest-Offermann, Frankfurt/M. 1985, II. Kapitel; Michel Foucault, *Archäologie des Wissens*, übersetzt von Ulrich Köppen, Frankfurt/M. 1973, Kap. III.5.

über der Moderne der mündlichen Überlieferung kein Vertrauen mehr entgegengebracht werde. Bei dem Einwand wird aber nicht nur übersehen, dass alle intersubjektive Tradierung handlungsleitenden Wissens heute selbst schon in hohem Maße vom permanenten Rückgriff auf schriftlich dokumentierte Quellen lebt; wir alle bedienen uns inzwischen längst mit der Absicht der kulturellen Orientierung irgendwelcher Nachschlagewerke, Studien oder Zeitschriften, in deren Informationsgehalte eine Unmenge von anonym bleibender Forschungsarbeit der Geisteswissenschaften eingewandert ist. Vor allem jedoch lässt der Vorwurf des Konservatismus unberücksichtigt, wie wichtig, ja unverzichtbar die Ergebnisse der geisteswissenschaftlichen Arbeit für den Bildungsprozess der Heranwachsenden sind: Erst die Kenntnisnahme soziologischer Einsichten – sei es aus eigener Lektüre oder vermittels der Mitteilungen Dritter – wird die junge Schülerin darüber aufklären, dass der wahre Anlass des permanenten Streits ihrer Eltern die inzwischen allgemein akzeptierte Idee der geschlechtlichen Gleichstellung ist, die auch im Haushalt nach gerechteren Formen der Arbeitsteilung verlangt; nur mit Hilfe von Erträgen der lokalen Geschichtsschreibung, zur Kenntnis genommen wiederum aus erster oder zweiter Hand, wird dasselbe Mädchen vielleicht auch in Erfahrung bringen können, dass die Straßennamen ihrer näheren Umgebung noch immer die unrühmliche Vergangenheit ihrer Heimatstadt im nationalsozialistischen Deutschland widerspiegeln, also Ausdrucksformen der Überzeugungen, Absichten und Gefühle einer spezifischen Epoche sind; und endlich wird die heranwachsende Tochter auf dem Weg einer direkten oder indirekten Verarbeitung rechtspolitischer Diskurse darüber informiert werden, dass die in ihrem Land geltenden Gesetze inzwischen sogar die Konsequenz beinhalten, vor körperlichen Bestrafungen durch ihre Eltern von Seiten des Staates geschützt zu sein.

In ihrer orientierenden Funktion leisten die Geisteswissenschaften mithin unversehens immer zugleich auch einen aufklärerischen Dienst. Indem sie uns über den tradierten Sinn der geistigen Objekte in unserer Umwelt informieren, versetzen sie uns damit stets auch in die Lage, diesen eigenständig weiterzuentwickeln und in Richtung einer Überschreitung von eingespielten Selbstverständnissen zu nutzen. Eine solche doppelte Wirkung können die Geisteswissenschaften in ihrer ersten Funktion nur entfalten, weil die Ideen und Gründe, über deren Bedeutung für die kulturellen Gegebenheiten unserer Gegenwart sie uns vermittelnd belehren, ihrerseits selbst eine interne Dynamik und Sprengkraft besitzen: Nach hinten, in die historische Vergangenheit hinein, stellen sie die Zeugnisse einer damals für richtig gehaltenen Lösung von sozialen und kulturellen Herausforderungen dar, nach vorne hin aber, in die Zukunft hinein, können sie sich jederzeit angesichts von neuen Erfahrungen als nur beschränkt taugliche Mittel der Problembewältigung erweisen. Diese zeitliche Dimension der von den Geisteswissenschaften offengelegten Gründe, der Überlegungen, Absichten und Gefühle also, die in die rein geistigen Objekte unserer Umwelt sinngebend eingeflossen sind, gilt es nun im Folgenden genauer aufzuhellen; denn erst an ihr, am Verhältnis der gesellschaftlich objektivierten Ideen einerseits zur Vergangenheit und andererseits zur Zukunft, tritt zutage, welche weiteren Funktionen jene Wissenschaften für uns und unsere Lebenswelt immer schon übernehmen.

II.

Unsere Protagonistin, die heranwachsende Schülerin, wird sich in ihrer soziokulturellen Umwelt nur in dem Maße orientieren können, so hatten wir gesehen, in dem sie über die Bedeutung der technischen Artefakte hinaus auch die der rein geistigen Gegebenheiten zu verstehen lernt; es reicht für sie nicht aus, zu wissen, wie eine Straßenbahn oder ein Heftpflaster zu benutzen ist, vielmehr muss sie mit der Zeit auch in Erfahrung bringen, welcher Sinn den Objekten zukommt, die nur im intersubjektiven Bewusstsein all ihrer Zeitgenossen existieren.[8] In beiden Fällen wird dieser schrittweise Prozess des Bedeutungsverstehens darin bestehen, sich jeweils die Handlungskonsequenzen vor Augen führen zu können, die mit der Verwendung eines der gegebenen Gebilde intern verknüpft ist; aber im zweiten Fall, dem der bloß geistigen Objekte, ist ein solches Erlernen der Bedeutung um einiges schwieriger, weil sich hier die entsprechenden Handlungsfolgen nur aus den Ideen oder Grün-

8 Vgl. zu diesem ontologischen Status geistig-kultureller Objekte: John Searle, *Die Konstruktion der gesellschaftlichen Wirklichkeit*, übersetzt von Martin Suhr, Reinbek b. Hamburg 1997.

den ergeben, die in jenen zu körperloser Gestalt gelangt sind. Im Unterschied zum Erwerb technisch-instrumentellen Wissens, der kaum der Unterstützung durch die Naturwissenschaften bedarf, müssen daher bei der Erschließung des Sinns unserer kulturellen Umwelt die Geisteswissenschaften fast immer vermittelnd dazwischentreten; der Vorarbeit, die unter ihrem Dach geleistet wird, verdankt es sich nämlich, dass die Gründe und Ideen öffentlich präsent bleiben, die in den geistigen Gegebenheiten der Gegenwart zum Ausdruck gekommen sind. In nichts zeigt sich diese orientierende Funktion der Geisteswissenschaften deutlicher als in den Bemühungen, die das junge Mädchen unternehmen muss, um die Bedeutung des elterlichen Streits, der juristischen Rechte und der heimatlichen Straßennamen zu entschlüsseln; wo es dabei trotz der unterweisenden Hilfe von Freunden und Verwandten auf Schranken des alltäglichen Wissens stößt, wo es mehr in Erfahrung bringen möchte, als ihm durch Hörensagen vertraut ist, muss es zwangsläufig auf informierende Hilfsquellen, auf Internetportale, die Tagespresse oder Lexika zurückgreifen, deren Seiten mit den mehr oder weniger gut verarbeiteten Ergebnissen der geisteswissenschaftlichen Forschung gefüllt sind.

Stellen wir uns nun vor, unsere Protagonistin entwickle alsbald aus Neugier den Wunsch, mehr über die Hintergründe herauszufinden, die zu den jeweiligen Phänomenen in ihrer sozialen Umwelt geführt haben könnten. Zwar versteht sie inzwischen in eins mit den ihr zugrundeliegenden Gründen oder Ideen auch die Bedeutung der geistigen Gegebenheiten, die ihr davor noch in ihrem Sinn verschlossen geblieben waren; aber jetzt gibt sie sich nicht länger mit dem Wissen zufrieden, dass die existierenden Rechte dem Schutz der individuellen Selbstständigkeit dienen sollen und mittlerweile auch ihr eigenes Wohlergehen innerhalb der Familie umfassen, dass einige Straßen der Heimatstadt ihren Namen aufgrund der Auszeichnung von Personen tragen, die in der Vergangenheit dem Nationalsozialismus dienten, und dass schließlich der Konflikt ihrer Eltern aus Meinungsverschiedenheiten über die Umsetzung des allgemein begrüßten Vorsatzes resultiert, die Hausarbeit gerechter zwischen den Geschlechtern zu verteilen. Was die Schülerin vielmehr nun zusätzlich in Erfahrung zu bringen versucht, ist, so nehmen wir an, woher all diese Gründe und Ideen tatsächlich stammen, die ihr die zuvor schwer entschlüsselbaren Gegebenheiten verständlich machen konnten. Wo sie sich bislang noch weitgehend auf das geisteswissenschaftlich unterfütterte Alltagswissen ihrer Freunde und Bezugspersonen hat verlassen können, ist sie bei ihren neuen Anstrengungen viel stärker auf eigene, amateurhafte Recherchen angewiesen. An dem, was die junge Forscherin dabei herauszufinden beginnt, ist für unsere Zwecke weniger von Interesse, worauf sie im Einzelnen stößt, als vielmehr ein ganz generell von ihr gemachter Befund: Jedes Mal wenn eine der die kulturellen Tatsachen begründenden Ideen ins Leben gerufen wurde, seien es die individuellen Bürgerrechte, der normative Grundsatz der Gleichstellung oder die verdächtig klingenden Straßennamen, waren an deren Hervorbringung im Guten wie im Schlechten maßgeblich geisteswissenschaftlich tätige Gelehrte und Intellektuelle beteiligt.

Greifen wir nun der Schülerin unter die Arme und statten sie für einen Moment mit Kenntnissen des Experimentalismus John Deweys aus, so wird sie sich auf ihre historische Beobachtung schnell einen Reim machen können.[9] Im Allgemeinen bewegen wir uns in unserer Umwelt, so nimmt Dewey an, im Rahmen von »geistigen Gewohnheiten«, in denen sich die Ergebnisse einer erfolgreichen Bewältigung von hinter uns liegenden Problemen bei der Anpassung und Koordinierung unseres Handelns auf Dauer gestellt finden; solange wir uns derart verhalten und also habitualisierten Denkmustern folgen, nehmen wir an den Gegenständen unserer Erfahrung genau die Eigenschaften wahr, die damals an ihnen mit Hilfe von intellektuellen Anstrengungen herauspräpariert worden waren, um die Unterbrechung unseres Handlungsflusses durch eine gegebene Störung zu beheben. Diese Tendenz, die Wirklichkeit als bereits erschlossen vorauszusetzen, indem sie in denjenigen ihrer Bestandteile erfahren wird, die vergangene Operationen der Problembewältigung an ihr haben freilegen können, gilt für Dewey nun sowohl für das intersubjektive wie für das auf

9 Im Folgenden beziehe ich mich vor allem auf: John Dewey, *Die Suche nach Gewißheit. Eine Untersuchung des Verhältnisses von Erkenntnis und Handeln*, übersetzt von Martin Suhr, Frankfurt/M. 1998; ders., *Human Nature and Conduct, The Middle Works, 1899-1924*, Carbondale und Edwardsville 1988, Bd. 14. Das Verfahren experimenteller Forschung, das Dewey in beiden Büchern vornehmlich am Beispiel der Naturwissenschaften entwickelt, versuche ich im Folgenden auf die geisteswissenschaftliche Forschung zu übertragen.

die Natur bezogene Verhalten des Menschen: Dort, innerhalb der sozialen Interaktion, halten wir uns gewöhnlich an die normativen Anhaltspunkte, die unsere institutionellen Verhältnisse dadurch bereits aufweisen, dass vorausliegende Bemühungen der moralischen Regulierung unseres Handelns erfolgreich in ihnen etabliert werden konnten, hier, in der Bearbeitung der Natur, sehen wir im Allgemeinen solche Gegenstände als gegeben an, die sich aufgrund gelungener Eingriffe in der Vergangenheit schon als Bedingungen einer erfolgreichen Kontrolle in der Gegenwart erwiesen haben. Allerdings zerbrechen nun Dewey zufolge diese lebensweltlichen Gewissheiten, in denen Begriff und Anschauung, intellektuelle Operationen und sinnliche Eindrücke zu einer qualitativen Einheit verschmolzen sind,[10] sobald unsere von ihnen geleiteten Handlungen auf neue, bislang nicht vorhersehbare Probleme stoßen. Jetzt sind wir nach seiner Auffassung gezwungen, in eine Phase der reflexiven Distanzierung einzutreten, während der wir die zuvor eingespielten Denkgewohnheiten erneut in ihre begrifflich-theoretischen und sinnlich wahrnehmbaren Elemente zerlegen müssen, um durch wiederholte Versuche ihrer experimentellen Neujustierung den unterbrochenen Kreislauf unseres Handelns wiederherstellen zu können.[11] Das ist im historischen Ablauf jeweils, so können wir ein wenig pathetisch sagen, die Stunde entweder des naturwissenschaftlichen oder des geisteswissenschaftlichen Forschers; denn je nachdem, ob sich das störende Problem eher im Zusammenhang der Regulierung unseres gesellschaftlichen Verkehrs oder unserer Naturbearbeitung aufgetan hat, sind nun neue Ideen, Begriffe oder Begründungen gefragt, die mit den veränderten Umweltbedingungen derart zusammengepasst werden müssen, dass sich aus dem Resultat erfolgreiche Lösungen für unser ins Stocken geratenes Handeln abzeichnen. Am Beispiel der geistigen Gegebenheiten, mit deren Entschlüsselung wir unser junges Mädchen zuvor haben beschäftigt sein lassen, ist dieser Einsatz disziplinären Wissens in Situationen der Erschütterung kognitiver Gewissheiten leicht zu veranschaulichen: Zwar ist die Vorstellung, nach der die individuelle Meinungsfreiheit gegenüber gewalthabenden Mächten geschützt werden müsse, sicherlich von verschiedenen Sozialbewegungen in

10 Zur Idee »qualitativer« Gegenstände vgl. John Dewey, *Die Suche nach Gewißheit*, a. a. O., Kap. II. und III.

11 Ebd., bes. Kap. VII.

den Wirren der europäischen Religionskriege hervorgebracht worden, aber daraus die wirkmächtige, uns seither bestimmende Idee zu formen, diesen Schutz in Gestalt staatlich zu garantierender Grundrechte zu gewährleisten, war dann die Sache einiger an der Tradition des Naturrechts sich abarbeitender Philosophen; insofern stand ganz am Anfang des Weges, an dessen vorläufigem Ende sich heute die Einsicht der Schülerin in den grundrechtlichen Schutz ihres eigenen Wohls findet, der begriffliche Einfall geisteswissenschaftlich tätiger Gelehrter, die in Zeiten des kulturellen Umbruchs darangehen mussten, für die veränderten Bedingungen nach einer neuen Form der Regulierung unseres sozialen Handelns zu suchen. Nicht anders dürfte es um die normative Idee bestellt gewesen sein, die den Dauerkonflikt der Eltern des Mädchens in Gang gesetzt hat; auch hier war es wohl so, dass zunächst durch den Unmut einer wachsenden Gruppe von Frauen die überkommenen Vorstellungen von Ehe und Familie öffentlich in Zweifel gezogen wurden, bevor dann auf diese lebensweltlichen Erschütterungen hin von sozialwissenschaftlich geübten Feministinnen der mutige Vorschlag ins Spiel gebracht werden konnte, doch einmal über die Entlohnung von Hausarbeit und damit eine grundsätzlich neue Form der geschlechtlichen Arbeitsteilung nachzudenken; gewiss, der damit propagierte Weg ist in den nachfolgenden Jahrzehnten nicht eingeschlagen worden, aber es war doch die an der soziologischen Tradition geschulte Idee, die Privatsphäre auf ihre wirtschaftlichen Erträge hin zu betrachten, welche den Stein ins Rollen gebracht und die intellektuelle Suche nach neuen Formen der moralischen Regulierung vorangetrieben hat. Und schließlich besitzen wir inzwischen genügend Wissen darüber, dass bei der Neu- und Umbenennung von Straßen in der Nachkriegszeit – mit ihrem Zusammenbrechen aller vorgängigen Gewissheiten – geisteswissenschaftliche Koryphäen herangezogen wurden, um entsprechende Vorschläge zu unterbreiten; dass die Begründungen, die jene dann für ihre jeweiligen Eingaben vorbrachten, ein bedenklich geringes Gespür für die Notwendigkeit politisch-moralischer Diskriminierungen offenbarten, beweist einmal mehr nur das ganze Ausmaß der Verdrängung unter den damaligen Historikern oder Staatsrechtlern.

Beispiele solcher Art, die den konstitutiven Beitrag der Geisteswissenschaften bei der Formung und Sinngebung unserer lebensweltlichen Gegebenheiten demonstrieren, lassen sich zuhauf auch jenseits der aus der Perspektive unserer Protagonistin erschlossenen Fälle benennen. Dass wir heute im Alltag ein uns dauerhaft unverständliches, deutlich irrationales und selbstdestruktiv wirkendes Verhalten auf eine subjektive Quelle zurückführen, die wir als »Unbewusstes« bezeichnen, geht einzig und allein auf den ingeniösen Vorschlag Sigmund Freuds zurück, den Zusammenbruch der herkömmlichen Erklärungsmuster für eine Reihe neuerer Krankheitssymptome mit Hilfe dieses philosophisch stark aufgeladenen Begriffs zu überwinden. Wenn gegen dieses Beispiel eingewendet werden sollte, dass es nur den bedenklichen Grad der vordergründigen Verwissenschaftlichung unserer Lebenswelt anzeige, so lassen sich zur Widerlegung unschwer Fälle aus einer weiter zurückliegenden Vergangenheit anführen: Als man etwa in den bildungsbürgerlichen Kreisen im deutschsprachigen Raum am Ende des 18. Jahrhunderts begann, von der »Freundschaft« als einer neuen, auf wechselseitiges Vertrauen und emotionale Zuneigung abgestellten Beziehungsform zu sprechen, nahm man damit unwissentlich eine begriffliche Idee auf, die ursprünglich von der Schottischen Moralphilosophie geprägt worden war; in deren Zirkeln nämlich, aus Gelehrten bestehend, die allesamt eine philosophische oder geisteswissenschaftliche Schulung genossen hatten, war schon in den vorausliegenden Jahrzehnten die bahnbrechende, bis heute wirkmächtige Vorstellung entstanden, dass die sich abzeichnende Ausweitung von marktförmigen Verkehrsformen eines sozialen Gegengewichts bedürfe, für das freundschaftliche Beziehungen unter Gleichgesinnten das Vorbild abgeben könnten.[12]

An all diesen Beispielfällen zeigt sich, wie maßgeblich Geisteswissenschaftler, ob nun Philosophen, Staatsrechtler, Philologen oder, später, Sozialwissenschaftler, jeweils daran beteiligt waren, die Ideen und Begriffe hervorzubringen, mit deren Hilfe ins Stocken geratene, gleichsam leerlaufende Alltagspraktiken durch neue, den

12 Dieses Beispiel, das auf Studien von Allen Silver zurückgeht (Allen Silver, »Friendship in Commercial Society. Eighteenth Century Social Theory and Modern Sociology«, in: *American Journal of Sociology* 95,6 [1990]), macht im Übrigen deutlich, dass die Verwissenschaftlichung des Sozialen kein spezifisches Produkt unserer jüngeren Gegenwart darstellt, wie etwa Lutz Raphael annimmt: Lutz Raphael, »Die Verwissenschaftlichung des Sozialen als methodische und konzeptuelle Herausforderung für eine Sozialgeschichte des 20. Jahrhunderts«, in: *Geschichte und Gesellschaft* 22 (1996), S. 165-193.

veränderten Umständen besser angepasste Handlungsgewohnheiten ersetzt werden konnten. Gewiss, bevor sich solche neuen, historisch überlegenen Gewissheiten tatsächlich herauszuarbeiten vermochten, war jedes Mal erst immer ein längerer Prozess der experimentellen Einpassung der innovativen Ideen in das gewandelte Material unserer Erfahrungen erforderlich; ohne eine Phase der praktischen Überprüfung, ob Begriff und Anschauung, intellektuelle Neuerung und veränderte Eindrücke wirklich wieder zur Übereinstimmung gelangen konnten, durfte von einer erfolgreichen Etablierung neuer Denkgewohnheiten noch gar nicht die Rede sein. Was aber die theoretische Seite dieses experimentellen Umwälzungsprozesses anbelangt, die Seite, von der die kreativen, befreienden Ideen und Gründe beigesteuert werden mussten, so waren dort bei Krisen unserer sozialmoralischen Gepflogenheiten in vorderster Linie Geisteswissenschaftler tätig – Forscher und Gelehrte also, deren ideengeschichtliche Schulung und begriffliches Vorstellungsvermögen es ihnen erlaubten, in Situationen der kulturellen Desorientierung mit produktiv anschlussfähigen Gedankengängen aufzuwarten.

John Dewey schlägt nun vor, die historische Abfolge solcher intellektuellen Revisionen unserer lebensweltlichen Gewissheiten im Ganzen als einen Prozess zu begreifen, durch den die Wirklichkeit ständig mit weiteren Phänomenen angereichert wird; indem wir nämlich jedes Mal gezwungen sind, die angesichts gewandelter Herausforderungen entwickelten Ideen auf die künstlich isolierten Daten unserer Wahrnehmung in einem experimentellen Verfahren abzustimmen, entstehen bei erfolgreichem Abschluss der Wiederverknüpfung von Begriff und Anschauung vor unseren Augen neue Tatsachen oder Entitäten, die sich als bislang unentdeckte Aspekte der Welt verstehen lassen. Dieser zwar nicht kontinuierliche, aber doch auf Dauer nicht stillstellbare Entdeckungsprozess bildet für Dewey einen Vorgang zugleich der Denaturierung und der Vergeistigung unserer Wirklichkeit: Mit jedem Schritt der Korrektur unserer vorherigen Denkgewohnheiten wird der Welt gleichzeitig ein Element ihrer bloßen Naturhaftigkeit genommen und ein Produkt unserer geistigen Aktivitäten hinzugefügt.[13] In diesem Sinn arbeiten die Geisteswissenschaften seit ihrer Entstehung schon immer an

13 Vgl. John Dewey, *Die Suche nach Gewißheit*, a. a. O., v. a. Kap. IX.

der Denaturierung unserer sozialen Lebenswelt. In dem Maße, in dem ihre innerdisziplinär begründeten Vorschläge zur Neuregulierung unserer Interaktionsformen nach einer Phase der experimentellen Erprobung in die gesellschaftliche Wirklichkeit einwandern, zerstören sie deren naturhafte Gegebenheit und bereichern sie stattdessen mit Tatsachen, in denen sich nun unsere eigenen Absichten spiegeln können. Die kulturellen Phänomene, die uns heute im Alltag begegnen, sind daher zu weiten Teilen das Produkt der intellektuellen Anstrengungen, die die Fachvertreter vergangener Zeiten investiert haben, um mit begrifflich kontrollierter Phantasie Ideen zur Bewältigung sich abzeichnender Krisen in unseren Verkehrsverhältnissen beizusteuern: Ob es nun die Rechte sind, die wir genießen, die moralischen Dispute, in die wir involviert sind, oder sogar die Straßennamen, über die wir uns ärgern können – kaum etwas davon würde existieren, hätten nicht zuvor Juristen, Philosophen, Soziologen und auch Literaturwissenschaftler ihren professionellen Teil zur Formung dieser geistigen Gehalte beigetragen.

Nun stehen allerdings solche kulturellen Tatsachen, wie Dewey immer wieder betont, niemals still; sie sind schon deswegen einem ständigen Druck der Veränderung ausgesetzt, weil sich jederzeit an irgendeinem Punkt des etablierten Überzeugungssystems Unmutsäußerungen und moralische Zweifel auftun können, die diesem die legitimierende Grundlage entziehen. Was an begründeten Ideen in sie aus der Vergangenheit eingeflossen ist, muss dann in der Gegenwart an der entsprechenden Stelle erneut einer reflexiven Revision unterzogen werden, um es einer im Ganzen noch unbestimmten Zukunft anzupassen; insofern stellen für Dewey alle geistigen Gegebenheiten, jedes eingespielte System kultureller Praktiken nur eine Durchgangsstufe im Fluss unserer intellektuellen Anpassungsbemühungen an eine sich permanent wandelnde Umwelt dar. Mit diesem Perspektivwechsel von der Vergangenheit auf die Zukunft ändern die Geisteswissenschaften aber noch einmal ihre Funktion; jetzt begegnen sie uns nicht mehr als ein Kranz von Disziplinen, die an der Hervorbringung unserer heutigen Lebenswelt in der Vergangenheit maßgeblich beteiligt waren oder uns in der Gegenwart deren begründende Ideen ständig bewusst halten, sondern als eine intellektuelle Kraft, die mit der Erschließung von zukünftigen Denkmöglichkeiten befasst ist.

III.

Kehren wir zu unserer Protagonistin zurück, die inzwischen zwei oder drei Jahre älter geworden ist und mit verhaltenem Ehrgeiz dem Abitur entgegenstrebt; auch wenn sie noch nicht volljährig ist, empfindet sie sich doch nicht länger als bloße Interpretin ihrer geistig-sozialen Umwelt, sondern widmet sich gemeinsam mit ihren Schulkameraden schon ersten Gedanken über deren Legitimität und Veränderbarkeit. Die Fragwürdigkeit einiger Straßennamen in ihrer Heimatstadt war ihr durch Hinweise von Erwachsenen bereits früher bewusst geworden, aber jetzt gehen ihr auch der Zustand des deutschen Rechtssystems und die Konflikte ihrer Eltern viel öfter durch den Kopf. Angetrieben werden ihre Zweifel nicht nur durch den Unterricht in den geisteswissenschaftlichen Fächern, in denen mittlerweile Probleme der Zeitgeschichte und der Gegenwartsliteratur viel stärker ins Zentrum gerückt sind, sondern auch durch die nun kaum mehr abreißenden Gespräche im Kreis ihrer Freundinnen und Freunde; unter den Fragen, die sie dabei besonders beschäftigen, stehen diejenigen nach den Bedingungen eines multikulturellen Zusammenlebens und nach der Vereinbarkeit von Beruf und Familie an vorderster Stelle.

Natürlich begegnet unsere Schülerin auch in dieser Entwicklungsphase den Geisteswissenschaften nur wieder in indirekter Weise; wie zuvor sind es zumeist lexikalische Zusammenfassungen und überblickshafte Darstellungen, die sie benutzt, um ihren Erkenntnisdrang zu befriedigen. Aber da sich die Richtung der von ihr betriebenen Recherchen mittlerweile geändert hat, da sie statt auf Unterweisung und Informierung jetzt auf Überprüfung und Problematisierung aus ist, nimmt sie an den aus zweiter Hand zurate gezogenen Disziplinen nun eine Schicht wahr, die ihr bislang noch vollkommen entgangen war: Kaum einer der Gründe, die ihr in den Artikeln zur Rechtfertigung bestimmter Regelungen oder moralischer Sachverhalte angeboten werden, findet sich dort als etwas ein für alle Mal Fixiertes dargestellt, vielmehr scheinen sie fast immer schon über sich hinaus auf die Möglichkeit einer besseren oder umfassenderen Lösung zu verweisen. Häufig treten diese innere Dynamik und Zukunftsbezogenheit der umrissenen Argumente nur dadurch in Erscheinung, dass zu bestehenden Regelungen bereits Alternativen angedeutet werden, gelegentlich kommen sie auch insofern zur Geltung, als auf weiteren Klärungsbedarf verwiesen wird, immer aber sind sie deswegen irgendwie spürbar, weil den skizzierten Gründen, Interpretationen und Ideen jedes Element des Unbezweifelbaren und gegen Kritik Immunen zu fehlen scheint – in den Augen unserer Leserin ist es so, als wollten die individuell zur Kenntnis genommenen Disziplinen jeweils schon zu ihrer eigenen Verunsicherung und zur Steigerung ihres Möglichkeitssinns beitragen.[14] In dieser Eigenschaft der von ihr gelesenen Artikel und Darstellungen eröffnet sich der zukünftigen Abiturientin noch unbemerkt die dritte der von mir zuvor unterschiedenen Funktionen der Geisteswissenschaften: In all ihren disziplinären Zweigen werden die geistigen Tatsachen der Gegenwart, an deren Entstehung sie in der Vergangenheit ja wesentlich beteiligt waren, unter der subversiven Perspektive betrachtet, welche vernünftigerweise zu erwartenden Gründe und Argumente sie in Zukunft einmal entkräften könnten. Ob nun in den Rechts-, den Literatur- oder den Sozialwissenschaften – die behandelten Gehalte der rechtlichen Bestimmungen, der literarischen Texte oder der sozialen Sachverhalte werden hier in ihrer gegenwärtig besiegelten Bedeutung jeweils eingeklammert oder angezweifelt, um zu prüfen, inwiefern sich nach rationalem Ermessen nicht bessere Lösungen, überlegenere Interpretationen oder zustimmungsfähigere Regelungen finden lassen. Zurückbezogen auf den Experimentalismus Deweys könnte man über diese Aufgabe der Geisteswissenschaften auch sagen, dass sie darin besteht, diejenigen Ideen, welche zuvor zur produktiven Überwindung einer lebensweltlichen Krise beigesteuert wurden, immer schon wieder vorgreifend und stellvertretend in Zweifel zu ziehen; nichts, was wir uns gerade an neuen Denkgewohnheiten in unseren Praktiken zu eigen gemacht haben, sollte aus der Sicht der geisteswissenschaftlichen Disziplinen so viel Stabilität und Fraglosigkeit besitzen dürfen, dass es nicht heute schon der vorsorglichen Musterung aus der Perspektive einer noch unbestimmten Zukunft bedürfte. Im Vollzug einer solchen vorwegnehmenden Kritik, die die zur Wirklichkeit

14 Zur Kategorie des »Möglichkeitssinns« im Zusammenhang der Geisteswissenschaften vgl.: Peter Strohschneider, »Möglichkeitssinn. Geisteswissenschaften im Wissenschaftssystem«, in: *Zeitblick* 8,1 (2009). John Dewey begreift die methodische Kategorie der »Möglichkeit« in diesem Zusammenhang als Hinweis auf die Differenz zwischen dem gegenwärtig je »Erwünschten« und dem objektiv »Wünschenswerten«: John Dewey, *Die Suche nach Gewißheit*, a. a. O., S. 259 ff.

gelangten Gründe und Ideen auf ihre rationale Tragfähigkeit hin prüft, wird etwas, was in der Wirklichkeit bereits als Einwand latent vorhanden sein mag, aber sozial noch nicht realisiert ist, dem öffentlichen Bewusstsein zugänglich gemacht; insofern lassen sich die Geisteswissenschaften in ihrer dritten Funktion als eine reflexive Instanz verstehen, die durch die räsonierende Öffentlichkeit damit beauftragt wurde, stellvertretend mögliche Bedenken zu erkunden, die schon jetzt gegen eine Beibehaltung der gegenwärtig etablierten Denkgewohnheiten sprechen könnten.

Zur Erfüllung dieser Aufgabe bedarf es nicht, um das noch einmal deutlich hervorzuheben, einer innerhalb der sozialen Wirklichkeit bereits artikulierten Kritik oder Einklage; die geisteswissenschaftlichen Disziplinen müssen nicht erst warten, bis sich im öffentlichen Leben ausdrückliche Zweifel an den gefundenen Lösungen für die soziale Integration geregt haben, bevor sie ihr kritisches und zukunftsorientiertes Geschäft aufnehmen können. Vielmehr scheint es zu ihrer methodischen Grundausstattung zu gehören, die jeweils in den eigenen Bereich fallenden Übereinkünfte der Gegenwart stets auch unter dem Gesichtspunkt zu betrachten, ob sie den schon von heute aus antizipierbaren Einwänden in Zukunft auch tatsächlich standzuhalten vermögen. In der Literaturwissenschaft unserer Tage kommt dieser implizite Zukunftsbezug aller Geisteswissenschaften etwa darin zum Tragen, dass literarische Texte unter dem besonderen Blickwinkel behandelt werden, wie sie von denjenigen kulturellen Minderheiten gedeutet werden könnten, die bislang über kein Mitspracherecht bei deren Interpretation verfügen; in den Rechtswissenschaften verhält es sich nicht anders, wird heute in deren Reihen doch schon geprüft, wie die existierenden Grundrechte umgestaltet oder erweitert werden müssten, damit den Belangen der von unseren eigenen Entscheidungen zwar betroffenen, aber in die Entscheidungsfindung nicht einbezogenen Völkern Rechnung getragen werden kann; und in den Sozialwissenschaften schließlich lassen sich viele Überlegungen und theoretische Operationen überhaupt nur dann angemessen verstehen, wenn berücksichtigt wird, dass hier soziale Sachverhalte unter dem leitenden Gesichtspunkt betrachtet werden, wie mögliche Betroffene in Zukunft auf sie reagieren könnten.[15] In all

15 All diese Formulierungen verdanken sich einer Übertragung der Überlegungen, mit denen John Dewey rechtfertigt, warum die experimentelle Methode für die

diesen Fällen werden Konsequenzen geistiger Tatsachen, die noch gar nicht eingetreten sind, mit den Mitteln einer disziplinär kontrollierten Phantasie vorweggenommen, um daran stellvertretend für die Öffentlichkeit zu prüfen, welche unserer Interpretationen, rechtlichen Bestimmungen oder sozialen Regelungen wir in Zukunft zugunsten einer umfassenderen Lösung revidieren sollten; und lässt sich das informierte Publikum von den dargebotenen Argumenten überzeugen, so kann es entlang der gedanklich durchgespielten Möglichkeiten Initiativen ergreifen, um die notwendigen Reformen dann in die Wege zu leiten. In unserer Lebenswelt begegnen uns daher die Geisteswissenschaften in drei verschiedenen Zeitbezügen als Kräfte einer reflexiven Denaturierung: In der Vergangenheit waren sie als Motor einer Rationalisierung unseres zunächst nur als natürlich hingenommenen Verhaltens tätig, in der Gegenwart wirken sie als Instanz der Vergegenwärtigung von Sinnbezügen einer ideologischen Naturalisierung unserer Verhältnisse entgegen, und mit Blick auf die Zukunft stellen sie ein Organ der Zerstörung von blinden Naturwüchsigkeiten dar.

Unsere herangewachsene Schülerin, um auf deren Perspektive zum Schluss zurückzukommen, wird nun aus all dem, was sie im Laufe ihrer intellektuellen Entwicklung indirekt über die Geisteswissenschaften in Erfahrung gebracht hat, nicht zwangsläufig den Schluss ziehen, selbst eines von deren Fächern studieren zu wollen; sie mag nach dem Abitur ein viel zu starkes Interesse am Sport oder an der Medizin besitzen, als dass es für sie in Betracht käme, sich an ihrer künftigen Universität für Germanistik, Geschichte oder Soziologie einzuschreiben. Aber sollte sie einmal während ihres Studiums in den Nachrichten vernehmen, dass von politischer Seite erneut erwogen wird, die finanziellen Mittel für die Geisteswissenschaften zu kürzen oder eines ihrer universitären Institute vollkommen zu schließen, dürfte sie mit Argwohn, wenn nicht sogar mit Wut reagieren: Warum sollte der Fächerkanon, dem sie zu großen Teilen ihr Hineinwachsen in die Welt der geistigen Gegebenheiten, ihr soziales Selbstverständnis und ihren ausgeprägten Sinn für noch nicht realisierte Möglichkeiten verdankt, schlechter dastehen als die wie selbstverständlich akzeptierten Naturwissenschaften? Ist

normativ orientierten Disziplinen fruchtbar sein soll, auf konkrete Fälle: John Dewey, *Die Suche nach Gewißheit*, a. a. O., S. 278-286.

die junge Schülerin diejenige geworden, zu der wir sie im Laufe unserer fiktiven Biographie haben werden lassen wollen, so wird sie als Staatsbürgerin in ihrem weiteren Leben stets entschieden eine Lanze für die Geisteswissenschaften brechen.

Gibt es ein emanzipatorisches Erkenntnisinteresse?

Versuch der Beantwortung einer Schlüsselfrage kritischer Theorie[*]

Die Idee, dass die Menschen ein tiefverankertes Interesse an der Überwindung von Abhängigkeiten und Fremdbestimmung besitzen, durchzieht die auf Marx zurückgehende Tradition einer kritischen Gesellschaftstheorie von Beginn an; ohne die Existenz eines solchen emanzipatorischen Interesses der gesamten Gattung, so hieß es schon bei einigen Linkshegelianern, bliebe die Forderung nach sozialen Verbesserungen ein bloß moralisches »Sollen«, dem es an jeglicher Unterstützung von Seiten der geschichtlichen Wirklichkeit fehlen würde. Marx war davon überzeugt, dass dieses Interesse im Kapitalismus durch das Proletariat repräsentiert werde, welches aufgrund seiner Lage bestrebt sein müsse, in Stellvertretung für die gesamte Menschheit soziale Verhältnisse restloser Ungezwungenheit und Herrschaftslosigkeit zu erkämpfen;[1] als Georg Lukács in den frühen 1920er Jahren diesen Gedanken aufnahm, um ihn durch kühne Anleihen bei Fichte philosophisch noch zu überbieten, war es um die revolutionäre Gesinnung der Arbeiterklasse allerdings schon so fragwürdig bestellt, dass seine Konstruktion auch bei den Wohlmeinenden kaum noch auf Zustimmung stoßen konnte.[2] Max Horkheimer war daher vorsichtig genug, sich in seiner eigenen Begründung einer Kritischen Theorie nur noch darauf zu berufen, dass in der unausrottbaren Tendenz des Menschen, gegen Herrschaftsverhältnisse aufzubegehren, ein derartiges emanzipatorisches Interesse zutage trete; ohne diese Annahme ausführlicher zu begründen, wiederholte er damit auf abstrakterer

* Dieser Aufsatz geht auf einen Vortrag zurück, den ich auf Einladung des *European Journal of Philosophy* als Mark Sacks Annual Lecture im Jahr 2016 an der Universität Oxford gehalten habe. Für die Einladung zu diesem Vortrag möchte ich mich bei den Herausgeberinnen und Herausgebern der Zeitschrift herzlich bedanken.

1 Vgl. dazu Axel Honneth, *Die Idee des Sozialismus. Versuch einer Aktualisierung*, Berlin 2015, S 67-69.

2 Georg Lukács, »Geschichte und Klassenbewußtsein« (1923), in: ders., *Geschichte und Klassenbewußtsein. Werke, Frühschriften II*, Neuwied und Berlin 1968, S. 161-517.

Ebene die schon von Marx vertretene These, dass nur die Rückbindung an ein »kritisches Verhalten« der Theorie ein erkenntnistheoretisches Fundament verleihen würde.[3] Erst Jürgen Habermas hat es dann in seiner bahnbrechenden Studie *Erkenntnis und Interesse* vermocht, der einhundert Jahre alten Idee neues Leben einzuhauchen; die Vorstellung, dass wir Menschen von Haus aus ein Interesse daran besitzen, bislang undurchschaute Abhängigkeiten und »Pseudogegenständlichkeiten« aufzulösen, wird hier in einer originellen Umdeutung von Kant, Fichte und Hegel weiterentwickelt und mit Hilfe von Freud schließlich in Form einer Erkenntnisanthropologie rehabilitiert.[4] Auch wenn sich Habermas inzwischen von zentralen Prämissen seiner damaligen Studie distanziert hat,[5] kann sie weiterhin als ein geeigneter Ausgangspunkt dienen, um sich klarzumachen, welche theoretischen Intentionen mit der Idee eines »emanzipatorischen Interesses« verknüpft sind und was mit ihrer Preisgabe auf dem Spiel stehen würde. Im Folgenden will ich daher von dieser Studie ausgehen und deren zentralen Argumentationsgang noch einmal kurz rekapitulieren, bevor ich dann in zwei weiteren Schritten versuche, die weiterhin fruchtbare, in ihrer Begründung mittlerweile aber fragwürdig gewordene Kernidee durch eine alternative Grundlegung zu retten.

I.

Mit seiner Studie *Erkenntnis und Interesse* verfolgt Jürgen Habermas mindestens zwei Ziele, die allerdings derart miteinander verschränkt sind, dass sie sich kaum säuberlich voneinander abheben lassen. Auf der einen Seite soll der damals vorherrschende »Positivismus« erkenntnistheoretisch untergraben werden, indem sowohl

3 Max Horkheimer, »Traditionelle und kritische Theorie«, in: ders., *Gesammelte Schriften*, hg. von Alfred Schmidt und Gunzelin Schmid Noerr, Bd. 4 (Schriften 1936-1941), Frankfurt/M. 1988, S. 162-225, bes. S. 185 ff.

4 Jürgen Habermas, *Erkenntnis und Interesse. Mit einem neuen Nachwort*, Frankfurt/M. 1973.

5 Jürgen Habermas, »Nach dreißig Jahren. Bemerkungen zu *Erkenntnis und Interesse*«, in: Stefan Müller-Doohm (Hg.), *Das Interesse der Vernunft. Rückblicke auf das Werk von Jürgen Habermas seit »Erkenntnis und Interesse«*, Frankfurt/M. 2000, S. 12-22.

von den Naturwissenschaften als auch von den Geisteswissenschaften gezeigt wird, dass sie »funktional« oder »transzendental« in übergreifenden, »anthropologisch tiefsitzenden« Handlungsabsichten wurzeln, deren praktische Durchführungen jeweils festlegen, wie die Methodologien der beiden Wissenschaften verfasst sind; weil die herrschende Wissenschaftstheorie diese konstitutive Abhängigkeit der Operationsweise der beiden Wissenschaftszweige nicht in den Blick nimmt, so lautet die erste These von Habermas, bleibt sie einem »positivistischen« Selbstmissverständnis verhaftet und kann daher den konstitutiven Zusammenhang zwischen »Erkenntnis und Interesse«, zwischen Theoriebildung und sozialer Reproduktion, nicht angemessen durchschauen.[6] Unabhängig davon will Habermas aber in seiner Studie noch eine zweite, weiter reichende These verteidigen, die dem Ziel dienen soll, der kritischen Theorie selbst eine erkenntnistheoretische Rechtfertigung zu verleihen; danach ist all das an theoretischem Unterfangen, was seit Marx Gesellschaftskritik heißt, seinerseits in einer distinkten, dritten Form von menschlicher Praxis verankert, deren Interesse auf die Überwindung von pseudonatürlichen Abhängigkeiten gerichtet ist und deren methodische Umsetzung daher auf gänzlich andere Verfahrensweisen gegründet sein muss.[7] Beide Erklärungsziele von *Erkenntnis und Interesse* hängen natürlich insofern eng miteinander zusammen, als die funktionalistische oder transzendentale Rückführung der Natur- und Geisteswissenschaften auf sie jeweils begründende, invariante Erkenntnisinteressen überhaupt erst die epistemologische Vorlage dafür liefert, nun auch die kritischen Wissenschaften ihrerseits auf ein ihnen zugrundeliegendes, unsere Lebensform im Ganzen bestimmendes Handlungsinteresse hin zu untersuchen; und weil das in diesem Rückgang begründete emanzipatorische Erkenntnisinteresse überhaupt erst die Perspektive eröffnen können soll, unter der sich jener gegen den Positivismus behauptete Zusammenhang von gesellschaftlicher Reproduktion und wissenschaftlichem Operieren angemessen verstehen lässt, muss am Ende sogar die zweite These als Voraussetzung der ersten These begriffen werden. Ich will im Weiteren aber von dem gesamten Komplex, der im Buch der erkenntnistheoretischen Kri-

6 Jürgen Habermas, *Erkenntnis und Interesse. Mit einem neuen Nachwort*, a. a. O., Kap. II.

7 Ebd., Kap. III.

tik des Positivismus gewidmet ist, absehen und mich ausschließlich auf die zweite These beschränken, also die Behauptung eines eigenständigen, seinerseits an eine invariante Form menschlicher Praxis gebundenen Erkenntnisinteresses.

Warum Habermas sich zu dieser These gezwungen sieht, dürfte auch ohne vertiefte Kenntnis seiner damaligen, häufig als »transzendentalanthropologisch« bezeichneten Theorie der menschlichen Erkenntnis unschwer zu durchschauen sein: Wenn das »Erkenntnisinteresse« sowohl der Natur- als auch der Geisteswissenschaften nur dann angemessen zu verorten ist, wenn es jeweils auf die reproduktionsnotwendigen Handlungsformen zurückgeführt wird, die mit ihrer Hilfe in rationaler Weise verbessert werden sollen, dann bedürfen auch die sogenannten kritischen Wissenschaften eines derartigen Nachweises ihrer handlungspraktischen Wurzeln, sollen sie nicht als bloß methodische Kombinationen der beiden anderen Wissenschaften vorgestellt werden – um die methodische Eigenständigkeit der Klasse von Wissenschaft zu retten, die als »kritisch« charakterisiert werden kann, muss sie in ihrer Verfahrensweise auf ein distinktes Erkenntnisinteresse zurückgeführt werden können, das für unsere Lebensform ebenso fundamental ist wie die beiden anderen Interessen an der materiellen Reproduktion durch Arbeit und an der symbolischen Reproduktion durch sprachliche Verständigung. Insofern muss der Beweisgang, den Habermas anzutreten hat, um ein solches emanzipatorisches Erkenntnisinteresse belegen zu können, mindestens drei unabhängige Schritte umfassen: Erstens ist er dazu angehalten, eine gesonderte Form des menschlichen Handelns zu benennen, die so invariant ist wie die Arbeit und die Interaktion, im Unterschied zu diesen beiden aber der Bekämpfung von Fremdherrschaft und bislang nicht durchschauten Abhängigkeiten dienen soll (a); zweitens muss er von dem damit namhaft gemachten Handlungsinteresse zeigen können, dass ihm eine eigene Form der Erkenntnis innewohnt, die hinreichend von den in Arbeitsprozessen und im kommunikativen Handeln angelegten Wissensformen unterschieden ist (b); und drittens hat er an diesem »dritten« Erkenntnisinteresse schließlich aufzuweisen, dass seine rationale Umsetzung oder Erfüllung eine eigenständige Methodologie erfordert, die mehr verlangt als bloß eine Kombination von Verfahrensweisen der Natur- und Geisteswissenschaften (c). Habermas hat alle drei Aufgaben, soweit das am Text auszumachen ist, deutlich vor Augen, tut sich mit ihnen aber unterschiedlich schwer. Ich will seine Lösungsvorschläge hier in der angegebenen Reihenfolge jeweils kurz kommentieren, um auf diese Weise herauszuarbeiten, worin die gravierendsten Schwierigkeiten seines in *Erkenntnis und Interesse* entwickelten Ansatzes bestehen:

a) Die größten Probleme bereitet Habermas nach meiner Einschätzung bereits die erste der ihm gestellten Aufgaben. Dabei geht es um den schwierigen Nachweis, dass es für uns Menschen neben der Arbeit und der Interaktion noch eine dritte invariante Handlungsweise geben muss, der im Gegensatz zu den beiden anderen aber das Interesse zugrunde liegt, bereits existierende Sozialordnungen aufgrund der in ihnen weiterbestehenden Herrschaftsverhältnisse stets wieder in Frage zu stellen und zu bekämpfen; mithin müssen in dieser dritten Kategorie von Handlung, so ließe sich auch sagen, soziale Reproduktion und praktische Kritik so zusammengedacht werden können, dass verständlich wird, warum Gesellschaften nur auf dem Weg des sozialen Konflikts und Kampfes aufrechtzuerhalten sind. Nichts anderes muss Max Horkheimer im Blick gehabt haben, als er in seinem berühmten Aufsatz auf das »kritische Verhalten« verwiesen hat,[8] um darin die Kritische Theorie in irgendeiner, nicht ganz klaren Weise erkenntnistheoretisch zu verankern; auch ihm hat damals wahrscheinlich die These vor Augen gestanden, dass jede etablierte Sozialordnung stets wieder eine Art von Gegenwehr oder Streit heraufbeschwört, durch den sie in ihren Grundfesten zunächst erschüttert, dann aber in veränderter Gestalt oder auf höherer Stufe reproduziert wird. Aber ebenso wenig wie Horkheimer in seinem Aufsatz gelingt es Habermas in *Erkenntnis und Interesse*, für diese Annahme eines internen Zusammenhangs zwischen sozialer Reproduktion und praktischer Kritik überzeugende Argumente vorzubringen. Wenn ich es richtig sehe, scheitert Habermas an der selbstgestellten Aufgabe, weil er als Vorbild für die Erläuterung der Rolle des Kampfes in der gesellschaftlichen Entwicklung die Psychoanalyse wählt. Mit deren Hilfe will er zunächst am Beispiel des individuellen Bildungsprozesses veranschaulichen, warum es angesichts des Wirkens von unbewussten Abhängigkeiten und Zwängen zu einem Ringen des Subjekts mit sich selbst kommt

8 Max Horkheimer, »Traditionelle und kritische Theorie«, a. a. O., S. 180 f.

und schließlich zu einem Streben nach befreiender Heilung von der inneren Fremdbestimmung. In gewisser Weise wird dadurch zwar verständlich, inwiefern die gedeihliche Entwicklung des individuellen Subjekts als ein Prozess des wiederkehrenden Kampfes gegen die Gefahr sich neu formierender Ich-Einschränkungen begriffen werden kann und damit dieser »Kampf« wiederum als ein internes Moment jedes normalen Bildungsvorgangs; aber der Nachteil einer derartigen Orientierung am Vorbild des individuellen Entwicklungsprozesses ist es, dass bei dessen Übertragung auf die gesellschaftliche Entwicklung die irreführende Vorstellung entsteht, als ringe hier im Fall sozialer Abhängigkeiten und Fremdbestimmungen das »Subjekt« der gesamten menschlichen Gattung mit sich selber und nicht die eine Gruppe mit der anderen – der Kampf oder Konflikt, von dem doch gezeigt werden soll, dass er eine dritte invariante Gestalt alles menschlichen Handelns darstellt, wird dann eher nach dem Muster einer Selbstentzweiung verstanden, nicht aber als ein praktischer Streit zwischen zwei sich entgegenstehenden Parteien, wie es doch erforderlich gewesen wäre. Gewiss, es mag sinnvoll sein, auch das bewusste Einwirken eines Subjekts auf sich selber als eine Tätigkeit zu verstehen, nur geht dann jegliche Assoziation mit einem äußerlichen, in die Welt eingreifenden Handeln verloren. Dass Habermas zu dieser problematischen Auffassung neigt und also die Tendenz besitzt, die dritte Form sozialen Handelns nicht wirklich als ein Handeln, sondern als einen Bewusstseinsvorgang im Großen zu begreifen, wird an der Stelle seines Buches besonders deutlich, an der er sich zu einer ersten Zusammenfassung seiner drei invarianten Handlungsformen genötigt sieht; dort heißt es nämlich, dass die drei »kulturellen Bedingungen unserer Existenz« in der »Arbeit«, der »Sprache« und der »Herrschaft« bestehen, eine Formulierung, an der auffällt, dass an der dritten Stelle eben nicht der Kampf, der Konflikt oder der Streit angeführt wird, wie eigentlich zu erwarten gewesen wäre, sondern die »Herrschaft«.[9] Damit aber ist der soziale Zustand bezeichnet, auf den die konflikthafte Tätigkeit reagieren mag, nicht aber deren Vollzug selber; signifikant ist daran, dass Habermas zu zögern scheint, den Kampf als dritte Handlungsform

9 Jürgen Habermas, *Erkenntnis und Interesse. Mit einem neuen Nachwort*, a. a. O., S. 347.

gleichberechtigt neben den beiden anderen Invarianten der Arbeit und der Interaktion zu platzieren. In Folge dieses Versäumnisses, das aus der Orientierung am Konfliktmodell der Psychoanalyse resultiert, gerät er schon gleich zu Beginn seiner Herleitung eines dritten, kritischen Erkenntnisinteresses in eine äußerst missliche Lage; er ist nämlich außerstande, dafür in derselben Weise einen handlungspraktischen Anstoß, eine Verwurzelung in einem fundamentalen Handlungsinteresse zu benennen, wie er das zuvor für die beiden anderen Wissenschaftszweige getan hatte. Stattdessen scheint bei ihm dieses dritte Interesse von Beginn an eher den Charakter eines kognitiven Strebens zu besitzen, ohne dass ersichtlich würde, durch welches weltliche Tun oder Handeln es motiviert sein könnte.

b) Bei der Lösung der zweiten Aufgabe, die darin besteht, die besondere Form von Erkenntnis zu bestimmen, die der dritten Invariante unserer Lebensform eigentümlich sein soll, führt dieses Versäumnis des ersten Schritts zu einer befremdlich anmutenden Duplizierung; weil nämlich vorweg das, was eigentlich als eine reale, welthaltige Tätigkeit hätte begriffen werden müssen, stattdessen bereits als ein selbstbezügliches Ringen der menschlichen Gattung mit sich selber aufgefasst wurde, also als ein kollektiver Bewusstseinsvorgang, kann nun im zweiten Schritt dieser zuvor charakterisierten »kognitiven« Aktivität keine zusätzliche Erkenntnisleistung mehr hinzugefügt werden. Die erste Bestimmung, wonach das dritte Interesse auf die »mentale« Befreiung von selbstbewirkten, aber nicht durchschauten Abhängigkeiten gerichtet ist, wird hier gleichsam verdoppelt, ohne dass etwas Neues hinzukäme. Deutlich wird dieser Zug zur bloßen Wiederholung an der Art und Weise, wie sich Habermas das dritte, emanzipatorische Erkenntnisinteresse aus dem zwischen Kant und Fichte verhandelten Gedanken eines »Interesses der Vernunft« zurechtlegt. An Kants Einführung der Idee, der Vernunft könne als solcher ein Interesse an ihrer eigenen Verwirklichung innewohnen, wird zunächst kritisiert, dass es dieser Konzeption nicht gelungen sei, den Zwiespalt zwischen theoretischem und praktischem Vernunftgebrauch schlüssig zu überwinden: Zwar habe Kant durch die Behauptung, unsere Sinnlichkeit könne im Gefühl der »Achtung« durch die Vernunft affiziert werden, ein erstes, brauchbares Argument für die Selbstmotivierung der rationalen Orientierung am Sittengesetz vorgelegt; weil er davon aber die theoretische Erkenntnis strikt ausgenommen habe, sei es am Ende aber doch nur bei einem bloß halbseitigen Nachweis des internen Zusammenhangs von Vernunft und Interesse geblieben.[10] Aus der Sicht von Habermas hat erst Fichte diese Schwäche der Kantischen Herleitung eines Vernunftinteresses erfolgreich überwunden, als er daranging, die theoretische Vernunft resolut der praktischen unterzuordnen; der dazu erforderliche Schritt sei ihm, Fichte, gelungen, weil er es als das ursprüngliche Interesse des menschlichen »Ich« aufgefasst habe, all seine Vernunftkräfte, die theoretischen wie die moralischen, aufzubieten, um sich praktisch von jeglichen nicht selbst erzeugten Bestimmungen zu emanzipieren und sich auf solche Weise schließlich als vollkommen »frei« verstehen zu können.[11] Es sei dahingestellt, ob Fichte mit diesem Argument tatsächlich, wie Habermas behauptet, ein »in der Vernunft selbst wirksame[s] Interesse[ ] an der Selbständigkeit des Ich« oder nicht vielmehr ein Interesse des Subjekts an seinem umfassenden Vernunftgebrauch unter Beweis gestellt hat, ob also das fragliche Reflexionsinteresse der Vernunft als solcher oder nicht doch dem Menschen zukommt; entscheidend für die Vorgehensweise von Habermas ist allein, dass er sich den Fichteschen Gedankengang bis zu einem gewissen Grad zu eigen machen möchte, um ihn unter »materialistischen Voraussetzungen« für seine eigene Bestimmung eines »emanzipatorischen Erkenntnisinteresses« zu nutzen. Denn seine Lösung für die zweite seiner drei Aufgaben lautet nun, dass dieses kognitive Interesse darin besteht, sich kraft und im Vollzug der Selbstreflexion stets erneut von Abhängigkeiten und Fremdbestimmungen zu befreien, die bislang im Prozess eines unter natürlichen Bedingungen stattfindenden Bildungsprozesses der Gattung undurchschaut geblieben sind.[12] Die Erkenntnis, an der wir Menschen dabei interessiert sein sollen, ist hier mithin, wie Habermas selbst einräumt, mit dem Handeln identisch, das bereits bei der Beantwortung der ersten Frage Erwähnung gefunden hatte; die

10 Ebd., S. 244-252. Eine etwas andere, differenzierte Rekonstruktion der Kantischen Idee eines »Interesses der Vernunft« hat inzwischen Axel Hutter vorgelegt: ders., *Das Interesse der Vernunft. Kants ursprüngliche Einsicht und ihre Entfaltung in den transzendentalphilosophischen Hauptwerken*, Hamburg 2003.

11 Jürgen Habermas, *Erkenntnis und Interesse. Mit einem neuen Nachwort*, a. a. O., S. 253-258.

12 Ebd., bes. S. 261 f.

zweite Bestimmung, die des kognitiven Interesses an der Emanzipation, fügt der ersten, derjenigen des praktischen Handlungsmotivs, nichts Neues hinzu, weil beide am Ende zusammenfallen sollen. Im Rückblick macht dieser für Habermas zentrale Schritt nur noch einmal deutlich, dass bei der Festlegung der neben der Arbeit und der Interaktion dritten Handlungsform unserer kulturellen Existenz von einer »Handlung« im eigentlichen Sinn gar nicht die Rede hat sein können. Es gibt hier nicht, wie im Fall der Arbeit oder der Interaktion, zunächst den Druck zu einer bestimmten Form des Handelns, aus der dann auf höherer Stufe ein Interesse an der Gewinnung methodisch kontrollierbaren Wissens erwachsen würde; vielmehr heißt Handeln im Fall des emanzipatorischen Aufbegehrens und Kämpfens für Habermas dasselbe, wie methodisch gesicherte Erkenntnis über die naturhaft wirkenden Abhängigkeiten gewinnen zu wollen, deren schrittweise Auflösung das »Selbst« der menschlichen Gattung jeweils um ein Stück »freier« machen würde. Zu dem ersten Problem, nicht wirklich über einen eigenständigen Begriff des sozialen Kampfes zu verfügen, tritt dann aber mit dieser Fassung des emanzipatorischen Erkenntnisinteresses ein weiteres, eng verwandtes Problem hinzu: Als Träger jenes Interesses, Einsicht in die Bedingungen der eigenen Fremdbestimmung gewinnen zu wollen, muss nun nämlich die gesamte menschliche Gattung gelten, so als seien konfligierende Interessen in Hinblick auf die Art und den Gehalt des zu gewinnenden Wissens bloßer Schein – wo letztlich kein sozialer Kampf existiert, so ließe sich sagen, kann es auch keine sich widerstreitenden Erkenntnisinteressen geben. Beide Probleme resultieren, wie unschwer zu sehen ist, aus der Zuversicht, mit der sich Habermas in seinem Versuch einer Bestimmung des emanzipatorischen Interesses am Vorbild der Psychoanalyse orientiert: Hatte diese theoretische Richtschnur im ersten Schritt schon dazu geführt, den sozialen Konflikt nur nach dem Muster des reflexiven Ringens eines Subjekts mit sich selbst verstehen zu können, so bedingt sie im zweiten Schritt die fragwürdige Behauptung, die menschliche Gattung besitze wie das mit sich ringende Subjekt ein einheitliches Interesse an der Gewinnung befreienden Wissens. Weder die erste noch die zweite Annahme sind dazu angetan, uns plausibel zu machen, wieso es in der menschlichen Geschichte zu einer Form des Handelns kommen soll, die aus Gründen der Sicherstellung des eigenen Erfolgs an der

Generierung einer besonderen Art kritischen Wissens interessiert wäre.[13]

c) Überraschenderweise kommt Habermas aber nun das theoretische Vorbild der Psychoanalyse, obwohl es sich bei der Klärung der ersten beiden Fragen doch als starkes Hindernis erwiesen hatte, bei der Lösung der dritten ihm gestellten Aufgabe stark entgegen. Bei diesem letzten Problemkomplex handelt es sich darum, die methodischen Eigenarten der Wissenschaften zu umreißen, durch welche das emanzipatorische Erkenntnisinteresse auf der höheren Stufe kontrollierten Wissens zur Verwirklichung gelangen könnte. Ich will der damit aufgeworfenen Frage hier keine allzu große Aufmerksamkeit schenken, weil sie für den mich beschäftigenden Punkt der Nachweisbarkeit eines emanzipatorischen Interesses von nur sekundärer Bedeutung sein wird; bevor nämlich zu klären ist, worin möglicherweise die methodische Besonderheit der kritischen Wissenschaften bestehen könnte, muss zunächst erst einmal dargelegt werden, dass es aufgrund ihres distinkten Erkenntnisinteresses eine solche eigenständige Form von Wissenschaft überhaupt geben kann. Habermas hatte in *Erkenntnis und Interesse*, so war bisher zu sehen, die Existenz einer derartigen dritten Klasse von Wissenschaften »erkenntnisanthropologisch« damit gerechtfertigt, dass die menschliche Gattung (wie das individuelle Subjekt) ein tiefsitzendes Interesse daran besitzt, sich stets wieder von bislang noch nicht durchschauten Abhängigkeiten und pseudonatürlichen Gegebenheiten zu befreien, um so zu einem Zustand der intersubjektiven Herrschaftslosigkeit zu gelangen. Die Befriedigung dieses »emanzipatorischen« Interesses, dessen Umsetzung im Handeln (wie im psychoanalytischen Prozess) bedeutet, eine Erkenntnis über eigene unbewusste Anteile zu gewinnen und mit dem erworbenen Wissen auf sich einzuwirken, verlangt auf fortgeschrittener Stufe danach, in methodischer, neutral kontrollierbarer Form or-

13 Habermas hat einige der hier monierten Fehler in Reaktion auf Kritiken (vgl. vor allem: Thomas McCarthy, *Kritik der Verständigungsverhältnisse. Zur Theorie von Jürgen Habermas*, übersetzt von Friedhelm Lövenich, Max Looser und Hermann Kocyba, Frankfurt/M. 1980, bes. S. 112 ff.) nachträglich selbst eingestanden; allerdings hat er den in *Erkenntnis und Interesse* verfolgten Versuch der Bestimmung eines emanzipatorischen Erkenntnisinteresses später nicht weiterverfolgt, so dass sich die Konsequenzen der vollzogenen Revisionen für ein solches Programm nicht einschätzen lassen.

ganisiert und mithin als eigenständige Wissenschaft institutionalisiert zu werden. Was darin an allgemeinem Wissen generiert werden soll, muss dementsprechend (wie in der Psychoanalyse) dem Ziel dienen, Einblick in die Ursachen der Störungen zu erwerben, die jeweils in Gestalt von nicht durchschauten Abhängigkeiten die zwischenmenschliche Interaktion bislang blockiert haben; daher hat diese kritische Wissenschaft (wie die Psychoanalyse) erklärende und verstehende Methoden in der sehr spezifischen Weise zu kombinieren, dass sie vor dem Hintergrund einer leicht idealisierten Vorstellung des »normalen« Entwicklungsprozesses der menschlichen Gattung die »Entgleisungen« zu lokalisieren versucht, durch die jene ungewollten Abhängigkeiten entstanden und damit die Interaktionsstörungen verursacht sein könnten. Mit der erfolgreichen Identifizierung der jeweiligen Ursachen für solche Pathologien der gesellschaftlichen Entwicklung ist aber die Aufgabe der kritischen Wissenschaft noch nicht abgeschlossen, weil sie jetzt in einem zusätzlichen Schritt darangehen muss, ihr gewonnenes Wissen (wie der Psychoanalytiker) den Betroffenen derart zu unterbreiten, dass diese daraus die Kraft zur befreienden Überwindung oder Auflösung der zuvor identifizierten Blockierungen gewinnen können. Erst wenn ihr das gelungen ist und ihre Adressaten also eine Stufe bislang nicht durchschauter Abhängigkeiten hinter sich gelassen haben, hat die kritische Wissenschaft ihr Erklärungsziel für den Augenblick erreicht. An dieser deutlich der Psychoanalyse entlehnten Vorstellung der Methode kritischer Theorien ist in der Sekundärliteratur vieles bemängelt worden, was tatsächlich zu groben Missverständnissen den Anlass gibt; das beginnt damit, dass Gesellschaftsanalysen anders als die Psychoanalyse nicht über klare Kriterien verfügen, um sinnvoll zwischen gelingender und verfehlter Entwicklung zu differenzieren, setzt sich in dem Vorwurf fort, dass mit Blick auf Gesellschaften keine zentralen, den psychosexuellen Blockierungen vergleichbare Probleme existieren, an denen sich die Frage zukünftiger Entwicklungen entscheiden würde, und mündet schließlich in den Verdacht, dass sich der Theoretiker hier ein Wissen jenseits aller Unsicherheiten der Zeitdiagnose anmaßt – kurz, die Übertragung der psychoanalytischen Methode auf die Operationsweise kritischer Gesellschaftstheorien scheitert grundsätzlich daran, dass diese in einem komplett anderen Verhältnis zu ihrem Gegenstand stehen als der Analytiker zu seinem

Patienten.[14] Gleichwohl gibt es einen Kern in der von Habermas umrissenen Methodologie, der mir bewahrenswert zu sein scheint und der auch von ihm selber später bei allen Revisionen nicht mehr fallengelassen wurde; das ist die Vorstellung, dass kritische Gesellschaftstheorien an ihrem Objektbereich »rekonstruktiv« solche Entwicklungspfade ausfindig machen sollten, die sich idealisierend als angemessene Realisierungen bereits allgemein akzeptierter Normen verstehen lassen, um an diesem Idealverlauf dann tentativ die Entgleisungen der faktischen Entwicklungsprozesse zu messen.[15]

Allerdings will ich, wie schon gesagt, die damit zusammenhängenden Probleme hier auf sich beruhen lassen, um mich stattdessen den beiden ihnen vorangehenden Prämissen des Ansatzes von Habermas zuzuwenden. Seine Behauptung war es gewesen, dass wir von einer kritischen Gesellschaftstheorie nur dann als einer distinkten Klasse von Wissenschaft sprechen können, wenn sich dafür wie bei den Natur- oder Geisteswissenschaften erstens eine Verwurzelung in einer gesonderten Form des menschlichen Handelns und zweitens ein damit wiederum intrinsisch verknüpftes Erkenntnisinteresse nachweisen lassen; für beide Annahmen aber hatte Habermas, so habe ich zeigen wollen, nicht die erforderlichen Belege erbracht, weil er das entsprechende Handeln in problematischer Orientierung an der Psychoanalyse nach dem Muster eines kognitiven Einwirkens der menschlichen Gattung auf sich selber verstanden und damit der praktischen Kritik jeden Sinn einer Entgegensetzung zwischen Gruppen oder Klassen genommen hat. Daher ist jeder, der an der ursprünglichen Intuition von Habermas festhalten möchte, mit zwei grundsätzlichen Herausforderungen konfrontiert, die zunächst getrennt behandelt werden müssen: Lässt sich, erstens, für unsere Lebensform eine invariante Klasse von Handlungen ausmachen, die im Unterschied zur Bestimmung von Habermas tatsächlich den Charakter eines »Kampfes« oder Konfliktes zwischen Gruppen besitzen? Und, zweitens, lässt sich

14 Vgl. exemplarisch: Hans-Joachim Giegel, »Normative Orientierungen und sozialwissenschaftliche Erkenntnis. Rückblick auf *Erkenntnis und Interesse*«, in: Stefan Müller-Doohm (Hg.), *Das Interesse der Vernunft. Rückblicke auf das Werk von Jürgen Habermas seit »Erkenntnis und Interesse«*, a. a. O., S. 42-70.

15 Vgl. meine eigenen Bemühungen in einer solchen Richtung der Theoriebildung: Axel Honneth, *Das Recht der Freiheit. Grundriß einer demokratischen Sittlichkeit*, Berlin 2011.

für eine solche mögliche Form des Handelns behaupten, dass ihr ein distinktes Erkenntnisinteresse innewohnt, welches die epistemische Grundlage einer eigenständigen Klasse von Wissenschaften bilden könnte? Ich will in den nächsten zwei Schritten meines Vortrags versuchen, auf beide Fragen eine positive Antwort zu geben, um auf diese Weise eine Alternative zum in *Erkenntnis und Interesse* entwickelten Ansatz zu umreißen.

II.

Die erste der beiden Fragen lässt sich im Horizont der heutigen Sozialontologie auch dahingehend formulieren, ob es gerechtfertigt ist, zu den Entitäten, auf die eine Gesellschaftstheorie in ihren Erklärungen nicht verzichten kann, auch einen Typ des sozialen Handelns zu rechnen, der als Konflikt oder Kampf zwischen Gruppen zu bezeichnen ist.[16] Blickt man auf die Tradition der Sozialphilosophie oder des politischen Denkens zurück, so wird man schnell feststellen müssen, dass es eine Reihe von Strömungen gegeben hat, die auf diese Frage eine positive Antwort zu geben versucht haben; nicht wenige Denker der Vergangenheit waren der festen Überzeugung, dass der soziale Streit eine invariante Größe alles gesellschaftlichen Lebens bildet. Die Gründe allerdings, die für eine solche Annahme jeweils vorgebracht wurden, unterschieden sich erheblich und variierten entlang eines Spektrums, das von dem Rekurs auf psychische Dispositionen des Menschen bis hin zum Verweis auf originär innergesellschaftliche Spannungskräfte reicht. Ich will mit der Absicht, mich dem schwierigen Thema zu nähern, zunächst einmal vier typische Begründungsfiguren ins Feld führen, um daran zu prüfen, als wie stichhaltig die jeweiligen Argumente gelten können. Eine erste Position – nennen wir sie kurz die Rousseau-Kant-Fraktion – behauptet, dass unserer Lebensform deswegen eine Tendenz zum immerwährenden Konflikt innewohnt, weil wir Menschen die Disposition besitzen, uns gegenüber unseren Mitmenschen stets wieder als überlegen und wertvoller erweisen zu wollen, so dass der »eitle« Kampf um Hö-

16 Ich schließe hier an die entsprechenden Bestimmungen von Titus Stahl an, der sich wiederum an der Definition von Quine orientiert, vgl.: Titus Stahl, *Immanente Kritik. Elemente einer Theorie sozialer Praktiken*, Frankfurt/M. 2013, S. 191 f.

herstellung nie zu einem Ende gelangen wird; das »Ungesellige« an der gleichzeitigen »Geselligkeit« von menschlichen Wesen besteht Kant zufolge darin, dass jede Person danach strebt, sich von allen anderen durch Taten oder Leistungen abzuheben, denen jeweils eine besondere Wertschätzung zukommen soll.[17] Die zweite Position – nennen wir sie behelfsweise die Freud-Fraktion – beruft sich bei der Erklärung der Unvermeidlichkeit eines sozialen Kampfes unter uns Menschen zwar ebenfalls auf eine psychische Disposition, setzt zu diesem Zweck aber an einem ganz anderen Punkt unseres individuellen Strebens an; hier wird davon ausgegangen, dass wir als Erwachsene allen Autoritäten gegenüber stets auch einen Widerwillen und deutliche Abwehr verspüren müssen, weil wir in der frühen Kindheit nicht umhinkamen, die elterlichen Bezugspersonen sowohl mit Liebe wie auch mit Hass zu besetzen. Das soziale Leben kann Freud zufolge nicht zur Ruhe kommen, sondern wird immer wieder Zwist und Streit heraufbeschwören, weil jeder von uns aufgrund seines frühkindlichen Schicksals psychisch genötigt ist, gegen jegliche uns bevormundende, selbst demokratisch legitimierte Instanz aufzubegehren.[18] Mit der dritten Position – nennen wir sie der Einfachheit halber die Marx-Fraktion – verlagert sich die erklärende Ursache für die Unaufhebbarkeit des sozialen Kampfes von der Ebene psychischer Dispositionen auf die Ebene innersozialer Spannungen; denn als Grund dafür, warum vorläufig aus den Formationen menschlichen Zusammenlebens der Konflikt nicht wegzudenken ist, wird von dieser Position der Umstand benannt, dass Uneinigkeit und Zwist unter den sozialen Klassen so lange herrschen müssen, wie eine von ihnen dank ihrer Vormachtstellung innerhalb der Produktionsverhältnisse größere Chancen zur Durchsetzung ihrer eigenen Interessen besitzt.[19] Schon der Hinweis darauf, dass mit einem solchen Klassenkampf nur »vorläufig« zu rechnen ist, macht allerdings auch deutlich, dass es sich bei dieser dritten Position im strengen Sinn gar nicht um eine sozialontologische These handelt; denn das Konfliktgeschehen soll

17 Allen W. Wood, »Unsociable Sociability«, in: *Philosophical Topics* 19,1 (1991), S. 325-351.

18 Sigmund Freud, »Das Unbehagen in der Kultur«, in: ders., *Gesammelte Werke*, hg. von Anna Freud, Bd. XIV, Frankfurt/M. 1991, S. 419-506, bes. Kap. IV.

19 Karl Marx/Friedrich Engels, »Das Kommunistische Manifest«, in: Karl Marx/ Friedrich Engels, *Werke* (*MEW*), Bd. 4, Berlin 1972, S. 459-493.

nach Auffassung von Marx dann an ein Ende kommen können, wenn einmal nach der über kurz oder lang zu erwartenden Revolution der Zustand einer klassenlosen Gesellschaft erreicht ist. Demgegenüber gelangt mit der vierten Position, die ich hier ins Spiel bringen möchte – nennen wir sie mangels eindeutiger Ahnherren einstweilen die Hegel-Dewey-Fraktion –, wieder eine strikt sozialontologische These zur Geltung; von dieser theoretischen Gruppierung wird nämlich behauptet, dass in allen Gesellschaften ein sozialer Konflikt schon deswegen unvermeidlich ist, weil sich unter Berufung auf die in ihnen geltenden Normen stets wieder moralische Ansprüche artikulieren werden, die unter ihren gegenwärtigen Bedingungen unerfüllbar sind und deren Enttäuschung daher gesellschaftliche Zwistigkeiten auslösen müssen.[20] Alles Gewicht der Erklärung wird hier auf den Umstand gelegt, dass die Interpretation sozial geltender Normen ein prinzipiell unabschließbarer Prozess ist, in dem herrschende, aber einseitige Deutungen und der Widerstand dagegen sich abwechseln müssen.

Obwohl es noch weitere Positionen geben mag, die den Kampf für ein unverbrüchliches Element alles Gesellschaftlichen halten – man denke nur an den Sozialdarwinismus oder Georg Simmels berühmte Lehre vom »Streit« als einer Vergesellschaftungsform[21] –, will ich es bei der Auflistung dieser vier Ansätze bewenden lassen; deren Schlüsselbegriffe für die Behauptung einer permanenten Wiederkehr sozialer Konflikte waren in der Reihenfolge, in der sie zuvor genannt wurden, »amour propre« oder Eitelkeit, affektive Ambivalenz gegenüber Autoritäten, ökonomische Interessengegensätze und schließlich der kollektiv mobilisierbare Geltungsüberhang sozialintegrativer Normen. Da wir auf der Suche nach einer Klasse von Handlungen sind, die in Gestalt eines Kampfes zwischen sozialen Gruppen jeder beliebigen Gesellschaftsformation angehören soll, scheiden nach meinem Dafürhalten die ersten zwei Erklärungsansätze als Möglichkeiten aus. Die erste der beiden Positionen unterstellt nämlich, im Falle von Kant stärker als bei Rousseau,

20 Vgl. John Dewey, *Vorlesungen in China 1919/20*, übersetzt von Martin Suhr, hg. von Axel Honneth und Arvi Särkela, Berlin 2019, bes. Kap. 3. Mit Bezug auf Hegel vgl. Axel Honneth, *Kampf um Anerkennung. Zur moralischen Grammatik sozialer Konflikte*, Frankfurt/M. 1992.

21 Georg Simmel, *Soziologie. Untersuchungen über die Formen der Vergesellschaftung*, Leipzig 1908, Kap. IV.

dass das Motiv für die stets wiederkehrende Rebellion gegen die herrschende Wertordnung im Streben des einzelnen Subjekts liegt, sich gegenüber allen anderen Gesellschaftsmitgliedern als überlegen oder höherrangig zu erweisen; von einem Streit zwischen zwei Gruppen ist hier eigentlich nicht die Rede, vielmehr nur von einem Ringen des Individuums mit der öffentlichen Meinung, gegenüber der es die Exzellenz seiner eigenen Eigenschaften und Fähigkeiten unter Beweis stellen möchte. Darüber hinaus gibt Rousseaus eigene Deutung der »amour propre« zu erkennen, dass es sich bei dieser menschlichen Eigenschaft auch um ein kulturelles Produkt handeln könnte, dessen »giftige«, konfliktverschärfende Wirkung in Zukunft unter realisierten Bedingungen sozialer Gleichheit wieder nachlassen oder ganz verschwinden könnte.[22] Insofern scheint der Ansatz der Rousseau-Kant-Fraktion wenig geeignet, uns eine invariante Dimension sozialen Handelns vor Augen zu führen, die im Kampf zwischen Gruppen besteht. Dasselbe lässt sich, wie leicht zu erkennen ist, auch für den Ansatz der Freud-Fraktion behaupten; denn auch dieser Ansatz sieht als Beweggrund des Aufbegehrens zunächst einmal nur individuelle Dispositionen, die sich unter entsprechenden Bedingungen zwar in Massenreaktionen entladen können sollen, um dann aber die unterschiedlichsten Formen vom Führerkult bis hin zum sogenannten »Vatermord« anzunehmen – hier ist ebenso wenig von der steten Wiederkehr eines kollektiven Widerstands die Rede wie bei der Position, die vom permanenten Unruheherd unserer Eitelkeiten ausgegangen war.

Anders verhält es sich mit dem dritten Lager, das ich pauschal der Klassenkampf-Doktrin von Karl Marx zugerechnet habe. Gewiss steht im Zentrum dieser Auffassung die Vorstellung, dass alle bisherige Geschichte von Kämpfen geprägt war, die soziale Klassen um ihre ökonomische Vormachtstellung austragen; insofern haben wir es hierbei tatsächlich mit einer Position zu tun, für die es als selbstverständlich gilt, dass sich die vergangenen Gesellschaftsformationen nur dann angemessen beschreiben lassen, wenn an ihnen die Konflikte zwischen kollektiven Akteuren Berücksichtigung finden. Aber abgesehen davon, dass dieses soziale Faktum keinen sozialontologischen Status besitzen soll, weil mit ihm nur bis zur

22 Vgl. die Deutung von Frederick Neuhouser, *Pathologien der Selbstliebe. Freiheit und Anerkennung bei Rousseau*, übersetzt von Christian Heilbronn, Berlin 2012, bes. Teil III.

Schwelle der Revolution zu rechnen ist, stößt die an Marx orientierte Lehre noch auf eine weitere Grenze, die sie für unsere Zwecke untauglich sein lässt. Wenig überzeugend ist daran nämlich auch, warum die besagten Kämpfe in der Vergangenheit immer nur den Charakter von Auseinandersetzungen haben sollen, die über wirtschaftlich definierte Interessen geführt wurden. Das ist für solche hinter uns liegenden Gesellschaftsformationen sicherlich falsch, in denen das ökonomische Handeln in die gesamte Lebenswelt derart eingebettet blieb, dass von einer gesonderten Schicht wirtschaftlicher Belange noch gar nicht gesprochen werden kann;[23] aber auch für die kapitalistische Gegenwart ist es mehr als fraglich, ob wir recht daran tun, die Auseinandersetzung der sozialen Gruppen untereinander primär als Ausfluss der Entgegensetzung ihrer rein ökonomischen Interessen zu verstehen. Die Marxsche Lehre vom Klassenkampf scheitert im Wesentlichen daran, dass sie alle Auseinandersetzungen zwischen Gruppen oder Klassen wirtschaftlich motiviert sein lässt, obwohl doch im realen Geschehen Empfindungen erlittenen Unrechts und versagter Versprechen eine ungleich größere Motivationskraft besessen haben.[24]

Damit ist eine Brücke zur letzten der vier Positionen geschlagen, die glaubhaft zu machen versuchen, dass eine Dimension des Kampfes zu allen Formen des gesellschaftlichen Zusammenlebens gehört. Denn all das, was in der Marxschen Tradition in seinem Gewicht unterbewertet blieb, wird von dieser theoretischen Gruppierung gerade in den Mittelpunkt der Erklärung gerückt: Auf der durch Hegel und Dewey charakterisierten Linie gilt als Quelle des permanenten Aufbegehrens sozialer Gruppen der Umstand, dass diese im Fall ihrer Benachteiligung immer wieder versuchen werden, bereits institutionalisierte, aber hegemonial ausgelegte Normen gegen die Herrschenden zu wenden, um dadurch ihren vernachlässigten Belangen moralische Legitimation zu verschaffen. Zwei Bestandteile müssen an dieser kompakten These auseinandergehalten werden, weil sie einer je gesonderten Rechtfertigung bedürfen: Erstens gilt es nachzuweisen, dass die den sozialen Verkehr regulierenden Normen tatsächlich die Eigenschaft besitzen, jeder-

23 Vgl. repräsentativ: Marcel Mauss, *Die Gabe. Form und Funktion des Austauschs in archaischen Gesellschaften*, übersetzt von Eva Moldenhauer, Frankfurt/M. 1968.

24 Barrington Moore, *Ungerechtigkeit. Die sozialen Ursachen für Unterordnung und Widerstand*, übersetzt von Detlev Puls, Frankfurt/M. 1982.

zeit mit Verweis auf ihre bislang nur einseitige Ausdeutung in Frage gestellt werden zu können; und zweitens muss gezeigt werden, dass die durch die hegemoniale Deutungskultur ausgeschlossenen oder diskriminierten Gruppen im Allgemeinen tatsächlich dazu neigen, die interpretativen Einseitigkeiten in Frage zu stellen und sich dementsprechend gegen die existierende Sozialordnung aufzulehnen. Beide Annahmen würden zusammengenommen, wenn sie sich denn begründen ließen, die Behauptung stützen können, dass sich die soziale Reproduktion von Gesellschaften immer auch in Form einer praktischen Kritik oder eines Kampfes zwischen Gruppen vollzieht. Im Folgenden soll nur jeweils kurz angedeutet werden, wie eine Rechtfertigung der zwei Thesen beschaffen sein könnte.

In Bezug auf die erste These bedarf es des Nachweises, dass sozialintegrative Normen ihrer ganzen Machart nach offen genug dafür sind, stets wieder unter Verweis auf bislang vernachlässigte Belange oder Interessen neu gedeutet zu werden; das Pendant zu dieser Behauptung ist die Feststellung, dass solche Normen immer unter den einstweiligen Vorbehalt gestellt sind, bisher in nur einseitiger, hegemonialer Weise interpretiert worden zu sein. Der Nachweis, dass es sich so verhält, fällt dann nicht schwer, wenn man sich klarmacht, dass sozialintegrative Normen das Produkt einer wechselseitigen Ermächtigung der Subjekte dazu sind, sich in deren Licht untereinander für die falsche Anwendung ihres jeweiligen Gehalts zu kritisieren. Wir wüssten gar nicht, so ließe sich auch sagen, worum es sich bei solchen Normen handeln sollte, würden wir uns reziprok nicht gleichzeitig das Recht einräumen, gegen deren präsumtiv fehlerhafte Praktizierung Einwände zu erheben.[25] Dieser Sachverhalt kann unschwer dahingehend erweitert werden, dass Akteure in ihrem normorientierten Verhalten sich untereinander als Subjekte behandeln müssen, denen die Autorität zukommt, den jeweils Anderen mit Bezug auf seine Ausführung der zugrundeliegenden Norm zu kritisieren; alles soziale Handeln ist, weil es nur unter der Bedingung gemeinsam akzeptierter Normen stattfinden kann,[26] vorgängig bereits auf Seiten aller Beteiligten von der wech-

25 Vgl. dazu und zum Folgenden: Titus Stahl, *Immanente Kritik. Elemente einer Theorie sozialer Praktiken*, a. a. O., S. 380-387.

26 Vgl. Talcott Parsons, *The Structure of Social Action*, New York 1968, Bd. I, Teil II, Kap. X. Eine alternative Erklärung für diesen Sachverhalt liefert John McDowell, *Geist und Welt*, übersetzt von Thomas Blume, Holm Bräuer und Gregory Klass,

selseitigen Erwartung geprägt, als Mitglied einer Gemeinschaft anerkannt zu sein, in der jedem prinzipiell der Anspruch einer Kritik der Anwendung der geteilten Normen zusteht. Dieser stets mitgegebene Möglichkeitshorizont sozialintegrativer Normen ist nun die Voraussetzung, die es erlaubt, von einer essentiellen Umkämpftheit oder Konflikthaftigkeit der gesellschaftlichen Ausdeutung von Normen zu sprechen; jederzeit können nämlich von einer Seite Gründe vorgebracht werden, die es fragwürdig erscheinen lassen, dass eine bestimmte Norm die Interpretation erfahren hat, die mit den vorgängig bestehenden Anerkennungserwartungen in Übereinstimmung steht. Insofern haben es die für eine Gesellschaft konstitutiven Normen an sich, daraufhin kritisiert werden zu können, in ihrer jeweiligen Ausdeutung für die Belange einzelner Individuen oder Gruppen nicht responsiv genug zu sein.

Im Gegensatz zur Begründung dieser ersten These, die nur eine begriffliche Explikation der Eigenschaften sozialer Normen verlangte, ist der Nachweis für die zweite These viel schwerer zu erbringen; denn in dem jetzt erforderlichen Schritt geht es um Belege für die steile Behauptung, dass bislang benachteiligte Gruppen die Deutungsoffenheit sozialer Normen regelmäßig und wiederkehrend verwenden, um durch Neuinterpretationen zu versuchen, ihren vernachlässigten Belangen die verdiente Anerkennung zu verschaffen. Was nun zur Debatte steht, ist mithin die Frage, welche empirischen Befunde sich für die Annahme vorbringen lassen, dass zur sozialen Reproduktion von Gesellschaften im Allgemeinen eine praktische Kritik des Typs gehört, der in der subversiven Umdeutung existierender Normen zum Zweck der Erweiterung wechselseitiger Anerkennung zum Tragen kommt. Die Beweisführung muss hier freilich einen indirekten Weg einschlagen, da es an wissenschaftlichen Hochmut grenzen würde, auf induktive Weise den erforderlichen Nachweis führen zu wollen; zwar mag es hier und da in der Geschichtsschreibung oder historischen Soziologie Versuche geben, generalisierbare Aussagen über die Logik der Widerstandspraktiken unterdrückter Gruppen zu gewinnen,[27]

Frankfurt/M. 2001; vgl. dazu: Axel Honneth, »Zwischen Hermeneutik und Hegelianismus. John McDowell und die Herausforderung des moralischen Realismus«, in: ders., *Unsichtbarkeit. Stationen einer Theorie der Intersubjektivität*, Frankfurt/M. 2003, S. 106-137.

27 Beispiele dafür wären etwa die Studien von Charles Tilly oder James C. Scott:

aber all das dürfte nicht ausreichen, um den vermuteten Zusammenhang hieb- und stichfest zu beweisen. Etwas anderes wäre es, sich zunächst einmal klarzumachen, über welche Alternativen zur Mobilisierung von transformativen Neuinterpretationen gegebener Normen benachteiligte Kollektive überhaupt verfügen. Sobald die Frage in dieser Weise formuliert wird, dürfte schnell deutlich werden, dass der Spielraum hier äußerst begrenzt ist: Müssen Individuen feststellen, dass nicht sie allein, sondern eine ganze Gruppe ähnlich gestellter Mitglieder durch die sozial praktizierten Normen in ihren Anerkennungserwartungen enttäuscht werden, so wird es zunächst kaum andere Möglichkeiten geben, als die expliziten Deutungen jener Normen durch kreative, erweiternde Interpretationen in Frage zu stellen und für die eigenen Belange artikulationsfähig zu machen. In den gut untersuchten Fällen der Sklavenaufstände auf dem amerikanischen Kontinent, der Bürgerrechtsbewegung in den USA, der europäischen Arbeiterbewegung oder der britischen Suffragetten war ein derartiges Vorgehen daher auch der Weg, den man fürs Erste regelmäßig einschlug, um ans Ziel zu gelangen;[28] wie gewaltsam oder friedfertig, illegal oder legal die Aktionen auch immer waren, die zur Erstreitung der eigenen Ziele ergriffen wurden, nach innen wie nach außen rechtfertigte man sie mit Verweis darauf, dass ihnen bei der moralisch gerechtfertigten, erweiternden Umdeutung der existierenden Normen die nötige Legitimität zukommen würde. Ganz unabhängig davon, ob dieser »revisionistische« Weg dann irgendwann abgebrochen werden musste, weil sich die vorhandenen Normen als zu eng für die jeweiligen Forderungen erwiesen, so dass Bedürfnisse nach »neuen« Idealen des Zusammenlebens emporwuchsen, kann in einem solchen Vorgehen doch erst einmal der Normalfall der Genese praktischer Kritik gesehen werden: Unter dem Eindruck der Erfahrung, dass institutionalisierte Normen unverständlicherweise auf die eigene soziale Lage und Stellung keine Anwendung finden, werden diese in einer kooperativen Deutungsarbeit uminterpretiert, um sie als normative Ressource für die Legitimierung gesellschaftsverändernder Ziele

Charles Tilly, *Identities, Boundaries, and Social Ties*, London 2006; James C. Scott, *Domination and the Arts of Resistance*, New Haven/CT 1992.

28 Für die Sklavenrevolten vgl. die interessanten Hinweise bei Joshua Cohen, »The Arc of the Moral Universe«, in: ders., *The Arc of the Moral Universe and Other Essays*, Cambridge/Mass. 2010, S. 15-72, bes. S. 43 ff.

verwenden zu können. Zwei bis drei Schritte der Generalisierung sind notwendig, um aus den zuvor erwähnten, relativ gegenwartsnahen Beispielen einen Hinweis auf ein allgemeines Verlaufsmodell der praktischen Kritik gewinnen zu können: Erstens müsste sich für alle Gesellschaftsformationen zeigen lassen, dass in ihnen stets wieder soziale Gruppen entstehen, die gemessen an den etablierten, mit den sozialintegrativen Normen einhergehenden Anerkennungserwartungen benachteiligt oder diskriminiert werden; zweitens wäre zu erwarten, dass solche Gruppen regelmäßig über kurz oder lang einen Unmut oder eine Empörung darüber entwickeln, in ihren aufgrund der etablierten Normen gerechtfertigten Anerkennungserwartungen enttäuscht zu werden; und drittens müsste diese kollektive Empörung den Schluss zulassen, dass die entsprechenden Gruppen einen Kampf oder Konflikt vom Zaun brechen, in dessen Verlauf sie den etablierten Normen eine neue, erweiterte Deutung zu geben versuchen, mit deren Hilfe sie die Forderung nach Veränderung der sozialen Gegebenheiten rechtfertigen. Für diese Reihe von Verallgemeinerungen ist vor allem die Annahme von Bedeutung, dass soziale Gruppen nicht auf Dauer einen gesellschaftlichen Zustand still und resignativ hinnehmen werden, der sie nach dem Maßstab der allgemein akzeptierten Normen erfahrbar benachteiligt; ist dem so, können wir hier also von einem sich stets mit einer gewissen Regelmäßigkeit meldenden Unrechtsgefühl ausgehen, so scheint es mir gerechtfertigt, von einem solchen Verlaufsmodell praktischer Kritik als einem Bestandteil aller sozialen Reproduktion auszugehen.

III.

Obwohl ich zugegebenermaßen für diese These einen endgültigen Beweis nicht erbracht habe, möchte ich sie meinen weiteren Ausführungen von nun an zugrunde legen; es mag ausreichen, gezeigt zu haben, dass es nicht ganz abwegig ist, im »kritischen Verhalten« (Horkheimer) einer transformativen Umdeutung gegebener Normen eine in allen Gesellschaftsformationen wiederkehrende Praxis unterdrückter Gruppen zu vermuten. Der nächste Schritt bei dem Versuch, die in *Erkenntnis und Interesse* verfolgte Zielsetzung wieder aufzugreifen, ihr aber eine andere Wendung zu geben, muss nun darin bestehen, die Frage zu klären, ob der soeben genannten Praxis ein Erkenntnisinteresse innewohnt, das von kognitiven Bestrebungen anderer Art markant unterschieden ist; denn nur wenn das der Fall wäre und im Kampf also ein Interesse an einer distinkten Form von Erkenntnis entwickelt würde, könnte diese vorwissenschaftliche Erkenntnis nach weiterer Prüfung vielleicht tatsächlich als epistemische Quelle einer kritischen Theorie aufgefasst werden. Bevor ich mich aber diesem Problem zuwenden kann, muss zunächst vor einem Missverständnis gewarnt werden, das meine bisherigen Ausführungen nahelegen könnten. Wird nämlich, wie ich es zuvor getan habe, das kritische Verhalten zunächst als eine kooperative Deutungspraxis verstanden, so ließe sich daraus schließen, aller Kampf sozialer Gruppen sollte hier als ein bloß intellektuelles Geschäft, als eine Sache allein des Argumentierens und nicht der handfesten Auseinandersetzung begriffen werden.[29] Der irreführende Eindruck entsteht, wenn der Teil fürs Ganze genommen wird, so als würde behauptet, das kämpferische Handeln bestünde ausschließlich in Operationen des kritisch-kreativen Umdeutens. Das aber ist gar nicht der Fall; festgehalten wurde bislang nur, dass eine Seite des kritischen Verhaltens zwangsläufig in einer solchen normativen Deutungspraxis bestehen muss, soll ihr eigenes Verhalten den Beteiligten selbst nicht vollkommen unverständlich bleiben. Ob nun Häuser angezündet, Fabriken besetzt oder Straßenbarrikaden errichtet werden – alles Tätigkeiten, die unter Umständen zum Kampf dazugehören können –, die Kämpfenden müssen sich eine zumindest minimale Rechenschaft über Sinn und Gebotenheit, Zweck und Legitimität ihres Tuns ablegen; und dieser inwendige Teil ihres Handelns, die Überzeugungsarbeit, die sie sich selbst und anderen gegenüber leisten müssen, so lautet die These, soll in einer Praxis des kooperativen Umdeutens gegebener Normen bestehen. Insofern kann nicht die Rede davon sein, dass hier der Kampf idealisierend auf eine allein intellektuelle Aktivität reduziert würde; zu einem solchen Kampf gehören vielmehr nach der im Folgenden zugrunde gelegten Auffassung stets die beiden Seiten eines begrifflich-normativen Operierens und einer nach

29 Vgl. zu derartigen Bedenken: Robin Celikates, »Moralischer Fortschritt, soziale Kämpfe und Emanzipationsblockaden: Elemente einer Kritischen Theorie der Politik«, in: *Kritische Theorie der Politik*, hg. von Ulf Bohmann/Paul Sörensen, Berlin 2019, S. 397-425.

außen gerichteten Gegenwehr, Auflehnung oder Revolte – beide bilden eine Einheit und dürfen nicht artifiziell auseinandergerissen werden.

Nach dieser begrifflichen Klärung kann ich mich nun der Frage zuwenden, ob irgendetwas dafür spricht, einem solchen Kampf ein distinktes Erkenntnisinteresse zuzuschreiben: Besitzen diejenigen, die an der Praxis der kooperativen Umdeutung beteiligt sind, ein kognitives Interesse, das von den dominanten, in der herrschenden Sozialordnung verankerten Erkenntnisbemühungen deutlich und klar unterschieden ist? Einen ersten Hinweis zur Beantwortung dieser Frage liefert das reichlich überstrapazierte, für vielerlei Zwecke ausgebeutete Kapitel über »Herrschaft und Knechtschaft« aus Hegels *Phänomenologie des Geistes*.[30] Dort wird bekanntlich die Beziehung von »Herr« und »Knecht« als ein Verhältnis dargestellt, in dem beide Seiten vorläufig nur über ein jeweils unvollständiges Selbstbewusstsein verfügen: Dem Herrn mangelt es an dem, was dazu erforderlich wäre, weil er sich nur mittels des Knechts auf den begehrten Gegenstand bezieht und daher dessen Fluidität und Veränderbarkeit selbst nicht in Erfahrung bringen kann; der Knecht umgekehrt vermag zu Selbstbewusstsein nicht zu gelangen, weil er in seinen Zielsetzungen vom Herrn abhängig bleibt und sich daher nicht als ein selbstbestimmendes Wesen erfahren kann. Beiden Figuren, so will Hegel sagen, fehlt es an einer notwendigen Bedingung des Erwerbs von Selbstbewusstsein, über die der jeweils andere gerade verfügt, der Herr muss sich weiterhin in Abhängigkeit von der gegenständlichen Welt wissen, die er selbst nicht zu bearbeiten vermag, der Knecht in Abhängigkeit von seinem Vorgesetzten, dessen Willen er nicht beeinflussen kann. Ich will in meinem Versuch, diesen Gedankengang Hegels als Ausgangspunkt einer Beantwortung der zuvor formulierten Frage zu nehmen, von allen weiteren Komplikationen des berühmten Kapitels absehen; weder die Todesfurcht des Knechtes noch die Genusssucht des Herrn soll daher im Folgenden eine Rolle spielen. Hier soll einzig und allein von Bedeutung sein, in welch unterschiedliches Verhältnis zum Gegenstand Hegel seine beiden Protagonisten versetzt sieht: Während der Herr seine gegenständliche Umwelt nur als ein An-sich betrachten kann, dessen Bauplan und Veränderbarkeit ihm auf-

30 G. W. F. Hegel, *Phänomenologie des Geistes,* in: ders., *Werke in zwanzig Bänden,* Bd. 3, Frankfurt/M. 1970, S. 145-155.

grund seiner Untätigkeit verschlossen bleiben muss, ist der Knecht in der Ausführung der ihm auferlegten Aufgaben dazu genötigt, sich denselben Gegenstand im »formierenden Tun«[31] zu erschließen und auf diese Weise zu einem Für-sich zu machen. Denken wir uns nun den Gegenstand, um den es in der Entgegensetzung von Herr und Knecht geht, als die Welt der jeweils etablierten Normen, so bringt uns Hegels Überlegung schon ein erhebliches Stück weiter; denn dann müssen wir uns den Herrn als jemanden vorstellen, der diesen Normen gegenüber in einer bloß genießenden Abhängigkeit verbleibt, während uns der Knecht als jemand erscheint, der ihnen gegenüber eine Haltung des formierenden Tuns an den Tag zu legen hat. Diese Übertragung mag ein wenig gewaltsam oder willkürlich anmuten, andererseits kann sie aber auch helfen, die Gründe für zwei sehr unterschiedliche Einstellungen gegenüber je existierenden Normen freizulegen: Ist man nicht genötigt, den herrschenden Deutungen der geteilten Normen Skepsis entgegenzubringen, weil man sich von ihnen bezüglich der eigenen sozialen Position Vorteile oder Privilegierungen erwarten kann, so werden diese der Tendenz nach als ein »An-sich«, als ein prinzipiell Unveränderbares hingenommen; sieht man sich hingegen gezwungen, dieselben Deutungen in Zweifel zu ziehen, weil in ihnen eigene Ansprüche oder Begehrlichkeiten keine Berücksichtigung finden, so wird man sie der Tendenz nach in ihrem bloßen »Für-sich-Sein« zu verstehen versuchen und ihnen daher in einer Einstellung der formierenden Veränderung begegnen. Ich will diese mit Hegel gewonnene Entgegensetzung im Folgenden als einen Schlüssel benutzen, um in Erfahrung zu bringen, ob der intellektuellen Seite des praktischen Kampfes ein Interesse an einer distinkten Sorte von Erkenntnis innewohnt.

Beginnen wir damit, uns die Situation vor Augen zu führen, in der sich die unterdrückten oder benachteiligten Gruppen im Allgemeinen zunächst befinden. Man empfindet, fürs Erste wahrscheinlich nur in einem kleinen Kreis von Betroffenen, die existierenden Umstände als irgendwie ungerecht, weil sie keine Möglichkeit bieten, die eigenen, für legitim gehaltenen Ansprüche zu verwirklichen; schon in dieser Ausgangslage wird auf die herrschenden Normen insofern interpretatorisch Bezug genommen, als sie die

31 Ebd., S. 154.

Gründe dafür liefern müssen, die über die Zeit transparent gewordenen Begehrlichkeiten der eigenen Gruppe einerseits für moralisch vertretbar zu halten, andererseits deren soziale Unerfüllbarkeit aber als Ausweis einer Ungerechtigkeit wahrzunehmen – ohne Rückbezug auf solche von allen Angehörigen des eigenen Gemeinwesens geteilte Normen wäre es kaum möglich, den sprachlichen Kontrast von »gerecht« und ungerecht« in einer Weise zu verwenden, die öffentlich nachvollziehbar und einsehbar sein soll. Allerdings kann an diesem frühen Zeitpunkt noch nicht die Rede davon sein, dass bereits die Interpretationsbedürftigkeit der herrschenden Normen selbst verstanden würde; vorläufig wird die herrschende, in den Institutionen verkörperte Deutung noch als sakrosankt hingenommen, in Frage gestellt wird nur, dass es dabei fair oder mit rechten Dingen zugeht. Erst in einem weiteren Schritt dürften sich auf Seiten der unterdrückten Gruppe dann Zweifel bezüglich der hegemonialen Ausdeutung der etablierten Normen regen; und hier, in diesem Augenblick, müsste nach meinem Eindruck unter den Betroffenen das Interesse an einer Form von Erkenntnis entstehen, die sich von den anderen, offiziellen Erkenntnisweisen innerhalb der gegebenen Gesellschaft deutlich unterscheidet. Denn was an Wissen müssen die entsprechenden Gruppen nun erwerben können, um sich an die Arbeit der erweiternden Umdeutung der herrschenden Normen begeben zu können? Der Schritt vom Rekurs auf die gegebene Interpretationstradition hin zu deren Infragestellung und transformativen Erweiterung verlangt mindestens zwei Einsichten, für die in den eingespielten Praktiken der sozialen Umwelt keine Verwendung zu bestehen scheint: Erstens muss gelernt werden, dass jede einmal etablierte Norm ganz unterschiedlich gedeutet werden kann, weil sie von sich aus nicht vorschreibt, auf wen exakt sie Anwendung finden und wie sie im Einzelnen gedeutet werden soll; und zweitens müssen im selben Zug Kenntnisse darüber erworben werden, warum, aus welchen Interesselagen heraus in der herrschenden Sozialordnung an der praktizierten Normdeutung festgehalten wird. Beide Bestandteile zusammengenommen, das Wissen um die Plastizität sozialer Normen und die Einsicht in die Gründe für deren einseitige Auslegung, können als Inbegriff dessen gelten, was herkömmlich »emanzipatorische Erkenntnis« genannt wird; an der Gewinnung einer solchen Erkenntnis müssen unterdrückte Gruppen, so lautet die These, ein originäres Interesse besitzen, wollen sie versuchen, die eingespielten Deutungen gegebener Normen zu ihren Gunsten zu verändern.

Die beiden kognitiven Bestandteile, von denen soeben als Inbegriff eines emanzipatorischen Wissens die Rede war, müssen in ihren Eigenschaften noch ein wenig genauer charakterisiert werden, soll die behauptete These Plausibilität gewinnen können. Gewiss besitzen alle sozialintegrativen Normen, so hatte sich bereits gezeigt, den Wesenszug, allein unter dem Vorbehalt zu gelten, bislang in den gesellschaftlichen Praktiken nur einseitig interpretiert worden zu sein; im Prinzip gehört es zur Eigenschaft solcher Normen, dass jederzeit gegen ihre aktuelle Ausdeutung Einwände von all denen vorgebracht werden können, deren Handlungen in ihren Regulierungsbereich fallen – gemeinsam einer Norm zu folgen, heißt, kurz gesagt, sich wechselseitig die Autorität einzuräumen, den jeweils anderen für dessen Ausführung der geteilten Norm kritisieren zu dürfen. Aber von diesem prinzipiellen Faktum zur tatsächlichen Kritik ist es ein weiter Schritt, der verlangt, aus einem impliziten ein explizites, handlungswirksames Wissen werden zu lassen; und es ist ein solcher kognitiver Schritt, von dem hier behauptet wird, dass ihn unterdrückte Gruppen vollziehen können müssen, wenn sie zur Revolte gegen die herrschende Sozialordnung schreiten. Alle benachteiligten oder unterdrückten Gruppen müssen zunächst, bevor sie sich ans Werk der kooperativen Umdeutung sozial etablierter Normen machen, zu der Erkenntnis gelangt sein, dass diese weit mehr an Interpretationsmöglichkeiten zulassen, als es die geronnenen Praktiken ihrer institutionellen Umwelt suggerieren; der Schein des Naturhaften, der jeder eingespielten Deutung einen Norm im Alltagsleben anhaftet, muss durchbrochen worden sein, bevor gemeinsam erkundet werden kann, welche neue, kreative Deutung am ehesten die Gewähr für die zukünftige Berücksichtigung der bislang ausgeschlossenen Interessen oder Begehrlichkeiten bietet. In dieser Denaturalisierung hegemonialer Normauslegungen ist die erste Art von Erkenntnis zu erblicken, an deren Erwerb soziale Gruppen in ihrem Kampf ein originäres Interesse besitzen müssen; dabei können sie sich auf ein intuitives Wissen stützen, das alle Gesellschaftsmitglieder miteinander teilen, für dessen Aktualisierung aber den herrschenden Gruppierungen jeglicher Ansporn fehlt – während solche Gruppen am Schein des Naturhaften eingespielter Deutungen haften bleiben, weil diese ihren institutionell verankerten Vorteilen und Privilegien Legitimation verschaffen, müssen die aufbegehrenden Gruppen den Schein als Schein entlarven können, um zur formierenden Neudeutung derselben Normen in der Lage zu sein.

Damit aber nicht genug, müssen diese sich im Kampf befindenden Gruppen auch noch an einer zweiten Sorte von Wissen ein elementares Interesse besitzen. Es reicht für sie nicht aus, nur die Pseudogegenständlichkeit existierender Normauslegungen zu durchbrechen, vielmehr müssen sie auch in Erfahrung bringen können, welche Interessen sich hinter dem Festhalten an jenen Deutungen verbergen. Dieser zweite kognitive Schritt ist erforderlich, weil es ohne ihn nicht möglich wäre, die etablierte, auf einer parteilichen Interpretation der geteilten Normen beruhende Sozialordnung mit Gründen zu attackieren; der Nachweis, dass diese Interpretation dem Zweck der Rechtfertigung von partikularen Interessen dient, liefert nämlich Argumente, die die moralische Dringlichkeit des Verlangens stützen können, den geteilten Normen eine neue Deutung zu verleihen. Es ist eine Sache, auf die Unzulänglichkeit der bisherigen Normauslegung dadurch aufmerksam zu machen, dass deren Taubheit für die eigenen Interessen und Belange hervorgekehrt wird; aber zu einem Grund, diese Auslegung durch eine bessere, stärker inklusive zu ersetzen, wird ein solcher Nachweis erst dann, wenn ihm jeder Anstrich des seinerseits Partikularen dadurch genommen worden ist, dass die Herrschaftsabsichten der noch geltenden Deutungspraxis offengelegt werden. Insofern geht im Kampf unterdrückter Gruppen das Interesse an der Einsicht in die Deutungsoffenheit sozialer Normen mit dem Interesse an ideologiekritischem Wissen Hand in Hand; beides, die Denaturalisierung hegemonialer Deutungsmuster und die Dechiffrierung ihrer jeweiligen Interessenbasis, sind Erkenntnisformen, die in einem solchen Kampf ihre motivationalen Wurzeln haben. Soziale Gruppen, die gegen eine etablierte Sozialordnung aufbegehren, weil ihre Belange darin keine angemessene Berücksichtigung finden, müssen, ob sie wollen oder nicht, an beiden Arten von Erkenntnis ein fundamentales Interesse besitzen.

Die damit umrissene These will ich zum Schluss abzurunden versuchen, indem ich sie noch einmal auf das zu Beginn dargelegte Programm von *Erkenntnis und Interesse* zurückbeziehe. Dort, in seiner frühen Schrift, war Habermas von der Behauptung ausgegangen, dass all unsere Erkenntnisformen die Funktion haben, Handlungen zu ermöglichen und in ihrer Effektivität zu steigern, die wir aus Gründen unserer sozialen Reproduktion alternativlos zu vollziehen haben; von dieser Prämisse aus war er zu der Einsicht gelangt, dass die Naturwissenschaften »transzendental« dem Interesse der Naturbeherrschung dienen, die Geisteswissenschaften hingegen dem Interesse an intersubjektiver Verständigung. Unklar war an dem damit gelieferten Aufriss jedoch zunächst geblieben, welchen Ort darin die sogenannten »emanzipatorischen« Wissenschaften finden könnten, nach deren erkenntnistheoretischer Wurzel Habermas ja eigentlich auf der Suche war. Eine Lösung für das damit gestellte Problem bot ihm das Vorbild der Psychoanalyse, an deren methodischem Vorgehen er herausarbeiten wollte, dass die Theoriebildung hier die Funktion erfüllt, dem Subjekt eine Handreichung zu geben, um sich aus seiner selbstbewirkten Abhängigkeit von Neurosen zu befreien. Die Übertragung eines solchen am Einzelsubjekt gewonnenen Theoriemodells auf die Gesellschaftsanalyse im Ganzen aber produzierte, wie ich zu zeigen versucht habe, einige gravierende Schwierigkeiten, deren Lösung innerhalb des damals entwickelten Rahmens kaum möglich war; nicht nur musste die irreführende Vorstellung entstehen, die menschliche Gattung ließe sich wie ein einziges, großformatiges Subjekt betrachten, vielmehr ging auch der Bezug auf irgendeine Form des menschlichen Handelns gänzlich verloren, in der doch alle Zweige der Wissenschaft ihrer transzendentalen Herkunft nach angeblich ihre Wurzeln haben sollten. Um diesen Kalamitäten zu entgehen, schien es mir daher naheliegend, die von Habermas aufgeworfene Frage von der anderen Seite her aufzurollen und zunächst einmal zu prüfen, ob es neben der Arbeit und der Interaktion eine dritte Form des invarianten Handelns unter uns Menschen gibt, die möglicherweise als »funktionale« Quelle der »emanzipatorisch« genannten Wissenschaften in Frage kommen könnte. Dabei folgte ich den Spuren, die Habermas im Anschluss an Horkheimer selbst gelegt hatte, als er gelegentlich vom »Kampf« als einem möglichen Kandidaten für ein solches praktisches Bezugssystem der kritischen Theorie gesprochen hatte. Die Erörterung dieses in der Tradition angelegten Vorschlags ergab nach der Überprüfung verschiedener Alternativen, dass von einem solchen »Kampf« nur dann als einer dauerhaft wiederkehrenden Praxis in der sozialen Reproduktion die Rede sein kann, wenn man ihn mit der Tatsache der prinzipiellen Deutungsoffenheit sozialer Normen in Verbindung bringt: Weil sozialintegrative Normen die Eigenschaft besitzen, von allen Betroffenen daraufhin befragt werden zu können, ob deren jeweils herrschenden Deutungen den implizit mitgelieferten Anerkennungserwartungen entsprechen, werden unterdrückte oder benachteiligte Gruppen mit großer Wahrscheinlichkeit immer wieder versuchen, durch kreative Neuinterpretationen den semantischen Gehalt dieser Normen zu ihren Gunsten entweder zu vertiefen oder zu erweitern. Nach innen hin, unter den Beteiligten, besitzt daher ein derart verstandener Kampf stets den Charakter eines begrifflich-normativen Operierens, nach außen hin aber, gegenüber den Repräsentanten der etablierten Ordnung, den Charakter einer je nach Umständen auch gewaltsamen Revolte und Konfrontation. Die für meine Zielsetzung entscheidende Aufgabe war nun, in Erfahrung zu bringen, ob einem solchen, jetzt als dauerhafte Erscheinung unseres sozialen Lebens verstandenen Kampf irgendein originäres, distinktes Erkenntnisinteresse innewohnt; mit einer etwas anderen, stärker funktionalistischen Formulierung ließe sich auch sagen, dass ich nun zu zeigen hatte, inwiefern dieser Kampf es für die daran Beteiligten erforderlich macht, bestimmte Einsichten und Erkenntnisse zu gewinnen, die aus der herrschenden Wissenskultur nicht ohne Weiteres zu beziehen sind. Meine Lösung der damit umrissenen Aufgabe bestand in dem Vorschlag, zwei Erkenntnisleistungen zu unterscheiden, die die um Emanzipation kämpfenden Gruppen gleichermaßen zum Zweck der Sicherstellung der praktischen Erfolgsaussichten ihres Handelns vollziehen können müssen: Einerseits sind sie darauf angewiesen, sich entgegen der Tendenz zu deren Naturalisierung die ständige Deutungsoffenheit der etablierten Normen zu Bewusstsein zu bringen, andererseits müssen sie die Interessen zu durchschauen lernen, die die Fixierung auf die gegebene, institutionell verkörperte Deutungspraxis zu erklären helfen. Beide Erkenntnisleistungen repräsentieren Wissensformen, um es zu wiederholen, an deren Erwerb die um ihre soziale Einbeziehung kämpfenden Gruppen deswegen ein Interesse haben müssen, weil sie damit die Erfolgsaussichten ihrer Bemühungen erhöhen.

Von diesen Schlussfolgerungen aus lässt sich nun leicht zu den Überlegungen zurückkehren, mit denen ich meinen Vortrag eröffnet hatte. In der Tradition der kritischen Gesellschaftstheorie war man seit den Anfängen davon ausgegangen, so hatte es gleich zu Beginn geheißen, dass die eigene Wissenschaft nur die methodisch disziplinierte Verlängerung von Erkenntnisbemühungen darstellt, die unterdrückte Gruppen in ihren alltäglichen Kämpfen unternehmen; noch Horkheimer hatte sich von dieser Vorstellung in seiner Grundlegung der Kritischen Theorie leiten lassen, auch Habermas war ihr in *Erkenntnis und Interesse* mit großer Selbstverständlichkeit gefolgt, wenn auch ohne durchschlagenden Erfolg, wie wir gesehen haben. Daher bleibt hier nur die Frage zu klären, ob denn der zuvor entwickelte Begriff des sozialen Kampfes besser geeignet ist, den immer wieder behaupteten, nie aber schlüssig erläuterten Zusammenhang zwischen vorwissenschaftlichem Erkenntnisinteresse und kritischer Theorie durchsichtig zu machen. Lässt sich das, was ich zum funktionalen Stellenwert der beiden Wissensformen für soziale Kämpfe ausgeführt habe, als ein Hinweis auf das kognitive Interesse einer kritischen Gesellschaftsanalyse deuten? Ich hoffe, nicht zu anmaßend zu klingen, wenn ich diese abschließende Frage mit einem vorsichtigen Ja beantworte: In meinen Augen stellt es sich tatsächlich so dar, dass die kritische Theorie mit den Mitteln methodisch kontrolliert gewonnenen Wissens nur fortsetzt, was die unterdrückten Gruppen durch die Denaturalisierung hegemonialer Deutungsmuster und die Freilegung der diese motivierenden Interessen stets schon in ihren alltäglichen Kämpfen an kognitiver Arbeit leisten müssen. Die Erkenntnisse, die dabei ohne Rücksicht auf wissenschaftliche Standards zutage gefördert werden, bilden den undisziplinierten Keim, den eine kritische Theorie innerhalb der etablierten Wissenschaften zur systematischen Entfaltung zu bringen hat. Denn am Ende geht es bei all dem, was seit den Anfängen unter dem Titel der Gesellschaftskritik betrieben wurde, auch nur darum, in Form von plausiblen Geschichtsdeutungen den theoretischen Beweis dafür zu erbringen, dass die herrschenden Normen aus Gründen handfester Herrschaftsinteressen in einer skandalös einseitigen Weise interpretiert werden. Die Denaturalisierung hegemonialer Deutungsmuster sozialer Normen und die Freilegung der sie motivierenden Interessen bahnen zusammengenommen den Weg, auf dem eine kritische Theorie an ihr Ziel gelangen kann, den Prozess der gesellschaftlichen Emanzipation mit wissenschaftlichen Mitteln zu befördern.

Eine Geschichte moralischer Selbstkorrekturen

*Auf den Spuren europäischer Solidarität**

Claus Offe zum 80. Geburtstag

Es vergeht heute kaum ein Tag, an dem nicht eine weitere Schreckensnachricht über den drohenden Zerfall der Europäischen Gemeinschaft verbreitet wird: In dem einen Land wird seit Monaten in quälender Weise über die Bedingungen des Austritts aus der EU gestritten, in einem anderen werden die europäischen Bürgerrechte mit Füßen getreten, und in einem drittem Land ist wiederum eine rechtsradikale Partei gerade dabei, große Wählerschichten für ihr antieuropäisches Programm zu mobilisieren. Für jemanden, der in der Zeit der Aussöhnung Deutschlands mit Frankreich und der Begeisterung für die europäische Idee groß geworden ist, ist es, als erlebe er gerade einen Albtraum; zum ersten Mal seit dem Ende des Zweiten Weltkriegs scheint sich die Richtung des Weges, den Europa beschreitet, umzukehren: Befand man sich bislang in einem aufsteigenden Prozess des wachsenden Zusammenschlusses, der gezielten Einhegung des Marktes und des sozialpolitischen Fortschritts, so jetzt plötzlich in einer rasanten Rückwärtsbewegung hin zum Wiedererstarken staatlicher Konkurrenz, nationaler Gesinnungen und kapitalistischen Wettbewerbs.

Die Ursachen für diesen politischen Umschlag, für das, was sich heute vor unser aller Augen in Form einer Rückkehr des Nationalstaats und der Schmälerung sozialstaatlicher Leistungen in Europa abspielt, sind inzwischen gut erforscht. Von Claus Offe wurden sie in seinem Essay *Europa in der Falle* prägnant auf den Punkt gebracht: Mit der unbedachten und überstürzten Einführung des Euro sollten in Europa die nationalen Hindernisse im Kapitalfluss und beim Zugang zu den Arbeitsmärkten beseitigt werden, um so die wirtschaftliche Zusammenarbeit zu erleichtern; aber diese Vereinheitlichung der Währung brachte es ganz gegen die ursprüngliche Absicht mit sich, dass die Unterschiede im Bruttosozialprodukt

* Dieser Text stellt die überarbeitete Fassung des Vortrags dar, den ich als Conférence Marc-Bloch am 11. Juni 2019 auf Einladung der EHESS an der Sorbonne gehalten habe. Für Ratschläge und hilfreiche Empfehlungen bei der Vorbereitung habe ich Julia Christ, Bruno Karsenti und Christine Pries sehr herzlich zu danken.

der verschiedenen Mitgliedsländer in kurzer Zeit drastisch zunahmen, weil nun die reichen, exportstarken Wirtschaftsmächte, allen voran Deutschland, ihre Exportgewinne aufgrund der günstigeren Austauschbedingungen nachhaltig verbessern konnten, während die schwächeren Wirtschaftsregionen vor allem des europäischen Südens massive Einbußen hinnehmen mussten. Zu diesem wirtschaftlichen Ungleichgewicht mussten schließlich noch die weltweite Finanzkrise und das Anschwellen des Zustroms von Flüchtlingen aus den kriegs- und armutsgeplagten Ländern des Nahen Ostens und Afrikas hinzukommen, um den Unmutszustand entstehen zu lassen, den wir heute in ganz Europa beobachten können: In weiten Teilen der europäischen Bevölkerung herrschen Angst und Besorgnis über wirtschaftliche und politische Ungerechtigkeiten, die man mehr und mehr einem zentralistisch aufgeblähten Verwaltungsapparat in Brüssel zur Last legt.[1] Aus dem geeinten, auf seine zivilisatorischen Leistungen stolzen Europa ist binnen weniger Jahre ein marodes, nur notdürftig zusammengehaltenes Staatengebilde geworden, angesichts dessen sich schnell der Eindruck einstellt, es bedürfe nur noch einer letzten Erschütterung, um es endgültig zum Einsturz zu bringen.

Die Frage, was angesichts dieser bedrohlichen Lage zu tun sei, bewegt heute die Gemüter all derer, die ihre Hoffnungen auf ein demokratisch vereintes Europa noch nicht ganz aufgegeben haben; einig ist man sich in diesem ständig kleiner werdenden Lager nur darüber, dass es zugleich objektive und subjektive Faktoren, funktionale Erfordernisse und motivierende Gründe zu berücksichtigen gilt, will man die Rückwärtsentwicklung Europas noch einmal aufhalten und dem demoralisierten Staatenverbund eine zugleich tragfähige und inspirierende Perspektive für die eigene Zukunft anbieten. Den »funktionalen« Erfordernissen muss das Nachdenken über solche Möglichkeiten schon deswegen Rechnung tragen, weil heute kein Plan für eine demokratische Erneuerung Europas Erfolg haben dürfte, der nicht mindestens politische Maßnahmen zur Beseitigung der wirtschaftlichen Disparitäten und zur Verstärkung der Handlungs- und Regierungsfähigkeit der bereits bestehenden Institutionen bereithält; ohne eine illusionslose und belastbare Antwort auf die Frage, wie unter den gegebenen

1 Claus Offe, *Europa in der Falle*, Berlin 2018, v. a. Kap. II und III. Vgl. zusätzlich: Philip Manow, *Die Politische Ökonomie des Populismus*, Berlin 2018.

soziökonomischen Umständen eine Politik des europäischen Gemeinwohls beschaffen sein könnte, dürfte heute keine noch so schöne Vision eines demokratisch geeinten Europas Aussicht auf Erfolg besitzen. Aber damit solche Pläne zu einer übergreifenden Sozial- und Wirtschaftsreform, falls vorhanden, überhaupt greifen könnten, müssten sie zuvor auch die Herzen und Gemüter der europäischen Bürgerinnen und Bürger erobert haben; ohne eine Berücksichtigung dieses »subjektiven« Faktors, der Überzeugungen, Meinungen und Präferenzen all derer, die über die institutionellen Kanäle der Willensbildung für eine Erneuerung gewonnen werden müssen, wird kein noch so guter Plan für eine europäische Sozial- und Wirtschaftsreform umsetzbar sein. Aber wie die objektiven und die subjektiven Faktoren, wie die funktionalen Erfordernisse und die individuellen Motivlagen in der Vision eines erneuerten Europas ineinandergreifen können sollen, das ist heute die große, schwer zu lösende Frage. Meiner Überzeugung nach werden Pläne für eine wirtschaftliche und politische Reform der EU in der gegenwärtigen Situation so lange ohne Überzeugungskraft bleiben, wie nicht zugleich bestimmte *historische* Argumente mitgeliefert werden können, warum es für die Bürger überhaupt erstrebenswert sein soll, alle Hoffnung auf Verbesserungen in die bislang wenig bewegliche, bürokratisch verkrustete Körperschaft eines europäischen Staatenverbundes zu setzen. An dem Versuch, beiden Anforderungen gerecht zu werden und mithin subjektive Motive für objektive Erfordernisse zu mobilisieren, scheitern heute selbst die wohlmeinendsten Anstrengungen, erneut Begeisterung für die europäische Idee zu wecken: Der beliebten Beschwörung christlicher Werte, von denen behauptet wird, sie hätten Europa in der Vergangenheit einmal kulturell zusammengeschweißt, fehlt jede plausible Aussicht auf Erfolg bei den dringend nötigen Sozial- und Wirtschaftsreformen; der Verkündung neuer Pläne zur politischen und sozialen Reform mangelt es vollkommen an überzeugenden Belegen dafür, warum nicht der jeweilige Nationalstaat viel reibungsloser und effektiver für den wirtschaftlichen Wohlstand seiner Bürger sollte sorgen können.[2] Aus dem Ungenügen beider Alternativen – der bloßen Beschwörung kultureller Traditionen hier, dem nüch-

2 So argumentiert mittlerweile Wolfgang Streeck, »Markets and People. Democratic capitalism and European Integration«, in: *New Left Review* 73 (2012), S. 63-71.

ternen Appell an individuelle Interessen dort – ist aber zu lernen, worauf es beim Versuch der Rückgewinnung einer inspirierenden Perspektive für die Zukunft Europas heute vor allem ankäme: Man müsste die Vergangenheit dieser seit Jahrhunderten auf Gedeih und Verderb miteinander verbundenen Staaten so rekonstruieren, dass schon die geschichtliche Erzählung selbst die europäischen Bürger davon überzeugen würde, es sei geraten, nach den geeigneten Mitteln für mehr Wohlstand und größere Gerechtigkeit nur in einem gemeinsamen Verbund zu suchen. Was gerne europäische Solidarität genannt wird, kann in der gegenwärtigen Krisensituation nur dann noch einmal wiederbelebt werden, wenn allen Betroffenen überzeugend dargelegt wird, dass es ihre gemeinsame Geschichte verlangt, den Schutz und die Verteidigung ihrer rechtmäßigen Interessen an sozialer Besserstellung dem Gesetzgebungsverfahren eines supranationalen Parlaments anzuvertrauen. Den ersten Schritt in die Richtung einer solchen normativen Rekonstruktion der konfliktreichen Geschichte Europas will ich hier im Folgenden unternehmen; dabei hoffe ich zugleich auch zeigen zu können, inwiefern die von mir im Anschluss an Hegel entwickelte Idee eines Kampfes um Anerkennung wichtige Anregungen liefern kann, um produktiv über die Quellen einer europäischen Solidarität nachzudenken.

I.

Das größte Missverständnis, dem heute viele Bemühungen um eine Regenerierung europäischer Solidarität aufsitzen, ist der Glaube daran, solche Gefühle der Zusammengehörigkeit ließen sich nur aus der Erinnerung an positive Gemeinsamkeiten und Ruhmestaten gewinnen;[3] man unterstellt bei dieser Vorstellung gerne, dass Menschen nur dann füreinander einstehen und Lasten kooperativ tragen wollen, wenn sie auf eine gemeinsame Geschichte großer Erfolge zurückblicken können. Wie falsch der Gedanke ist, nur positive Erlebnisse könnten Gefühle der Solidarität erzeugen, zeigt bereits ein Blick auf die gewöhnlichen Quellen familialen Zusam-

3 Ein Beispiel für eine solche Strategie liefert selbst noch die ansonsten faszinierende Studie von Orlando Figes, *The Europeans. Three Lives and the Making of a Cosmopolitan Culture*, New York 2019.

menhalts: Was die Familienmitglieder tatsächlich dazu motivieren mag, sich reziprok für das Wohl des jeweils anderen einzusetzen, ist weniger eine Geschichte glanzvoller Erfolge als vielmehr eine Kette gemeinschaftlich überstandener Krisen und Katastrophen, seien es Todesfälle, Krankheiten, Zwiste oder persönliche Niederlagen. Nicht die Erfahrung des Positiven, sondern die Erfahrung eines miteinander erlittenen, gemeinsam durchgefochtenen und schließlich bewältigten Unheils lässt innerhalb der Familie oftmals einen Geist des solidarischen Zusammenhalts entstehen. Was aber für die individuelle Familie gilt, trifft in noch viel stärkerem Maße auf ein politisches Gemeinwesen zu; dessen solidarischer Zusammenhalt gründet sich, wenn überhaupt, ebenfalls auf eine gemeinsame Geschichte der im Streit und Konflikt errungenen Bewältigung negativer Geschehnisse – mit dem bedeutenden Unterschied allerdings, dass im Falle politischer Gemeinwesen diese einschneidenden Ereignisse oft weniger den Charakter von passiv erlebten Schicksalsschlägen als den von entweder billigend in Kauf genommenen oder aktiv betriebenen Normverletzungen, Kriegen oder Verbrechen besitzen.

Für den Versuch, eine mögliche Quelle europäischer Solidarität freizulegen, folgt aus dieser negativen Wendung zunächst, mit der verlogenen und unverfrorenen Behauptung aufzuräumen, die zumeist am Anfang jeder wohlmeinenden Erzählung über die Geschichte Europas steht: dass nämlich der kulturelle Zusammenhalt dieses Staatenverbundes auf den zivilisatorischen oder gar moralischen Leistungen gründe, die man in vorbildlicher Weise über die letzten Jahrhunderte hinweg im wechselseitigen Austausch hervorgebracht habe. Nichts aber könnte heute falscher sein, nichts ist der Suche nach den Quellen europäischer Solidarität gegenwärtig abträglicher als eine derartige Form moralischen Hochmuts. Zu Recht wird den politischen und intellektuellen Eliten Europas seit geraumer Zeit von verschiedensten Seiten vorgeworfen, sie pflegten ein moralisches Selbstbild, das den historischen Tatsachen in bizarrster Weise widerspricht; der über Jahrhunderte hinweg auf dem europäischen Kontinent und auf der britischen Insel ausgeübte Sklavenhandel, die brutale Kolonialherrschaft einer Reihe von europäischen Ländern in Asien, Afrika und Südamerika, die gnadenlose Ausbeutung der Industriearbeiterschaft im 19. Jahrhundert, der von Nazi-Deutschland begangene Völkermord an den Juden, all das sind historische Untaten, deren Ausmaß einem die Schamröte ins Gesicht jagen müsste, nimmt man das große Wort von den »europäischen Werten« in den Mund. Ob individuelle Freiheit, Toleranz, Volkssouveränität oder Sozialstaatlichkeit – jedem dieser Werte oder, besser, moralischen Prinzipien, haftet als unverbrüchliche Mitgift eine Spur des Unrechts und Blutvergießens an; denn keines dieser normativen Ideale ist in vollkommener Unschuld entstanden, so als handelte es sich dabei um hehre Vorschläge zu Möglichkeiten der menschlichen Selbstvervollkommnung; sie alle entstammen vielmehr ausnahmslos der intellektuellen Anstrengung, die destruktiven Kräfte der Anmaßung und Unterdrückung zu zähmen und der schlimmsten Auswüchse von Zwist und Krieg Herr zu werden. Daher muss heute am Beginn eines jeden Versuchs, noch einmal neu über den solidarischen Zusammenhalt Europas nachzudenken, das bittere Eingeständnis stehen, dass die eigene Geschichte zunächst und vor allem eine Abfolge gravierender Missetaten, schwerer Verbrechen und gröbster Normverletzungen bildet. Fängt man mit den Kreuzzügen an, lässt die blutigen Religionskriege, den bedenkenlos betriebenen Sklavenhandel, die kolonialen Eroberungen sowie die industriekapitalistische Ausbeutung Revue passieren und endet man mit dem Holocaust, so ist es nicht einmal übertrieben, den europäischen Kontinent als die Heimstätte der schwersten, jeweils neue zivile Barrieren einreißenden Untaten zu betrachten, welche die Welt bislang gesehen hat.[4]

Allerdings stellt diese Abfolge schwerster Normverletzungen und Verbrechen nur die eine Seite des geschichtlichen Prozesses dar, der rekonstruiert werden muss, wenn man versuchen will, eine Quelle der möglichen Revitalisierung europäischer Solidarität freizulegen. Beließe man es allein bei dieser negativen Seite, so wäre immerhin zwar schon der moralische Grund sichtbar geworden, aus dem heraus der europäische Staatenverbund heute ein ganzes Bündel von Verpflichtungen gegenüber einem großen Teil der Weltgemeinschaft besitzt; ob nun die Restitution von Kunstwerken an ihre ursprünglichen und rechtmäßigen Besitzer, ob die Gewährung von Asyl für von Krieg, Genozid oder Armut betroffene Bevölkerungsgruppen oder ob schließlich die Verausgabung

4 Vgl. zu einer solchen Perspektive: Claus Offe, »Is there, or can there be, a ›European society?‹«, in: John Keane (Hg.), *Civil Society. Berlin Perspectives*, New York 2006, S. 169-188.

eines Teils des nationalen Bruttosozialprodukts für Zwecke der Entwicklungshilfe, das alles sind inzwischen rechtlich weitgehend verbindlich gemachte Pflichten, welche die europäischen Staaten aufgrund der in der Vergangenheit begangenen Gräueltaten und Normverstöße auf sich zu nehmen haben. Aber mit der Erinnerung an diese dunkle, verbrecherische Seite der europäischen Geschichte sind natürlich noch keinerlei Anhaltspunkte benannt, die die europäischen Bürgerinnen und Bürger dazu anregen könnten, sich vertrauensvoll aufeinander zu beziehen und füreinander im Interesse am gemeinsamen Wohl einzustehen – die wenn nicht gemeinsam begangenen, so doch häufig wechselseitig geduldeten Verbrechen legen der EU zwar moralische oder rechtliche Verpflichtungen nach außen hin auf, begründen aber keinesfalls solidarische Verpflichtungen nach innen.

Der Ursprung solcher Pflichten *zwischen* den europäischen Bürgern tritt vielmehr erst in den Blick, wenn man sich vor Augen führt, dass Europa durch seine eigenen Verbrechen von Anfang an auch in eine Dynamik ständig neuer Selbstbefragungen und moralischer Selbstkorrekturen hineingerissen worden ist, die bis heute ungebremst anhält. Einen Hinweis darauf, worin diese zweite, von der ersten nicht zu trennende Seite der europäischen Geschichte genauer besteht, habe ich bereits gegeben, als ich kurz auf die eigentümliche Genese der sogenannten europäischen Werte zu sprechen gekommen bin; diese normativen Ideale verdanken sich der immer neu unternommenen Anstrengung, die eigenen destruktiven Kräfte durch den theoretischen Entwurf, das geistige Durchspielen und schließlich die institutionelle Verankerung von moralischen Prinzipien des sozialen Zusammenlebens unter Kontrolle zu bringen. Es ist diese schicksalhafte Verschränkung von Normverletzung und moralischer Selbstprüfung, von Verbrechen und reflexiver Durcharbeitung, welche die europäische Geschichte in einer Weise geprägt hat, dass sich daraus heute die Ressourcen für ein solidarisches Zusammenhalten aller europäischen Bürgerinnen und Bürger schöpfen lassen:[5] Die Mitglieder der Europäischen Union sind sich wechselseitig Hilfe und Unterstützung schuldig,

5 Claus Offe, *Europa in der Falle*, a. a. O., S. 90 ff. Diesen Überlegungen von Claus Offe verdanke ich mehr an Anregungen, als ich in meinem Text zum Ausdruck bringen kann; im Grunde genommen handelt es sich bei meinem Vortrag um die Weiterführung eines dort von ihm bereits entwickelten Vorschlags.

weil sie nur in Kooperation den Prozess fortsetzen können, in dem die vorangegangenen Generationen gelernt haben, moralisches Unrecht durch institutionelle Korrekturen wiedergutzumachen und gemeinsam an der Errichtung eines gerechteren Gemeinwesens zu arbeiten. Bevor ich darangehen kann, diesen Gedanken einer Geburt europäischer Solidarität aus der gemeinschaftlichen Bewältigung von selbstverschuldetem Unheil weiter zu erläutern, will ich aber zunächst die eigentümliche Verschränkung von Verbrechen und moralischer Selbstkorrektur in der europäischen Geschichte noch an ein einigen Beispielen weiter veranschaulichen.

II.

Die Geschichte Europas ist keinesfalls, so hatte ich bislang klarmachen wollen, ein rosiger Prozess moralischen Fortschritts und zivilisatorischer Errungenschaften gewesen; wer glaubt, die europäische Vergangenheit in den leuchtenden Farben einer steten Durchsetzung von Gerechtigkeit und Freiheit malen zu können, täuscht sich in erschreckendem Ausmaß über die von den Religionskriegen über den Kolonialismus und die »ursprüngliche Akkumulation« bis zum Holocaust reichenden Verbrechen. Gab es in dieser Region der Welt moralische Fortschritte, so fanden sie vielmehr gewöhnlich in Form einer nachträglichen Besinnung auf die sittlichen Regeln statt, die den Ursachen für die jeweiligen Untaten einen Riegel vorschieben könnten. Allerdings nahmen die damit initiierten Läuterungsprozesse jedes Mal die besondere Gestalt an, dass nicht einfach geradlinig normative Prinzipien aus der Taufe gehoben wurden, die geeignet erscheinen konnten, die destruktiven Kräfte zu moderieren oder unter Kontrolle zu bringen; vielmehr vollzog sich diese moralische Selbstprüfung typischerweise als ein langgezogener Konflikt, in dem zwischen unterschiedlichen Parteien über die angemessenen Mittel der normativen und institutionellen Korrektur diskursiv gerungen wurde. Das Hin und Her zwischen Argumenten, mit denen sich verschiedene Gruppen darüber stritten, welche moralische Regeln die Gesellschaft weniger schädlich und damit gerechter machen könnten, gab dem Prozess der geistigen Formierung Europas seine besondere Prägung; es existierte nie nur die eine richtige Lösung, sondern immer zugleich mehrere, so dass der europäische Kontinent ungewollt und trotz seiner regressiven Neigungen zum Laboratorium der Erprobung von normativen Vorkehrungen zur Zivilisierung menschlicher Lebensverhältnisse werden konnte. An drei historisch besonders einschneidenden Wendepunkten will ich kurz erläutern, inwiefern sich in Europa der Prozess der reflexiven Durcharbeitung vergangenen Unrechts als ein solcher langanhaltender Konflikt um das jeweils bessere Argument vollzogen hat; dabei soll vor allem herausgearbeitet werden, dass dieser Kampf um das Pro und Kontra bestimmter Vorschläge bis heute nicht zu einem Abschluss gekommen ist, sondern in Form von präsent gehaltenen Alternativen eines gerechteren Zusammenlebens fortbesteht.

Es dürfte sinnvoll sein, eine solche Rekonstruktion zentraler Wendepunkte des europäischen Selbstverständnisses mit der intellektuellen Bewältigung der Religionskriege zu beginnen; denn damals fand bei dem Versuch, die Ursachen und Folgen dieses katastrophalen Geschehens reflexiv aufzuarbeiten, zum ersten Mal so etwas wie eine politisch-philosophische Kommunikation weit über die Grenzen einzelner Länder hinweg statt. Die Schlüsselfigur in der Kontroverse, die schnell entbrannte, war gewiss Thomas Hobbes, der 1588 im Westen Englands geborene Begründer der modernen politischen Philosophie. Hobbes hielt für die zivile Einhegung des religiös motivierten Bürgerkriegs eine erstaunlich einfache Lösung bereit, deren Attraktivität in dem Versprechen lag, das Freiheitsverlangen des Einzelnen mit den Erfordernissen eines autoritären und friedenssichernden Herrschaftsregimes versöhnen zu können: Wenn sich alle Bürger, so argumentierte Hobbes, aus rationaler Einsicht in die Bedrohlichkeiten eines nichtregulierten Gesellschaftszustandes dazu entschließen könnten, sich gemeinsam einem mit absoluten Machtbefugnissen ausgestatteten Souverän zu unterwerfen, so würde jeder von ihnen seine »natürliche« Freiheit in einem nun aber von oben befriedeten und daher sicherheitsgewährenden Sozialsystem bewahren können; denn diese Freiheit bestand nach seiner Auffassung ohnehin nur darin, nach individuellem Gutdünken das tun zu können, woran einen äußere Hindernisse einschließlich der Rechtssetzungen des Souveräns nicht hinderten.[6]

6 Thomas Hobbes, *Leviathan,* übersetzt von Jutta Schlösser, Hamburg 1996; Quentin Skinner, »Thomas Hobbes on the Proper Signification of Liberty«, in: *Transactions of the Royal Historical Society* 40 (1990), S. 121-151.

Gegen einen solchen schmalen, bloß negativ bestimmten Begriff der Freiheit machte sich in oppositionellen, der englischen Monarchie kritisch gegenüberstehenden Gruppen schnell ein intellektueller Widerstand breit, der auf ältere Traditionen des griechischen und römischen Staatsverständnisses zurückgriff, um einer republikanischen Lösung zur Befriedung des Bürgerkriegs den Weg zu bahnen; danach sollte individuelle Freiheit nicht schon dann gegeben sein, wenn dem einzelnen Subjekt bei der Realisierung seiner Absichten keine äußeren Hindernisse entgegenstanden, sondern erst unter der Voraussetzung, dass es seine Absichten ohne Zwang, Einflussnahme oder Beherrschung durch andere Personen formulieren könnte.[7] Obwohl auch diese Idee individueller Freiheit in gewisser Weise »negativ« blieb, weil die Gegebenheit von Freiheit weiterhin durch die Abwesenheit von etwas markiert sein sollte,[8] so brach sie doch einer Auffassung der Legitimität politischer Ordnung Bahn, die derjenigen Hobbes' diametral entgegengesetzt war: Die Rechtmäßigkeit einer staatlichen Regierung sollte sich nicht mehr daran messen lassen, ob sie zur Wahrung von sozialer Sicherheit und Ordnung in der Lage ist, sondern an ihrer Fähigkeit, den Einzelnen vor Abhängigkeiten durch Dritte zu schützen, indem ihm das Recht zur Mitwirkung an der Gesetzgebung eingeräumt wird.

Nicht dass ich missverstanden werde: Es waren nicht diese beiden Freiheitsmodelle, die kraft ihrer regulativen Vorstellungen den Religionskriegen selbst ein Ende hätten bereiten können; dazu kam es erst mit dem Westfälischen Frieden, einem transnationalen Friedensabkommen zwischen den kriegstreibenden Staaten, dessen normative Implikationen weitaus relevanter für das zukünftige Völkerrecht waren als für die Frage der Legitimität staatlicher Ordnungen. Aber der Krieg selbst, die Tatsache, dass das blinde Eintreten für den eigenen Glauben ungewollt zur Vernichtung unzähliger Menschenleben hatte führen können, machte noch mitten im brutalen Geschehen selbst intellektuelle Anstrengungen erforderlich, über den Umfang und die Begrenzung der Freiheit des einzelnen Bürgers nachzudenken; und im Zuge dieser Versuche einer normativen Selbstdisziplinierung sind dann innerhalb Euro-

7 Quentin Skinner, *Liberty before Liberalism*, Cambridge/UK 1998.

8 Ebd., S. 82 f.

pas zwei Vorstellungen über die Legitimität staatlicher Ordnungen entstanden, die in all ihrer Gegensätzlichkeit unsere politischen Anschauungen doch noch bis heute bestimmen: Auf der einen Seite standen die eher konservativ gesinnten Gruppen und Parteien, die im Interesse an der Wahrung von politischer Stabilität und Sicherheit die individuelle Freiheit als einen rechtlich geschützten Raum für bloß private Belange verstanden wissen wollten,[9] auf der anderen Seite sammelten sich die schon damals als progressiv empfundenen Kräfte, die im Interesse an der Überwindung von Obrigkeitsstaat und politischer Bevormundung die individuelle Freiheit als Mitwirkung an der Selbstgesetzgebung in einem republikanischen Gemeinwesen begreifen wollten. Aber es bedurfte noch etwas mehr als einhundert Jahre, bevor dann diese zweite Idee durch Rousseau und Kant derart weiterentwickelt wurde, dass sie zum geistigen Fundament der demokratischen Revolutionen auf dem Kontinent werden konnte:[10] Die Freiheit des Einzelnen wurde jetzt entweder in negativer oder in positiver Gestalt als das Recht zur Selbstgesetzgebung verstanden, welches in politischen, also alle Bürger betreffenden Belangen aber nur gemeinsam ausgeübt werden konnte und daher normativ eine demokratische Regierungsform verlangte. Obwohl die republikanische Seite mit diesem Siegeszug den Kampf um die hegemoniale Vormacht in Europa endgültig gewonnen hatte, sind freilich auch die Verfechter des Hobbesschen Autoritarismus nie untätig geblieben und haben immer wieder Anhänger gewinnen können – sei es in Form antidemokratischer Bewegungen, sei es sogar in Gestalt diktatorischer Bestrebungen. In gewisser Weise sind damit die beiden Antworten auf die religiösen Bürgerkriege des 16. Jahrhunderts innerhalb Europas stets präsent geblieben; bis heute lässt sich hier die Legitimität politischer Herrschaft entweder auf die staatliche Garantie von Sicherheit, Stabilität und Ordnung gründen oder an die Bedingung der demokratischen Willensbildung des Volkes knüpfen.[11]

9 Vgl. als ein zeitgenössisches Beispiel für diese Position: Robert Nozick, *Anarchie – Staat – Utopia*, übersetzt von Hermann Vetter, München 2006.

10 Vgl. Jerome Schneewind, *The Invention of Autonomy. A History of Modern Moral Philosophy*, Cambridge/UK 1997; vgl. auch: Patricia Springborg, »Liberty Exposed. Quentin Skinners *Hobbes and Republican Liberty*«, in: *British Journal for the History of Philosophy* 18 (2010), S. 139-162.

11 Ähnlich kontrovers verläuft die europäische Geschichte des Toleranzgedankens,

Nicht unähnlich sieht das Resultat aus, wenn man sich einem zweiten Wendepunkt in der Geschichte der europäischen Anstrengungen zuwendet, seine eigenen destruktiven Kräfte zu bannen und die Ursachen für Zerrüttung, Krieg und Unrecht zu bezwingen. Zwei- bis dreihundert Jahre nach den religiösen Bürgerkriegen lautet das Stichwort für begangenes Unrecht nicht mehr Unterdrückung und Verfolgung von Andersgläubigen, sondern Ausbeutung und Entrechtung des Proletariats. Das berühmte Buch, das Friedrich Engels über *Die Lage der arbeitenden Klasse in England* im Jahr 1845 veröffentlichte,[12] war nur der stilistische Höhepunkt einer großen Zahl von Berichten, in denen seit Beginn des 19. Jahrhunderts die verheerenden Folgen der hemmungslosen Ausbeutung des neu entstandenen Industrieproletariats geschildert wurden; was man dort über die Kinderarbeit, die Länge des Arbeitstags und die Hungerlöhne lesen konnte, beunruhigte und empörte schon bald weite Teile der Bevölkerung in ganz Europa so sehr, dass länderübergreifend die moralische Notwendigkeit einer Bewältigung der »sozialen Frage« empfunden wurde.[13] Wie schon bei der intellektuellen Durcharbeitung der religiös motivierten Bürgerkriege, so fielen auch in diesem Fall die moralischen Vorkehrungen, die man vorschlug, um dem skandalösen Missstand abzuhelfen, ganz verschieden aus: An dem einen Pol der heftig geführten Auseinandersetzungen befanden sich diejenigen Gruppierungen, die mit Marx und den Frühsozialisten der Überzeugung waren, dass das Elend der arbeitenden Klasse nur mittels einer Aufhebung des Privateigentums an Produktionsmitteln und damit einer Überwindung der kapitalistischen Wirtschaftsform zu beseitigen sei; in der Mitte des

der ja ebenfalls in moralischer Reaktion auf die Herausforderung der religiösen Bürgerkriege entstanden ist: Rainer Forst, *Toleranz im Konflikt. Geschichte, Gehalt und Gegenwart eines umstrittenen Begriffs*, Frankfurt/M. 2003.

12 Friedrich Engels, *Die Lage der arbeitenden Klasse in England* (1845), in: Karl Marx/Friedrich Engels, *Werke (MEW)*, Bd. 2, Berlin 1972, S. 255-506. Vgl. auch: E. P. Thompson/Eileen Yeo (Hg.), *The Unknown Mayhew. Selections from the Morning Chronicle*, London 1971.

13 Vgl. u. a.: Giovanna Procacci, *Gouverner la misère. La question sociale en France, 1789-1848*, Paris 1993; John Roach, *Social Reform in England 1780-1880*, New York 1978; George Steinmetz, *Regulating the Social. The Welfare State and Local Politics in Imperial Germany*, Princeton/NJ 1993; Andreas Gestrich/Steven King/Lutz Raphael (Hg.), *Being Poor in Modern Europe. Historical Perspectives 1800-1940*, Bern 2006.

Spektrums bewegte sich eine nicht minder große Gruppierung, die an die innere Reformierbarkeit des kapitalistischen Marktes glaubte und daher vorschlug, mit rechtlichen Maßnahmen die Arbeitsbedingungen, die soziale Absicherung und den Lebensstandard des Industrieproletariats sukzessive zu verbessern; und am entgegengesetzten Pol sammelte sich schließlich eine zahlenmäßig zwar kleine, aber mit beträchtlicher Verhandlungsmacht ausgestattete Partei, die die Öffentlichkeit davon überzeugen wollte, dass die äußerst prekäre Lage der Industriearbeiterschaft nur der vorübergehende Preis sei, den man für die Steigerung des allgemeinen Wohlstands zu entrichten habe – ein Argument, welches dann einhundert Jahre später mit dem Namen »trickle down effect« belegt werden sollte.[14]

Nicht anders als bei der intellektuellen Bewältigung der Religionskriege fällt es auch in diesem Fall nicht schwer, den normativen Dreh- und Angelpunkt zu identifizieren, um den die theoretischen Debatten und politischen Auseinandersetzungen kreisten: Es ging um die Frage, welche Gestalt das Wirtschaftssystem zukünftig annehmen sollte, um Schaden und Leid von denen abzuwenden, welche die Arbeit zur Aufrechterhaltung des ökonomischen Wohlstands zu verrichten hatten. Nach erbitterten, sich lang hinziehenden Kämpfen trug bekanntlich im Laufe des 20. Jahrhunderts der moderate Flügel der Arbeiterbewegung vorläufig den Sieg davon; in nahezu allen Ländern Europas ist inzwischen der Staat mit der rechtlichen Aufgabe betraut, für eine Regulierung des kapitalistischen Arbeitsmarktes zu sorgen, die den legitimen Ansprüchen der abhängig Beschäftigten auf Sicherheit am Arbeitsplatz, auf eine wirtschaftliche Grundversorgung und auf begrenzte Arbeitszeiten Rechnung trägt.[15] Freilich dürfen diese großen Errungenschaften des Sozial- oder Wohlfahrtsstaats nicht darüber hinwegtäuschen, wie porös und fragil der gesellschaftliche Konsens tatsächlich ist, auf dem deren Existenz bis heute beruht; schon die neue Form,

14 Albert Hirschman, »Der Streit um die Bewertung der Marktgesellschaft«, in: ders., *Entwicklung, Markt und Moral. Abweichende Betrachtungen*, übersetzt von Joachim Milles und Hartmut Strahl, München/Wien 1989; zu den Debatten um das Pro und Kontra des kapitalistischen Marktes vgl. auch: Lisa Herzog/Axel Honneth (Hg.), *Der Wert des Marktes. Ein ökonomisch-philosophischer Diskurs vom 18. Jahrhundert bis zur Gegenwart*, Berlin 2014.

15 Vgl. Thomas Marshall, *Bürgerrechte und soziale Klassen*, übersetzt von Elmar Rieger, Frankfurt/M. 1992.

die das kapitalistische Wirtschaftssystem während der letzten vier Jahrzehnte infolge einer massiven Deregulierung der Märkte und des beispiellosen Aufstiegs des Finanzkapitals angenommen hat,[16] macht hinlänglich deutlich, dass auch sozialstaatliche Vorkehrungen nicht unbedingt von Dauer sein müssen. In den Debatten, die seither wieder über das Für und Wider des kapitalistischen Marktes geführt werden, gleichen die Fronten in erstaunlichem Maße denjenigen in den Auseinandersetzungen des 19. Jahrhunderts: Aufs Neue gibt es eine Partei, die sich im Namen sozialer Gerechtigkeit für eine Überwindung kapitalistischer Wirtschaftsverhältnisse einsetzt, eine zweite, die eine Zivilisierung des kapitalistischen Marktes für möglich hält, und schließlich eine dritte, die mit Verweis auf die segensreichen Effekte für alle Bevölkerungsschichten eine weitgehende Deregulierung des Marktes empfiehlt.

Ziehen wir eine Zwischenbilanz, so lässt sich einstweilen festhalten, dass die intellektuelle Bewältigung des jeweils selbst produzierten Unheils und Unrechts immer wieder miteinander konfligierende Normen in Europa erzeugt hat, die bis heute in Form der Möglichkeit einer alternativen Codierung ein und desselben Sozialbereichs präsent geblieben sind: Die politische Ordnung kann entweder am Maßstab von Sicherheit und Stabilität oder an dem der Ermöglichung einer demokratischen Willensbildung beurteilt, das Wirtschaftssystem entweder am Maßstab ökonomischer Effizienz oder an dem der sozialen Gerechtigkeit bewertet werden. Zwar ist dank sozialer Kämpfe, wie wir gesehen haben, inzwischen die jeweils zweite Sichtweise institutionell zur Vorherrschaft gelangt – der moderne Rechtsstaat soll eine möglichst inklusive Willensbildung aller Bürgerinnen und Bürger ermöglichen, der kapitalistische Markt soll sozialstaatlichen Regelungen unterliegen –, aber das heißt nicht, dass die alternativen Vorstellungen vollkommen verschwunden wären; jede politische Destabilisierung, jede wirtschaftliche Krise macht vielmehr deutlich, dass es nur eine Frage der Zeit ist, bis die entgegengesetzten Normen erneut vehement zur Geltung gebracht und in ihrem Namen entsprechende Revisionen der institutionellen Ordnung gefordert werden. Bevor ich diesen Gedanken weiterverfolgen kann, will ich aber zuvor noch

16 Colin Crouch/Wolfgang Streeck (Hg.), *Political Economy of Modern Capitalism. Mapping Conversion and Diversity*, London 1997.

kurz einen weiteren Wendepunkt im europäischen Selbstverständnis streifen, der uns bis an die Schwelle zur Gegenwart heranführt.

Im Unterschied zu den beiden ersten moralischen Verwüstungen lässt die reflexive Durcharbeitung eines dritten Vergehens in Europa lange, ja überlange auf sich warten; der über Jahrhunderte hinweg von verschiedenen europäischen Ländern praktizierte Kolonialismus ist im Grunde genommen bis heute nicht in angemessener Form normativ aufgearbeitet und gesühnt worden. Über einen großen Zeitraum hinweg wurde die hemmungslose Eroberung und Ausbeutung von Ländern des afrikanischen, asiatischen und südamerikanischen Kontinents entweder rassistisch als ein Unternehmen der Zivilisierung rückständiger Kulturen gerechtfertigt oder wirtschaftspolitisch als ein vollkommen legitimes Nebenprodukt der ökonomischen Expansion der europäischen Großmächte gutgeheißen; eine moralische Untat, ein Verbrechen erblickte man in diesen Praktiken der gewaltsamen Aneignung fremden Landes, seiner Rohstoffe, Arbeitskräfte und Kulturgüter auf jeden Fall nicht.[17] Gewiss, hier und da gab es innerhalb Europas Klagen und Beschwerden über besonders fragwürdige, das für normal gehaltene Maß überschreitende Vorkommnisse in der Ausübung kolonialer Herrschaft; aber selbst so feinsinnige Zeitgenossen wie Alexis de Tocqueville oder John Stuart Mill fanden trotz ihrer universalistischen Grundüberzeugungen immer wieder Gründe, eine moderate Praxis der kolonialen Eroberung zu rechtfertigen – Diderot und vielleicht auch Herder waren die rühmlichen Ausnahmen in dieser Phalanx von Verfechtern eines »aufgeklärten« Kolonialismus.[18]

Erst unter dem Druck von antikolonialen Befreiungsbewegungen kommt es dann seit den 1950er Jahren innerhalb Europas bekanntlich zu ersten, schüchternen Ansätzen einer Aufarbeitung der

17 Jürgen Osterhammel, *Kolonialismus. Geschichte, Formen, Folgen*, München 1995; Wolfgang Reinhard, *Kleine Geschichte des Kolonialismus*, Stuttgart 1996.

18 Vgl. zur Situation in Frankreich: Lawrence C. Jennings, *French Anti-Slavery. The Movement for the Abolition of Slavery in France, 1802-1848*, Cambridge/UK 2000; zur Situation in England: Howard Temperly, *British Antislavery, 1833-1870*, Columbia/SC 1972. Einen erhellenden Überblick liefert: Benedikt Stuchtey, *Die europäische Expansion und ihre Feinde. Kolonialismuskritik vom 18. bis in das 20. Jahrhundert*, Berlin 2010.

moralischen Schuld des Kolonialismus;[19] aber auch jetzt wieder sind es zwei verschiedene, entgegengesetzte Bündel von Normen, die mobilisiert werden, um sich über die eigene koloniale Vergangenheit Rechenschaft abzulegen. Die eine Partei erblickt darin ein historisches Unrecht von so gravierendem Ausmaß, dass die Folgen bis heute sowohl wirtschaftlich, politisch und kulturell spürbar sein sollen; die miserable Lage, in der sich viele ehemalige Kolonien weiterhin befinden, wird hier als Symptom eines subkutan fortwirkenden Abhängigkeitsverhältnisses gedeutet, das nur durch nachhaltige Reparationsleistungen der unterschiedlichsten Art zu überwinden sei.[20] Dieser Auffassung einer fortbestehenden Schuld widerspricht vehement die andere Partei, welche die Überzeugung vertritt, mit der Entlassung in die staatliche Souveränität sei jegliche Verpflichtung gegenüber den ehemaligen Kolonien entfallen; gelegentlich wird noch eine Bevorzugung bei der Einwanderung in die vormaligen Kolonialmächte eingeräumt, aber darüber hinausgehende Forderungen nach Entschädigungszahlungen, Aufbauhilfen oder Restitutionen werden so lange strikt abgelehnt, wie sie mit dem Verweis auf historisches Unrecht begründet werden.

Wie die beiden zuvor erwähnten Läuterungsprozesse, so mündet daher auch der Prozess der Aufarbeitung kolonialen Unrechts in eine Situation, in der zwei verschiedene normative Gesichtspunkte spannungsreich nebeneinander existieren; allerdings ist dieses letzte Kapitel in der langen Geschichte europäischer Selbstbefragungen noch nicht weit genug gediehen, als dass sich bereits heute sagen ließe, auch mit Bezug auf die Verbrechen des Kolonialismus habe sich innerhalb Europas inzwischen ein stabiles System alternativer Codierungen herausgebildet. Die genannten drei Wendepunkte in der Geschichte Europas sollten trotzdem hinreichen, um eine Schlussfolgerung zu rechtfertigen, die mir für die Suche nach den Quellen europäischer Solidarität von kaum zu überschätzender Bedeutung zu sein scheint: Die kulturelle Einheit Europas besteht nicht in einer über die Ländergrenzen hinweg geteilten Orientierung an denselben moralischen Werten, sie besteht gewiss auch nicht in einer gemeinsamen Geschichte großer zivilisatorischer

19 Françoise Vergès, »Les troubles de la mémoire. Traite négrière, esclavage et écriture de l'histoire«, in: *Cahiers d'Études Africaines* 45,179/180 (2005), S. 1143-1178.

20 Vgl. u. a. Daron Acemoglu/James A. Robinson, *Why Nations Fail. The Origins of Power, Prosperity, and Poverty*, New York 2012, Kap. 9.

Leistungen, die den Rest der Welt beglückt hätten; wenn sich überhaupt von einer solchen Einheit sprechen lässt, so ergibt sie sich aus der erstaunlichen Fähigkeit, die eigenen Untaten, Kalamitäten und Normverletzungen in einem diskursiven Prozess jeweils so durchzuarbeiten und reflexiv zu bewältigen, dass man sich am Ende immerhin über die moralische Legitimität von unterschiedlichen Sichtweisen zu verständigen gewusst hat. Nicht der Konsens, nicht die Harmonie, sondern eine stille Übereinkunft über das Worüber und Wozu des moralischen Zwists bildet das kulturelle Fundament Europas.[21] Was diese ständige Präsenz von Pro und Kontra, von negativer und positiver Freiheit, von Demokratie und Staatsräson, von Aufklärung und Gegenaufklärung, von Sozialstaat und Wirtschaftsliberalismus wiederum über die Möglichkeit einer europäischen Solidarität besagt, will ich im folgenden Schritt genauer zu erläutern versuchen.

III.

Vergewissert man sich der zerrütteten Lage, in der sich Europa gegenwärtig befindet, so wünscht man sich gelegentlich den geschichtsphilosophischen Optimismus eines Marcel Mauss zurück; dieser große Anthropologe hatte in seiner posthum veröffentlichten Studie *Die Nation* mit enormer Zuversicht die These entwickelt, dass sich die auf eine Vergesellschaftung der Wirtschaft drängenden Kräfte zwangsläufig auch für einen Abbau staatlicher Grenzen einsetzen und damit einem zukünftigen Internationalismus den Weg bereiten würden.[22] Ein derartiger Glaube an die vereinigende, nationale Grenzen sprengende Kraft sozialistischer Bestrebungen ist uns mittlerweile abhandengekommen; wir können wohl kaum mehr darauf hoffen, dass es der gemeinsam geteilte Wunsch nach einer sozialen Kontrolle der Produktionsbedingungen ist, der schon in Bälde einen Geist europäischer Solidarität wiederbeleben könnte. Welche Wege uns heute offenstehen, um nach realistischen Alternativen zu suchen, habe ich zuvor schon angedeutet: Statt nach

21 Claus Offe, *Europa in der Falle*, a. a. O., S. 108 ff.

22 Marcel Mauss, *Die Nation oder der Sinn fürs Soziale*, übersetzt von Christine Pries, Frankfurt/M. 2017.

Quellen einer solchen Solidarität in den Beständen irgendwelcher religiösen Traditionen oder vermeintlicher Großtaten zu forschen, so hatte ich gesagt, sollte man danach vielleicht eher in der Geschichte gemeinsam bewältigter Krisen und Zerwürfnisse suchen; denn es könnte ja sein, dass nicht so sehr die Beschwörung einer positiven Vergangenheit als vielmehr die Erinnerung eines gemeinsam bewältigten Negativen die Menschen zusammenstehen und füreinander tätig sein lässt. Im Folgenden will ich diese Idee ein wenig ausführlicher begründen, um auf diese Weise meine Antwort auf die eingangs gestellte Frage vorzubereiten.

Der Gedanke, dass nicht Harmonie und Konsens, sondern zivil ausgetragene Konflikte solidarische Bande entstehen lassen, ist der Soziologie nicht fremd. Unter den Klassikern des Faches ist es allen voran Georg Simmel gewesen, der die Auffassung vertreten hat, der »Streit« unter Menschen stifte immer auch Gemeinsamkeiten und trage daher ganz wesentlich zur Integration sozialer Gruppen bei; allerdings wird diese These von ihm mit einem Argument begründet, welches für meine Zwecke wenig hilfreich ist, weil darin in Anlehnung an Nietzsche allein auf die verlebendigende, aktivierende, der kulturellen Verkrustung entgegenwirkende Funktion der Zwietracht und des Konflikts abgehoben wird.[23] Auch die Überlegungen, in denen Albert Hirschman die Idee Simmels in leichter Abwandlung wieder aufgenommen hat, entsprechen noch nicht ganz dem, was ich vor Augen habe, wenn ich von den sozialintegrativen Wirkungen normativer Streitigkeiten spreche. In einem seiner letzten Aufsätze hatte der amerikanische Soziologe die interessante These entwickelt, dass dem politischen Konflikt in Demokratien eine sozialintegrative Funktion deshalb zukomme, weil er die Gesellschaftsmitglieder dazu nötige, sich aufeinander zu beziehen und dabei trotz aller Differenzen das Gemeinwohl vor Augen zu haben; allerdings wollte Hirschman diese Behauptung nur für Konflikte gelten lassen, die um die Distribution von gesellschaftlich aufteilbaren Gütern kreisen, weil in solchen Fällen immer wieder einstweilige Kompromisse gefunden werden müssen und es daher nicht zu prinzipiell unlösbaren Situationen komme.[24]

23 Georg Simmel, *Soziologie*, Kap. 4 (»Der Streit«), Berlin 1908.

24 Albert O. Hirschman, »Social Conflict as Pillars of Democratic Market Societies«, in: *Political Theory* 22,2 (1994), S. 203-218.

Die Streitigkeiten aber, die ich im Blick habe, sind von ganz anderer Art: hier prallen weder unvereinbare Werthaltungen aufeinander, noch kämpft man bloß um die angemessene Verteilung von dividierbaren Gütern, vielmehr besitzt man unterschiedliche Auffassungen darüber, wie ein gemeinsam als belastend empfundenes Unrecht so gesühnt werden könnte, dass die Lösung allen davon Betroffenen gleichermaßen zugutekommt. In einem solchen Fall geht die Erzeugung einer »Wir«-Perspektive den Streitigkeiten voraus; denn die Meinungsverschiedenheiten entstehen unter den Beteiligten nur deswegen, weil sich zuvor unter ihnen stillschweigend ein Einverständnis darüber herausgebildet hat, dass ein bestimmtes Geschehen ein Vergehen darstellt, welches, weil alle dafür direkt oder indirekt, durch Tun oder Unterlassen verantwortlich sind, auch nur vereint bewältigt werden kann. Zieht man noch einmal den Vergleich mit der Familie heran, der freilich auch nicht überstrapaziert werden darf, so lässt sich dort die Genese solidarischer Empfindungen nach einem ähnlichen Verlaufsmuster begreifen: Am Anfang steht, was die Familienmitglieder vereint, nämlich die spontane, häufig gar nicht weiter artikulierte Übereinkunft, dass ein negatives Ereignis für alle gleichermaßen eine Herausforderung darstellt, weil jeder Einzelne davon betroffen ist und daher seinen Teil zur Lösung beitragen muss; und der Konflikt, der sich unter den Mitgliedern dann anschließend darüber entzünden mag, wie jene Herausforderung am besten zu bewältigen sei, verstärkt die bereits bestehende Zusammengehörigkeit eher noch, weil jeder weiß, um welchen gemeinsamen Ziels willen der Streit geführt wird und warum er sich trotz aller Mühe lohnt. In gewisser Weise lässt sich in solchen Streitigkeiten eine besondere Variante des Hegelschen »Kampfes um Anerkennung« erblicken: Man ringt aus einer Perspektive gemeinsamer Betroffenheit darum, welche Partei die inklusivere und insgesamt heilsamere Lösung bereithält, um die von allen als Zerreißprobe erlebte Krise zu überwinden.[25]

Nach einer solchen, von Simmel und Hirschman abweichenden Vorstellung besitzt ein Konflikt oder Streit also dann integrative Wirkungen, wenn den Beteiligten mehr oder weniger klar ist, um

25 Vgl. dazu die an Hegel anschließende Deutung des »Kampfes um Anerkennung« von: John Dewey, *Sozialphilosophie. Vorlesungen in China 1919/20*, übersetzt von Martin Suhr, hg. von Axel Honneth und Arvi Särkelä, Berlin 1919, 3. Vorlesung.

welches vernünftige, als richtig empfundene Ziel willen er geführt wird; man stimmt gewissermaßen auf einer Stufe »zweiter Ordnung« überein, weil man sich zumindest darüber einig ist, worüber man sich uneinig ist und worüber es sich zu streiten lohnt[26] – kurz, es handelt sich bei einem derartigen Konflikt um ein »reasonable disagreement«, wie sich in Abwandlung eines berühmten Ausdrucks von John Rawls sagen ließe. Begreift man nun die moralischen Streitigkeiten, die innerhalb Europas seit Jahrhunderten schwelen, nach einem solchen Muster, so zeigt sich darin bereits ein erster, noch schüchterner Keim europäischer Solidarität: Von London über Paris bis Riga und Petersburg wurde seit den Religionskriegen unter Schriftgelehrten ebenso wie unter Laien darüber gestritten, was moralisch zu unternehmen sei, um die Ursachen für die sich immer wieder neu offenbarenden Tendenzen zu Ausbeutung, Krieg, Unterdrückung und Ausgrenzung zu bekämpfen und ihnen endgültig den Garaus zu machen. In diesem untergründigen, aber steten Diskurs, der die europäische Mentalitätsgeschichte tiefer geprägt hat als jede andere Kontroverse, hat sich zwar nicht eine Übereinstimmung erster, aber doch zweiter Ordnung herausgebildet; bei allem erbitterten Ringen um Fragen wie die, ob die politische Ordnung Sicherheit oder demokratische Partizipation zu garantieren habe, ob das Wirtschafssystem dem ökonomischen Wachstum oder den Arbeitenden dienen solle und ob der Kolonialismus von damals als ein heute wiedergutzumachendes Unrecht begriffen werden müsste, blieb man sich doch einig über das Wozu und Wieso der nicht endenden Streitigkeiten.

Allerdings ist mit dieser Vergemeinschaftung durch Zwist und Streit nur erst der Boden für eine zukünftige Solidarität unter den europäischen Bürgern bereitet worden; die permanenten Kontroversen über bessere oder schlechtere Alternativen einer normativen Disziplinierung des eigenen Sozialverhaltens konnten zwar wohlwollendes Interesse an der Einstellung des jeweils anderen Landes wecken, ja vielleicht sogar Gefühle der Zusammengehörigkeit erzeugen, nicht aber eine weitergehende Bereitschaft zur wechselseitigen Beihilfe im Bewusstsein gemeinsamer Ziele stiften. Der Anstoß zum Übergang vom Zustand zwar dauerhafter, aber doch lockerer Verbundenheit zur Stufe verpflichtender Solidarität erfolg-

26 Claus Offe, *Europa in der Falle*, a. a. O., S. 110.

te wiederum durch ein negatives Ereignis, diesmal aber von solcher Monstrosität, dass größere, ja qualitativ andere Anstrengungen als in der Vergangenheit erforderlich schienen. Das Ende des Zweiten Weltkriegs, an sich schon ein unübersehbares Zeichen nicht gebannter Destruktivität, brachte die erschütternde Einsicht mit sich, dass von einem hochkultivierten Land im Herzen Europas die bislang schwersten Verbrechen in der menschlichen Geschichte begangen worden waren; der Holocaust, geplant und durchgeführt von Nazi-Deutschland, aber zu lange geduldet von einigen Nachbarländern, die ihrerseits nicht ganz frei von Antisemitismus waren, stellte einen anderen Wendepunkt im europäischen Selbstverständnis dar als diejenigen, die wir bis hierher kennengelernt haben. Was in Reaktion auf diese moralische Katastrophe im Westen Europas geschah, ist nicht einfach nur ein weiterer Schritt im andauernden Prozess moralischer Selbstbefragungen und institutioneller Korrekturen; vielmehr setzte damit ein grundsätzlicher Wandel in der Form der Dispute und Kontroversen ein, mittels derer man bisher das destruktive Potenzial der eigenen Kultur behandelt hatte. Dieser Punkt eines Formwandels im Prozess der europäischen Selbstdisziplinierung, der in den 1950er Jahren mit der Gründung der Europäischen Wirtschaftsgemeinschaft erste Konturen annahm, ist so wichtig, dass er eine eingehendere Analyse verdient.

Gewiss, was sich damals vollzog, war zunächst nichts anderes als ein erster Versuch, aus dem Desaster des Zweiten Weltkriegs die Konsequenz einer Intensivierung der wirtschaftlichen Zusammenarbeit zwischen einigen Ländern des europäischen Westens zu ziehen; im Glauben an die alte Lehre vom »doux commerce«[27] war man der Überzeugung, dass Vereinbarungen über eine wechselseitig vorteilhafte Wirtschaftspolitik das beste Mittel zur Befriedung zwischenstaatlicher Beziehungen darstellen. Aber schon in diesen frühen Schritten zur Integration Europas war untergründig doch auch die viel weitergehende Absicht angelegt, längerfristig ein transnationales Staatenbündnis zu schaffen, dem die Aufgabe einer verlässlichen Abstimmung in allen Fragen von politischer Relevanz zufallen sollte. Mit etwas Mut zu einer wohlwollenden Hermeneutik ließe sich vielleicht sagen, dass bereits damals im

27 Albert Hirschman, *Leidenschaften und Interessen. Politische Begründungen des Kapitalismus vor seinem Sieg*, übersetzt von Sabine Offe, Frankfurt/M. 1987.

Westen Europas der Gedanke aufkeimte, die Dispute über Möglichkeiten einer Zivilisierung der eigenen Kultur nicht mehr dem Wildwuchs zufälliger Begegnungen und Kontoversen zu überlassen; man strebte vielmehr eine organisatorische Verstetigung und Zentrierung jener zahllosen Bemühungen um Selbstprüfung und Selbstkontrolle an, die bislang eher naturwüchsig und unkoordiniert auf dem europäischen Kontinent stattgefunden hatten. Betrachtet man die zaghaften Anfänge der europäischen Einigung auf diese Weise, so ist die Behauptung nicht übertrieben, dass es deren Absicht war, eine Art von kollektivem Über-Ich zu etablieren: Statt die Zähmung und Bannung der eigenen Destruktivität, des Hangs zur Ausbeutung, kriegerischen Auseinandersetzung und Fremdenfeindlichkeit weiterhin dem Zufall glücklich verlaufender Kontoversen und Kompromisse zu überlassen, sollte diese Aufgabe von nun an einer übergeordneten Instanz mit bindender Autorität überantwortet werden. Freilich ist die Rede von einem kollektiven »Über-Ich« insofern irreführend, als sie die Vorstellung nahelegt, es sollte sich dabei um eine zwar im gemeinsamen Einverständnis etablierte, aber doch monologisch operierende Instanz handeln; sinnvoller, wenn auch sprachlich unschön, wäre es stattdessen, von der Absicht der Schaffung eines diskursiv verfahrenden »Über-Wir« zu sprechen; denn schon damals stand den offiziellen Verlautbarungen und Plänen deutlich der Vorsatz auf die Stirn geschrieben, über kurz oder lang mit diesem Staatenbündnis ein demokratisches Gemeinwesen zu etablieren, dessen Entscheidungen von der Willensbildung aller Bürger der beteiligten Nationalstaaten abhängig sein sollten. Was auch immer dann in den folgenden Jahrzehnten zwischen den verbündeten Staaten über die genauere Gestalt dieser transnationalen Gemeinschaft beschlossen, wie auch immer ihre exakte Organisationsstruktur jeweils ausgelegt werden sollte,[28] von Anfang an war man sich einig über deren moralische Minimalfunktion: Der Übergang zur supranationalen Demokratie sollte auf Dauer gewährleisten, dass von nun an der diskursive Prozess einer normativen Selbstkontrolle des europäischen Kontinents in den geregelten Bahnen eines zentral gesteuerten, aber alle seine Bürger

28 Vg. zu diesen Alternativen: Richard Bellamy, »The Challenge of European Union«, in: *The Oxford Handbook of Political Theory*, hg. von John S. Dryzek, Bonnie Honig und Anne Phillips, Oxford 2006, S. 245-261.

einbeziehenden Dialogs stattfindet – nicht mehr unkontrollierter Zwist und Streit über die Alternativen einer weiteren Zivilisierung Europas, sondern stattdessen eine institutionalisierte, faire, von Druck und Zwang freie Diskussion über all diese Fragen, das war der zentrale Gedanke, der sich hinter der Gründung einer europäischen Gemeinschaft ursprünglich verbarg.

Versteht man die Pläne einer politischen Integration Europas zuvörderst von dieser negativen Idee her – Verhinderung weiterer Verbrechen und Normverletzungen auf europäischem Boden durch einen Mechanismus diskursiver Selbstkontrolle –, so verändert sich zugleich mit der Aufgabenstellung auch der Blick auf die Quellen möglicher Solidarität: diese hat ihre Wurzeln nicht in der Übereinstimmung über positive Zielsetzungen, nicht in kulturell geteilten Traditionen, sondern im gemeinsamen Willen, zukünftig durch Inthronisierung einer demokratischen Instanz der Gewissensprüfung Schlimmeres zu verhindern. Die nicht abreißende, von Generation zu Generation weitervermittelte Erinnerung an Krieg, Vertreibung, Ausgrenzung und Völkermord ist es, was den sozialen Zusammenhalt unter den europäischen Bürgerinnen und Bürgern stiftet; man ist verpflichtet, sich wechselseitig beizustehen und Hilfe zu leisten, weil die eigene Geschichte gelehrt hat, dass ohne kooperative Verfahren der moralischen Verhaltenskontrolle die destruktiven und machthungrigen Veranlagungen Europas nicht zu bannen sind.

Wenn ein solches supranationales Regieren allerdings nicht als Fremdbestimmung, sondern als Ausdruck einer solidarischen Absicht erlebt werden soll, muss es institutionellen Bedingungen genügen können, die jenseits der Befugnisse sich wandelnder Mehrheitsmeinungen liegen; alle Bürgerinnen und Bürger der Europäischen Gemeinschaft müssen nämlich unabhängig davon, was die Mehrheit jeweils beschließt, auf Dauer über die gleichen Chancen und Mittel verfügen können, die es erlauben, auf die gemeinsame Willensbildung auch tatsächlich Einfluss zu nehmen. Damit komme ich zum Schluss auf die funktionalen Erfordernisse zu sprechen, denen die Vision eines erneuerten Europas heute ebenfalls Rechnung zu tragen hätte.

IV.

Denkt man die Einheit Europas nicht, wie üblich, vom Konsens, sondern vom Dissens her, nämlich von den perennierenden Meinungsverschiedenheiten über Alternativen einer Bekämpfung des selbstverschuldeten und bis heute nachwirkenden Unrechts her, so ergeben sich daraus auch Konsequenzen bezüglich der institutionellen Organisation des neuen Gemeinwesens. Jene wirtschaftspolitischen Maßnahmen, die nach dem Zweiten Weltkrieg am Anfang des Vereinheitlichungsprozesses standen, waren nur die Mittel, um durch Handel und Austausch eine erste Annäherung zwischen den zuvor nur locker und vor allem durch Zwist und Streit miteinander verbundenen Staaten zustande zu bringen; der eigentliche, untergründige Zweck des neu entstehenden transnationalen Bündnisses war es hingegen, durch Einreißung nationaler Grenzen die institutionellen Voraussetzungen zu schaffen, um fortan miteinander in zentralisierter Form und auf Dauer die Frage zu klären, wie die regressiven Tendenzen des Kontinents zukünftig eingedämmt und das eigene Sozialverhalten längerfristig zivilisiert werden könnte – und mit dieser Institutionalisierung einer länderübergreifenden Debatte über das Pro und Contra verschiedener Wege der moralischen Selbstdisziplinierung ist Europa, wie bereits erwähnt, wider Willen und eigenen Ambitionen zum Trotz zu einem Laboratorium für die Erkundung gerechterer Lebensverhältnisse geworden. Allerdings verlangte diese Aufgabenstellung von Beginn an zugleich, die organisatorischen Formen des neuen Gemeinwesens auf lange Sicht so zu gestalten, dass sie den Ansprüchen einer solchen diskursiven Dauerreflexion auch wirklich genügen würden; insofern war die Europäische Union, ob man es wahrhaben will oder nicht, schon seit ihren schüchternen Anfängen in den späten 1950er Jahren auf die Idee hin angelegt, in Zukunft einmal eine demokratische Willensbildung im europäischen Maßstab zu ermöglichen. Würde man von diesem Ziel einer supranationalen Demokratie Abstand nehmen und es durch weniger anspruchsvolle Programmatiken ersetzen, so verriete man den tieferen Sinn und Zweck, um derentwillen ursprünglich einmal damit begonnen wurde, die Grenzen zwischen den europäischen Nationalstaaten abzubauen. Die damalige Absicht war es, um den Gedanken zu wiederholen, mit der Bildung transnationaler Institutionen den bereits bestehenden Konsens »zweiter Ordnung« in die dauerhafte Form eines zugleich zentralisierten und entgrenzten Diskurses zu überführen; das, worüber seit Jahrhunderten innerhalb Europas eher untergründig, nur zufällig und unorganisiert gestritten und gerungen wurde, die Frage nach den Möglichkeiten einer moralischen Kontrolle des eigenen Hangs zu Destruktion, Hybris und Autoritarismus, sollte von nun an unter zentraler Steuerung in den Foren einer europäischen Öffentlichkeit diskutiert werden. Von der Institutionalisierung einer solchen demokratischen Selbstbefragung erhoffte man sich eine wechselseitige Kontrolle und Beratung, die die politisch regressiven Neigungen des Kontinents reduzieren und längerfristig vielleicht sogar gänzlich aufheben würden können.

Von einer Verwirklichung der dafür erforderlichen Voraussetzungen sind wir allerdings mittlerweile weiter entfernt als noch, sagen wir, vor etwa zwanzig oder dreißig Jahren; bestand damals noch die Hoffnung, innerhalb eines überschaubaren Zeitraums die institutionellen Bedingungen für eine solche Form der demokratischen Selbstkontrolle schaffen zu können, so scheint diese Möglichkeit heute in eine unabsehbare, kaum mehr planbare Zukunft entrückt. Nicht nur mangelt es gegenwärtig an jeglichen Initiativen, um endlich den weiteren Ausbau der Fundamente voranzutreiben, die für die Bildung einer länderübergreifenden, europaweiten Öffentlichkeit eine unersetzbare Voraussetzung wären; obwohl wir inzwischen ziemlich genau wissen, was dazu erforderlich wäre – eine gezielte Europäisierung der politischen Parteien, transnationale Kommunikationskanäle in Form von europäischen Zeitungen und Sendeanstalten und, ja, eine gemeinsame, von allen Mitgliedsländern obligatorisch einzuführende Zweitsprache –,[29] obwohl wir all das wissen, finden sich weit und breit keinerlei Anstrengungen, um diese Voraussetzungen auch nur in ersten Zügen herbeizuführen. Es ist, als wäre allen damit beauftragten Akteuren, den Parteien, der Presse, den Rundfunk- und Fernsehanstalten, den Bildungsministerien, längst der Glaube an die soziale Machbarkeit all dieser elementaren Erfordernisse abhandengekommen. Aber selbst wenn der Ausbau einer europäischen Öffentlichkeit weiter vorangeschritten wäre, als er es tatsächlich ist, wäre damit unter den

29 Jürgen Habermas, »Im Sog der Technokratie. Ein Plädoyer für europäische Solidarität«, in: ders., *Im Sog der Technokratie. Kleine Politische Schriften XII*, Berlin 2013, S. 82-113.

gegenwärtigen Bedingungen weitaus weniger gewonnen, als man vielleicht hoffen könnte; denn wo in dem einen Land große Armut, hohe Arbeitslosigkeit und öffentlicher Notstand herrschen, in dem anderen Land aber ein auskömmlicher Wohlstand, wirtschaftliches Wachstum und ein hohes Staatseinkommen, da können selbst die schönsten Kommunikationsmittel und demokratischen Einrichtungen nicht bewirken, dass unter allen Beteiligten über die großen sozialen Unterschiede hinweg eine gemeinsame Meinungs- und Willensbildung zustande kommt. Noch vor jedem Bemühen um die Voraussetzungen einer europäischen Öffentlichkeit muss heute daher die Aufgabe stehen, für eine Angleichung der sozialen und wirtschaftlichen Lebensverhältnisse in Europa zu sorgen.

Damit bin ich, wie unschwer zu sehen ist, zu den Überlegungen zurückgekehrt, die ganz am Anfang meines Vortrags standen. Dort hatte ich von den zwei Faktoren gesprochen, die es bei dem Versuch der Rückgewinnung einer inspirierenden Perspektive für die Zukunft Europas stets gleichzeitig zu berücksichtigen gilt: Neben den subjektiven, den Einzelnen motivierenden Gründen für ein gemeinsames Europa, so hatte ich gesagt, muss dabei immer auch dem »objektiven« Faktor Rechnung getragen werden, dass die Bewahrung der Europäischen Gemeinschaft heute nichts dringlicher verlangt als eine Angleichung der individuellen Lebenschancen in den verschiedenen Mitgliedsländern. Allerdings hatte ich in demselben Zusammenhang auch schon darauf hingewiesen, dass diese beiden Faktoren hinreichend genug aufeinander abgestimmt sein müssen, damit die individuellen Motive für die Beibehaltung eines geeinten Europas durch die erforderlichen sozioökonomischen Maßnahmen auch tatsächlich bekräftigt und verstärkt werden; es wäre wenig sinnvoll, so ließe sich auch sagen, eine Solidarität unter den europäischen Bürgern einzufordern, die dem objektiven Erfordernis einer Angleichung der wirtschaftlichen Lebensumstände in Europa im Wege stehen würde oder es gar unterminieren könnte. Mit der Erzählung, die ich im Vorangegangenen vom schwierigen, aus Not und Reue geborenen und davon immer wieder neu angestoßenen Prozess der Vereinheitlichung Europas geliefert habe, glaube ich, der Bedingung einer solchen Integration von funktionalen Erfordernissen und individuellen Motivlagen hinreichend nachgekommen zu sein: Die europäischen Bürgerinnen und Bürger können den solidarischen Pflichten, die sie sich wechselseitig schulden, weil sie nur gemeinsam die politisch regressiven Tendenzen ihres Kontinents begrenzen und nach Wegen moralischer Besserung suchen können, allein dann angemessen nachkommen, wenn sie über annähernd gleiche Lebenschancen verfügen; denn an der kommunikativen Erkundung gerechterer Gesellschaftsverhältnisse kann nur derjenige gleichberechtigt teilnehmen, der ohne Scham über das eigene Elend und frei von Ängsten vor wirtschaftlichen Abhängigkeiten seine Stimme ungezwungen im Kreis aller anderen erheben kann.

An dieser Stelle ist freilich guter Rat teuer; kaum jemand scheint heute nämlich über eine Art von Masterplan zu verfügen, wie die wirtschaftlichen Lebensverhältnisse in der Europäischen Gemeinschaft zügig und ohne allzu großen bürokratischen Aufwand anzugleichen wären. Ich selbst bin nicht Experte genug, um mit eigenen Vorschlägen zur Lösung dieses akuten Problems aufwarten zu können; aber ich will meinen Vortrag auch nicht beenden, ohne an ein Beispiel aus der Vergangenheit erinnert zu haben, das Europa heute als ein Modell für die schnell fälligen Reformen dienen könnte. Als die USA zu Beginn der 1930er Jahre kurz vor dem wirtschaftlichen Kollaps standen, ein Zeitraum, der als »Great Depression« bezeichnet wird, entstand in einem Team um den demokratischen Präsidenten Franklin D. Roosevelt der Plan, der drohenden Verelendung großer Teile der Bevölkerung mit einem neuen Gesellschaftsvertrag, einem »New Deal«, entgegenzuwirken. Dieser umfassende Plan sah vor, die weiter wachsende Arbeitslosigkeit durch staatlich aufgelegte Arbeitsprogramme und öffentliche Investitionen zu bekämpfen, den industriellen Sektor durch Einführung von Mindestlöhnen, Stärkung der Gewerkschaften und Verhinderung von Monopolbildungen zu regulieren und schließlich den Finanzsektor durch staatliche Unterstützung maroder Banken bei starker Einschränkung riskanter Spekulationen durchgreifend zu reformieren – ein Bündel von drei Maßnahmen, das im Nachhinein mit dem Kürzel der drei »R's« von »relief«, »recovery« und »reform« bezeichnet wurde.[30] Inzwischen sind zwar von namhaften Historikern auch einige Schwachstellen und ungewollte Effekte dieses gigantischen Reformprogramms von Roosevelt freigelegt worden; dazu gehören an vorderster Stelle der von heute aus gesehen er-

30 Jason Scott Smith, *A Concise History of the New Deal*, Cambridge/UK 2014.

staunliche Vorbehalt gegen die Verstaatlichung von Banken oder von großen Transportunternehmen, der implizite Rassismus einiger der aufgelegten Programme und die Verstetigung zentralisierter Staatsmacht.[31] Aber im Ganzen besteht heute keinerlei Zweifel daran, dass der New Deal in Hinblick auf die Arbeitsmarktpolitik, die Sozialfürsorge und das Gemeinwohl voller segensreicher Wirkungen war: Die Kluft zwischen Arm und Reich wurde binnen weniger Jahre kleiner, die arbeitende Bevölkerung fand recht bald zu gesicherter, besser bezahlter Beschäftigung zurück, und der Bestand an öffentlichen Gütern nahm schon in kürzester Zeit erheblich zu.

Allerdings geht es mir bei dieser Erinnerung an den New Deal gar nicht so sehr um die wirtschaftspolitischen Maßnahmen des Reformprogramms im Einzelnen; mich interessieren daran vielmehr die formalen Eigenschaften, die in performativer wie auch in rhetorischer Hinsicht bemerkenswert, ja durchaus denkwürdig sind. Etwas von der Aura eines moralischen Versprechens hatten die Worte, mit denen Roosevelt ankündigte, man wolle durch die ökonomischen Maßnahmen gezielt dafür Sorge tragen, dass zukünftig in den USA »bessere Chancen auf eine Gleichverteilung des nationalen Wohlstandes« gegeben seien; und dass er seine Erklärung mit dem Satz beendete, es handele sich bei dem zuvor Gesagten nicht um eine beliebige »politische Kampagne«, sondern um einen »Ruf zu den Waffen«, unterstreicht noch einmal die Botschaft, nun mit Unterstützung des ganzen Volkes und großer Entschiedenheit mehr soziale Gerechtigkeit herbeizuführen – nicht ganz abwegig scheint es, bei diesen emphatischen Worten an die evokative Heraufbeschwörung einer Volksfront zu denken. Sowohl das Versprechen eines neuen Gesellschaftsvertrags, der primär den ökonomisch Schlechtergestellten und Benachteiligten zugutekommen soll, als auch der Appell, sich gemeinsam mit Mut und gebündeltem Willen für die Verwirklichung dieses der Gerechtigkeit dienenden Vertrags einzusetzen, scheint mir von maßgeblicher Bedeutung für die große und breite Durchschlagskraft des New Deal gewesen zu sein. Ich frage mich daher, ob nicht auch ein Plan für die Angleichung der wirtschaftlichen Lebensumstände unter den Mitgliedsländern der Europäischen Gemeinschaft etwas vom Geist

31 Ira Katznelson, *Fear Itself. The New Deal and the Origins of Our Time*, New York 2013.

und Gestus eines solchen Aufrufs zum entschlossenen Einsatz für mehr Gerechtigkeit besitzen müsste – ein kompaktes Programm wirtschaftspolitischer Maßnahmen also, das bereits durch seinen Namen deutlich und suggestiv die Absicht eines neuen Gesellschaftsvertrages zugunsten der ärmeren Mitgliedsländer verraten müsste. Wie auch immer ein derartiger Plan inhaltlich im Einzelnen zu gestalten wäre, seine unerlässlichen Bestandteile müssten in einem sofortigen Verzicht auf jegliche Austeritätspolitik und in einem komplementären Programm zur Investition öffentlicher Mittel in die europäische Infrastruktur mit den entsprechenden Arbeitsbeschaffungsmaßnahmen bestehen; ohne eine Bereitschaft von Seiten der wohlhabenden Länder der Gemeinschaft, einen Teil ihres Bruttosozialprodukts großzügig in Richtung Süden und Osten umzulenken, wäre ein solcher New Deal für Europa von vornherein zum Scheitern verurteilt.

Freilich, es bleibt bei der Crux, dass die Bevölkerungen der reicheren Mitgliedsländer sich zu solchen Umverteilungen wohl nur bereitfänden, wenn der hier angemahnte Geist eines solidarischen Zusammenhalts schon wiederbelebt wäre; und umgekehrt wird dieser Geist europaweit nur unter der Bedingung erneut lebendig werden können, dass die besagten Umverteilungen ihre heilsamen Wirkungen in den ärmeren Mitgliedsländern bereits entfaltet haben. Um beides in ständiger Wechselwirkung initiieren zu können, wird man wohl eines ähnlichen Geistesblitzes bedürfen, wie ihn Roosevelt vor knapp 90 Jahren gehabt hat: Im europäischen Volk unter Verweis auf seine geschichtlichen Erfahrungen eine vorausgreifende Solidarität beschwören, deren materielle Voraussetzungen sich dann in dem Maße realisieren können, wie jene Beschwörung ihre performativen Wirkungen entfaltet.

Nachweise

»Untiefen der Anerkennung. Das sozialphilosophische Erbe Jean-Jacques Rousseaus«. Erschienen in: *WestEnd. Neue Zeitschrift für Sozialforschung* 9 (2012), Heft 1/2, S. 47-64.

»Von der Armut unserer Freiheit. Größe und Grenzen der Hegelschen Sittlichkeitslehre«. Erschienen in: Axel Honneth/Gunnar Hindrichs (Hg.): *Freiheit. Internationaler Hegelkongress 2011*, Frankfurt/M.: Vittorio Klostermann 2013, S. 13-30.

»Die Normativität der Sittlichkeit. Hegels Lehre als Alternative zur Ethik Kants«. Erschienen in: *Deutsche Zeitschrift für Philosophie* 62 (2014), Heft 5, S. 787-800.

»Hegel und Marx. Eine Neubewertung nach 100 Jahren«. Erschienen in: *WestEnd. Neue Zeitschrift für Sozialforschung* 13 (2016), Heft 2, S. 53-74.

»Wirtschaft oder Gesellschaft? Größe und Grenzen der Marxschen Theorie des Kapitalismus«. Erschienen in: *WestEnd. Neue Zeitschrift für Sozialforschung* 15 (2018), Heft 2, S. 3-27.

»Drei, nicht zwei Begriffe der Freiheit. Zur Reaktualisierung einer verschütteten Tradition«. Erschienen in: Olivia Mitscherlich-Schönherr/ Matthias Schloßberger (Hg.): *Internationales Jahrbuch für Philosophische Anthropologie. Die Unergründlichkeit der menschlichen Natur*, Berlin: de Gruyter 2015, Bd. 5, S. 113-130.

»Die Krankheiten der Gesellschaft. Annäherungen an einen nahezu unmöglichen Begriff«. Erschienen in: *WestEnd. Neue Zeitschrift für Sozialforschung* 11 (2014), Heft 1, S. 45-60.

»Erziehung und demokratische Öffentlichkeit. Ein vernachlässigtes Kapitel der politischen Philosophie«. Erschienen in: *Zeitschrift für Erziehungswissenschaft* 15 (2012), Heft 3, S. 429-442.

»Demokratie und soziale Arbeitsteilung. Noch ein vernachlässigtes Kapitel der politischen Philosophie«. Erstveröffentlichung.

»Kindheit. Unstimmigkeiten unserer liberalen Vorstellungswelt«. Erschienen in: Monika Betzler/Barbara Bleisch (Hg.): *Familiäre Pflichten*, Berlin: Suhrkamp 2015, S. 147-174.

»Denaturierungen der Lebenswelt. Vom dreifachen Nutzen der Geisteswissenschaften«. Erschienen in: Atenea Panteos/Tim Rujek (Hg.): *Zur Theorie der Geisteswissenschaften*, Stuttgart: Reclam 2015, S. 283-315.

»Gibt es ein emanzipatorisches Erkenntnisinteresse? Versuch der Beantwortung einer Schlüsselfrage kritischer Theorie«. Erschienen in: *European Journal of Philosophy* 25 (2017), Heft 4, S. 908-920.

»Eine Geschichte moralischer Selbstkorrekturen. Auf den Spuren europäischer Solidarität«. Marc Bloch-Vortrag, gehalten an 11. Juni 2019 an der Sorbonne, Paris. Erstveröffentlichung.

Die bereits andernorts erschienenen Texte wurden für diesen Band durchgesehen, gegebenenfalls leicht korrigiert oder ergänzt bzw. an die Komposition dieses Bandes angepasst.